17-14.

Beiträge zur Organisationspsychologie

Band 5

BEITRÄGE ZUR ORGANISATIONSPSYCHOLOGIE

Herausgegeben von Prof. Dr. Heinz Schuler und Dr. Willi Stehle

BAND 5

Arbeitszufriedenheit

Herausgegeben von
Prof. Dr. Lorenz Fischer

Verlag für Angewandte Psychologie
Stuttgart

Arbeitszufriedenheit

Herausgegeben von

Prof. Dr. Lorenz Fischer

Mit Beiträgen von

Ingwer Borg · Dieter Bonitz · André Büssing
Andrea Eckes · Andrea Eufinger · Lorenz Fischer
Hiltraud Grzech-Sukalo · Ina Hedden · Peter Maas
Detlef Müller-Böling · Friedhelm Nachreiner
Iris Ramme · Bernd Six · Thomas Staufenbiel
Ekkehard Stephan · Gerd Wiendieck

Verlag für Angewandte Psychologie
Stuttgart

Druck- und Bindearbeiten: Offsetdrukkerij Kanters B. V., Alblasserdam
Printed in the Netherlands

ISBN 3-87844-014-6

Inhaltsverzeichnis

UNTERSUCHUNGEN IM BETRIEB

Arbeitszufriedenheit — Forschungsziele und Forschungsperspektiven: Einleitung und Überblick*

1. EINFÜHRUNG

Angesichts der Tatsache, daß Mitarbeiter und Führungskräfte zu einem immer wichtigeren Erfolgspotential der Unternehmen werden, kann der subjektiven Bewertung der Arbeitssituation durch die Mitarbeiter eine zentrale betriebspolitische Bedeutung zugesprochen werden (vgl. z.B. Schulte & Winck, 1985). Die technologische Entwicklung erfordert an immer zahlreicheren Arbeitsplätzen nicht nur die grundsätzlich erforderliche bzw. gewünschte Leistungsmotivation sondern insbesondere auch Bereitschaft zu und Interesse an einer fortwährenden Qualifizierung. Die kürzer werdenden Produktzyklen erfordern zunehmend die Fähigkeit zu innovativem Verhalten, da die anstehenden Veränderungen immer mehr mit einem ritualistischen Rollenverhalten kollidieren. Gleichzeitig ist im Gefolge von Wertewandel und Bildungsrevolution immer weniger damit zu rechnen, daß die Leistungsmotivation der Mitarbeiter ohne weiteres als Konsequenz ihrer vertraglichen Arbeitsverpflichtung „abgerufen" werden kann. Vielmehr steigt die Wahrscheinlichkeit einer „inneren Kündigung" bei ungenügenden Voraussetzungen einer befriedigenden Arbeitssituation. Zudem werden die Unternehmen angesichts der geburtenschwachen Jahrgänge in den nächsten Jahrzehnten in steigendem Maße um qualifizierte junge Fachkräfte konkurrieren müssen, wobei sich die Frage stellt, welche Angebote seitens der Unternehmen einen ausschlaggebenden Einfluß auf die Entscheidungen der jungen Menschen haben werden.

Es gibt aus der Sicht von Unternehmensleitungen auch noch andere unternehmenspolitische Gründe, sich mit dieser Thematik zu beschäftigen. Insbesondere seit den zunehmenden Bemühungen um eine Humanisierung der Arbeit wird das „Humanziel Arbeitszufriedenheit" als ein selbständiges Unternehmensziel neben dem ökonomischen Ziel propagiert.

Stellt man dieser Unternehmensperspektive die Sicht der Mitarbeiter entgegen, so sollte auf den ersten Blick von diesen eine betriebliche Berücksichtigung ihrer subjektiven Arbeitsbewertung als in ihrem ureigensten Interesse angesehen werden. Dieses Interessenpotential wird allerdings häufig verdrängt durch die Befürchtung, daß die Ergebnisse von Zufriedenheitsumfragen in erster Linie der Unternehmensleitung zusätzliches „Herrschaftswissen" zur Verfügung stellen, das dann den Verhandlungsspielraum von Betriebsrat und Gewerkschaften einschränken kann. Dies führt bei Belegschaften zu einer eher ambivalenten Einstellung gegenüber Umfragen zur Arbeitszufriedenheit. Die Ursachen dieser wie auch der auf seiten der Unternehmensleitungen anzutreffenden Ambivalenzen werden von Fischer in diesem Band eingehender erläutert.

Aus gesellschaftspolitischer Sicht ist die „psychische Gesundheit" der Beschäftigten ein wichtiges Ziel, das auch als übergreifendes Konzept mit den betrieblichen wie den individuellen Interessen des Arbeitnehmers harmonieren soll-

---

* Für wichtige Anregungen und Korrekturen bin ich den Kollegen Prof. Dr. G. Wiendieck und Dr. Ekkehard Stephan sehr zu Dank verpflichtet.

sollte. Es gibt Hinweise, daß bestimmte Formen der Arbeitszufriedenheit auch mit körperlicher Gesundheit korrespondieren, das heißt, daß Unzufriedenheits- und Streßpotentiale Somatisierungstendenzen zu fördern scheinen (Fischer, 1989; Howard et al., 1986).

Gemessen an der so skizzierten Bedeutung stellt sich die Frage, ob das AZ-Konzept diesen Zielsetzungen zu genügen in der Lage ist und wie der Stand der Forschung zu bewerten ist. Das Interesse an der Frage nach der Arbeitszufriedenheit war spätestens seit den Untersuchungen im Zusammenhang mit der Human-Relations Forschung zu Beginn der 50er Jahre ein zentraler Forschungsgegenstand, der zu einer nahezu unübersehbaren Vielfalt an empirischen Untersuchungen geführt hat. Die Ergebnisse dieser Forschungsbemühungen konnten allerdings den gestellten Erwartungen bei weitem nicht gerecht werden. Insbesondere der unterstellte Zusammenhang zu den zu prognostizierenden Verhaltensweisen Leistung, Kündigung und Abwesenheit stellte sich sehr schnell als relativ schwach bzw. gar als grundsätzlich problematisch dar. Nicht zuletzt diese negativen Ergebnisse haben dazu geführt, daß das AZ-Konzept — zumindest in der engeren (deutschsprachigen) Fachdiskussion — sehr kritisch hinterfragt wird (Walter-Busch, 1977; Meyer, 1982; Wiendieck, 1977, 1980; Wiswede & Wiendieck, 1984; Neuberger, 1985a, b). Teilweise wurde sogar der Vorschlag gemacht, den Gegenstand der AZ-Forschung gänzlich fallen zu lassen. Hierauf wird noch einzugehen sein.

Wenn das Ausmaß der Bemühungen um eine weitere Durchdringung dieser Frage (insbesondere in der internationalen Diskussion) dennoch nicht nachläßt, dürfte das auf die schon angedeutete eminente betriebs- und gesellschaftspolitische Relevanz dieser Fragestellung zurückgeführt werden können.

Angesichts dieser Situation erscheint es nicht sinnvoll — wie von einigen Autoren empfohlen — das ganze Forschungskonzept fallen zu lassen, sondern es erscheint eher empfehlenswert, mögliche Mängel der bisherigen Forschungskonzeptionen zu präzisieren und neue Zukunftsperspektiven zu eröffnen. Diesem Ziel soll der vorliegende Band dienen.

Der Versuch, den gegenwärtigen Forschungsstand angemessen darzustellen, erfordert einen kurzen Abriß der Forschungshistorie und ihrer verschiedenen Zielvorstellungen.

2. KLASSISCHE FORSCHUNGSPERSPEKTIVEN

Schon in der ersten Hälfte des 19. Jahrhunderts (Babbage, 1832; Ure, 1835) machte eine sozialpolitisch motivierte Sozialberichterstattung die Auswirkungen der Industrialisierung bzw. der Fremdsteuerung des Arbeitsablaufes auf die Arbeiter zu ihrem Analysegegenstand. Dies ließ erkennen, daß die mit dem industriellen Produktionsprozeß verbundenen Zwänge (Disziplinierung durch Strafen und Akzeptierung hierarchischer Kontrolle, um dem Hunger zu entgehen) schon früh als Problem erkannt wurde. Ähnliche Intentionen hatten die Untersuchungen, die von Mitgliedern des Vereins für Sozialpolitik (Levenstein, 1912; Max Weber, 1924; die Untersuchung von deMan, 1924) durchgeführt wurden.

Sie alle hatten in mehr oder minder expliziter Form das Problem der „Entfremdung" der Arbeiter und vor allem den aus der betrieblichen Sozialstruktur herauswachsenden Klassenkonflikt im Blickfeld. In dieser Zeit der industriellen Revolution fand eine umfassende Sozialisation der Arbeiterschaft statt, mit der Zielsetzung, Arbeiter zu „anhaltend ununterbrochenem Tätigsein, methodisch-zeitsparendem Vorgehen, zu maschinengetakteten fremdbestimmten Ausführungen ... und zur Mehrarbeit (nicht das Nötige, sondern das Mögliche zu leisten)" (Neuberger, 1985b, S. 189) zu veranlassen. Gehorsam, Regelmäßigkeit, Anstrengungsbereitschaft und andere Tugenden mehr wurden zu zentralen industriellen Arbeitstugenden. Man kann diese sozialpolitisch motivierte Forschung (auch wenn sie sich primär soziologisch verstand) als Vorläufer der AZ-Forschung ansehen. Der eigentliche Boom der spezifisch organisationspsychologischen Forschung setzte — wie schon erwähnt — in den 50er Jahren im Zusammenhang mit den Untersuchungen zum „Human-Relations-Konzept" ein. Grundlegende Vorstellung dieser Analysen war die Annahme, daß durch eine Steigerung der Arbeitszufriedenheit letztlich auch die betriebliche Produktivität erhöht werden könne. Zufriedene Arbeiter sollten eine höhere Leistungsbereitschaft, ein geringeres Interesse an freiwilliger Kündigung und geringere Abwesenheitsquoten aufweisen. Das Konzept der Arbeitszufriedenheit hatte also in diesem Forschungsrahmen die Mittelfunktion, das zentrale ökonomische Betriebsziel der Gewinnerzielung zu unterstützen. In den 50er und 60er Jahren stellten allerdings schon die ersten Übersichtsreferate (Brayfield & Crockett, 1955; Herzberg, 1957; Vroom, 1964) in dieser Hinsicht eine geringe Kriterien-Validität des AZ-Konzepts in Form niedriger durchschnittlicher Korrelationen mit den erwarteten „resultierenden" Verhaltensweisen (Leistung, Abwesenheitsquoten etc.) fest, die — wäre die Forschung über Arbeitszufriedenheit ausschließlich mit der oben angedeuteten instrumentellen Zielsetzung betrieben worden — zu einem recht schnellen Ende dieses Forschungsthemas hätten führen müssen. Dies war allerdings nicht der Fall. Vielmehr entwickelte sich dieses Thema in den 60er und 70er Jahren quantitativ zu einem der zentralen Forschungsthemen der Organisationswissenschaften.

In der neueren Organisationsliteratur stellte man dann Arbeitszufriedenheit als autonomes „Humanziel" der Organisation neben dem klassischen „Ökonomieziel" in den Vordergrund. Diese neue Zielsetzung genießt eine hohe gesellschaftliche Akzeptanz , die auch in der politischen und wissenschaftlichen Bedeutung des Programms zur Humanisierung der Arbeitswelt zum Ausdruck kam. Gleichzeitig mehrten sich allerdings seit Mitte der 70er Jahre insbesondere in der Bundesrepublik kritische Stimmen (z.B. Volpert & Großkurth, 1975; Euler, 1977; Walter-Busch,1977; Wiendieck,1977, 1980; Wiswede & Wiendieck,1984; Neuberger, 1985), die die Artefaktgefahr von Erhebungen zur Arbeitszufriedenheit in den Vordergrund stellten. Diese kritische Rezeption reflektiert sicher u.a. den Tatbestand, daß sich auch nach der Entwicklung standardisierter Skalen — auf die in der Psychologie seit Thurstone große Hoffnungen gesetzt wurden — die Konstruktvalidität dieses Konzeptes nicht erkennbar erhöhte.

Außerdem zeigte sich, daß etwa im Zusammenhang mit Arbeitsstrukturierungsmaßnahmen, in denen hochgradig repetitive Tätigkeiten durch solche ersetzt wurden, die mehr Kompetenz erforderten und Abwechslung ermöglichten, die Zufriedenheit der betreffenden Arbeiterinnen nicht erhöht wurde. Gleichzeitig waren diese aber auf direktes Befragen nicht bereit, ihre alten Tätigkeiten wieder auszuüben (den Hertog, 1978). Ebenfalls einen geringen Situationsbezug glaubten

Staw und Ross (1985) in einer breit angelegten Längsschnittstudie feststellen zu müssen, so daß sie zu der Überzeugung gelangten, daß die Einstellungen zur Arbeit eher von Persönlichkeitszügen als von situativen Gegebenheiten bestimmt würden.

Dagegen konnte Gerhart (1987) in einer Parallelstudie zeigen, daß die Test-Retest-Korrelation für allgemeine AZ im Falle einer unveränderten beruflichen Position und eines unveränderten Arbeitgebers 13 % der Varianz abdeckt, während nach einer Veränderung beider situativer Faktoren nur noch 4 % gemeinsamer Varianz festzustellen war. Nach dieser Darstellung haben die situativen Komponenten auch bei globalen Zufriedenheitsmaßen einen bedeutenden Einfluß.

Die Widersprüchlichkeit dieser Ergebnisse wie auch ihre Erklärung durch Gerhart (1987) mit Problemen konzeptueller und methodischer Natur kann als beispielhaft für die Forschungssituation angesehen werden. Die Zahl der negativen Erkenntnisse verstärkt einerseits die Zweifel an der Qualität der AZ als sozialem Indikator. Andererseits werden auch weiterhin fortwährend modellkongruente Ergebnisse publiziert, so daß sich die Forschungssituation gegenwärtig nur als ambivalent kennzeichnen läßt: es gibt zu viele modellinkongruente Ergebnisse, um von einem unzweifelhaft bewährten Konzept sprechen zu können; andererseits gibt es zu viele positive Ergebnisse, um ein so zentrales Konzept der Organisationspsychologie verwerfen zu können.

Diese Situation spiegelt sich auch in den Beiträgen dieses Bandes wieder. Zugleich lassen sie aber Entwicklungsmöglichkeiten auf recht unterschiedlichen Ebenen erkennen, die auf eine konzeptuelle Differenzierung und auf psychologisch gehaltvollere, weniger fiktive Meßoperationen hinauslaufen.

3. EINE SYSTEMATIK

Ungeachtet der insbesondere im deutschen Sprachraum artikulierten Kritik ist international ein Abklingen des Interesses an dem Problem der Arbeitszufriedenheit nicht zu erkennen. Vielmehr läßt sich ein Differenzierungsprozeß der Diskussion feststellen, der praktisch das gesamte Forschungsgeschehen umfaßt.

Wenn wir das Vorgehen in einer empirischen Untersuchung als einen Prozeß ansehen, indem durch eine systematische Abfolge wissenschaftlicher Prozeduren versucht wird, den Gegenstandsbereich, d.h. die bei den Mitarbeitern erfragbare Zufriedenheit, zu rekonstruieren, so muß man sich gleichzeitig vor Augen halten, daß jeder dieser Forschungsschritte das schließlich zu publizierende Ergebnis mit beeinflußt.

Aus dieser modelltheoretischen Perspektive, wie sie detailliert bei Stachowiack (1974) sowie Gigerenzer (1981) und auf das Thema Arbeitszufriedenheit bezogen bei Fischer (1989) dargestellt wurde, sind eine Reihe von Elementen des Forschungsprozesses im Hinblick auf ihre Wirkungen auf das erhaltene Ergebnis zu problematisieren. Die ersten zwei Punkte betreffen die pragmatische Dimension des Forschungsprozesses, d.h. die Beziehung des Forschers zu seinem Gegenstand, der dritte Punkt betrifft die semantische Dimension, d.h. die Qualität der Abbildung des Gegenstandes im Rahmen des Forschungsprozesses.

1) *Welche Zielsetzungen hat das forschende Subjekt?* Der voranstehende kurze Überblick hat schon eine Reihe von unterschiedlichen Zielsetzungen deutlich gemacht, in deren Zusammenhang Arbeitszufriedenheit eine Rolle spielte. Dabei ergibt sich die Frage, ob etwa das gleiche Konzept der Arbeitszufriedenheit ebensogut mit psychischer Gesundheit wie mit hoher Leistung korrespondieren muß oder kann. Offenkundig erscheint es wenig wahrscheinlich, daß ein einzelnes globales AZ-Konzept der großen — in der Forschungspraxis vorfindbaren — Vielzahl von zu prognostizierenden Variablen wie etwa: Abwesenheitsrate, Kündigungsbereitschaft, Aggression, Arbeitsleistung, Sabotage, politische Stabilität etc. (vgl. zur Übersicht Seashore & Taber, 1976, p. 103), gerecht zu werden in der Lage ist. Man muß hier von einer funktionalen Überlastung mindestens des allgemeinen AZ-Konzeptes sprechen.

2) *Ist die theoretische Konzeption der Zielsetzung angepaßt?* Wenn für die Vielzahl der Zielsetzungen ein globales AZ-Konzept zu undifferenziert erscheint, ist es erforderlich, ein theoretisches Begriffssystem zur Differenzierung zu entwikkeln. Es liegen eine Reihe von Differenzierungen vor, die entweder Arten der AZ (z.B. Herzberg et al., 1959; Bruggemann u.a., 1975) oder aber Moderatorvariablen (z.B. Wachstumsbedürfnis, commitment etc. bei Hackman & Oldham, 1975, 1976; Howard et al., 1986; Tetrick et al., 1987) verwenden.

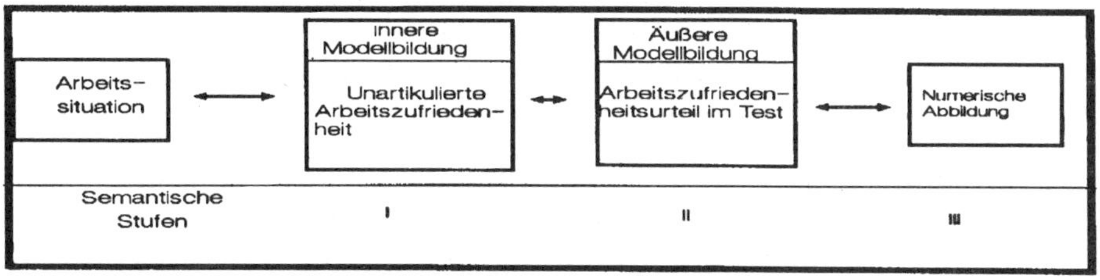

Abb. 1: Semantische Stufen der Modellbildung

3) *Sind die empirischen Erhebungs- und Analyseverfahren geeignet, den Gegenstandsbereich angemessen abzubilden?* Diese Abbildung erfolgt in einem dreistufigen Prozeß (vgl. Abb. 1). Die Arbeitszufriedenheit eines Mitarbeiters kann (solange sie sich noch nicht artikuliert hat) als eine „innere Modellbildung über das Arbeitserleben" bezeichnet werden (erste semantische Stufe). Diese kann sich nun in Form freier Rede oder durch Beantwortung von Fragen etc. artikulieren (zweite semantische Stufe) und anschließend numerisch — etwa durch Skalierungstechniken — aufbereitet werden (dritte semantische Stufe). Auf jeder semantischen Stufe findet eine „Übersetzung" des ursprünglichen Zufriedenheits-Erlebens in ein anderes Medium statt. Das mit diesen Übersetzungen naheliegenderweise verbundene Problem liegt in der Frage nach der Ähnlichkeit zwischen dem Bild der Stufe 0 und dem der Stufe 3.
Ein typisches Problem der ersten semantischen Stufe muß in dem differentiellen Ausmaß der Bewußtheit und sogar der Bewußtseinsfähigkeit von angenehmen und unangenehmen Erfahrungen gesehen werden. Letztere werden bevorzugt verdrängt, da sie einem für das tägliche Handeln wichtigen

positiven Selbstbild nicht dienlich sind.
Für die Probleme der zweiten semantischen Stufe ist die schlichte Überlegung kennzeichnend, daß schon im Alltagsverhalten eine Antwort auf die ähnlich gelagerte Frage: „Wie geht es Ihnen?“ u.U. mehr über die Beziehung zwischen fragender und antwortender Person aussagt als über das Befinden der letzteren. Deshalb ist die konkrete Befragungssituation, die von betriebspolitischen Gegebenheiten wie z.B. dem Verhältnis zwischen Unternehmensleitung und Betriebsrat ebenso beeinflußt wird wie durch die verwendete Erhebungsmethode oder die verwendeten Fragen, ein wichtiges Element dieser zweiten semantischen Stufe.
Es wird aufzuzeigen sein, daß der konkrete innerbetriebliche Forschungsprozeß schon als Interventionsstrategie angesehen werden muß, der einen häufig übersehenen Faktor bei der Interpretation der Ergebnisse darstellt.
Auf der dritten semantischen Stufe sind die Angemessenheit der numerischen Verarbeitung und der Darstellung der im Forschungsprozeß erhobenen Antworten zu problematisieren. Ergebnisse von Faktorenanalysen werden z.B. häufig als Merkmale der Gegenstandsebene interpretiert (etwa im Sinne: AZ „hat“ folgende Dimensionen), obwohl sie wegen ihrer meist nicht zu erfüllenden Voraussetzungen sowie ihrer geringen Eindeutigkeit nur als heuristische Instrumente verwendet werden können. Diese Probleme werden gegenwärtig im Rahmen einer Weiterentwicklung der Meßtheorie diskutiert.

Alle hier aufgeführten Aspekte greifen netzartig ineinander und beeinflussen sich gegenseitig. Wenn Forschungshypothesen nicht bestätigt werden können, dann kann dies z.B. an der Unzulänglichkeit der theoretischen Konzepte liegen oder an den unzureichenden Meßverfahren oder an beidem. Positive Ergebnisse setzen gelungene Operationen im gesamten Forschungsprozeß voraus, während schon *ein* Schwachpunkt ausreicht, um die Bestätigung einer „richtigen“ Hypothese zu verhindern, ein Tatbestand, der die Bestätigung von Hypothesen erschwert und bei der kritischen Bewertung bisheriger AZ-Forschungen vielleicht zu wenig gesehen wurde.

Die oben skizzierte modelltheoretische Position läßt sich auch so resümieren, daß die geäußerte Arbeitszufriedenheit von Mitarbeitern nicht die meist implizit unterstellten Merkmale einer physikalisch feststellbaren konstanten Größe aufweist. Ihre Erhebung oder „Messung“ ist vielmehr als sozialer Prozeß aufzufassen, da sich dieser Gegenstand nicht völlig unabhängig von dem Meß- oder Erkenntnisprozeß selbst manifestiert. Dieser Tatbestand ist sogar in der theoretischen Physik unstrittig, wird bei psychologischen Untersuchungen aber oft übersehen. In der Relativitätstheorie spielt die pragmatische Dimension, also die Beziehung des Forschers zu dem beobachteten Objekt, insoweit eine Rolle, als sich Zeiten, Längen und Massen in dem Maße verändern, in dem sich der betreffende Körper relativ zum Beobachter bewegt (vgl. Russel, 1986). Aus diesem Grunde sind die oben systematisch aufgeführten Elemente des Forschungsprozesses bei der Bewertung eines jeden Ergebnisses mit zu berücksichtigen.

Die folgende Übersicht verwendet allerdings gröbere Kategorien, die eine akzentuierende Zuordnung der in diesem Band vorliegenden Beiträge erlaubt. Sie ist überdies „genetisch“ gegliedert, vollzieht also verkürzt die Entwicklung der Forschungsgeschichte nach, bei der zunächst die Frage nach den Korrelaten der

AZ im Vordergrund stand, während die konzeptuelle Fortentwicklung sowie die Reflektion meßtechnischer Probleme erst später ins Blickfeld traten.

4. GEGENWÄRTIGE FORSCHUNGSSCHWERPUNKTE UND DIE BEITRÄGE DIESES BANDES

4.1 Korrelate der Arbeitszufriedenheit

4.1.1 Konsequenzen der Arbeitszufriedenheit

Im voraufgegangenen Rückblick war schon deutlich gemacht worden, daß im Zusammenhang der Human-Relations Forschungen der instrumentelle Gedanke (Steigerung der Produktivität, Senkung der Abwesenheits- und Kündigungsquoten durch Erhöhung der Arbeitszufriedenheit) von zentraler Bedeutung war.

Ließe sich Arbeitszufriedenheit als Mittel zum Zweck der Produktionssteigerung auffassen, würde das sicherlich zu einer erhöhten Akzeptanz des Untersuchungskonzeptes seitens von Unternehmensleitungen beitragen. Diese ist gegenwärtig weit geringer als von einer Reihe kritischer Autoren unterstellt wird (vgl. z.B. bei Neuberger, 1985b).

Eine solche instrumentelle Auffassung von AZ bedarf im Grunde dann keines elaborierten AZ-Konzeptes, wenn sich die erwarteten Beziehungen auch tatsächlich bestätigen lassen. Akzentuiert gesagt spielt es keine Rolle, *was* gemessen wird, wenn es nur gelingt, anhand der durchgeführten Messungen z.B. Leistung vorhersagen zu können. Dieses — für theoretisch wenig aufgearbeitete Gegenstandsbereiche typische — datengeleitete Vorgehen nennt Gigerenzer (1981) „Messen mit Werkzeugcharakter": der empirische Forschungsprozeß wird als Werkzeug verstanden, mit dem der Gegenstand erfaßt werden soll, wobei das Meßresultat in irreführender Weise gleichgesetzt wird mit dem Meßgegenstand. Die hier vorgeschlagene modelltheoretische Perspektive sieht den Forschungsprozeß dagegen als einen mehrstelligen Abbildungsprozeß, bei dem das erhaltene Ergebnis — analog etwa zur „Weltbildfunktion der Sprache" (Whorf) — wesentlich durch die verwendeten Methoden mitbestimmt wird.

Angesichts der Vielzahl und Widersprüchlichkeit der vorliegenden empirischen Überprüfungen dieser instrumentell interessierenden Zusammenhänge wurden in neuerer Zeit Meta-Analysen durchgeführt, die zum Ziel haben, einen verläßlichen Erkenntnisgewinn durch Zusammenfassung einer großen Zahl von Studien zu ermöglichen. Aus modelltheoretischer Perspektive bieten Metaanalysen zudem den Vorteil, daß — durch die Einbeziehung unterschiedlicher Meßverfahren als Operationalisierung der interessierenden Variablen in gemeinsame und spezielle Metaanalysen — der relative „Fehleranteil" einzelner Meßverfahren eingegrenzt werden kann. Eine besonders umfangreiche Metaanalyse, in die 90 Untersuchungen einbezogen wurden, legen Bernd Six und Andrea Eckes (in diesem Band) vor. Die im allgemeinen geringfügigen Korrelationen bestätigen die bekannten, im Sinne dieser instrumentellen Forschungsziele unbefriedigenden Ergebnisse vorangegangener Metaanalysen (z.B. Iaffaldano & Muchinsky, 1985).

Natürlich ist zu berücksichtigen, daß der Zusammenhang zwischen Zufriedenheit und Leistung aus theoretischer Perspektive kaum als linear bzw. direkt vorgestellt werden kann.

Einen bedeutsamen Schritt in Richtung Theorieentwicklung stellte das Modell von Porter und Lawler (1968) dar. Nach diesem ist grundsätzlich eher eine positive Wirkung der Leistung auf die Zufriedenheit als eine Förderung der Leistung durch die Zufriedenheit wahrscheinlich. Im günstigsten Falle ist von einer Kausalkette auszugehen, bei der (zumindest hohe Leistungsmotivation vorausgesetzt) bei erfolgreicher Leistung Zufriedenheit resultiert; diese kann dann als Verstärker für eine zukünftige Leistungsbereitschaft fungieren, aus der im positiven Fall wiederum Zufriedenheit folgt. Zentrale intervenierende Variable in diesem Modell ist allerdings zunächst das „Ausmaß an Fähigkeiten", eine Variable, die bei empirischen Analysen dieses Zusammenhangs in der Regel schon wegen der schwierigen Operationalisierung üblicherweise ausgelassen wird. Weiterhin ist im Falle einer extrinsischen Motivation auch tatsächlich eine Belohnung erforderlich, da Leistung selbst nur im Falle intrinsischer Motivation direkt befriedigt (vgl. im übrigen zu diesem Zusammenhang insbesondere v. Rosenstiel, 1977).

Korman (1968) sieht zudem einen weiteren Moderator in der Variable „Selbsteinschätzung". Bei hoher Selbsteinschätzung hält er eher eine positive Wirkung von Leistung auf die Zufriedenheit für wahrscheinlich, während er bei niedriger Selbsteinschätzung eher eine positive Wirkung der Zufriedenheit auf die Leistung vermutet.

Die komplexeren theoretischen Modelle können natürlich in Metaanalysen nicht angemessen berücksichtigt werden. Durch spezielle Metaanalysen, die sich nur auf Koeffizienten bei Vorliegen oder Nichtvorliegen einer Moderatorvariable beziehen, kann allerdings ein erster Eindruck gewonnen werden, ob durch die Berücksichtigung einzelner Moderatorvariablen der erwartete Zusammenhang enger wird oder nicht.

Durch die Einbeziehung von mehreren positiv ausgeprägten Moderatorvariablen in die Analyse gelingt den Autoren zwar eine gewisse Verbesserung des Ergebnisses von 3,2 % auf 4 % gemeinsamer Varianz, die allerdings den Erwartungen nicht zu entsprechen vermag.

Etwas günstigere Ergebnisse im Sinne eines „instrumentellen" Interesses an der AZ-Forschung zeigen jüngere Metaanalysen über den Zusammenhang von AZ und Kündigungen. Steel und Ovalle (1984) stellten eine korrigierte durchschnittliche Korrelation von –.31 zwischen Zufriedenheit mit der Tätigkeit selbst und Kündigungsverhalten fest. Ähnliche Ergebnisse zeigte die Metaanalyse von Carsten und Spector (1987), die darüber hinaus die moderierende Wirkung der Arbeitslosigkeit auf diesen Zusammenhang nachweisen konnten. Inhaltliche Aspekte der Berufstätigkeit, die Qualifikation für die Tätigkeit sowie das „commitment", also so etwas wie die Identifikation mit der Firma, stellen darüber hinaus wichtige Moderatorvariablen in der Beziehung zwischen AZ und Kündigung dar (vgl. Williams & Hazer, 1986; Six & Kleinbeck, 1989).

Die „Nützlichkeit" niedriger Kündigungsraten ist für das konkrete Unternehmen jedoch nicht allein eine Funktion der dadurch vermiedenen Einarbeitungskosten. Die Kündigungswahrscheinlichkeit und die mit Kündigungen verbundenen betrieblichen Kosten dürften bei sehr kompetenten Mitarbeitern, die über viele Alternativen verfügen, am größten sein. In die betrieblichen Statistiken gehen aber auch solche Kündigungen von Mitarbeitern als „freiwillig" ein, die einer Kündigung von seiten des Betriebes lediglich zuvorkommen wollen („Trennung in gegenseitigem Einvernehmen", vgl. hierzu Jackofsky, 1984). Das Interesse des Betriebes, etwa über Maßnahmen zur Steigerung der Arbeitszufriedenheit die Kündigungsrate zu senken, dürfte sich aber ausschließlich auf die erste Gruppe beziehen. So stellen sich die Fragen, wie angesichts der unzulänglichen Informationen zuverlässige empirische Ergebnisse erhältlich sein können und wie eine wirkungsvolle Personalpolitik aussehen soll.

Scott und Taylor (1985) stellten in ihrer Metaanalyse über Arbeitszufriedenheit und Abwesenheitshäufigkeit ebenfalls nur einen mäßigen Zusammenhang fest. Als Moderatorvariable scheint bei diesem Zusammenhang die „Absichtlichkeit" (Hackett & Guion, 1985) bzw. die perzipierte „Instrumentalität" (Quast & Kleinbeck, 1988) an Bedeutung zu gewinnen.

Metaanalysen leiden generell darunter, daß die Widersprüchlichkeit vieler Untersuchungen ebensogut methodischen Unzulänglichkeiten wie Stichprobenfehlern oder der Verwendung unterschiedlicher Meßinstrumente mit häufig unbekannter Reliabilität zugeschrieben werden können wie der Mangelhaftigkeit der aufgestellten Hypothese. Auch weitere Autoren verweisen auf die zentrale Bedeutung methodischer Details (unterstellte Linearität der Beziehungen, insbesondere aber die Unzulänglichkeit der Messung von Leistung, „freiwilliger Abwesenheit" oder Kündigung) bei der Analyse von Korrelaten der Arbeitszufriedenheit hin (Clegg, 1983; Schmidt et al., 1985).

Diese letzten Einwände betreffen darüberhinaus das Meßproblem, das wir oben als zentralen Aspekt der 3. semantischen Stufe gekennzeichnet haben. Auf diese werden wir noch im Abschnitt über die empirischen Konzepte weiter eingehen.

4.1.2 Determinanten der Arbeitszufriedenheit

Als Determinanten der Arbeitszufriedenheit sind ganz allgemein persönlichkeitsspezifische Merkmale einerseits, solche der Arbeitssituation andererseits sowie die spezifischen Interaktionen zwischen beiden Faktorengruppen zu berücksichtigen.

Bei den situativen Faktoren wird insbesondere seit der Herzberg-Theorie zwischen Faktoren des Arbeitskontextes (extrinsische oder Hygiene-Faktoren) und solchen des Arbeitskontents (intrinsische Faktoren oder Motivatoren) unterschieden. Die Faktoren des Arbeitskontextes bezeichnen die äußeren Umstände, unter denen die Arbeit durchgeführt werden muß (insbesondere Taktzeiten, das Vorgesetztenverhalten, Interaktions- und Kommunikationsmöglichkeiten am Arbeitsplatz, Aufstiegsmöglichkeiten und Bezahlung).

Demgegenüber beziehen sich die Faktoren des Arbeitskontents auf den Herausforderungscharakter der Arbeit selbst, die Möglichkeit, die eigenen Kenntnisse und Fähigkeiten in seiner Arbeit einsetzen und entwickeln zu können, auf betriebliche Entwicklungen und Entscheidungen Einfluß nehmen zu können etc..

Diese Unterscheidung ist insbesondere unter dem Begriffspaar „intrinsische vs. extrinsische" Arbeitsaspekte in der Forschung weitgehend etabliert, und es hat sich gezeigt, daß zwar grosso modo die intrinsischen Aspekte einen größeren Einfluß auf die Arbeitszufriedenheit haben als die extrinsischen Aspekte; dieser

Unterschied in der Wirkung ist aber abhängig von der Schichtzugehörigkeit bzw. der beruflichen Qualifikation der Befragten. In weniger qualifizierten Berufen gewinnen die Aspekte des Arbeitskontextes im Gegensatz zu den Besser-Qualifizierten erheblich an Gewicht (vgl. z.B. Gurin et al., 1960; Fischer, 1989).

Mit dieser Unterscheidung kommen schon personbezogene Determinanten der AZ ins Spiel, wobei gleichzeitig zu beachten ist, daß diese Variablen vom Forschungsinteresse her primär als Moderatoren zwischen Arbeitssituation und Arbeitszufriedenheit (aus welchem Grunde reagieren verschiedene Menschen auf dieselbe Situation unterschiedlich?) von Bedeutung sind.

Wenn man aber AZ als Kriterium für eine Optimierung der Arbeitssituation verwenden will, ist man zunächst auf die direkte Aussagekraft dieses Kriteriums angewiesen, da potentiell moderierende Persönlichkeitsfaktoren nicht immer ex ante bekannt sind. Dieses Problem wird deutlich im Fall der Gestaltung von Schichtplänen, die von Hiltraut Grzech-Sukalo, Friedhelm Nachreiner, Dieter Bonitz und Ina Hedden in diesem Band behandelt wird. Richtungweisende Erkenntnisse wären hier bei der Vielzahl der vorfindbaren oder denkbaren Schichtsysteme ein erheblicher Beitrag in Richtung auf eine Humanisierung der Arbeitswelt. Die Ergebnisse lassen den Schluß zu, daß allgemeine AZ zwar geeignet erscheint, fundamentale Unterschiede der Arbeitssituation (hier: Tagdienst vs. Schichtarbeit) widerzuspiegeln, eine weitere situationsspezifische Differenzierung aber nicht zu leisten in der Lage ist. Dieses Urteil wird tendenziell noch unterstützt durch das Ergebnis von Borg und Fritzsche (1988), nach dem direkte Allgemeinurteile zur Zufriedenheit stärker persönlichkeitsabhängig sind als Summenscores aus spezifischen Fragen. In solchen Fällen sollte — wie etwa auch von Fishbein und Ajzen (1975) vorgeschlagen — einer spezifischen Aspektmessung der Vorrang gegeben werden. Das bedeutet aber nicht, daß die Erfassung allgemeiner Arbeitszufriedenheit als wertlos anzusehen ist. Als globale Größe kann sie die Funktion eines „Rahmenkriteriums" übernehmen, an dem die relative Bedeutung spezifischerer Aspektzufriedenheiten gemessen werden kann.

Dies zeigt sich in der Untersuchung von Detlef Müller-Böling und Iris Ramme am Beispiel der Einführung von Datenverarbeitungssystemen im Betrieb. Unter anderem erscheint hier bedeutsam, daß im Laufe der fast zehnjährigen Spanne 1974–1983 die spezifischere Einstellung zur elektronischen Datenverarbeitung als Determinante der AZ an Gewicht erheblich gewonnen hat. Die allgemeine AZ dagegen erscheint nahezu unverändert. Als weitere wichtige zwischen Situation und AZ moderierende Variable stellen die Autoren die Partizipationswilligkeit der Mitarbeiter heraus. Ist sie stark ausgeprägt, weisen situative Merkmale der Arbeitssituation wie der Entscheidungsspielraum einen deutlich höheren Einfluß auf die AZ auf als im Falle geringer Partizipationswilligkeit. Die hier erkennbaren Wirkungen dieser Einstellung entsprechen denen, die im Modell von Hackman und Oldham (1976) dem subjektiven Entfaltungsbedürfnis unterstellt werden (vgl. hierzu Fischer & Eufinger in diesem Band). Man kann sicher annehmen, daß Personen mit einem größeren Entfaltungsbedürfnis auch eine größere Partizipationswilligkeit aufweisen. Angesichts der zahlreichen fehlgeschlagenen Versuche, dieses Modell zu bestätigen (vgl. zur Übersicht Gawelleck, 1987), kann man die hier aufgezeigte Bedeutung der Partizipationswilligkeit als einen Hinweis darauf auffassen, daß auf die konkrete Problemstellung hin spezifizierte personale Merkmale möglicherweise besser greifen als allgemeine Persönlichkeitsmerkmale, die primär auf die vorberufliche Sozialisation zurückführbar sind. Im Sinne unserer modelltheoretischen Perspektive ist im Hinblick auf die dargestellten Beiträge festzuhalten, daß ihr Zugang (Zielsetzung) grundsätzlich instrumenteller Natur ist und das Messen „mit Werkzeugcharakter" im Vordergrund stand.

4.2 Konzeptuelle Beiträge

In den Theorien der AZ wurde versucht, die Ursprünge und die Konsequenzen der Arbeitszufriedenheit in umfassenderen Zusammenhängen zu organisieren, als dies in den meist eindimensionalen Index-Messungen gelingen konnte.

Die sogenannten bedürfnistheoretischen Konzeptionen postulierten eine bestimmte Anzahl von menschlichen Bedürfnissen, die im Rahmen des Arbeitslebens befriedigt werden müßten (Herzberg u.a., 1959; Herzberg, 1966; Alderfer, 1972). Diese Konzeptionen werden im engeren Sinne derzeit nicht mehr diskutiert, wohl aber ein prominenter „Abkömmling" dieser Theorie, nämlich das Konzept von Hackman und Oldham (1975, 1976), das für Personen mit einem starken „Wachstumsbedürfnis" positive Reaktionen (hohe Arbeitsmotivation und -zufriedenheit) auf eine anfordernde Arbeitsplatzgestaltung vorhersagt, während von Personen mit einem geringen Wachstumsbedürfnis keine spezifische Reaktion erwartet wird.

Andere theoretische Konzeptionen, die als „Prozeßmodelle" bezeichnet werden (insbesondere Vroom, 1964; Porter & Lawler, 1968), betonen dagegen stärker die menschliche „Weltoffenheit", d.h. die Tatsache, daß die menschlichen Ansprüche weitgehend Resultate vorausgegangener Lernerfahrungen sind und somit durch vorberufliche und berufliche Erfahrungen wesentlich bestimmt werden. Voraussetzungen und Konsequenzen einer als gerecht empfundenen Arbeitssituation werden gegenwärtig insbesondere im Zusammenhang des „Equity"-Ansatzes (z.B. Adams, 1965; Weiner, 1980; Berkowitz et al., 1987; Greenberg, 1987) behandelt.

Im deutschen Sprachraum nahm die Diskussion des Anspruchsregulationsmodells von Bruggemann u.a. (1975) einen breiten Raum ein. Es geht davon aus, daß Individuen in recht unterschiedlicher Art und Weise mit den inneren Ansprüchen an die Arbeit angesichts der erfahrenen Realität umgehen. Im Falle erfüllter Ansprüche können sie etwa ihr Anspruchsniveau beibehalten (Stabilisierte AZ) oder aber auch erhöhen (Progressive AZ). Werden die Ansprüche dagegen nicht erfüllt, sind vier unterschiedliche Formen der AZ vorgesehen, die — in Abhängigkeit davon, ob eine „autoplastische" oder „alloplastische" Anpassung erfolgt — von der Resignativen Arbeitszufriedenheit bis zur Konstruktiven Arbeitsunzufriedenheit reichen (zur näheren Erläuterung vgl. Büssing in diesem Band).

Die gegenwärtig meist schulbuchartig dargestellten Modelle der AZ kranken an mehreren Defiziten, von denen zwei in Beiträgen dieses Bandes behandelt werden:

- Die oben erwähnte „Interaktion" zwischen Person und Arbeitssituation wird nur in dem statischen Sinn des „Aufeinandertreffens" von Person und Situation verstanden, wobei beide Faktoren als konstante, sich nicht verändernde Elemente verstanden werden.

André Büssing versucht in seinem Beitrag hier eine neue Perspektive zu eröffnen. Er moniert das fehlende Verständnis für den Prozeß der Arbeit als „transaktionales" Geschehen, bei dem sich die Umwelt ebenso wie die Person verändert. Unter Rückgriff auf die Tätigkeitstheorie von Leontjew (1977, 1982) und durch eine Explikation der Begriffe Anspruchsniveau, erlebte Situationskontrolle, empfundene AZ und Ambivalenz, entwickelt er eine gegenüber dem Bruggemann-Modell differenziertere Typologie der Arbeitszufriedenheit, bei der einerseits das personspezifische Anspruchsniveau nicht nur mit den äußeren Arbeitsbedingungen, sondern auch mit den von der Organisation vorgegebenen Auftragszielen konfrontiert wird. Aus diesen *Soll-Ist*-Vergleichen können unterschiedliche Formen der Zufriedenheit bzw. Ambivalenz „folgen" sowie — je nach wahrgenommener Situationskontrolle — wiederum eine Verschiebung des Anspruchsniveaus.

– Keines der verschiedenen theoretischen Modelle konnte bisher empirisch in befriedigendem Maße bestätigt werden.

Dies mag auch an der geringen Situationsbezogenheit dieser Konzepte liegen, die — wie Fischer und Eufinger zeigen — zumindest operational statt einer situationsbezogenen „Resignation" eher eine kulturell bzw. in der vorberuflichen Sozialisation vermittelte Distanz gegenüber einer (meist wenig anregenden) Arbeit erfassen. Bei der Betrachtung des Verhältnisses der Theorieebene zur operationalen Ebene muß betont werden, daß ein erheblicher Teil der empirischen AZ-Forschung nicht an einem theoretischen Modell orientiert ist. Die Verbreitung ursprünglich theoriefreier Verfahren wie des ABB (Neuberger, 1976) sowie der SAZ (Fischer/Lück, 1972) begünstigten eine Auffassung, daß AZ-Skalen über genügend „face-validity" verfügten, die einer weiteren theoretischen Untermauerung nicht bedürften (Messen mit Werkzeugcharakter). Gleichzeitig zeigte sich, daß theorieorientierte Verfahren wie das von Bruggemann u.a. (1975, vgl. Neuberger & Allerbeck, 1978; Fellmann, 1980), aber auch das von Hackman und Oldham (1975/76, vgl. zur Übersicht Gawelleck, 1987) zumindest nicht in vollem Umfange die theoretisch formulierten Sätze zu erfassen in der Lage waren. Dieses problematische Verhältnis von theoretischem Konzept und operationaler Ebene (Korrespondenzproblem) wird von Fischer und Eufinger untersucht. Dieser Aspekt ist umso bedeutungsvoller, als die Frage angemessener Moderatoren auf der Seite der Determinanten wie auf der Seite der zu prognostizierenden Variablen von ausschlaggebender Bedeutung ist.

Ein erheblicher Teil der empirischen Fehlschläge in der Arbeitszufriedenheitsforschung ist auch der unzulänglichen Meßmethode zuzuschreiben. Mit wenigen Ausnahmen sind fast alle Meßinstrumente nach den Prinzipien der klassischen Testtheorie (KTT) entwickelt worden, deren theoretischer und praktischer Wert seit etwa zwei Jahrzehnten recht umstritten ist. Ekkehard Stephan bringt hier eine an den probabilistischen Meßtheorien orientierte kritische Reflektion von Meßverfahren der klassischen Testtheorie anhand des Beispiels der SAZ vor. Zur Verdeutlichung der praktischen Relevanz dieses Problems verweist er in seinem Beitrag darauf, daß Fragen wie: „Sinkt durch die Einführung von Bildschirmarbeitsplätzen die AZ der älteren Sekretärinnen stärker als die der jüngeren Sekretärinnen?" bei Verwendung von Skalen, die entsprechend der KTT entwickelt worden sind, nicht schlüssig beantwortet werden können. Die Verwendung der KTT hat darüber hinaus für die Entwicklung und Überprüfung von Theorien einschneidende Beschränkungen zur Folge. Die Position des Autors besagt, daß die bislang durchgeführten Prüfungen von theoretischen Modellen möglicherweise deshalb wenig fruchtbar waren, weil die meßtechnischen Voraussetzungen nicht erfüllt wurden. Deshalb könnten positive Ergebnisse nicht für und negative Ergebnisse nicht gegen eine Theorie sprechen. Versuche einer empirischen Prüfung ähneln unter diesen Bedingungen dem Schattenboxen.

Die Vor- und Nachteile probabilistischer Meßmodelle und ihrer Anwendung auf die nach der KTT entwickelten Skala zur Messung von AZ (SAZ) werden von Ekkehard Stephan in seinem Beitrag eingehend diskutiert.

Eine ganz andere Vorgehensweise wird bei Thomas Staufenbiel und Ingwer Borg erkennbar. Sie stellen ein idiographisches Verfahren zur Messung von Arbeitswerten und Arbeitszufriedenheit dar. Theoretischer Ausgangspunkt dieses Verfahrens ist, daß das Ausmaß realisierter Wertvorstellungen die Zufriedenheit bestimmt. Dieses Modell ist in mehrfacher Hinsicht interessant. Hinsichtlich der semantischen Dimension des Forschungsprozesses kann man feststellen, daß dieses Meßverfahren im Sinne der Meßtheorie die bislang am meisten befriedigende Lösung darstellt. Zunächst sind die auf Paarvergleichen basierenden Präferenzurteile psychologisch bedeutsamer als die ansonsten üblicherweise verwendeten Ratings, da auch bei handlungsrelevanten Alltagsentscheidungen normalerweise eine Entscheidung zwischen konkreten Alternativen gefunden werden muß, während die Zuordnung von Werturteilen etwa zu bestimmten Aspekten des Arbeitslebens mehr Unverbindlichkeit und unreflektierte Impulsivität zuläßt. Das Meßverfahren „kontrolliert" zudem die Konsistenz und Logik des Urteilsverhaltens (Transitivität), deren Verletzung nun nicht mehr nur eine unvermeidliche, dem menschlichen Urteilsprozeß notwendig inhärente „Fehlervarianz" darstellt, sondern eine psychologische Beurteilung des Urteilsverhaltens zuläßt.

Dieses Modell bietet zudem eine ganze Reihe von Anhaltspunkten für theoriebezogene Fortentwicklungen des AZ-Konzeptes. Wegen seiner Individuenzentrierung eignet sich dieses Verfahren insbesondere für die Personalauswahl sowie die Personalentwicklung bzw. Karriereplanung.

4.3 Untersuchungen im Betrieb

Allen betriebsübergreifenden Untersuchungen über Korrelate der AZ haftet neben den Meßproblemen darüberhinaus das Manko an, daß jeder Meßprozeß in einem Betrieb einen sozialen Prozeß darstellt, der eine eigene Dynamik entwikkelt. Bei der Beurteilung von Ergebnissen der AZ-Forschung werden allerdings die betriebspolitischen Voraussetzungen, unter denen solche Forschungen überhaupt zustande kommen, praktisch nie gewürdigt. Die Relevanz dieser Fragestellung kann daran abgelesen werden, daß Mitarbeiterbefragungen zur AZ in Betrieben nur in relativ seltenen Fällen möglich sind. Nach unseren Erfahrungen kommen auf eine durchgeführte Untersuchung etwa fünf Ablehnungen, weil entweder Unternehmensleitung oder Betriebsrat die Durchführung einer solchen Untersuchung nicht genehmigen. Zudem ist das durchschnittliche Interesse an solchen Untersuchungen aus der Sicht der wissenschaftlichen Forschung primär auf „fortschrittliche" Unternehmen beschränkt. Angesichts dieses selten thematisierten Tatbestands stellt sich die Frage nach der Repräsentativität der bislang in den Organisationswissenschaften berichteten Ergebnisse. Darüber hinaus ist z.B. die Äußerung von Zufriedenheit auch im Alltag ein zwar übliches Verhalten, das aber von kaum einem der Beteiligten in einem unreflektierten Sinn verstanden wird. Die Frage nach dem gegenwärtigen subjektiven Befinden des anderen gehört zwar zu den konventionellen Höflichkeitsfloskeln, aber gerade aus diesem Grunde gerät die Versicherung des Wohlergehens zu einem ebenso konventionellen Antwortritual ohne intentionalen Sinn. Die Bereitschaft des Befragten, gegebenenfalls Unangenehmes wie ein „schlechtes Befinden" zu äußern, kann bei dem „richtigen" Adressaten Interesse, Mitgefühl und u. U. sogar Hilfeleistung provozieren. Wird die gleiche Äußerung über mangelndes Wohlbefinden gegenüber „falschen" Adressaten geäußert, dann kann es sein, daß der Befragte als „Nörgler", als „Klageweib" oder als jemand verstanden wird, der selber mit seinem Leben nicht richtig klarzukommen in der Lage ist.

Es gibt keinen Anlaß zu vermuten, daß die subjektiven Deutungsmuster der Befragten im Falle einer Befragung zur Arbeitszufriedenheit anders strukturiert sind als bei dem konventionellen Alltagsverhalten. Diese Tatsache führte zu der Formulierung von Gebert (1983), daß Arbeitszufriedenheit „hergestellt" würde, d.h. also daß die Qualität der Äußerungen immer auch ein Produkt der Befragungssituation sei. Dieses Problem wie auch das Problem der betriebspolitischen Voraussetzungen von Mitarbeiterbefragungen wird von Lorenz Fischer aus einer methodologischen Sicht im Sinne von Regelmäßigkeiten des Befragtenverhaltens generalisierend beleuchtet.

Die Durchführung einer Befragung in einem Betrieb stellt einen sozialen Prozeß dar, der sich gewissermaßen im sozialen Spannungsfeld von Kapital und Arbeit abspielt, und in seinen Konsequenzen weit über die reine „Datenbeschaffung" hinausgeht. Bei der Durchführung von Mitarbeiterbefragungen und wissenschaftsorientierten Untersuchungen wird über das Geschehen im Forschungsfeld nur sehr selten genaueres berichtet. Meistens beschränken sich die Darstellungen hier auf die verwendeten Methoden/Instrumente und eine kurze Beschreibung der Stichprobe. Der Beitrag von Gerd Wiendieck und Peter Maas stellt demgegenüber eine theoretisch reflektierte Beschreibung eines — auf einer Mitarbeiterbefragung beruhenden — Beratungsprozesses dar. Hier zeigte sich ein Grundproblem praktischer Interventionen in Organisationen: der Prozeß psychologischer Unternehmensberatungen kann eigenständige Wirkungen auslösen, die in ihrer Bedeutung oft über das hinausgehen, was an Revisionsvorschlägen aufgrund der numerischen Ergebnisse von Mitarbeiterbefragungen entwickelt werden kann. Im vorliegenden Fall war eine unternehmenspolitisch gespannte Situation gegeben, bei der sich die Mitarbeiterbefragung gewissermaßen als Katalysator bemerkbar machte, wobei für beide Seiten — Unternehmensleitung wie Mitarbeiter — Probleme formulierbar bzw. abgrenzbar wurden, die vorher lediglich bedrohlich undeutliche Konturen hatten.

Es gibt mittlerweile eine ganze Reihe alternativer Instrumente zur Messung von Arbeitszufriedenheit. Die Entscheidung zwischen diesen Alternativen wird nicht unbedingt aufgrund problembezogener Kriterien gefällt, insbesondere angesichts der Tatsache, daß sich diese Instrumente hinsichtlich der klassischen Gütekriterien nicht wesentlich unterscheiden. Detlef Müller-Böling stellt in seinem Beitrag einen Anforderungskatalog an Meßinstrumente zusammen, der deren Nutzungsmöglichkeiten für die betriebliche Praxis optimieren soll. Anschließend führt er in exemplarischer Weise eine Beurteilung von zwei AZ-Tests anhand der von ihm entwickelten Kriterien durch.

LITERATUR

Adams, J.S. (1965). Inequity in social exchange. In L. Berkowitz, (Ed.), *Advances in experimental social psychology* (Vol 2., pp. 267–299). New York, London: Academic Press.

Alderfer, C.P. (1972). *Existence, relatedness, and growth. Human needs in organizational seitings.* New York, London.

Babbage, Ch. (1832). *On the economy of machinery and manufactures.* London.

Berkowitz, L., Fraser,C., Treasure, F.P. & Cochran,S. (1987). Pay, equity, job gratifications, and comparisons in pay satisfaction. *Journal of Applied Psychology, 72*(4), 544–551.

Borg, I. & Fritzsche, Th. (1988). Persönlichkeitsbedingte Unterschiede bei direkten und summierten Schätzungen der Arbeitszufriedenheit. *Zeitschrift f. Arbeits- u. Organisationspsychologie, 32*(1), 34–39.

Brayfield, A.H. & Crockett, W. (1955). Employee attitudes and employee performance. *Psychol. Bull., 52,* 396–424.

Bruggemann, A. et al. (1975). *Arbeitszufriedenheit.* Bern: Huber.

Carsten, J.M. & Spector, P.E. (1987). Unemployment, job satisfaction, and employee turnover: a meta-analytic test of the Muchinsky model. *Journal of Applied Psychology, 72*(3), 374–381

Clegg, Chr.W. (1984). The derivation of job designs. *Journal of Occupational Behaviour, 5,* 131–146.

deMan, H. (1927). *Der Kampf um die Arbeitsfreude.* Jena: Diederichs.

Euler, H.P. (1977). *Das Konfliktpotential industrieller Arbeitsstrukturen:Analyse der technischen und sozialen Ursachen.* Opladen: Westdeutscher Verlag.

Fellmann, U. (1980). *Zur Differenzierung qualitativ unterschiedlicher Formen der Arbeitszufriedenheit.* Lizentiatsarbeit, ETH Zürich.

Fischer, L. (1989). *Strukturen der Arbeitszufriedenheit. Zur Analyse individueller Bezugssysteme.* Göttingen: Hogrefe.

Fischer, L. & Lück, H.E. (1972). Entwicklung einer Skala zur Messung von Arbeitszufriedenheit (SAZ). *Psychol. u. Praxis, 16,* 64–76.

Fishbein, M. & Ajzen, I. (1975). *Belief, attitude, intention and behavior: An introduction to theory and research.* Reading, Mass.: Addison-Wesley.

Gawelleck, U. (1987). *Erkenntnisstand, Probleme und praktischer Nutzen der Arbeitszufriedenheitsforschung.* Frankfurt/M.: Peter Lang.

Gebert, D. (1983). Arbeitszufriedenheit messen: So weiterwursteln wie bisher? *Zeitschrift für Organisationsentwicklung, 2,* 35–46

Gerhart, B. (1987). How important are dispositional factors as determinants of job satisfaction? Implications for job design and other personnel programs. *Journal of Applied Psychology, 72*(3), 366–373.

Gigerenzer, G. (1981). *Messung und Modellbildung in der Psychologie.* München/Basel: UTB.

Greenberg, J. (1987). A taxonomie of organizational justice theories. *Academy of Management Review,* 12(1), 9–22.

Gurin, G. et al. (1960). *Americans view their mental health.* New York.

Hackett, R.D. & Guion, R.M. (1985). A reevaluation of the absenteeism-job satisfaction relationship. *Organizational Behavior and Human Decision Processes, 35,* 340–381.

Hackman, I.R. & Oldham, G.R. (1975). Development of the job diagnostic survey. *J. of Appl. Psychol., 60*(2), 159–170.

Hackman, I.R. & Oldham, G.R. (1976). Motivation through the design of work: Test of a theory. *Organizat. Beh. a. Hum. Perform.*, *16*, 250–279.

Hertog, F.J. den (1978). *Arbeitsstrukturierung*. Bern: Huber.

Herzberg, F. (1966). *Work and the nature of man*. New York: Cleveland.

Herzberg, F. et al. (1957). Job attitudes: Review of research and opinion. *Psychological Service of Pittsburgh*, Pittsburgh.

Herzberg, F. et al. (1959). *The motivation to work*. New York: Wiley & Sons.

Howard, J.H.,Cunningham, D.A. & Rechnitzer, P.A. (1986). Reie ambiguity, type A behavior, and job satisfaction: Moderating effects on cardiovascular and biochemical responses associated with coronary risk. *Journal of Applied Psychology, 71*(1), 95–101.

Iaffaldano, M.T. & Muchinsky, P.M. (1985). Job satisfaction and job performance: A meta-analysis. *Psychological Bulletin, 97*, 251–273.

Jackofsky, E.F. (1984). Turnover and job performance: An integrated process model. *Academy of Management Review, 9*(1), 74–83.

Korman, A.K. (1968). Task success, task popularity, and self-esteem as influences on task liking. *Journal of Applied Psychology, 52*, 484–490.

Leontjew, A.N. (1982). *Tätigkeit, Bewußtsein, Persönlichkeit*. Köln: Pahl-Rugenstein.

Levenstein, A. (1912). *Die Arbeiterfrage: Mit besonderer Berücksichtigung der sozialpsychologischen Seite des modernen Großbetriebes und der psychophysischen Einwirkungen auf die Arbeiter*. München: Reinhardt.

Meyer, W.H. (1982). *Arbeitszufriedenheit — Ein interessantes Mißverständnis*. Westdeutscher Verlag.

Neuberger, O. (1976). Der Arbeitsbeschreibungsbogen. Ein Versuch zur Messung von Arbeitszufriedenheit. *Problem u. Entscheidung, 15*, 1–169.

Neuberger, O. (1985a). *Arbeit*. Enke-Verlag, Stuttgart.

Neuberger, O. (1985b). Arbeitszufriedenheit: Kraft durch Freude oder Euphorie im Unglück? *Die Betriebswirtschaft, 45*, 184–206

Neuberger, O. & Allerbeck, M. (1978). *Messung und Analyse von Arbeitszufriedenheit*. Bern: Huber.

Porter, L.W. & Lawler, E.E. (1968). *Managerial attitudes and performance*. Homewood (Ill.)

Quast, H.H. & Kleinbeck, U. (1988). Motivationale Determinanten des Absentismus. In W. Schönpflug (Hrsg.), *Bericht über den 36. Kongreß der Deutschen Gesellschaft für Psychologie in Berlin 1988*. Göttingen: Hogrefe.

Rosenstiel, L.v. (1977). Arbeitsleistung und Arbeitszufriedenheit: Zur Frage der Korrelation und der Kausalität. In J. Gohl (Hrsg), *Arbeit im Konflikt. Probleme der Humanisierungsdebatte*. München: Goldmann.

Russel, B. (1986). *Das ABC der Relativitätstheorie*. Reinbek: Rowohlt.

Schmidt, F.L., Hunter, J.E., Pearlman, K. & Rothstein-Hirsch, H. (1985). Forty questions about validity generalization and meta-analysis. *Personnel Psychology, 38*, 697–798.

Schulte, W. & Winck, P. (1985). *Innovationsmanagement, Bd.I: Produktfindung*. Essen: Frase.

Scott, K.D. & Taylor, G.St. (1985). An examination of conflicting findings on the relationship between job satisfaction and absenteeism: A meta-analysis. *Academy of Management Journal, 28*(3), 599–612.

Seashore, S.E. & Taber, T.D. (1976). Job satisfaction indicators and their correlates. In A.D. Bidermann et al. (Eds.), *Measuring work quality for social reporting* (pp. 89–124). New York.

Six, B. & Kleinbeck, U. (1989). Arbeitsmotivation und Arbeitszufriedenheit. In E. Roth (Hrsg.), *Enzyklopädie der Psychologie, Bd. D III/3, Organisationspsychologie* (S. 348–398). Göttingen: Hogrefe.

Stachowiak, H. (1973). *Allgemeine Modelltheorie.* Wien/New York: Springer.

Staw, B.M & Ross, J. (1985). Stability in the midst of change: a dispositional approach to job attitudes. *Journal of Applied Psychology, 70*(3), 469–480

Steel, R.P. & Ovalle, N.K. (1984). A review and meta-analysis of research on the relationship between behavioral intentions and employee turnover. *Journal of Applied Psychology, 69* (4), 673–686.

Tetrick, L.E. & LaRocco, J.M. (1987). Understanding, prediction, and control as moderators of the relationships between perceived stress, satisfaction, and psychological well-being. *Journal of applied Psychology, 72*(4), 538–543.

Ure, A. (1959). Soziale Auswirkungen der industriellen Arbeitsteilung. In F. Fürstenberg (Hrsg.), *Industriesoziologie I.* Darmstadt.

Volpert, W. & Groskurth,P. (1975). Die Lohnarbeitswissenschaft und die Psychologie der Arbeitstätigkeit. In P. Groskurth & W. Volpert, *Lohnarbeitspsychologie. Berufliche Sozialisation: Emanzipation zur Anpassung.* Frankfurt a.M.: Fischer Tb.

Vroom, V.H. (1964). *Work and motivation.* New York: Wiley & Sons.

Walter-Busch, E. (1977). *Arbeitszufriedenheit in der Wohlstandsgesellschaft.* Bern: Paul Haupt Verlag.

Weber, M. (1924). *Gesammelte Aufsätze zur Soziologie und Sozialpolitik.* Mohr: Tübingen.

Weiner, N. (1980). Determinants and behavioral consequences of pay satisfaction: A comparison of two models. *Personnel Psychology, 33,* 741–757

Wiendieck, G. (1977). Arbeitsleistung und Arbeitszufriedenheit — Eine kritische Übersicht. *Gruppendynamik, 8,* 415–430.

Wiendieck, G. (1980b). Arbeitszufriedenheit: Ein Kunstprodukt der Sozialforschung? In W. Bungard (Hrsg.), *Die „gute" Versuchsperson denkt nicht.* München.

Williams, L.J. & Hazer, J.T. (1986). Antecedents and consequences of satisfaction and commitment in turnover models: A reanalysis using latent variable structural equation methods. *Journal of Applied Psychology, 71* (2), 219–231.

Wiswede, G. & Wiendieck, G. (1984). Arbeitszufriedenheit — Trugbild oder Realität? In H. Schuler (Hrsg.), *Hohenheimer Gespräche zur Organisationspsychologie* (Bd. 1). Göttingen: Hogrefe.

KORRELATE DER ARBEITSZUFRIEDENHEIT

Der Zusammenhang von Arbeitszufriedenheit und Arbeitsleistung — Resultate einer metaanalytischen Studie

Bernd Six und Andrea Eckes

1. DER LANGE ABSCHIED VON EINER ALTEN BEZIEHUNG

Die über 50-jährige Geschichte der Forschungen auf dem Gebiet der Arbeitszufriedenheit ist auch die Geschichte des Bedarfs der Praxis an Ergebnissen der Forschung. Bei aller Vielfalt der auf diesem Gebiet entwickelten Fragestellungen blieb es ein Hauptinteresse der Praktiker, einen brauchbaren Indikator für Arbeitsleistungen zu erhalten, der schnell, einfach und billig zu erhalten war. Beinah prototypisch bot sich das Konzept der Arbeitszufriedenheit an, das sich, auf den Ergebnissen der Einstellungsänderungs-Forschung basierend, in der gewünschten Richtung verändern ließe. Die Voraussetzungen schienen mit wachsendem Forschungsumfang nicht schlecht zu sein: In zahlreichen Bibliographien waren die Ergebnisse der Arbeitszufriedenheitsforschung hinreichend gut dokumentiert (vgl. beispielsweise die umfangreiche Bibliographie von Walsh & Birkin, 1979), die Erfassung dieser Variablen bereitete meßtechnisch kaum Probleme, wie die Kompendien zur Messung der Arbeitszufriedenheit zeigen (vgl. beispielsweise die Zusammenstellung von Maßen und Meßinstrumenten bei Cook et al., 1981) und auch das breitgefächerte Angebot an Theorien (Six & Kleinbeck, 1989) bot optimale Voraussetzungen zur Lösung der mehr oder weniger explizit gestellten Nachfrage seitens der Praktiker nach der Prädiktorleistung der Variablen Arbeitszufriedenheit für das Kriterium der Arbeitsleitung.

Anhand einer Grobklassifikation lassen sich drei Trends unterscheiden, die zwar zu einer immer adäquateren Einschätzung der Kernproblematik führen, sich gleichzeitig jedoch immer weiter von der anfänglichen Fragestellung entfernen:

1) Das langanhaltende Interesse an der Ermittlung des korrelativen Zusammenhangs zwischen Arbeitszufriedenheit und Arbeitsleistung mit der Erwartung einer hohen Übereinstimmung war nicht zuletzt dadurch begründet, hohe gemeinsame Varianzanteile in beiden Variablen zu finden, die auf Begründungszusammenhänge in der erwünschten Richtung hoffen ließen.

2) Daß dieses Forschungsprogramm scheiterte, belegt auch die vorliegende Meta-Analyse eindrucksvoll und macht auch deutlich, was die Intention des sich daran anschließenden Trends war: die Ermittlung von Moderatoren, deren Aufdeckung dann doch, wiewohl unter modifizierten Bedingungen, eine maximale Konsistenz zwischen Arbeitszufriedenheit und Arbeitsleitung erwarten lassen konnte. Die Ergebnisse, auch der hier vorliegenden Untersuchung, zeigen, daß die Suche nach Moderatoren eine zwar sinnvolle und erfolgversprechende Arbeit ist, allerdings nur dann, wenn die Fragestellung dahingehend verändert wird, daß nicht mehr nach einer globalen Konsistenz zwischen beiden Variablen gesucht wird, sondern nach den Bedingungen, die eine derartige Beziehung optimieren.

3) Der dritte Trend ist durch die Verwendung kausaler Modelle gekennzeichnet (James & James, 1989), die die Fragestellung nach dem Zusammenhang von Arbeitszufriedenheit und Arbeitsleistung auf das eigentliche Problem der Vorhersage von Arbeitsleistung oder Arbeitsverhalten hin modifizieren (vgl. Six & Kleinbeck, 1989). Die Konsequenz der so veränderten Problematik besteht vor allem darin, daß Arbeitszufriedenheit nur noch einer von mehreren Prädikatoren ist. Die Konsequenz einer sich so entwickelnden Forschung besteht zum einen darin, daß die Rolle des Konzepts Arbeitszufriedenheit marginalisiert wird, weil es noch weitere Prädikatoren der Arbeitsleistung gibt, die sowohl persönlichkeitsspezifische, arbeitsplatzspezifische und firmenspezifische als auch soziale und gesamtgesellschaftliche Bedingungen (wie z. B. die Arbeitsmarktsituation) beinhalten und die so zu einer „Marginalisierung" der Rolle der Arbeitszufriedenheit führen. So verliert zwar Arbeitszufriedenheit als Konzept seinen prominenten Rang, bleibt aber nach wie vor relevant und unverzichtbar.

2. ARBEITSZUFRIEDENHEIT UND ARBEITSLEISTUNG: EIN ERGEBNISBERICHT

Seitdem im ersten umfangreicheren Sammelreferat über den Zusammenhang von Arbeitszufriedenheit und Arbeitsleistung von Brayfield und Crockett (1955) festgestellt wurde, daß es zwischen diesen beiden Maßen—kontraintuitiv—so gut wie keine Beziehung gibt und damit sowohl bei Theoretikern wie Praktikern Halbtrauer über die mangelnde Kovariation von zwei Variablen ausbrach, hat es nicht an Versuchen gefehlt, dieses wenig wünschenswerte Ergebnis zu korrigieren. Herzberg et al. (1959) kommen zwar zu einer positiveren Bilanz, legen aber auch weniger strenge Maßstäbe bei der Auswertung der Untersuchungen an: „Eine Zählung der Untersuchungen, in denen der Effekt der Einstellungen auf die Produktivität gemessen wurde, zeigt, daß in 54% der berichteten Untersuchungen hohe Zufriedenheit mit hoher Leistung verbunden war; in 35% waren Zufriedenheit und Leistung nicht verbunden; in 11% war hohe Zufriedenheit mit niedriger Leistung verbunden" (zit. nach v. Rosenstiel, 1975, 385). Revidiert werden mußte diese eher positive Bilanz jedoch im Anschluß an die Auswertung der 20 Arbeiten, die Vroom (1964) vorlegte und der lapidar feststellte: „Es gibt keine einfache Beziehung zwischen Arbeitszufriedenheit und Arbeitsleistung. Die Korrelationen zwischen diesen Variablen variieren innerhalb eines extrem weiten Bereichs und die medianisierte Korrelation von .14 hat wenig theoretische oder praktische Bedeutung" (Vroom, 1964, 186). Arbeiten, wie die von Neuberger (1974) belegen diese minimale Beziehung. Die Meta-Analyse von Iaffaldano und Muchinsky (1985) kommt nach einer Auswertung von 76 Studien zu einer gemittelten Korrelation von .146 und bestätigt geradezu peinlich genau den Wert von Vroom (1964). Dennoch scheinen die Versuche nicht abzureißen, den Nachweis einer höheren Übereinstimmung zu führen. Petty et al. (1984) kommen nach einer Meta-Analyse auf der Basis von 16 Studien zu einem minderungskorrigierten Wert von .31, der sich auf die Übereinstimmung zwischen allgemeiner Arbeitszufriedenheit und Arbeitsleistung bezieht. Guzzo et al. (1987) sehen sich wegen dieser Divergenz dazu veranlaßt, die Ergebnisse von Meta-Analysen stark in Zweifel zu ziehen.

Dabei übersehen die Autoren, daß der eigentliche Vergleichswert aus der Meta-Analyse von Iaffaldano und Muchinsky (1985), der sich ebenfalls auf die Übereinstimmung von allgemeiner Arbeitszufriedenheit und Arbeitsleistung bezieht, .29 beträgt, allerdings weder in den Tabellen noch im Abstract oder der Diskussion mitgeteilt wird, sondern eher „versteckt" im laufenden Text zu finden ist (vgl. hierzu auch Hunter & Hirsch 1987). Die Ergebnisse der hier darzustellenden Meta-Analyse sind der Versuch einer Validierungsstudie, die sich auf insgesamt 90 Publikationen stützt und ist damit der Versuch einer Überprüfung der Zusammenhänge auf einer in dieser Datenbreite noch nicht vorgenommenen Analyse, die zu einer endgültigen Klärung der Diskussion um die Kovariation von Arbeitszufriedenheit und Arbeitsleistung beitragen soll.

Es wäre dennoch voreilig, allein deshalb Untersuchungen zum Zusammenhang zwischen Arbeitszufriedenheit und Arbeitsleistung für nicht mehr sinnvoll zu halten, weil die bisherigen Arbeiten eher deprimierend und dem intuitiven Verständnis eher entgegengesetzt nur geringe Kovariationen gefunden haben. Prinzipiell sprechen jedoch zwei Gründe gegen eine derartige Entscheidung:

1) Aus einer meßtheoretischen Perspektive sind nach wie vor die minimalen Reliabilitäten der AZ-Maße und der Leistungsmaße zu beklagen. Darüberhinaus werden nur allzuhäufig den globalen Maßen der AZ sehr spezifische Leistungsmaße gegenübergestellt, d.h. AZ und Leistungsmaße werden auf einem kaum miteinander zu vereinbarenden Spezifitätsniveau gemessen. Die „maßgeschneiderte" Erhebung der AZ mit bezug auf den entsprechenden Leistungsaspekt wären hier erste Schritte zur partiellen Verbesserung der Übereinstimmung. Außerdem führt die Erhebung von Gruppendaten anstelle von Individualdaten in der Regel zur Minimierung der Relation von AZ und Arbeitsleistung, so daß eine individuelle AZ-Leistungsmessung das angemessenere Erhebungsdesign wäre, bei der dann auch situativen Einflüssen und Moderator-Effekten größere Aufmerksamkeit geschenkt werden könnte.
2) Folgt man der Meta-Analyse von Hunter und Hunter (1984) zur Untersuchung der Prädiktoren zu „job performance", so wird deutlich, daß es eine Vielzahl von Prädiktoren außer der AZ gibt. Dies würde zwar einerseits die Rolle der AZ als Prädiktorvariable „marginalisieren" und sie so nur zu einer unter mehreren Prädiktoren von Arbeitsleistung machen, andererseits würden derartige Dependenzanalysen den Stellenwert der AZ als leistungsfähigen Prädiktorem im Kontext weiterer Variablen konkretisieren.

3. DIE META-ANALYSE ALS NEUE INTEGRATIONSMETHODE DER FORSCHUNG

Die Meta-Analyse als Form der Sekundäranalyse ist primär ein Verfahren zur Integration vorliegender Forschungsbefunde, wobei sie entweder auf Rohdaten oder auf die Analyse der Resultate der Primäranalysen zurückgreifen, wie dies z.B. von Glass (1976, 1978) vorgeschlagen wird, dessen Konzeption ein kompensatorisches Modell zugrunde liegt, welches annimmt, daß sich Schwächen einzelner Studien (z.B. in Stichprobenziehung, Meßinstrumenten, statistischer Analyse, usw.) durch Kombination mit anderen Studien ausgleichen lassen. Auf eine Darstellung der technischen Details soll hier nicht weiter eingegangen werden, da sie umfangreich dokumentiert sind (u.a. Fricke & Treinies, 1985; Glass et al., 1981; Hunter et al., 1982; Rosenthal, 1984, 1986; Sackett et al., 1985; Schmidt et al., 1985). In der Regel wird jede im Sinne der Fragestellung relevante und publizierte Arbeit in die Meta-Analyse aufgenommen, so daß letztendlich der Autor einer Meta-Analyse die Anzahl der zu diesem Thema vorliegenden Literatur bestimmt (Bengel & Wittmann, 1982, p. 29).

Die fast ausschließlich verwendeten korrelativen Studien zum Zusammenhang von Arbeitszufriedenheit und Arbeitsleistung verwenden als Kennwert zur Bestimmung des linearen Zusammenhangs den gegenüber Maßstabsveränderungen der zugrundeliegenden Variablen invarianten Produktmoment-Korrelationskoeffizient. Zur Charakterisierung der Effektstärke in Korrelationsstudien dient der Populationskorrelationskoeffizient p. Zum Zwecke einer integrativen Aussage kann man nach Glass (1978, p. 372ff) und Glass et al. (1981, p. 147f.) über die k unabhängigen Untersuchungen den Mittelwert der Produktmoment-Korrelationskoeffizienten r_i errechnen. Als beste Schätzung der Populationskorrelation betrachten Hunter et al. (1982, p. 40) jedoch einen mit den Stichprobenumfängen der Untersuchungen gewichteten mittleren Korrelationskoeffizienten. Demnach wird Untersuchungen mit großen Stichprobenumfängen mehr Gewicht beigemessen. Nach Hunter et al. (1982, p. 41) führt die Gewichtung generell zu genaueren Schätzungen der Populationskoeffizienten.

Metaanalysen gehen davon aus, daß die Varianz zwischen den beobachteten Korrelationskoeffizienten der einzelnen unabhängigen Studien nicht nur vom Stichprobenfehler, sondern auch von weiteren Faktoren (z.B. Reliabilität der Messung, Eingrenzung des Variationsbereichs der Variablen) beeinflußt wird und daß es Aufgabe der Metaanalyse ist, die nach Ausschaltung dieser Varianzquellen bereinigte Varianz der Populationseffekte zu schätzen. Bei der Mittelung von Korrelationskoeffizienten in einer Metaanalyse muß demnach berücksichtigt werden, daß die zu integrierenden Korrelationskoeffizienten von weiteren zu schätzenden Varianzquellen modifiziert werden. Callender und Osburn (1980) konnten in umfangreichen Simulationsstudien für diesen Fall nachweisen, daß die Verwendung von *Fisher*-transformierten Werten anstelle von nicht veränderten Korrelationskoeffizienten zu einer Unterschätzung der Varianz der Populationswerte führt. Nur wenn die Zuverlässigkeit der Messungen $r_{tt}=1$ war und keine Bereichseingrenzung für die Variablen vorlag, ergab das übliche „*Fisher*-Verfahren" eine genaue Schätzung.

4. DIE META-ANALYSEN ÜBER DEN ZUSAMMENHANG ZWISCHEN ARBEITSZUFRIEDENHEIT UND ARBEITSLEISTUNG

Die vorliegende Untersuchung über den Zusammenhang von Arbeitszufriedenheit und Arbeitsleistung versucht unter Benutzung der metaanalytischen Techniken nach Fricke und Treinies (1985) eine statistische Integration von 90 Arbeiten, um auf diese Weise möglichst exakte Schlußfolgerungen und Schätzungen in Bezug auf die theoretische und empirische Beziehung dieser beiden Variablen zu ermöglichen. Ganz konkret stellen sich folgende Fragen: welche Untersuchungsmerkmale führen zu einer höheren Korrelation zwischen Arbeitszufriedenheit und Arbeitsleistung, messen diese 90 Studien überhaupt das gleiche Phänomen, kann man von einer Homogenität oder Heterogenität der Effekte ausgehen und ist die beobachtete Variation zwischen den Korrelationskoeffizienten größer als die durch die Stichproben bedingte Fehlervarianz? Ausgangspunkt der verwendeten Suchstrategie war die metaanalytische Studie von Iaffaldano und Muchinsky (1985). Die uns in dieser Untersuchung zugänglichen Arbeiten wurden in die vorliegende Metaanalyse mit aufgenommen. Darüber hinaus erfolgte eine Durchsicht aller „Psychological Abstracts" von 1929 bis März 1986. Aus Gründen konzeptueller Vergleichbarkeit wurden nur US-amerikanische Studien verwandt. Folgende Zeitschriften schienen relevant: *Academy of Management Journal, Dissertation Abstracts, Human Relations, Industrial Relations, Journal of Applied Psychology, Journal of Applied Psychology Monograph, Journal of Industrial and Organizational Psychology, Journal of Occupational Behavior, Journal of Personality and Social Psychology, Journal of Social Psychology, Journal of Vocational Behavior, Occupational Psychology, Organizational Behavior and Human Performance, Personnel Journal, Personnel Psychology, Psychological Bulletin, Psychological Reports.* Insgesamt wurden so 106 Korrelationsstudien aus 90 Einzelpublikationen ermittelt, wobei nur solche Arbeiten aufgenommen wurden, die Produkt-Moment-Korrelationen auf der Basis von Individualmaßen (keine Gruppendaten) zwischen den Maßen Zufriedenheit und Leistung enthielten. Wurden in einer Studie nur die Korrelationen für Subgruppen angegeben, so wurden diese dann als eigenständige Korrelationen mit einbezogen, wenn theoretisch begründet werden konnte, daß die Zugehörigkeit von Personen zu einer Subgruppe einen bedeutsamen Effekt erwarten ließ. War dies nicht der Fall, so wurde der Mittelwert über die Subgruppenkorrelation gebildet und dieser mit dem Gesamtstichprobenumfang der Untersuchung in die Metaanalyse aufgenommen. Wurde in einer Studie von jeder Versuchsperson mehr als ein Meßwert in Bezug auf die interessierende Fragestellung erhoben, so wurde die Durchschnittskorrelation mit dem einfachen Stichprobenumfang gekoppelt und damit eine gewisse Überschätzung des Stichprobenfehlers in Kauf genommen. Für das Arbeitszufriedenheitsmaß wurden folgende Operationalisierungen zugelassen: *„Alderfer's ERG-Scale", „Brayfield-Rothe-Job Satisfaction Blank", „Bullock's Scale of Job Satisfaction", „Faces Scale", „Hoppock Job Satisfaction Blank", „JDI/JDS", „Kurzformen des JDI/MSQ", „MSQ", „Porter Need Satisfaction Questionnaire", „Ratings der Allgemeinen Arbeitszufriedenheit* (einzelne oder mehrere Items)", *„Ratings über Spezielle Aspekte der Arbeitszufriedenheit* (einzelne oder mehrere Items)". Das Leistungsmaß wurde definiert als jede Art der Messung oder Einschätzung von Produktivität (subjektiv oder objektiv): „Vorgesetzten-Ratings", „Peer-Ratings", „Selbsteinschätzungen", „Objektive Maße". Leistungsmaße auf der Basis von Fehlzeitenrate, Fluktuationsrate und Unfallsneigung wurden ausgeschlossen, um eine möglichst eindeutige Interpretation in Bezug auf die Leistungs-Zufriedenheits-Relation zu gewährleisten. Einige Untersuchungen verwendeten Moderatorvariablen. In diesem Fall wurden die Korrelationen für hohe und niedrige Ausprägungen der Moderatorvariablen gemittelt, um zu einem globalen Arbeitszufriedenheits-Arbeitsleistungsmaß zu kommen.

In Tabelle 1 sind die verwendeten Studien zusammen mit ihren relevanten Merkmalen aufgeführt:

Tabelle 1: Zusammenfassung der in die Metaanalyse einbezogenen Studien

Studie/Vpn	Zufriedenheitsmaß (Reliabilität)	Leistungsmaß (Reliabilität)	Einbezogene Korrelation
1. Abdel-Halim (1980) + 123 salespeople	JDI (5 Subskalen, 1-5: „work, pay, promot., co-worker, supervisor") r=.80-.90	Vorgesetzten-Ratings r=.88	1-5:.21.11 .00/.23/.22 r=.154
2. Arvey & Gross (1977) 116 full-time female, homemakers, job holders	MSQ Kurzform (gesamt) globales Selbst-Rating r=.70(MSQ/gl.SR.)	Selbst-eingeschätzte Effektivität	r=.38
3. Bagozzi (1978) 161 industrial male salespeople	8 Items (spez. Aspekte)	Dollar-Betrag durch Verkauf	r=.30
4. Baird (1976)+ 167 employees of 8 jobs in state agency	JDI (5 Subskalen, 1-5: „promot., cowork., work, super., pay": r=.80-.90)	Vorgesetzten Ratings r=.96	1-5:.035/.09/ *.18/.23/.26* r=.159
5. Baird & Hamner (1979) 108 undergraduate students in a management curriculum	1. Leistungs- und 2. Bezahlungszufriedenheit, 2 Items: r=.63	Selbsteinschätzung Fremdeinschätzung: r=.74	1) .315* 2) .115* r=.21
6. Baxter et al. (1953) 223 insurance agents	„Comprehensive job satisfaction questionnaire"	Vorgesetzten-Ratings	r=.23
7. Beehr, Walsh & Taber (1976) 143 white collar workers	Arbeitsunzufriedenheit: 2 Items r=.72	Selbsteinschätzung r=.54	r=.205
8. Bellows (1953, cited by Brayfield & Crockett, 1955) 109 air force control tower operators	Allgemeine Arbeitszufriedenheit	Vorgesetzten-Ratings	r=.005
9. Ben-Porat (1981) 104 blue collar workers from 8 diff. industr. organiz. (Israel)	Gesamtarbeitszufriedenheit r=.83	Selbsteinschätzung	r=.25
10. Bhagat (1981) 32 medical students	JDI (3 Subskalen: „work, supervision, co-worker")	Problemwerte Testwerte	r=.385*

Studie/Vpn	Zufriedenheitsmaß (Reliabilität)	Leistungsmaß (Reliabilität)	Einbezogene Korrelation
11. Bhagat (1982) 104 division/ department managers	JDI (Kurzform) r=.79	Vorgesetzten-Ratings r=.95	r=.35
12. Bhagat & Chassie (1978) 136 undergraduate students	JDI (Job-itself-Skala) Spez. arbeitsbez. Items	Mittel in den erreichten Kurspunkten	r=.14
13. Brass (1985) 140 full-time nonsupervisory employees	Allgemeine Zufriedenheit r=.79	Vorgesetzten Ratings r=.87	r=.37
14. Brayfield (1944, cit. in Brayfield & Crockett, 1955) 231 female office employees	„Brayfield-Rothe-Job Satisfaction Blank" r=.87	Vorgesetzten-Ratings r=.72	r=.138
15. Brayfield & Mangelsdorf (1950, cit. in Brayfield & Crockett, 1955) 55 plumber apprentices	„Brayfield-Rothe-Job Satisfaction Blank" r=.83	Vorgesetzten-Ratings r=.80	r=.203
16. Brayfield & Marsh (1957) 50 farmers in training	„Brayfield-Rothe-Satisfaction Blank " r=.77	Trainer-Ratings r=.86	r=.115
17. Breaugh (1981) 112 research scientists	JDI (2 Subskalen: 1. work: r=.84, 2. supervision: r=.82)	Vorgesetzten-Ratings	1) .18 2) .01 r=.095
18. Brief & Aldag (1976) 77 nursing aides	JDI (2 Subskalen: 1. work: r=.78, 2. supervision: .84)	a) Selbsteinschätzung, b) Vorgesetzten Ratings	1a) -.20 1b) -.18 2a) +.05 2b) +.17 r= -.04
19. Carlson (1969) 1) 254 blue- and 2) 254 white-collar employees	„Hoppock Job Satisfaction Blank"	Vorgesetzten-Ratings	1) r=.17 2) r=.13
20. Cherrington et al. (1971) + 90 college students	Semantisches Diff. (8 spez. Aspekte)	Wert in der Laboraufgabe	-.13/-.01/ *-.015/.01/ * .035/.06/ *.17/.21 * r=.041

Studie/Vpn	Zufriedenheitsmaß (Reliabilität)	Leistungsmaß (Reliabilität)	Einbezogene Korrelation
21. Dipboye et al. (1979) + 222 scientists and engineers (1) 73 firefighters(2) 264 clerical workers (3)	1 Item: a) „work" b) MSQ (Kurzform, Gesamtzufriedenh.)	Selbsteinschätzung, Vorgesetzten-Ratings	1. 2. 3. a) .19 .23 .23* b) .02 .27 .35* (1) r=.105 (2) r=.25 (3) r=.29
22. Doll & Gunderson (1969) 195 civilian scientists and navy enlisted	5 Items (allgemeine Zufriedenheit)	Vorgesetzten-Ratings (1) „Peer"-Ratings	(1) .12 (2) -.09 (2) r= .015
23. Dreher (1981) 692 managerial, professional, technical employees	JDI („pay"-Subskala)	Selbsteinschätzung (1) Vorgesetzten-Rating (2)	(1) -.04 (2) .20 r= .08
24. Dyer & Theriault (1976) 392 managers (1) 180 US group (2) 133 FC group (3) 79 Ec group	JDI („pay" -Subskala)	Selbsteinschätzung	(1) -.28 (2) -.01 (3) -.36
25. Ewen (1973) + 92 psychology students	1 Item (allg. Zufriedenheit)	1 Item (Selbsteinschätzung)	r= .265 *
26. Fulk & Wendler (1982) 308 clerical and managerial employees	JDI („supervisor"-Subskala)	Selbsteinschätzung	r= .15
27. Gadel & Kriedt (1952) 193 IBM machine operators	10 Items (allg.Zufriedenheit)	Vorgesetzten-Ratings	r= .08
28. Gavin & Ewen (1974) 471 semiskilled airline employees	53 Items (5 Aspekte, 1-5: „pay, co-worker, advancm., job, supervision")	Vorgesetzten-Ratings	r=.35
29. Gould (1979) 134 administrative and managerial employees in puplic agency	JDI („work" -Skala) r=.98	Vorgesetzten-Rating r=.96	r=.35
30. Green et al. (1983) 100 bank managers and employees	JDI (3 Subskalen, (1) „work", (2)„co-worker", (3)„supervision") (1) .78 (2) .88 (3).86	Vorgesetzten-Ratings (.96) „$ value of over/ underages" (.97)	(1) -.01 (2) .05 (3) .06 r= .033

Studie/Vpn	Zufriedenheitsmaß (Reliabilität)	Leistungsmaß (Reliabilität)	Einbezogene Korrelation
31. Greene (1972, 1973b) 142 first-line managers	„Bullock's Scale of Job Satisfaction"	Vorgesetzten-Ratings	r=.58
32. Greene (1973a) 62 first-line managers	„Bullock's Scale of Job Satisfaction"	Vorgesetzten-Ratings	r=.275
33. Greenhaus & Badin + (1974, Study II) 61 college students	1 Item (allg. Aufgabenzufriedenheit)	Wert in der Laboraufgabe	r=.31 *
34. Griffin (1980, Time 1) 88 nonsalaried manufacturing employees	„Alderfer's ERG-Scale" Zufriedenheit mit „job": r=.79 (1), „supervision": r=.79 (2), Gesamt-Zufriedenheit: r=.79 (3)	Durchschnittl. Tagesproduktivitätsindex	(1) r=-.04 (2) r=-.26 (3) r=-.13 r=-.143
35. Gupta (1980) + 649 employees of 5 midwestern organisations	(1) intrinsische Zufr. (4 Items), (2) Bezahlungszufr. (1 Item), (3) allg. Zufr. (4 Items)	Selbsteinschätzung, objektive Leistung (Bezahlg.)	(1) r=.21 * (2) r=.115 * (3) r=.16 * r=.1616
36. Hackman & Lawler (1971) 208 telephone employees in plant and traffic dept.	3 Items (allg. Zufriedenheit) r=.76	Vorgesetzten-Ratings: r=.92 (1) Qualität, (2) Quantität, (3) Gesamteffektivität	(1) r=.08 (2) r=.07 (3) r=.16 r=.103
37. Hall et al. (1978), Time I) 153 operating level and supervisors in transportation ministry	JDI („work" -Skala) r=.81	Selbsteinschätzung r=.90	r=.22
38. Hamid Ud-Din (1953) 552 insurance agents	4 Aspekte der Zufriedenheit	(1) Vorgesetzten-Ratings, (2) obj. Produktion	(1) r=.71* (2) r=.22* r=.572
39. Hamner & Harnett (1974) 80 undergraduate students	Allgemeine Zufriedenheit („My earning scale")	Summe des verdienten Geldes im Experiment	r=.50
40. Harding & Bottenberg (1961) 376 Airmen	Kombination von 8 Arbeitsaspekten -rangfolgen (2)	Vorgesetzten-Ratings (1)	(1) r=.26 * (2) r=.26 * r=.26
41. Heron (1954) 144 bus conductors	10 Items (verschiedene Aspekte) r=.70	Gesamt der Vorgesetzten Ratings, (r=.80) „cash shorts, lates, gross earned"	r=.353

Studie/Vpn	Zufriedenheitsmaß (Reliabilität)	Leistungsmaß (Reliabilität)	Einbezogene Korrelation
42. Inkson (1978) + 93 semiskilled and unskilled plant workers	JDI (5 Subskalen) (1) „work", (2) „pay" (3) „prom.", (4) „supv.", (5) „co-workers"	Vorgesetzten-Ratings	(1) r=.19 (2) r=.08 (3) r=.15 (4) r=.32 (5) r=.17
43. Ivancevich (1979) + 48 construction engineers, 42 contract engineers (90 Vpn)	MSQ (intrinsisch, extrinsisch) Kurzform: r=.80	Vorgesetzten-ratings: r=.61	r=.197*
44.Ivancevich (1980) 249 discipline engineers	MSQ (1. intrinsisch: .82, 2. extrinsisch: .86) Kurzform	„individual cost ratio, scheduling index, grievance index"	(1) r=.12 * (2) r=.11 * r=.115
45. Ivancevich & McMahon (1982) 209 discipline engineers	MSQ (1. intrinsisch: .86, quality citations, 2. extrinsisch: .81) Kurzform	(a) „control costs, unexcused overtime, (r=.74, .81, .89)"	(1a) -.20* (1b) +.39 (2a) -.35* (2b) +.21 r= +.012
46. Ivancevich & Smith (1981) 150 field sales representatives	MSQ (1. intrinsisch: r=.81, 2. extrinsisch: r=.76)	„News accounts: r=.79; conversion ratio: r=.81"	1. r=.06 * 2. r=.10 * r=.08
47. Jacobs & Solomon (1977) 251 chemical salespeople and managers	JDI (5 Subskalen: 1-5: „work, pay, prom., superv., co-workers") (6) „Faces scale" (Kunin, 1955)	Vorgesetzten-Ratings	(1-5): .08, .04, .17, .19, -.04 (6)r=.19 r=.105
48. Joyce et al. (1982) 193 first line supervisor	JDI („work" -Skala: r=.87)	Vorgesetzten-Ratings: r=.96	r=.08
49. Katzell et al. (1961) 72 employees of warehouses	47 Items (9 verschiedene, spez. Aspekte („Attitude survey")	Quantity (1: r=.87), Quality (2: r=.83),	(1) r=.21 (2) r=-.02 r=.095
50. Kesselman et al. (1974) 76 telephone cooperators and female draftspeople	JDI (5 *Subskalen*: 1-5: „work, pay, prom., superv., co-workers")	Vorgesetzten-ratings	(1-5): .44, .46, .18, 33,.34; r=.35
51. Kirchner (1965) 72 outdoor advertising salespeople	„Brayfield-Rothe Job Satisfaction Scale"	„Total sales points"	r=.46

Studie/Vpn	Zufriedenheitsmaß (Reliabilität)	Leistungsmaß (Reliabilität)	Einbezogene Korrelation
52. Kuhn et al. 184 nonsupervisory employees in a steel mill	„Porter need satisfaction questionnaire“ (12 Items) 1-5: security, social, esteem, autonomy, self-actualisation needs	Produktionsmaße, Vorgesetzten-Ratings	1-5: .172, .13 .04, .086, .035 r=.09
53. Landy (1971) 175 engineers	5 Aspekte der Zufriedenheit: 1-5 „advancm./ethnical princ./creat./pay/ working conditions“ (r=.90/.91/.87/.89/.81)	Mitarbeiter-Ratings	1-5:-.02/.02/ *.01/..06/-.01* r=.012
54. Lawler & Porter (1967) 148 middle and lower level of managers	13 Items, used by Porter, 1961, 5 Asp.: 1-5: „security/social/ esteem/autonomy/self-actualisation“	Vorgesetzten-Ratings und „peer-rankings“	1-5: .19/.24/ *.2/.208/ * *.29 r=.226
55. Lichtman (1970) 95 technical, firstline supervisors, middle managers	17 Items (allg. Zufriedenheit)	Vorgesetzten-Ratings: r=.80	r=.21
56. Locke (1965; Study II, III) ++ 71 college students 112 college students	JDI („work“-Skala)	Erfolg in der Laboraufgabe	r=.43 für Studie II r=.41 für Studie III
57. London & Klimoski (1975) + 153 registered nurses	JDI (1. „work/2. supervision/3. co-worker“ Skalen)	a) Selbsteinschätzung, b) Mitarbeiter- c) Vorgesetzten-Ratings	1a) -.17 * 2a) -.02 * 3a) -.13 * 3b) +.12 * 2c) +.09 * r=-.022
58. Lopez (1982) 579 fulltime employed MBA students	JDI (1-5: „pay/prom. Superv./work/co-worker“) MSQ (Kurzform: 6. intr./7. extr./ 8. „overall“) 1-8: r=.86-.97	Vorgesetzten-Ratings: r=.86	1) .08 2) .31 3) .45 4) .52 5).35 6) .40 7) .38 8) .32 r=.351
59. Mirvis & Lawler (1977) 160 bank tellers	6 Items (intrins. Zufriedenheit)	„shortages“	r=.10
60. Mossin (1949) 94 female dept . store salespeople	9 Items (Zufriedh. mit versch. Arbeits-Bedingungen)	„shopper ratings of skills, attitudes“	r=-.05*

Studie/Vpn	Zufriedenheitsmaß (Reliabilität)	Leistungsmaß (Reliabilität)	Einbezogene Korrelation
61. Motowidlo (1982) 92 sales representatives	7 Items (Bezahlungs- Zufriedenheit: r=.89)	1. „sales": r=.90 2. Vorgesetzten- Ratings: A: r=.93 B:r=.90 3. Selbstein- schätzung: r=.88	1. r=.35 2. A: r=.26 B: r=.18 3. r=-.11 r=.17
62. Nathanson & Becker (1973) 169 physicians providing routine pediatric care	9 Item-Skala r=.72	Vorgesetzten- Ratings r=.71	r=.27 (27 Vpn) r=.55 (29 Vpn) r=.19 (27 Vpn) r=.47 (29 Vpn) r=.31 (36 Vpn) r=59 (21 Vpn)
63. Nathanson & Becker (1973) 57 physicians	9 Items (verschiedene Asp.)	„Peer- Ratings"	r=*.37
64. Norris & Niebuhr (1984) + 116 technical employees in an industrial organisation	JDI (5 Subskalen, 1-5: „work/superv./ co-workers/pay/ promotion„/6. Gesamt- Zufriedenheit)	Vorgesetzten- Ratings	1. r=.02 2. r=.12 3. r=-.03 4. r=.10 5. r=.11 6. r=.10 r=.07
65. Oldham et al. (1976) 201 bank clerks	JDI (1-4: „pay/sec./ social/superv.") 1-4: .82/.62/.52/.83	Vorgesetzten- Ratings	1. r=-.07 2. r=-.01 3.r=-.05 4. r=-.17 r=-.075
66. O'Reilly & Roberts (1978) 301 naval aviation enlisted personnel	JDI (3 Subskalen, 1-3: „work, promot. supervision") (4) „Faces Scale" (=Gesamt-Zufr.)	Vorgesetzten- Ratings: r=.99	1. r=-.19 2. r=-.02 3. r=-.11 4 .r=-.13 r=-.1125
67. Orpen (1974) 225 South African factory workers	„Brayfield-Rothe Index of Job Satis- faction"	Vorgesetzten- Ratings	r=*.33
68. Orpen (1978) 103 South African first-level supervisors	„Brayfield-Rothe Index of Job Satis- faction"	Vorgesetzten- Ratings	r=*.23
69. Penley & Hawkins (1980) 264 financial organisation employees, some supervisors	JDI (5 Subskalen, 1-5: „work, promot. pay, co-worker, su- pervisor", r=.70; 2-5: r >.80	Vorgesetzten- Ratings: r=.87	1. r=+.04 2. r=-.05 3. r=-.01 4. r=-.03 5. r=+.07 r=+.004

Studie/Vpn	Zufriedenheitsmaß (Reliabilität)	Leistungsmaß (Reliabilität)	Einbezogene Korrelation
70. Pierce et al. (1979) 398 insurance employees	MSQ (1. intrinsisch: r=.88/2. extrinsisch. r=.84) 3. IOR (Arbeitszufriedenheit: r=.91)	Vorgesetzten-Ratings	1. r=.20 * 2. r=.09 * 3. r=.25* r=.18
71. Podsakoff et al. (1982) 72 supervisors, administrators in nonprofit organisation	JDI (5 Subskalen, 1-5: „work, superv. pay, co-workers, advancm"; r=.64–.86)	Vorgesetzten-Ratings: r=.93	1. r=+.39 2. r=+.28 3. r=-.08 4. r=-.11 5. r=+.13 r=.122
72. Porac et al. (1983; Study I & II) 81 registered nurses 57 production employees	1 Item (Allg.Zufr. mit der Tagesleistung)	Selbsteinschätzung	1. Studie r=.72 2. Studie r=.69
73. Pritchard (1973; Study I and Study II) 106 college students 60 high school and college students	a) MSQ (1 „pay Item"), b) JDI („pay scale")	„Number of units laboratory task completed"	1. Studie a) r=.13* b) r=.258 * r=.194 2. Studie a) r=-.22 * b) r=-.183* r=-.20
74. Schriesheim (1980) 308 managerial and clerical puplic utility employees	JDI („supervision-scale": r=.88)	Selbsteinschätzung: r=.84	r=.15
75. Schriesheim & Murphy (1976) 54 social service organization employees	MSQ (global) Kurzform: r=.85	Vorgesetzten-Rating: r=.80	r=-.09
76. Scott & Stumpf (1984) 150 members of 56 families, recently migraed to Australia	12 „multiple-item scales": r=.84 („Job-Satisfaction")	Mitarbeiter-Rating: r=.82	r=.09
77. Sheridan & Slocum (1975) 35 managers 59 machine operators	PNDQ (13 Arbeitsaspekte)	Vorgesetzten Ratings, % of standard production earned	1) r=*+.211 2) r=*.0275

Studie/Vpn	Zufriedenheitsmaß (Reliabilität)	Leistungsmaß (Reliabilität)	Einbezogene Korrelation
78. Slocum (1971) A) 87 first line supervisors, B) 123 top- and middle-level managers	„Porters's questionnaire" (1-5: „security, social, esteem, autonomy, self-actualisation")	"Supervisor and peer ratings"	A) 1-5: .137/ *.17/.17/ *.20/.23; * r=.18 B) 1-5: .1D/ *.19/.26/ *.37/.39 * r=.264
79.Siegel & Bowen (1971) + 86 MBA students	2 Items (Zufr. mit 1) indiv. Leistung, 2) Gruppenleistung)	„Instrutor rankings, grades earned"	1) r=*.06 2) r=*.045 r=.0525
80. Spencer & Steers (1981) 295 technical and non-technical hospital employees	JDS (allg.Arbeitszufriedenheit: r=.71)	Vorgesetzten-Ratings: r=.82	r=.17
81. Steers (1975) 133 first-level supervisors	JDS (allg. Arbeitszufriedenheit: r=.76)	Vorgesetzten-Ratings	r=.26
82. Stumpf & Rabinowitz (1981) 102 business school faculty	JDI (1-4: „work, pay, promot., co-worker": r=.66/.86/.90/.91)	„Productivity": r=1 instructional evaluation: r=.90/ peer nominations: r=.66/salary change: r=1	1) r=.15* 2) r=.13* 3) r=.12* 4) r=.07* r=.1175
83. Sundstrom et al. (1980) Study II & III 30 hospital clericals 67 university secretaries, clerks, mechanics	1 Item (allg. Zufriedenheit)	1) Selbsteinschätzung, 2) Vorgesetzten-Ratings	1) r=.12 für Studie II 2) r=.12 für Studie III
84. Szilagyi (1980) 128 nonsupervisory clerical employees	JDI („work"-Skala)	% of productivity standard	r=.07*
85. Tharenou & Harker (1982) 166 electrical apprentices	JDS (allg. Arbeitszufriedenheit: r=.74)	Vorgesetzten-Ratings	r=.11
86. Tharenou & Harker (1984) 166 male electrical apprentices	JDS (allg. Arbeitszufriedenheit: r=.89)	1. Selbsteinschätzung: r=.93 2. Vorgesetzten-Rating: r=97	1. r=.31 2. r=.11 r=.21
87. Wanous (1974) 80 telephone operators	1.JDI (gesamt), MSQ Kurzform (2. intrinsisch/ 3. extrinsisch)	Vorgesetzten-Ratings, quality/ quantity indexes	1. r=.24 2. r=.30 3. r=.21 r=.23

Studie/Vpn	Zufriedenheitsmaß (Reliabilität)	Leistungsmaß (Reliabilität)	Einbezogene Korrelation
88. Waters & Roach (1972) + 106 college students	JDI (Locke's modific. of the „work-scale")	Aufgabenerfolg	r=.38*
89. Weschler et al. (1952) 66 physicists, engineers, scientific aids	1 Item (indiv. Arbeitszufriedenheit)	Selbsteinschätzung	r=.36*
90. Wexley et al. (1980) 194 college students employed parttime	MSQ (1. „overall, 2. intrinsic, 3. extrinsic"), JDI (4. „work, 5. supervision") r=.93–.99	Vorgesetzten-Ratings: r=.64–.91	1. r=.11 2. r=.05 3. r=.21 4. r=.01 5. r=.25 r=.126

Anmerkungen:
MBA = „Master of Business Administration"; JDI = „Job Deskriptive Index"; MSQ = „Minnesota Satisfacton Questionnaire"; ERG = „Existence, Relatedness, Growth"; PNDQ = „Porter Need Description Questionnaire"; JDS = „Job Diagnostic Survey".
*: die so gekennzeichneten Werte stellen gemittelte Werte aus den Originalstudien dar.
+: die so gekennzeichneten Studien enthalten die in den „Speziellen Metaanalysen" verwendeten Moderatorvariablen.

5. ERGEBNISSE UND DISKUSSION

Für die Zufriedenheitsmaßnahmen wurden, wie oben schon erwähnt, folgende Fragebögen und Ratings zugelassen: „JDI/JDS"; „MSQ" und deren Kurzformen; es wurde eine Analyse der fünf Aspekte der Arbeitszufriedenheit des JDI: „work", „pay", „promotion", „co-worker" und „supervision" durchgeführt. Ebenso wurde der MSQ nach den Bereichen „intrinsic"- und „extrinsic"- „job satisfaction" analysiert. Eine spezielle Metaanalyse fand auch über die Kurzformen von JDI/MSQ und der „Faces Scale" (= Gesamt-AZ) statt. Zu den folgenden Fragebogen, die mit zu den am häufigsten eingesetzten zählen, wurden spezielle Meta-Analysen gerechnet: *„Alderfer's ERG-Scale", „Brayfield-Rothe-Job Satisfaction Blank", „Bullock's Scale of Job Satisfaction", „Hoppock Job Satisfaction Blank", „Porter Need Description Questionnaire"*. Auch einzelne oder mehrere Items, die die allgemeine Arbeitszufriedenheit oder spezielle Aspekte der Arbeitszufriedenheit zu erfassen versuchen, wurden als Zufriedenheitsmaße mit aufgenommen und speziell metaanalytisch auf Unterschiede untersucht.

Was die Leistungsmessung anbelangt, so wurden folgende Ratings zugelassen: „Vorgesetzten Ratings", „Peer-ratings", „Selbsteinschätzungen" und objektive Maße wie z.B. „Tagesumsatz". Über alle diese Maße und auch über gemischte Ratings (objektive, subjektive) schien eine spezielle Metaanalyse sinnvoll.

Die Auswahl der Moderatorvariablen konnte sich weniger an systematischen Gesichtspunkten orientieren als vielmehr danach, welche Moderatoren in den 90 hier analysierten Beiträgen verwendet worden waren. Im einzelnen führte diese Auswahl zur Berücksichtigung folgender Variablen: „higher order need strength" (high/low), „job stimulation" (high/low), „approxmimately/inapproximately reinforced", „self-esteem" (high/low), „pressure" (high/low), „task-specific self-esteem" (high/low), „performance contingent intrinsic rewards", „performance contingent pay", „task stimulation" (high/low), „different standard of success" (hard, easy), „tenure" (years with the company; low/high), „self assurance" (high, low). Metaanalytisch analysiert wurden die zwei Ausprägungen der Moderatorvariablen „hoch" vs. „niedrig" sowie die Studien ohne Moderatorvariablen.

Insgesamt wurden 20 verschiedene Meta-Analysen durchgeführt. Die globale Meta-Analyse basiert auf den bereits genannten 106 Studien mit insgesamt 16428 Versuchspersonen. Die 19 speziellen Metaanalysen sind zwar einerseits willkürlich zusammengestellte Gruppierungen, andererseits wurde sehr wohl das auf Kenntnis der postulierten Zusammenhänge in der Literatur basierende Interesse verfolgt, solche Gruppierungen ausfindig zu machen, die möglichst eindeutige Beziehungen zwischen AZ und Leistungsmaßen aufdecken würden. Daß dies so einfach nicht ist, soll an zwei Beispielen verdeutlicht werden: Von den 5 speziellen Metaanalysen, die zum JDI durchgeführt wurden, weist diejenige (Nr.2) mit der Subskala „work" des JDI die höchsten mittleren, meßfehlerkorrigierten Korrelationen (.1921). Dieses im Vergleich zu den übrigen Korrelationskoeffizienten der anderen 4 Subskalen und bezogen auf die Literaturlage eher erwartungskonforme Resultat ist insofern nicht aussagekräftig, weil im 95 %-Variationsbereich die Populationseffekte von -.367 bis .440 streuen und damit auch keine homogenen Effekte vorliegen. Die Ergebnisse bezogen auf die „intrinsic" vs. „extrinsic"-Skalen des MSQ (Analysen 7 und 8) weisen zwar ebenfalls erwartungskonform höhere mittlere Korrelationen für die „intrinsic"-Skala aus, aber auch hier sind die Intervalle von –.243 bis .539 derartig groß, daß auch hier von heterogenen Effekten ausgegangen werden muß.

Den einzigen Silberstreif am Ergebnishorizont liefert Analyse Nr. 19 für positiv ausgeprägte Moderatoren. Allein bei dieser Analyse konnte die Hypothese homogener Effekte beibehalten werden, was bedeutet, daß die Variationen der empirisch beobachteten Korrelationen allein auf den Stichprobenfehler zurückgeführt werden können. Trotzdem ist die mittlere korrigierte Korrelation nicht höher als .203 und deckt somit nur 4 % der gemeinsamen Varianz auf. Es muß einschränkend darauf aufmerksam gemacht werden, daß in diese Analyse sehr verschiedenartige Moderatoren eingingen, von denen im einzelnen nicht gesagt werden kann, welche denn nun die zentralen und einflußreichsten sind. Wohl aber stimmt dieses Resultat mit Forschungsstrategien überein, die stärker als üblich person- und situationsbedingten Einflußgrößen Beachtung zukommen läßt, die also die ökologische Validität stärker gewichten als die Generalisierbarkeit der Ergebnisse über Stichproben hinweg. Wir sehen in diesem Resultat den impliziten Anforderungskatalog an zukünftige Forschungen auf diesem Gebiet enthalten: stärkere Zentrierung auf individuelle Verarbeitungsmuster am Arbeitsplatz. Die Ergebnisse sämtlicher Meta-Analysen sind in Tab. 2 summarisch zusammengefaßt und zeigen für die globale Analyse mit einer mittleren beobachteten Korrelation von .179 und einer beobachteten Streuung von .179 eine nur minimale Abweichung zu den Ergebnissen von Iaffaldano und Muchinsky (1985), die eine beobachtete Korrelation von .172 erhielten, bei einer beobachteten Streuung von

.17). Es zeigt sich, daß die geschätzte Populationsstreuung von .148 nicht so gering ist, daß man sie ohne weiteres vernachlässigen kann. Es ist also sinnvoll nach Moderatorvariablen zu suchen, wie dies in den speziellen Analysen dann auch versucht worden ist. Nach unterschiedlichsten inhaltlichen Aspekten (vid. Tab.2) wurden Subgruppenbildungen der insgesamt 90 berücksichtigten Studien vorgenommen. Als zentrales Ergebnis kann festgehalten werden, daß weder die generelle noch die 19 speziellen Metaanalysen Korrelationsschätzungen erbrachten, die — selbst nach Minderungskorrektur — über .30 lagen. Die mittleren Korrelationen lagen zwischen –.002 und .286 (unkorrigiert) bzw. .002 und .299 (minderungskorrigiert). Der schwache Zusammenhang zwischen beiden Variablen könnte allerdings auf das Wirken eines methodologisch bedingten „Deckeneffektes" hinweisen: es erscheint denkbar, daß die Untersuchung des Zusammenhanges zwischen Zufriedenheits- und Leistungsmaßen mittels einfacher Korrelationsanalyse keine höheren Ergebnisse erzielen kann, da auf diese Weise die zu vermutenden komplexen, wechselseitigen Einflüsse nicht zu erfassen sind. Vielmehr wäre an komplexere statistische Modelle, die auch die Effekte weiterer Variablen (vgl. die untersuchten Moderatorvariablen) in einem gemeinsamen Bedingungsmodell (Pfadmodell) berücksichtigen könnte, zu denken. Metaanalysen der hier vorgenommenen Art bieten eine Chance, die Ausgangslage zu klären und auf diese Weise die Richtung für theoretische und methodische Entwicklungen anzugeben.

Tabelle 2: Zusammenfassung der metaanalytischen Ergebnisse

Metaanalyse (Anzahl der Korrelationen)	Variable(n)	Anzahl VPN	Mittlere Korrelation	Mittl. Korr. (Messfehler-korrigiert)
1. Generelle Metaanalyse (106 Korr.)	alle Variablen	16428	0.17889 ***	0.19223
2. Spezielle Metaanalyse (22 Korr.)	„work"-Skala des JDI	3945	0.17606 ***	0.19219
3. Spezielle Metaanalyse (17 Korr.)	„pay"-Skala des JDI	3294	-0.00183 ***	0.00169
4. Spezielle Metaanalyse (11 Korr.)	„promotion"-Skala des JDI	2144	0.12629 ***	0.13789
5. Spezielle Metaanalyse (12 Korr.)	„co-worker"-Skala des JDI	2096	0.12598 ***	0.14060
6. Spezielle Metaanalyse (18 Korr.)	„supervision"-Skala des JDI	3407	0.16251 ***	0.17992
7. Spezielle Metaanalyse (6 Korr.)	„intrinsic"-Skala des MSQ	1610	0.23215 ***	0.25890
8. Spezielle Metaanalyse (6 Korr.)	„extrinsic"-Skala des MSQ	1610	0.19488 ***	0.21916

Tabelle 2 (Fortsetzung)

Metaanalyse (Anzahl der Korrelationen)	Variable(n)	Anzahl VPN	Mittlere Korrelation	Mittl. Korr. (Messfehler-korrigiert)
9. Spezielle Metaanalyse (16 Korr.)	Verschiedene Fragebögen (Alderfer, Brayfield, Bullock, Hoppock, Porter ohne JDI/MSQ)	2175	0.19383 ***	0.20329
10. Spezielle Metaanalyse (18 Korr.)	Kurzformen der Fragebögen JDI, MSQ und „Faces scale" (Gesamt-AZ)	3602	0.19246 ***	0.21456
11. Spezielle Metaanalyse (17 Korr.)	Allgemeine AZ (einzelne oder mehrere Items)	2813	0.28612 ***	0.29914
12. Spezielle Metaanalyse (23 Korr.)	Spezielle Aspekte der AZ (einzelne oder mehrere Items)	3202	0.18241 **	0.20086
13. Spezielle Metaanalyse (57 Korr.)	„supervisor-ratings" der Leistungsbeurteilung	9461	0.18789 ***	0.20336
14. Spezielle Metaanalyse (16 Korr.)	Gemischte Ratings („self"-, „peer"-, „supervisor"-Ratings; objektive Maße)	2911	0.24672 ***	0.25611
15. Spezielle Metaanalyse (16 Korr.)	„self-ratings" der Leistungsbeurteilung	2815	0.06982 ***	0.08621
16. Spezielle Metaanalyse (5 Korr.)	„peer-ratings" der Leistungsbeurteilung	730	0.05137 *	0.05536
17. Spezielle Metaanalyse (21 Korr.)	Objektive Maße der Leistungsbeurteilung (z.B. Tagesumsatz)	2337	0.14858 ***	0.14773
18. Spezielle Metaanalyse (88 Korr.)	Studien ohne Berücksichtigung von Moderatorvariablen	14349	0.18742 ***	0.20473
19. Spezielle Metaanalyse (18 Korr.)	Verschied.Moderatorvariablen+) (hoch ausgepr.)	2422	0.19963	0.20297
20. Spezielle Metaanalyse (16 Korr.)	Verschied.Moderatorvariablen+) (niedrig ausgeprägt)	1137	0.13918 ***	0.14303

* χ^2 signifikant auf .05-Niveau, ** χ^2 signifikant .01-Niveau, *** χ^2 signifikant .001-Niveau
+) Moderatorvariablen: „higher order need strength" (high, low), „job-stimulation" (high, low), „approximately/inapproximately reinforced", „self-esteem" (high, low), „pressure" (high, low), „task specific self-esteem" (high, low), „performance contingent intrinsic rewards", „performance contingent pay", „task stimulation", (high, low), „different standard of success" (hard, easy), „tenure" (years with the company; low, high), „self-assurance" (high, low).

Fehler, die aufgrund mangelnder Reliabilität der verwendeten Meßinstrumente entstehen, führen zu einer Verringerung der Korrelation zweier Variablen, die jedoch durch die Berechnung der doppelten Minderungskorrektur kompensiert werden können. Nach Durchsicht der in den Primärstudien mitgeteilten Reliabilitäten zeigte sich, daß nur etwa 50 % der Studien eine Angabe über die Zuverlässigkeit ihrer Meßinstrumente machten. Für fehlende Werte wurde der Wert 1 eingesetzt. Wenn aber im Extremfall alle Reliabilitätswerte mit 1 verrechnet werden, so unterscheidet sich der minderungskorrigierte Korrelationskoeffizient nicht von dem mittleren beobachteten Koeffizienten. Da in zahlreichen Studien die Reliabilitätsangaben fehlen, muß auch die korrigierte mittlere Korrelation vorsichtig interpretiert werden. Dennoch ist zu erwarten, daß auch durch eine Vollständigkeit der Angaben nur geringfügig höhere Korrelationen resultieren würden.

Was die Leistungsbeurteilung anbelangt, enthalten gut 80 % der Studien Ratings der Vorgesetzten, der Mitarbeiter oder des Arbeiters selbst. Auf die Schwächen dieser Leistungsratings wurde schon hingewiesen: wie sind Leistungen zu gewichten, sind sie überhaupt über die verschiedenen Berufe zu vergleichen, hängen sie nur von einem einzelnen Individuum ab usw.? Auch was die Arbeitszufriedenheitsmessung anbelangt, ist es wohl mehr als fraglich, ob die verschiedenen besprochenen und integrierten Verfahren eine gewisse Vergleichbarkeit der Ergebnisse ermöglichen.

Bei 19 von 20 durchgeführten Metaanalysen mußte die Hypothese homogener Effekte verworfen werden, die niedrigen Korrelationen und die hohen Anteile unaufgeklärter Restvarianz an der Gesamtvarianz können auf das Wirken von Moderatorvariablen hinweisen.

Leistung und Zufriedenheit sind zwei Aspekte, die neben anderen (z.B. Loyalität oder Solidarität) zu Zielgrößen organisatorischen Handelns gemacht werden können. Anstatt oberflächlich nach ihrem direkten gegenseitigen Zusammenhang zu fragen, sollte untersucht werden, wovon beide abhängen (vgl. hierzu auch Six & Kleinbeck, 1989). Auf diese Weise wird nicht nur das theoretische Verständnis ihrer Beziehungen gefördert, sondern auch die Grundlage für eine gezielte Beeinflussungsmöglichkeit geschaffen. Was bleibt, ist, nicht nur die Übereinstimmung mit den Resultaten von Iaffaldano und Muchinsky (1985) zu konstatieren, sondern auch ihrem Urteil über die Ziele zukünftiger Forschung zuzustimmen: „To the extent that high worker satisfaction and high worker performance are desirable objectives, efforts to enhance both simultaneously by organizational interventions would be facilitated by their showing a nonindependent relation. The findings indicate, however, that in most cases each objective will have to be met by a different intervention, as efforts to embellish both concurrently are not likely to be successful" (Iaffaldano & Muchinsky, 1985).

LITERATUR

Bengel, J. & Wittmann, W.W. (1982). Bedeutung und Möglichkeiten von Sekundäranalysen in der psychologischen Forschung. *Psychologische Rundschau, 33*, 19–36.

Brayfield, A.H. & Crockett, W. H. (1955). Employee attitudes and employee performance. *Psychological Bulletin, 52*, 396–424.

Callender, J.C. & Osburn, H.G. (1980). Development and test of a new model for validity generalization. *Journal of Applied Psychology, 65,* 543–558.

Cook, J.D., Hepworth, S.J., Wall, T.D. & Warr, P.B. (1981). *The experience of work. A compendium and review of 249 measures and their use.* New York: Academic Press.

Fricke, R. & Treinies, G. (1985). *Einführung in die Metaanalyse.* Bern: Huber.

Glass, G.B. (1976). Primary, secondary, and meta-analysis of research. *Educational Researcher, l0,* 3–8.

Glass, G.V. (1978). Integrating findings: The meta-analysis of research. In L. Shulman (Ed.), *Review of research in education* (pp. 351–377).

Glass, G.V., McGaw, B. & Smith, M.L. (1981). *Meta-analysis in social research.* Beverly Hills: Sage.

Guzzo, R. A., Jackson,S.E. & Katzell, R.A. (1987). Meta-analysis. In L.L. Cummings & B.M. Staw (Eds.). *Research in Organizational Behavior* (Vol. 9, pp. 407–442). Greenwich, GT: JAI Press.

Herzberg, F., Mausner, B. & Snyderman, B. (1959). *The motivation to work.* New York: Wiley.

Hunter, J. E. & Hirsch, H.R (1987). Applications of meta-analysis. In C.L. Cooper & I.T. Robertson (Eds.).*International Review of Industrial and Organizational Psychology* (pp. 321–357). Chichester: Wiley.

Hunter, J.E. & Hunter, R.F. (1984). Validity and utility of alternative predictors of job performance. *Psychological Bulletin, 96,* 72–98.

Hunter, J.E., Schmidt, F.L. & Jackson, G.B. (1982). *Meta-analysis: Cumulating research findings across studies.* Beverly Hills: Sage.

Iaffaldano, M.T. & Muchinsky, P.M. (1985). Job satisfaction and job performance: A meta analysis. *Psychological Bulletin, 97,* 251–273.

James, L.R. & James, L.A. (1989). Causal modeling in organizational research. In C.L. Cooper & I.T. Robertson (Eds.) *International Review of Industrial and Oanizational Psychology* (pp. 372–404).

Neuberger, O. (1974). *Messung der Arbeitszufriedenheit.* Stuttgart: Kohlhammer.

Petty, M.M., McGee, G.W. & Cavendar, J.W. (1984). A Meta-Analysis of the relationships between individual job satisfaction and Individual Performance. *Academy of Management Review, 9,* 712–721.

Rosenstiel, L. v. (1975). *Die motivationalen Grundlagen des Verhaltens in Organisationen — Leistung und Zufriedenheit.* Berlin: Duncker & Humblot.

Rosenthal, R. (1984). *Meta-analytic procedures for social research.* Beverly Hills, CA: Sage.

Rosenthal, R. (1986). *Judgment studies. Design, analysis and meta-analysis.* Cambridge: Cambridge University Press.

Sackett, P.R., Schmitt, N.,Tenopyr, M.L. & Kehoe, J. (1985). Commentary on forty questions about validity generalization and meta-analysis. (vid. Schmidt et al., 1985). *Personell Psychology, 38,* 697–801.

Schmidt, F.L., Hunter, J.E., Pearlman, K. & Hirsch, H.R. (1985). Forty questions about validity generalization and meta-analysis. *Personnel Psychology, 38,* 697–801.

Six, B. & Kleinbeck, U.(1989). Arbeitsmotivation und Arbeitszufriedenheit. In E. Roth (Hrsg.), *Enzyklopädie der Psychologie, Bd. D/III/3, Organisationspsychologie* (S. 348–398). Göttingen: Hogrefe.

Vroom, V.H. (1964). *Work and motivation.* New York: Wiley.

Walsh, R.M. & Birkin, St.J. (1979). *Job satisfaction and motivation. An annotated bibliography.* London: Greenwood Press.

Literatur der in die Metaanalyse einbezogenen Studien

Abdel-Halim, A.A. (1980). Effects of higher order need strength on the job performance-job satisfaction relationship. *Personnel Psychology, 33,* 335–347.

Arvey, R.D. & Gross, R.H. (1977). Satisfaction levels and correlates of satisfaction in the homemaker job. *Journal of Vocational Behavior, l0,* 13–24.

Bagozzi, R. P. (1978). Salesforce performance and satisfaction as a function of individual difference, interpersonal, and situational factors. *Journal of Marketing Research, 15,* 517–531.

Baird, L.S. (1976). Relationship of performance to satisfaction in stimulating and nonstimulating jobs. *Journal of Applied Psychology, 61,* 721–727.

Baird, L.S. & Hamner, W.C. (1979). Individual versus systems rewards: Who's dissatisfied, why, and what is their likely response? *Academy of Management Journal, 22,* 783–792.

Baxter, B., Taaffe, A.A. & Hughes, J.F. (1953). A training evaluation study. *Personnel Psychology, 6,* 407–417.

Beehr, T.A. Walsh, J.T. & Taber, T.D. (1976). Relationship of stress to individually and organizationally valued states: Higher order needs as a moderator. *Journal of Applied Psychology, 6l,* 41–47.

Ben-Porat, A. (1981). Event and agent: Toward a structural theory of job satisfaction. *Personnel Psychology, 34,* 523–534.

Bhagat, R.S. (1981). Determinants of performance in an innovative organizational setting: A longitudinal analysis. *Journal of Occupational Behavior, 2,* 125–138.

Bhagat, R.S. (1982). Conditions under which stronger job performance-job satisfaction relationships may be observed: A closer look at two situational contingencies. *Academy of Management Journal, 25,* 772–789.

Bhagat, R.S., & Chassie, M.B. (1978). The role of self-esteem and locus of control in the differential prediction of performance, program satisfaction, and life satisfaction in an educational organization. *Journal of Vocational Behavior,* 13–326.

Brass, D.J. (1985). Technology and the structuring of jobs: Employee satisfaction, performance and influence. *Organizational Behavior and Human Decision Processes, 35,* 216–240.

Brayfield, A.H. & Crockett, W.H. (1955). Employee attitudes and employee performance. *Psychological Bulletin, 52,* 396–424.

Brayfield, A.H. & Marsh, M.M. (1957). Aptitudes, interests, and personality characteristics of farmers. *Journal of Applied Psychology, 4l,* 98–103.

Breaugh, J.A. (1981). Relationships between recruiting sources and employee performance, absenteeism, and work attitudes. *Academy of Management Journal, 24,* 142–147.

Brief, A.P. & Aldag, R.J. (1976). Correlates of role indices. *Journal of Applied Psychology, 61,* 468–472.

Carlson, R.E. (1969). Degree of job fit as a moderator of the relationsphip between job performance and job satisfaction. *Personnel Psychology, 22,* 159–170.

Cherrington, D.J., Reitz, H.J. & Scott, W.E. (1971). Effects of contingent and non-contingent reward on the relationship beween satisfaction and task performance. *Journal of Applied Psychology, 55,* 531–536.

Dipboye, R.L., Zultowski, W.H., Dewhirst, H.D. & Arvey, R.D. (1979). Self-esteem as a moderator of performance-satisfaction relationships. *Journal of Vocational Behavior, 15,* 193–206.

Doll, R.E. & Gunderson, E.K.E. (1969). Occupational group as a moderator of the job satisfaction-job performance relationship. *Journal of Applied Psychology, 53*, 359–361.

Dreher, G.F. (1981). Predicting the salary satisfaction of exempt employees. *Personnel Psychology, 34*, 579–589.

Dyer, L. & Theriault, R. (1976). The determinants of pay satisfaction. *Journal of Applied Psychology, 61*, 596–604.

Ewen, R.B. (1973). Pressure for production, task difficulty, and the correlation between job satisfaction and job performance. *Journal of Applied Psychology, 58*, 378–380.

Fulk, J. & Wendler, E.R. (1982). Dimensionality of leader-subordinate interactions: A path-goal investigation. *Organizational Behavior and Human Performance, 30*, 241–264.

Gadel, M.S. & Kriedt, P.H. (1952). Relationships of aptitude, interest, performance, and job satisfaction of IBM operators. *Personnel Psychology, 5*, 207–212.

Gavin, J.F. & Ewen, R.B. (1974). Racial differences in job attitudes and performance: Some theoretical considerations and empirical findings. *Personnel Psychology, 27*, 455–464.

Gould, S. (1979). Age, job complexity, satisfaction, and performance. *Journal of Vocational Behavior, 14*, 209–223.

Green, S.G., Blank, W. & Liden, R.C. (1983). Market and organizational influences on bank employees' work attitudes and behaviors. *Journal of Applied Psychology, 68*, 298–306.

Greene, C.N. (1972). Relationships among role accuracy, compliance, performance evaluation, and satisfaction within managerial dyads. *Academy of Management Journal, 15*, 205–215.

Greene, C.N. (1973a). Causal connections among managers' merit pay, job satisfaction, and performance. *Journal of Applied Psychology, 58*, 95–100.

Greene, C.N. (1973b). An evaluation of Bowen and Byrne's interpretations. *Academy of Management Journal, 16*, 159–161.

Greenhaus, J.H. & Badin, I.J. (1974). Self-esteem, performance, and satisfaction: Some tests of a theory. *Journal of Applied Psychology, 59*, 722–726.

Griffin, R.W. (1980). Relationships among individual, task design, and leader behavior variables. *Academy of Management Journal, 23*, 665–683.

Gupta, N. (1980). Performance-contingent rewards and satisfaction: An initial analysis. *Human Relations, 33*, 813–829.

Hackman, J.R. & Lawler, E.E. (1971). Employee reactions to job characteristics. *Journal of Applied Psychology, 55*, 259–286.

Hall, D.T., Goodale, J.G., Rabinowitz, S. & Morgan, M.A. (1978). Effects of top-down departmental and job change upon perceived employee behavior and attitudes: A natural field experiment. *Journal of Applied Psychology, 63*, 62–72.

Hamid Ud-Din, M. (1953). The relationship between job performance and job satisfaction. *Dissertation Abstracts, 13*, 434–435.

Hamner, W., C. & Harnett, D.L. (1974). Goal setting, performance and satisfaction in an interdependent task. *Organizational Behavior and Human Performance, 12*, 217–230.

Harding, F.D. & Bottenberg, R.A. (1961). Effect of personal characteristics on relationships between attitudes and job performance. *Journal of Applied Psychology, 45*, 428–430.

Heron, A. (1954). Satisfaction and satisfactoriness: Complementary aspects of occupational adjustment. *Occupational Psychology, 28*, 140–153.

Inkson, J.H.K. (1978). Self-esteem as a moderator of the relationship between job performance and job satisfaction. *Journal of Applied Psychology, 63*, 243–247.

Ivancevich, J.M. (1979). High and low task stimulation jobs: A causal analysis of performance-satisfaction relationships. *Academy of Management Journal, 22,* 206–222.

Ivancevich, J.M. (1980). A longitudinal study of behavioral expectation scales: Attitudes and performance. *Journal of Applied Psychology, 65,* 139–146.

Ivancevich, J.M. & McMahon, J.T. (1982). The effects of goal setting, external feedback, and self-generated feedback on outcome variables: A field experiment. *Academy of Management Journal, 25,* 359–372.

Ivancevich, J.M. & Smith, S.V. (1981). Goal setting interview skills training: Simulated and on-the-job analyses. *Journal of Applied Psychology, 66,* 697–705.

Jacobs, R. & Solomon, T. (1977). Strategies for enhancing the prediction of job performance from job satisfaction. *Journal of Applied Psychology, 62,* 417–421.

Joyce, W., Slocum, J.E. & Von Glinow, M.A. (1982). Person-situation interaction: Competing models to fit. *Journal of Occupational Behavior, 3,* 265–28o.

Katzell, R.A., Barrett, R.S. & Parker, T.C. (1961). Job satisfaction, job performance, and situational characteristics. *Journal of Applied Psychology, 45,* 65–72.

Kesselman, G.A., Wood, M.T., & Hagen, E.L. (1974). Relationships between performance and satisfaction under contingent and noncontingent reward systems. *Journal of Applied Psychology, 59,* 374–376.

Kirchner, W.K. (1965). Relationships between general and specific attitudes toward work and objective job performance for outdoor advertising salesmen. *Journal of Applied Psychology, 49,* 455–457.

Kuhn, D.G., Slocum, J.W. & Chase, R.B. (1971). Does job performance affect employee satisfaction? *Personnel Journal, 50,* 455–459.

Landy, F.J. (1971). Motivational type and the satisfaction-performnace relationship. *Journal of Applied Psychology, 55,* 406–413.

Lawler, E.E. & Porter, L.W. (1967). The effect of performance on job satistaction. *Industrial Relations, 7,* 20–28.

Lichtman, C.M. (1970). Some intrapersonal response correlates of organizational rank. *Journal of Applied Psychology, 54,* 77–80.

Locke, E.A. (1965). The relationship of task success to task liking and satisfaction. *Journal of Applied Psychology, 49,* 379–385.

London, M. & Klimoski, R.J. (1975). Self-esteem and job complexity as moderators of performance and satisfaction. *Journal of Vocational Behavior, 6,* 293–304.

Lopez, E.M. (1982). A test of the self-consistency theory of the job performance-job satisfaction relationship. *Academy of Management Journal, 25,* 335–348.

Mirvis, P.H. & Lawler, E.E. (1977). Measuring the financial impact of employee attitudes. *Journal of Applied Psychology, 62,* 1–8.

Mossin, A.C. (1949). *Selling performance and contentment in relation to school background.* New York: Bureau of Publications, Teachers College, Columbia University.

Motowidlo, S.J. (1982). Relationship between self-rated performance and pay satisfaction among sales representatives. *Journal of Applied Psychology, 67,* 209–213.

Nathanson, C.A., & Becker, M.H. (1973). Job satisfaction and job performance: An empirical test of some theoretical propositions. *Organizational Behavior and Human Performance, 9,* 267–279.

Norris, D.R, & Niebuhr, R.E. (1984). Organization tenure as a moderator of the job satisfaction-job performance relationship. *Journal of Voctional Behavior, 24,* 169–178.

Oldham, G.R., Hackman, J.R., & Pearce, J.L. (1976). Conditions under which employees respond positively to enriched work. *Journal of Applied Psychology, 61*, 395–403.

O'Reilly, C.A. & Roberts, K.H. (1978). Supervisor influence and subordinate mobility aspirations as moderators of consideration and initiating structure. *Journal of Applied Psychology, 63*, 96–102.

Orpen, C. (1974). The effect of reward contingencies on the job satisfaction-job performance relationship: An industrial experiment. *Psychology, 11*, 9–14.

Orpen, C. (1978). Relationship between job satisfaction and job performance among western and tribal black employees. *Journal of Applied Psychology, 63*, 263–265.

Penly, L.E., & Hawkins, B.L. (1980). Validity generalization results for tests used to predict job proficiency and training success in clerical occupations. *Journal of Vocational Behavior, 16*, 368–384.

Pierce, J.L., Dunham, R.B. & Blackburn, R.S. (1979). Social systems structure, job design, and growth need strength: A test of a congruency model. *Academy of Management Journal, 22*, 223–240.

Podsakoff, P.M., Todor, W.D. & Skov, R. (1982). Effects of leader contingent and noncontingent reward and punishment behaviors on subordinate performance and satisfaction. *Academy of Management Journal, 25*, 810–821.

Porac, J.F., Ferris, G.R. & Fedor, D.B. (1983). Causal attributions, affect, and expectations for a day's work performance. *Academy of Mangement Journal, 26*, 285–296.

Pritchard, R.D. (1973). Effects of varying performance pay instrumentalities on the relationship between performance and satisfaction: A test of the Lawler and Porter model. *Journal of Applied Psychology, 58*, 122–125.

Schriesheim, J.F. (1980). The social context of leader-subordinate relations: An investigation of the effects of group cohesiveness. *Journal of Applied Psychology, 65*, 183–194.

Schriesheim, J.F. & Murphy, C.J. (1976). Relationships between leader behavior and subordinate satisfaction and performance: A test of some situational moderators. *Journal of Applied Psychology, 61*, 634–641.

Scott, W.A. & Stumpf, J. (1984). Personal satisfaction and role performance: Subjective and social aspects of adaption. *Journal of Personality and Social Psychology, 47*, 812–827.

Sheridan, J.E. & Slocum, J.W. (1975). The direction of the causal relationship between job satisfaction and work performance. *Organizational Behavior and Human Performance, 14*, 159–172.

Slocum, J.W. (1971). Motivation in managerial levels: Relationship of need satisfaction to job performance. *Journal of Applied Psychology, 55*, 321–316.

Siegel, J.P., & Bowen, D. (1971). Satisfaction and performance: Causal relationships and moderating effects. *Journal of Vocational Behavior, 1*, 263–269.

Spencer, D.G. & Steers, R.M. (1981). Performance as a moderator of the job satisfaction-turnover relationship. *Journal of Applied Psychology, 66*, 511–514.

Steers, R.M. (1975). Effects of need for achievement on the job performance-job attitude relationship. *Journal of Applied Psychology, 60*, 678–682.

Stumpf, S.A. & Rabinowitz, S. (1981). Career stage as a moderator of performance relationship with facets of job satisfaction and role perceptions. *Journal of Vocational Behavior, 18*, 202–218.

Sundstrom, S.A., Burt, R.E. & Kamp, D. (1980). Privacy at work: Architectural correlates of job satisfaction and job performance. *Academy of Management Journal, 23*, 101–117.

Szilagyi, A.D. (1980). Causal inferences between leader reward behavior and subordinate performance, absenteeism, and work satisfaction. *Journal of Occupational Psychology, 53,* 195–204.

Tharenou, P. & Harker, P. (1982). Organizational correlates of employee self-esteem. *Journal of Applied Psychology, 67,* 797–805.

Tharenou, P. & Harker, P. (1984). Moderating influence of self-esteem on relationships between job complexity, performance, and satisfaction. *Journal of Applied Psychology, 69,* 623–632.

Wanous, J.P. (1974). A causal correlational analysis of the job satisfaction and performance relationship. *Journal of Applied Psychology, 59,* 139–144.

Waters, L.K. & Roach, D. (1972). Self-esteem as a moderator of the relationship between task-success and task-liking. *Psychological Reports, 31,* 69–70.

Weschler, J.R., Kahane, M. & Tannenbaum, R. (1952). Job satisfaction, productivity, and moral: A case study. *Occupational Psychology, 26,* 1–14.

Wexley, K.N., Alexander, R.A., Greenawalt, J.P. & Couch, M.A. (1980). Attitudinal congruence and similarity as related to interpersonal evaluations in manager-subordinate dyads. *Academy of Management Journal, 23,* 320–330.

Arbeitszufriedenheit bei Schichtarbeitern in unterschiedlichen Schichtsystemen — Zur Frage der Bewertung unterschiedlicher Schichtsysteme anhand von Zufriedenheitsindikatoren*

Hiltraud Grzech-Sukalo, Friedhelm Nachreiner, Dieter Bonitz und Ina Hedden

1. PROBLEMSTELLUNG

Arbeitszufriedenheit ist neben ihrer Verfolgung als eigenständiges oder als instrumentelles Unternehmensziel immer auch unter der Perspektive erhoben worden, mit Hilfe dieses Merkmals etwas über die Güte der Arbeitsbedingungen oder die Qualität des Arbeitslebens zu erfahren. So führt beispielsweise Seashore (1975) Arbeitszufriedenheit als potentiellen Indikator der Qualität des Arbeitslebens aus der Sicht der betroffenen Arbeitnehmer an prominenter Stelle an. Neben dieser Funktion als Sozialindikator werden Messungen der Arbeitszufriedenheit immer wieder auch zur Evaluation von Interventionsmaßnahmen (vgl. dazu Nachreiner et al., 1987) durchgeführt. Dabei spielt die augenscheinliche Validität dieses Kriteriums wohl eine entscheidendere Rolle als seine nachgewiesene empirische Validität, wie ein Blick in die Literatur zum Thema Arbeitsstrukturierung zeigt.

Sowohl die Verwendung als Sozialindikator wie die als Evaluationskriterium setzen jedoch die Gültigkeit der nach gesundem Menschenverstand plausiblen Hypothese voraus, daß Arbeitszufriedenheit in relevantem Umfang durch die konkrete Gestaltung der Arbeitsbedingungen beeinflußt wird oder mit der Güte der Gestaltung zumindest kovariiert. Wie diese Kovariation real aussieht, sei zunächst dahingestellt. Von einer monotonen, linearen Beziehung zwischen Gestaltungsgüte und Arbeitszufriedenheit kann nach den vorliegenden Ergebnissen jedenfalls nicht ausgegangen werden. Es ist allerdings auch fraglich, ob eine derartige Beziehung nach den derzeitigen theoretischen Modellvorstellungen überhaupt zu erwarten wäre. Nun ist für die Verwendung als Evaluationskriterium oder als Sozialindikator ein derart enger Zusammenhang zwischen dem Kriterium Arbeitszufriedenheit und der Qualität der konkreten Arbeitsbedingungen auch gar nicht erforderlich, es reicht vielmehr aus, wenn sich eine substantielle Abhängigkeit der erhaltenen Arbeitszufriedenheitswerte vom Gestaltungszustand der Arbeitsbedingungen ergibt. Darauf kann allerdings nicht verzichtet werden, wenn Arbeitszufriedenheitswerte irgend etwas über die Gestaltungsgüte der Arbeitsbedingungen aussagen sollen. Arbeitszufriedenheit hat damit in dieser Funktion als Indikator der Qualität des Arbeitslebens die üblicherweise an Indikatoren oder Kriterien gestellten Anforderungen zu erfüllen, nämlich neben einer möglichst zuverlässigen eine möglichst wenig defiziente (und das scheint eine schwer genug zu erfüllende Bedingung zu sein) und eine möglichst wenig konta-

---

* Gefördert mit Mitteln des Bundesministers für Forschung und Technologie im Rahmen des Programms „Humanisierung des Arbeitslebens (HdA)", Förderkennzeichen 01 HG 405 9. Die Verantwortung für den Inhalt liegt bei den Autoren.

minierte (und auch diese Bedingung dürfte nicht leicht zu erfüllen sein) Erfassung des zu erfassenden Gegenstandes zu ermöglichen.

Nun lassen die Menge der vorliegenden empirischen Ergebnisse und die im Vergleich dazu geringe Zahl ernstzunehmender theoretischer Ansätze aber vermuten, daß Arbeitszufriedenheit zu erheblichen Anteilen durch personenspezifische Merkmale, hier insbesondere unterschiedliche Bezugssysteme (vgl. Fischer, 1985) determiniert ist, die in dem hier diskutierten Zusammenhang aber eindeutig als Kriterienkontamination betrachtet werden müssen. Ob sich diese personenspezifischen Anteile, über deren Ausmaß keine gesicherten Daten vorliegen, bei Mittelung über eine größere Anzahl von Beschäftigten mit Erwartungswert 0 ausgleichen, erscheint sehr fraglich, da von einer Zufallszuordnung von Personen auf Arbeitsbedingungen in wirtschaftenden Unternehmen auf Grund von Selektions- und Selbstselektionsprozessen definitiv nicht ausgegangen werden kann. Insofern richtet sich die Erhebung von Arbeitszufriedenheit in der Regel an eine Survivor-Population, die sich an die bestehenden Arbeitsbedingungen angepaßt oder sich mit ihnen arrangiert hat. Hohe bedingungsspezifische Varianzanteile wären somit kaum zu erwarten.

Wie hoch der Anteil der einzelnen am Entstehungsprozeß von Arbeitszufriedenheit beteiligten Komponenten — Personen und Arbeitsbedingungen — tatsächlich ist, ist trotz der häufigen Verwendung von Arbeitszufriedenheit als Kriterium kaum jemals empirisch belegt worden, Schätzungen darüber sind ebenfalls ausgesprochen selten zu finden. So geht Seashore (1975) in der oben zitierten Arbeit von einem 40%igem Varianzanteil für die Arbeitsbedingungen und einem 50 %igem personenspezifischen Varianzanteil aus, wobei 30 % auf stabile und 20 % auf instabile Personenmerkmale entfallen sollen. Die Fehlervarianz wird hier mit 10 % geschätzt. Abgesehen von der geringen und unseren eigenen Erfahrungen widersprechenden Schätzung des Meßfehleranteils wird dort interessanterweise eine Wechselwirkung zwischen Personen- und Situationsmerkmalen nicht konzipiert, obwohl gerade diese, wenn man den zugrunde liegenden theoretischen Modellvorstellungen Glauben schenken will, z.B. bei einem Erwartungs-Valenz-Ansatz, den höchsten Varianzanteil binden sollte. Bei der damit unterstellten 40%igen Relevanz des Kriteriums Arbeitszufriedenheit, d.h. des auf die Arbeitsbedingungen zurückzuführenden Varianzanteils, wäre aber immerhin eine Verwendung als Kriterium, wenn auch als (mit 50 % Personenanteil) erheblich kontaminiertes, akzeptabel und zu rechtfertigen.

Die Frage liegt daher nahe, ob Arbeitszufriedenheit im Zusammenhang mit der Analyse und Gestaltung von Schichtplänen, oder allgemeiner von Arbeitszeitregelungen, sinnvollerweise als Kriterium der Gestaltungsgüte dieser spezifischen Arbeitsbedingung verwendbar ist. Hier geht es damit konkret um die sehr praktische Frage, ob sich anhand der unter einem Schichtsystem erreichten Arbeitszufriedenheitswerte eine Präferenz für dieses oder jenes Schichtsystem oder für eine Gruppe von Schichtsystemen mit bestimmten strukturellen Merkmalen ableiten läßt. Bei der Vielzahl der denkbaren und vorfindbaren Schichtsysteme wäre damit ein erheblicher Beitrag in Richtung auf eine Humanisierung des Arbeitslebens zu leisten, insbesondere dann, wenn sich beispielsweise aus den Arbeitszufriedenheitswerten Voraussagen über den Grad der Beeinträchtigungsfreiheit durch bestimmte Schichtsysteme gewinnen ließen. Für die Gestaltung von Schichtsystemen brächte dies den unschätzbaren Vorteil, nicht mehr relativ willkürlich einige oder sämtliche Varianten erproben zu müssen, wobei das Risiko dafür bei den betroffenen Schichtarbeitern und deren Angehörigen liegt und nicht bei den Arbeitsgestaltern. Vielmehr brauchten nur noch solche Systeme, die sich in der Vergangenheit aufgrund differentieller Arbeitszufriedenheitswerte anderen Systemen oder Systemgruppen gegenüber als eindeutig überlegen erwiesen haben, für die spezielle Situation adaptiert und erprobt zu werden. Bei der gegebenen Verbreitung der Schichtarbeitsproblematik und deren zukünftiger Entwicklung dürfte dies ein durchaus lohnendes Unterfangen sein.

Die hier aufgeworfene Fragestellung läßt sich weiter dahingehend präzisieren, ob sich mit Hilfe der Analyse von Arbeitszufriedenheitswerten Unterschiede in der psychosozialen Beeinträchtigung durch strukturell unterschiedliche Schichtsysteme nachweisen lassen, beispielsweise zwischen Zweischichtsystemen mit 12stündigen Tag- und Nachtschichten und Dreischichtsystemen mit 8stündigen Früh-, Spät- und Nachtschichten, oder innerhalb der Dreischichtsysteme zwischen solchen mit Vorwärtswechsel (Schichtfolge: Frühschicht-Spätschicht-Nachtschicht) oder Rückwärtswechsel (Schichtfolge: Nachtschicht-Spätschicht-Frühschicht), zwischen kurzrotierten Systemen mit nur wenigen gleichen aufeinanderfolgenden Schichten und langrotierten Systemen, bei denen mehrere gleiche Schichten aufeinanderfolgen. Falls sich etwa aus der Rotationsdauer oder -richtung (und hierbei handelt es sich um klassische Merkmale zur Klassifikation von Schichtsystemen), oder deren Kombination, unterschiedliche Beeinträchtigungen ergeben, sollten sich diese bei gegebener Validität des Kriteriums Arbeitszufriedenheit in unterschiedlichen Arbeitszufriedenheitswerten widerspiegeln, womit sich dann eine Entscheidung für die eine oder die andere Gestaltungsvariante für Schichtarbeit finden lassen sollte.

Damit ist übrigens gleichzeitig die Frage nach der Validität der traditionellen Klassifikation von Schichtsystemen im Hinblick auf die Erklärung oder Voraussage psychosozialer Beeinträchtigungen durch unterschiedliche Schichtsysteme aufgeworfen. Wenn diese Klassifikation in der Lage ist, differentielle Beeinträchtigungen durch strukturell unterschiedliche Schichtsysteme zu erklären, so sollten sich im Sinne einer diskriminanten und konvergenten Validität Unterschiede *zwischen den Systemgruppen* (z.B. vorwärts- vs. rückwärtsrotierte Systeme oder kurz vorwärts- vs. lang rückwärtsrotierte Systeme) ergeben, nicht aber Unterschiede *innerhalb der Gruppen*, die für die Inhomogenität einer derartigen Klassifikation der Schichtsysteme in Bezug auf die durch sie ausgelösten Effekte sprächen.

Ein weiteres Problem besteht darin, welche Art der Skalierung von Arbeitszufriedenheit für diese Zwecke am geeignetsten ist, eine summarische oder eine differenzierte Erfassung (vgl. dazu Neuberger & Allerbeck, 1978). Beides zugleich läßt sich wohl nicht erreichen, eine Entscheidung zwischen zwei sich ausschließenden alternativen Konzeptionen von Arbeitszufriedenheit ist daher geboten. Konsistenzorientierte, summarische Skalen wie die SAZ (Fischer & Lück, 1972) dürften prinzipiell keine differenzierten voneinander unabhängigen Teilaspekte beinhalten (dies liefe der der Konstruktion des Meßinstrumentes zugrundeliegenden auf Homogenität ausgerichteten theoretischen Konzeption zuwider) und auch die Zusammenfassung (relativ) „unabhängiger" Teilskalen zu einem einzigen Summenwert ist theoretisch ebenso inkonsistent und ähnelt in fataler Weise dem „Äpfel- und Birnenproblem", auch wenn dies rein operational einfacher sein dürfte, als aus einer konsistenten Skala „unabhängige" Teilskalen abzuleiten.

Wir hatten uns damals bei der Anlage der dieser Untersuchung zugrundeliegenden Erhebung aus hier nicht relevanten Gründen für eine differenzierte Erfassung der Arbeitszufriedenheit entschieden (vgl. Ernst & Nachreiner, 1981). Damit waren auch für die Analyse der hier aufgeworfenen Fragen die Weichen gestellt.

2. METHODIK

Für die Untersuchung der oben aufgeworfenen Fragestellungen schien uns eine Sekundäranalyse unseres vorhandenen Datenmaterials am geeignetsten, weil wir dazu auf die Daten einer schriftlichen Erhebung zu den arbeits- und sozialpsychologischen Problemen des Wechselschichtdienstes einer Zufallsstichprobe von 1628 Polizeibeamten aus dem Bundesgebiet zurückgreifen konnten, einer Stichprobe von Tag- und Schichtarbeitern mit vergleichbaren Arbeits- und Tätigkeitsbedingungen aber ausgesprochen unterschiedlichen Arbeitszeitregelungen. Eine detaillierte Beschreibung der Stichprobe, der vorgefundenen Schichtsysteme, des verwendeten Fragebogens sowie des Erhebungsverfahrens findet sich bei Ernst und Nachreiner (1981). Die hier durchgeführten Analysen beruhen auf einer Teilstichprobe der Beamten aus jenen 22 unterschiedlichen Schichtsystemen oder Arbeitszeitregelungen, die zahlenmäßig am stärksten besetzt waren und eine repräsentative Abdeckung der möglichen Varianten der Schichtplangestaltung erlaubten. Die Stichprobe schwankt damit insgesamt zwischen 938 und 978 Beamten (je nach analysiertem Merkmal) aus 3 verschiedenen Tagarbeits-Systemen, zwei 12-Stunden-Zweischichtsystemen, einem 24-Stunden-Schichtsystem (dieses System enthielt Bereitschaftszeitanteile) sowie 16 Dreischichtsystemen, davon 3 kurz (maximal 3 gleiche aufeinanderfolgende Schichten) vorwärts- (F-S-N), 8 kurz rückwärts- (N-S-F), 3 lang (mehr als drei gleiche aufeinanderfolgende Schichten hintereinander) vorwärts- und 2 lang rückwärtsrotierten Systemen. Alle Schichtsysteme (außer den Tagsystemen) waren Schichtsysteme für kontinuierliche Arbeit unter Einschluß von Nacht- und Wochenendarbeit. (Die detaillierten Schichtpläne sind auf Wunsch bei den Autoren erhältlich.)

Die Überprüfung der Fragestellung erfolgte anhand einfaktorieller Varianzanalysen der Arbeitszufriedenheitswerte, und zwar einmal separat für die 22 Systeme und zum anderen für die oben dargestellten Gruppen von Systemen. Die Zugehörigkeit zu einem System bildete damit die unabhängige Variable, abhängige Variablen waren die Skalenmittelwerte auf den 7 Subskalen des ABB (Neuberger & Allerbeck, 1978), die zugehörigen Kunin-Skalen sowie eine weitere Kunin-Skala für die Gesamtzufriedenheit mit der gesamten Arbeitssituation. Zusätzlich wurde ein (wie oben bereits dargestellt theoretisch äußerst bedenklicher) Gesamtzufriedenheitsindex durch (ungewichtete) Mittelwertbildung über die Mittelwerte der 7 ABB-Skalen berechnet.

Als weitere abhängige Variable diente der Skalenwert auf der EZS-Skala, die die evaluative Komponente der Einstellung zur Schichtarbeit erfaßt (Nachreiner, 1977, 1978) und damit ein thematisch enger mit dem Analysegegenstand verbundenes Konstrukt erfaßt. Weitere Analysen wurden zu spezifischen Beeinträchtigungserlebnissen durchgeführt, über die an anderer Stelle berichtet wurde (Bonitz et al., 1987, 1989).

Die Analysen über eindimensionale Varianzanalysen anstelle eines angemesseneren hierarchischen und teilweise gekreuzten Designs war notwendig aufgrund der sehr unterschiedlichen Besetzungen der einzelnen Schichtsysteme und der unterschiedlichen Anzahl der Faktorenstufen auf den einzelnen Ebenen/Faktoren (Anzahl der Schichten, Rotationsdauer und Richtung). Signifikanzprüfungen zwischen Einzelsystemen bzw. Systemgruppen erfolgten bei signifikantem F-Wert in der Varianzanalyse mit Hilfe des LSD-Tests auf einem Signifikanzniveau von $p < .05$.

3. ERGEBNISSE

Die Darstellung der Ergebnisse soll hier lediglich exemplarisch an einigen ausgewählten Variablen erfolgen. Auf den folgenden Abbildungen sind dazu im oberen Teil jeweils die signifikanten Unterschiede zwischen den Systemgruppen (in der oberen Dreiecksmatrix) als schraffierte Felder und zwischen den einzelnen Systemen (in der unteren Dreiecksmatrix) als Punkte dargestellt. Der untere Teil der Abbildung zeigt die Ausprägung der jeweiligen Variablen für die *Systemgruppen* (durchgezogene Linie) und die *Einzelsysteme* (Balkendiagramme), jeweils als Abweichungswerte vom Gesamtmittelwert. Die Zahlen beziehen sich auf die Nummer des Systems, die Abkürzungen bei den Systemgruppen sind sinnfällig, *D* für Dreischichtsystem, *K/L* für kurz oder langrotiert, *V/R* für vorwärts bzw. rückwärtsrotiert und 12 bzw. 24h für 12- und 24-Stunden-Systeme.

Abbildung 1(S.52) zeigt die Ergebnisse unserer Analysen für den Gesamtmittelwert aller 7 ABB-Skalen. Deutlich erkennbar unterscheiden sich auf Gruppenebene die Tagsysteme von allen Schichtarbeitssystemen, während sich bei diesen lediglich die lang vorwärtsrotierten vom 24-Stunden-System und den kurz und lang rückwärtsrotierten Systemen unterscheiden, wobei diese Unterschiede, wie der Blick auf die Einzelsysteme zeigt, im Wesentlichen durch ein System (Nr. 18) bedingt sind. Abbildung 1 belegt damit, daß jenseits der Differenzierung Tag/Schicht mit Hilfe einer allgemeinen Gesamtarbeitszufriedenheit keine weitere konsistente Differenzierung möglich ist. Dies wird unterstützt durch die gleichartigen Ergebnisse der Analysen der Kunin-Skala. Damit wären für eine Bevorzugung oder die konkrete Gestaltung von Schichtplänen aus der allgemeinen Arbeitszufriedenheit keine Hinweise ableitbar.

Die Zufriedenheit mit den Arbeitsbedingungen, der Skala des ABB, die als Subskala am ehesten auf Schichtarbeit reagieren sollte, zeigt, wie aus Abbildung 2 (S.53) hervorgeht, ein ähnliches Bild. Jenseits der Unterscheidung von Tag- und Schichtarbeit sind hier auf Gruppenebene keine weiteren Differenzierungen möglich und auch die Ergebnisse der Einzelsysteme lassen keinen positiven Beitrag zur Differenzierung der Schichtsysteme anhand der Zufriedenheit mit den Arbeitsbedingungen erkennen. Konsistent sind Mitarbeiter in Tagsystemen zufriedener als Mitarbeiter im Schichtdienst, wiederum mit einer Ausnahme, System Nr. 5. Und auch hier zeigen die Ergebnisse der Kunin-Skala ein vergleichbares Bild.

Ein anderes Bild zeigt sich hingegen bei der Zufriedenheit mit der Bezahlung (Abbildung 3, S.54), bei der sich jenseits des Unterschiedes zwischen Tag- und

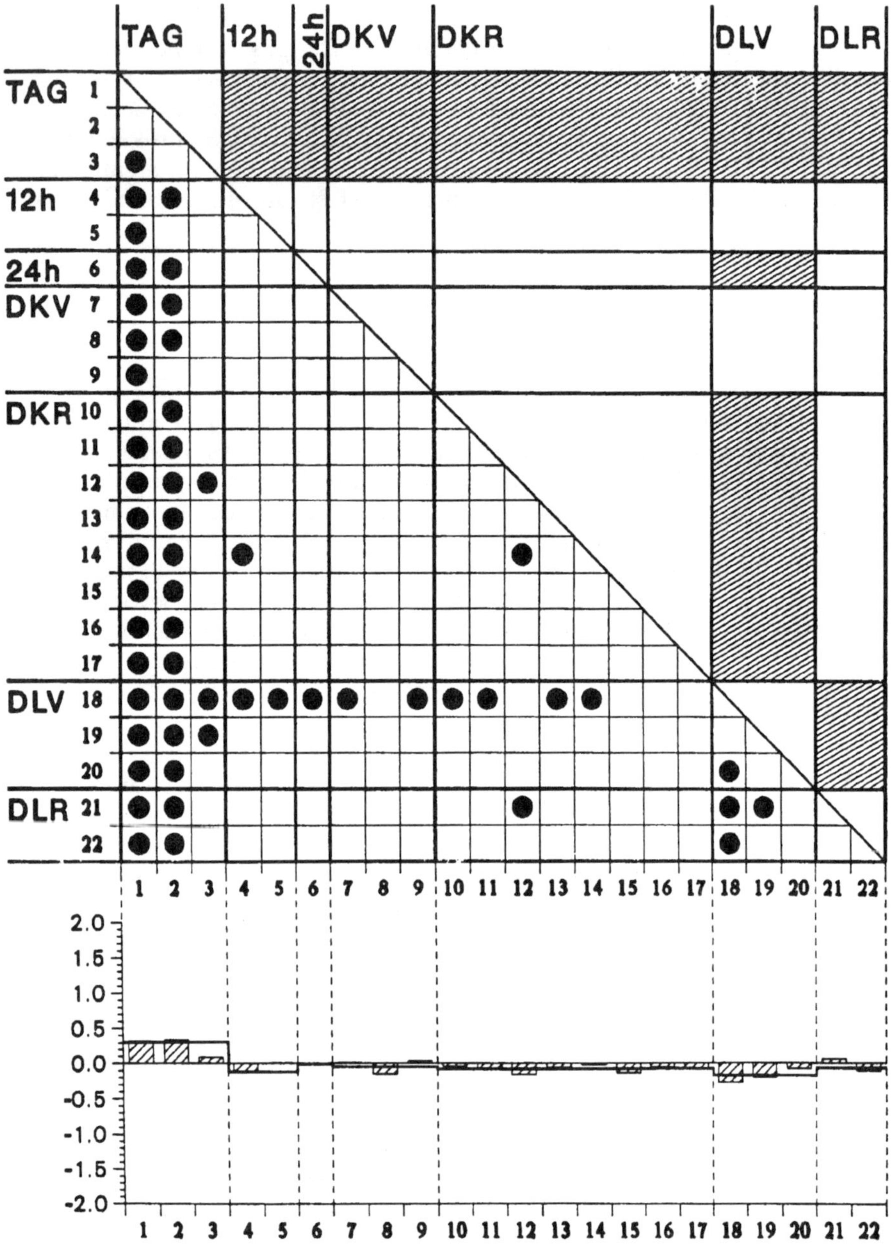

Abb. 1: Gesamt-Wert über alle Teilaspekte des ABB

Schichtarbeit eine Menge signifikanter Unterschiede ergeben, sowohl zwischen Systemgruppen wie zwischen Einzelsystemen, auch zwischen Einzelsystemen innerhalb einer Gruppe. Auffallend ist für die untersuchte Stichprobe die Inkonsistenz dieser Ergebnisse und die Tatsache, daß die Höhe der Bezahlung, da nach

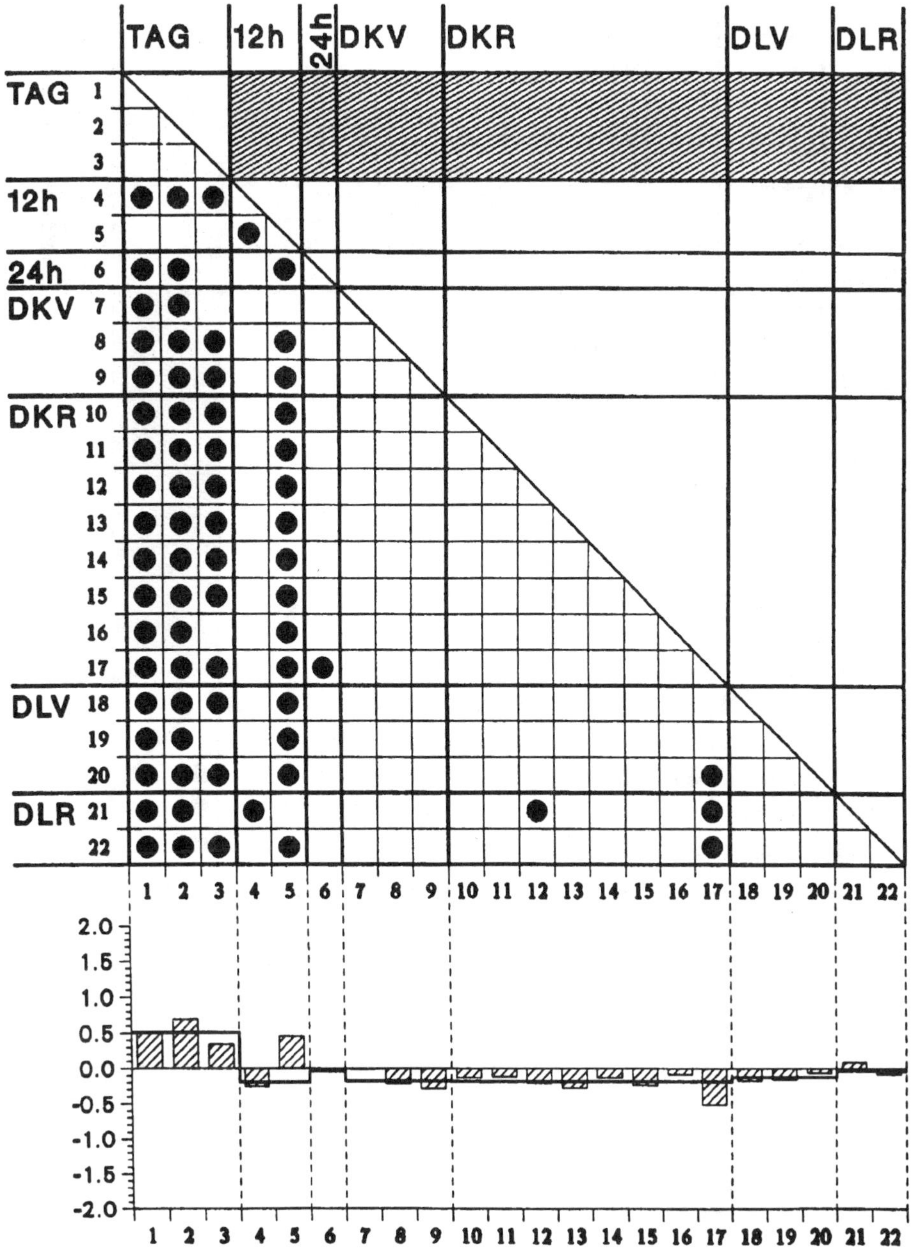

Abb. 2: Zufriedenheit mit den Arbeitsbedingungen

Beamtengesetz einheitlich geregelt und daher schichtsystemspezifische Differenzierungen nicht zulassend, relativ einheitlich ist. Für die gefundenen Unterschiede (jenseits Tag/Schicht) gibt es daher keinen ersichtlichen „objektiven" Grund. Aber auch für eine differentielle Rechtfertigungshypothese nach dem Prinzip

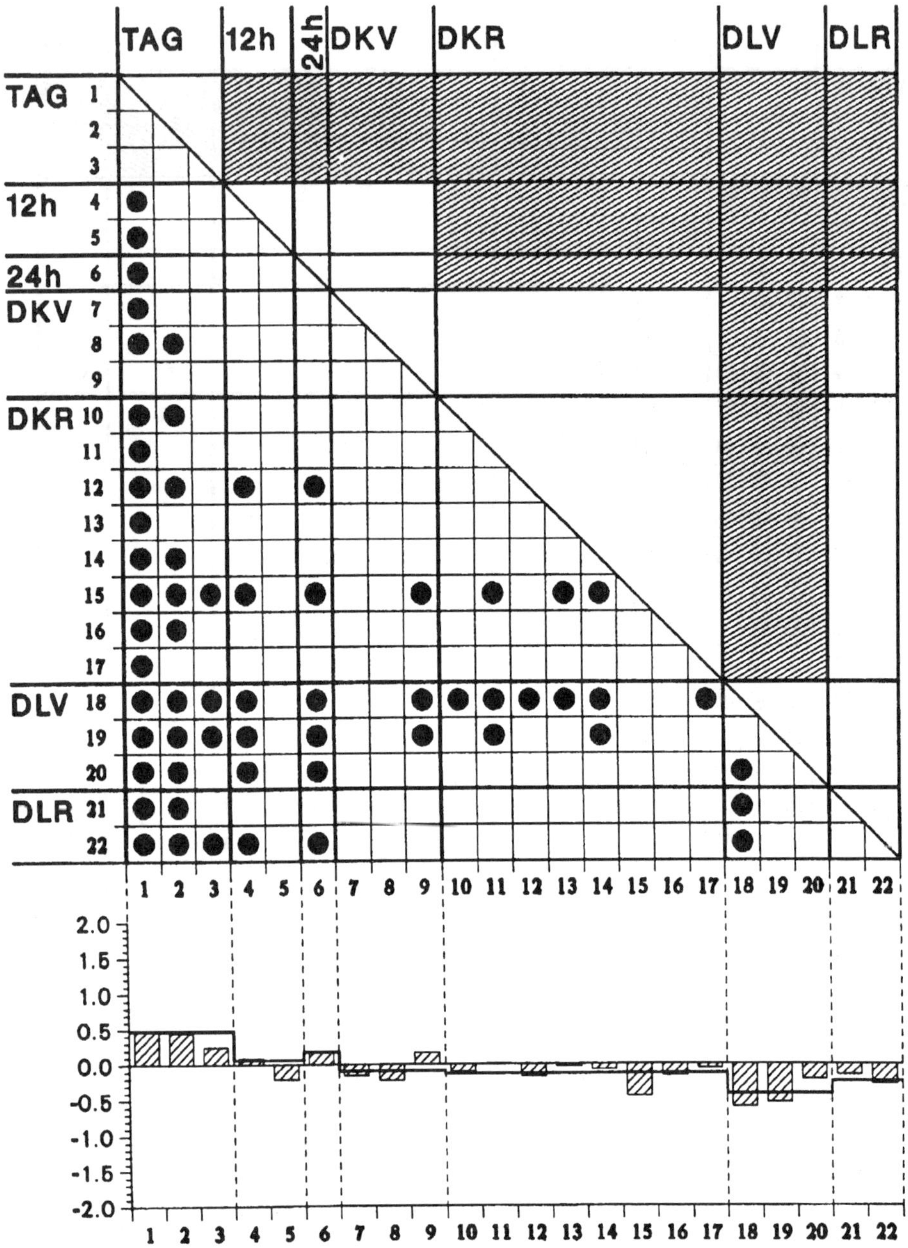

Abb. 3: Zufriedenheit mit der Bezahlung

einer differentiell unzureichend erlebten Kompensation zwischen verschiedenen Schichtsystemen fehlt die Basis, weil dies den intrasubjektiven Vergleich zwischen verschieden Schichtsystemen voraussetzen würde, der tatsächlich nur in sehr

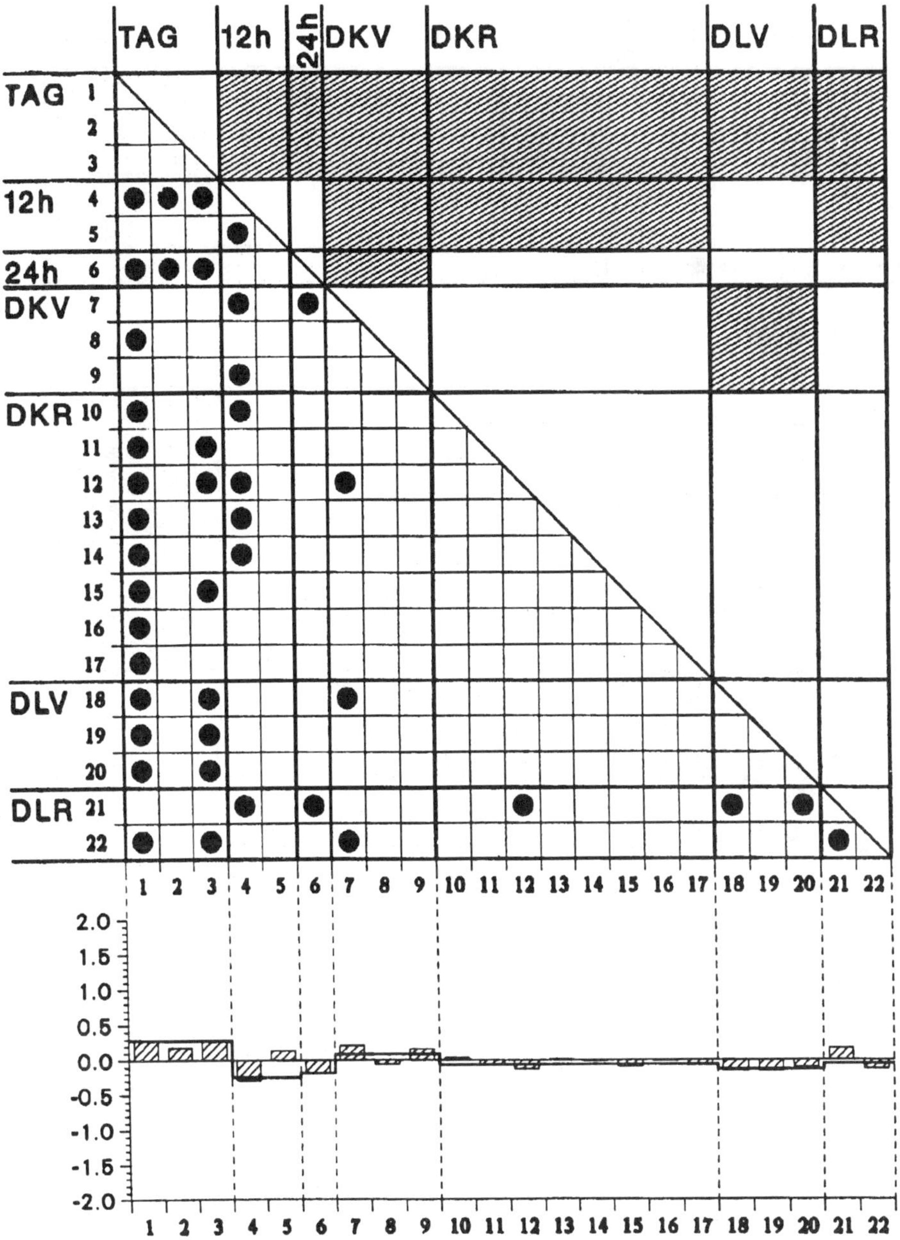

Abb. 4: Zufriedenheit mit der Tätigkeit

wenigen Fällen und nicht systematisch mit bestimmten Schichtsystemen verbunden gegeben war.

Auch bei der Zufriedenheit mit der Tätigkeit (Abbildung 4) ist jenseits des Kontrastes Tag/Schicht kein ersichtlicher Grund für die vorfindbaren, inkonsi-

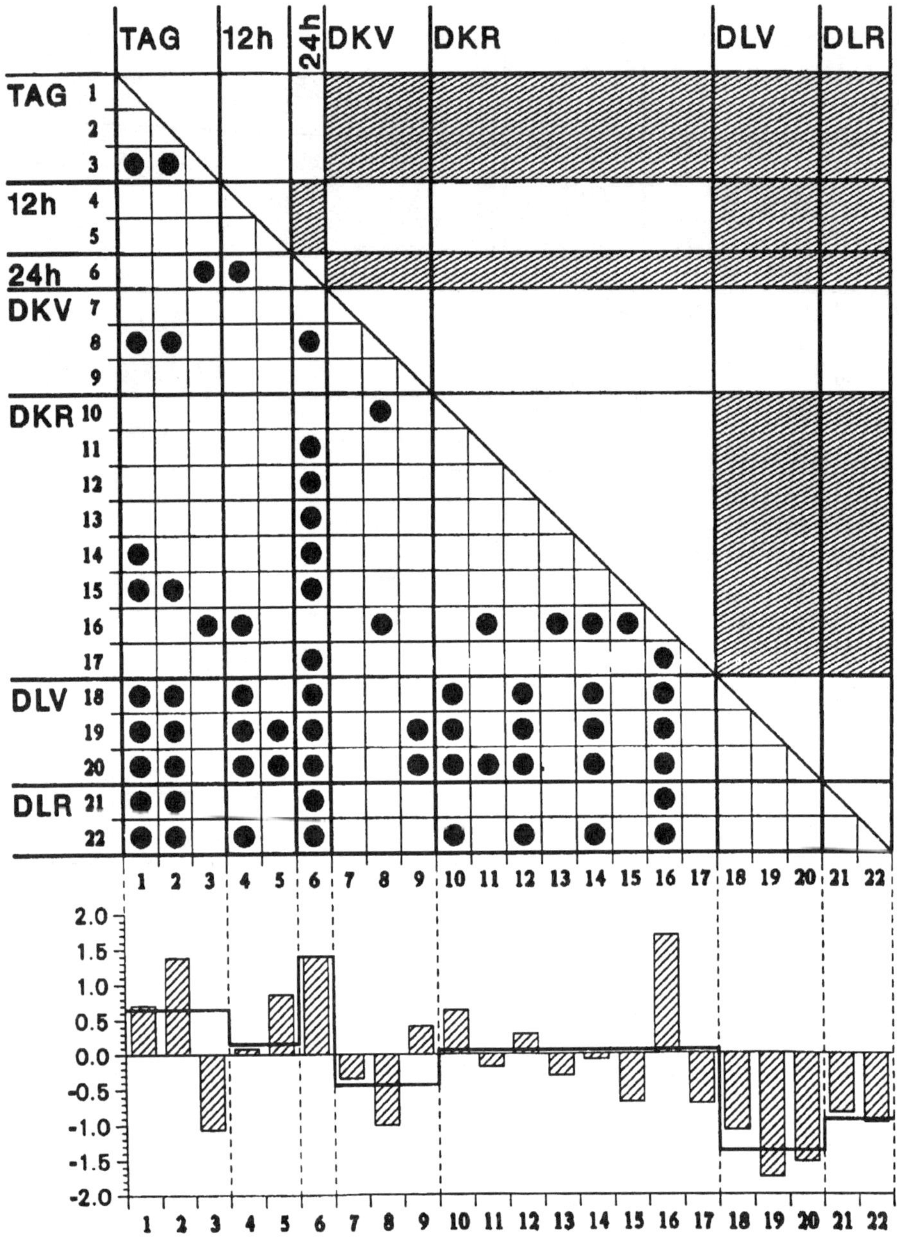

Abb. 5: Einstellung zur Schichtarbeit (EZS)

stenten Differenzen gegeben, da es sich um Beschäftigte mit relativ gut vergleichbaren Tätigkeiten und Belastungen handelt (einer der großen Vorzüge unserer Stichprobe), deren unterschiedliche Ausprägung in spezifischen Schichtsystemen keinen Sinn ergibt. Allerdings sind die vorgefundenen statistisch signifikanten

Unterschiede, wie der Blick auf den unteren Teil der Abbildung 4 zeigt, vom Umfang her kaum als besonders bedeutsam auszumachen.

Die Ergebnisse der übrigen Arbeitszufriedenheitswerte (einschließlich der Gesamtzufriedenheitswerte) zeigen ein ähnliches Bild: Entweder beschränkt sich die Differenzierung auf den Tag/Schicht-Kontrast oder aber die wenigen doch noch vorhandenen Unterschiede sind inkonsistent. Dies kann nun entweder bedeuten, daß Arbeitszufriedenheit nicht zur Differenzierung unterschiedlicher Schichtsysteme geeignet ist, weil sie die relevanten Größen und Wirkungen nicht widerzuspiegeln vermag, beispielsweise wegen zu starker Kontamination, oder aber daß zwischen den einzelnen strukturell unterschiedlichen Schichtsystemen keine differenzierbaren Unterschiede in den psychosozialen Effekten bestehen. Wer in von der Tagarbeit abweichenden Schichtsystemen tätig ist, wäre demnach benachteiligt, wobei die Art des Systems keine Rolle mehr spielte.

Daß dies nicht so ist, zeigen die Ergebnisse zur EZS-Skala in Abbildung 5, sowie die bei Bonitz et al. (1987) dargestellten Ergebnisse zu spezifischen psychosozialen Beeinträchtigungen. Abbildung 5 läßt erkennen, daß jenseits der Tag/Schicht-Differenzierung unter den langrotierten Systemen deutlich ungünstigere Werte erreicht werden, während zwischen den kurzrotierten Systemen trotz allgemein günstigeren Abschneidens offensichtlich erhebliche Unterschiede bestehen.

Die Ergebnisse der Abbildung 5 sprechen somit dafür, daß die Bewertung der Arbeitsbedingung „Schichtarbeit" unter bestimmten Systemen/Gruppen mit bestimmten Merkmalen durchweg und bedeutsam schlechter ausfällt als unter anderen Systemen. Von einer Äquivalenz der Schichtsysteme oder Schichtsystemgruppen in bezug auf die Bewertung der Arbeitsbedingung Schichtarbeit kann daher nicht ausgegangen werden, auch wenn sich dies in den Arbeitszufriedenheitswerten nicht niederschlägt. Der Verzicht auf eine Differenzierung jenseits des Tag/Schicht-Gegensatzes, der nach den Ergebnissen der Analyse der Arbeitszufriedenheitswerte geboten erschien, ist damit nicht mehr zu rechtfertigen, auch wenn innerhalb der kurzrotierten Systeme eine erhebliche Inhomogenität besteht. Dies kann unter Umständen auf die Inhomogenität der Systeme innerhalb dieser Gruppe, beispielsweise in bezug auf Anfangs- und Endzeiten der Schichten, Anzahl gleicher aufeinanderfolgender Schichten, Zyklusdauer des Schichtplans etc., zurückgeführt werden, was allerdings gegen die Gültigkeit der traditionellen Schichtplanklassifikation spräche.

Betrachtet man die durch die unabhängigen Variablen (Schichtsysteme oder Systemgruppen) aufgeklärte Varianz, so schwankt diese, je nach Skala, zwischen 0,25 % bei der Zufriedenheit mit den Vorgesetzten (eine Skala, die in der Tat insensitiv sein sollte) für die Einzelsysteme und 18,64 % (Zufriedenheit mit den Arbeitsbedingungen, für die als Einzelskala erwartungsgemäß jeweils die höchsten Werte ermittelt wurden) bzw. 18,75 % (Gesamtarbeitszufriedenheit) jeweils für die 7 Systemgruppen. Damit wäre, zumindest für die beiden letztgenannten Aspekte, immerhin noch eine ca. 20 % Kriterienrelevanz gegeben. Allerdings schrumpft diese aufgeklärte Varianz jeweils auf Werte um 1 % oder darunter zusammen, wenn die Tagsysteme aus der Berechnung herausgenommen werden oder wenn gar nur noch die Dreischichtsysteme betrachtet werden. Dabei muß zwar von verringerter, keineswegs aber von geringer Varianz ausgegangen werden, wie ein Blick in die absoluten Varianzverhältnisse zeigt. Nur handelt es sich offensichtlich um personenspezifische, nicht aber um schichtsystemspezifische Varianz.

Etwas günstiger in bezug auf die Differenzierung zwischen verschiedenen Schichtarbeitssystemen sieht es wiederum bei der Einstellung zur Schichtarbeit aus, obwohl hier die aufgeklärte Varianz insgesamt maximal 6,7 % (für die Einzelsysteme) erreicht. Nimmt man die Tagsysteme heraus, verbleiben trotz reduzierter Varianz immer noch 6,6 % aufgeklärter Varianz und selbst bei Betrachtung nur der Dreischichtsysteme verbleiben noch 6,1 % erklärter Varianz.

Diese Daten belegen damit zwar eine größere Sensitivität oder Relevanz der Arbeitszufriedenheitswerte für den generellen, aber im Hinblick auf konkrete Gestaltungsempfehlungen uninteressanten Vergleich Tag- vs. Schichtarbeit, wohingegen die spezifischere Einstellung zur Schichtarbeit klarer zwischen den einzelnen Schichtsystemen, unabhängig vom Tag/Schicht-Kontrast, differenziert.

4. DISKUSSION

Unsere Ergebnisse weisen damit darauf hin, daß mit den eher generellen Einstellungsmaßen zur Bewertung der Arbeitssituation im wesentlichen personenspezifische Merkmale erfaßt werden. Merkmalsträger der mit Arbeitszufriedenheitsmaßen erhobenen Information scheinen damit in erster Linie die befragten Mitarbeiter und in weitaus geringerem Umfang die konkreten Arbeitsbedingungen zu sein. Arbeitszufriedenheitswerte würden demnach erheblich mehr über die Person aussagen, die diese Bewertung abgibt, als über die bewerteten Arbeitsbedingungen, über die sie fast nichts aussagen. Es sei hier daran erinnert, daß dies ja in der Tat auch das dem JDI oder ABB zugrundeliegende Prinzip ist: über die konnotative Bedeutung der verwendeten Items soll Aufschluß über die Bewertung des Beurteilers gewonnen werden, wobei die denotative Bedeutung der Items als irrelevant betrachtet wird. Wichtig ist lediglich deren normativ festgelegte Beurteilungsrichtung.

Daß die damit erhaltene Bewertung der Arbeitsbedingungen jedoch derart unspezifisch für die bewerteten Arbeitsbedingungen ist, erscheint uns bemerkenswert, wenn auch nicht ungewöhnlich. So zeigen etwa auch die Ergebnisse mit Arbeitszufriedenheitswerten aus dem Bereich Arbeitsstrukturierung (z.B. Hertog, 1978), daß eine Verbesserung der Arbeitsbedingungen nicht zu einer Erhöhung der Arbeitszufriedenheitswerte führt, weil sich neben dem Gestaltungszustand der Arbeitsbedingung auch der Beurteilungshintergrund bzw. das Bezugssystem der Befragten ändert.

Dies würde auch erklären, warum mit Arbeitszufriedenheitswerten lediglich Differenzierungen hinsichtlich Tag-/Schichtarbeit möglich, feinere Unterscheidungen jedoch unmöglich sind. Bei der relativ leicht durchschaubaren Technik der Arbeitszufriedenheitsmessung sollte den beeinträchtigten Schichtarbeitern relativ schnell klar sein, wie sie ihre Beeinträchtigungen darstellen können. Dazu genügt eine deutliche nach unten gerichtete Abweichung vom normativ leicht erkennbaren „normalen" Urteil. Wie stark diese Abweichung jeweils ausfällt, ist dagegen eher abhängig vom Bezugssystem des Beurteilers als von den tatsächlichen Interferenzen von Schichtarbeit und Teilnahme am „normalen" Leben. Auch dies wäre kein ungewöhliches Ergebnis im Rahmen der Skalierung von Beanspruchungswirkungen (vgl. etwa Eilers et al., 1986).

Inwieweit nun eine Einbeziehung des persönlichen Bezugssystems bei der Analyse von Arbeitszufriedenheitswerten hilfreich ist, kann hier nicht abschließend beurteilt werden. Es sei aber darauf hingewiesen, daß die Erhebung von Arbeitszufriedenheit und Bezugssystem methodisch befriedigend nur als unabhängige Messung durchgeführt werden kann. Inwieweit dies aber tatsächlich möglich ist, wagen wir zu bezweifeln. Wenn nämlich kognitive Einheiten, wie sich aus verschiedenen theoretischen Ansätzen ableiten läßt, in einem bestimmten, in der Regel harmonischen oder kongruenten Beziehungsgefüge stehen, dann können SOLL- (Bezugssystem) und IST- (Beurteilung der konkreten Arbeitssituation) Werte nicht unabhängig voneinander sein, worauf insbesondere die in dynamischen Theorien der Arbeitszufriedenheit (Bruggemann et al., 1975) postulierten Anpassungsmechanismen bei (von außen betrachteten) Inkongruenzen hinweisen. Auffällig ist daran, daß derartige „irrationale" Bewältigungsprozeduren nur dann postuliert werden, wenn aus „Außensicht" Inkongruenzen resultieren sollten, nicht aber, wenn es sich um scheinbar geglückte oder konsistente Anpassungsvorgänge handelt. Gelegentlich wird dabei wohl schlichtweg übersehen, daß in den Beurteilungsprozeß nicht nur ein „subjektives" SOLL sondern auch jeweils bereits ein „subjektiv bewertetes" und kein „objektives" IST eingeht. Dabei liegen uns über das Zustandekommen dieser Vergleichswerte und über die Art dieser Bewertungsprozesse kaum ausreichende Kenntnisse vor (vgl. Wiendieck, 1977). Insofern erscheint es uns zweifelhaft, ob über eine wie auch immer geartete Erfassung des Bezugssystems eine Verbesserung der Aussagefähigkeit von Arbeitszufriedenheitswerten erreichbar ist.

Daß spezifischere Skalen wie die EZS hier leicht, aber nicht wesentlich, besser abschneiden als die eher allgemeinen Arbeitszufriedenheitsskalen, mag darin begründet liegen, daß hier spezifischere Bereiche der Beeinträchtigung und ein für die Betroffenen einsichtiger Beeinträchtigungszusammenhang direkt angesprochen werden können, womit sich für die Befragten eine klarere, konsistentere Attribuierungssituation ergibt. Dadurch sollte insbesondere die individuelle „Fehler"-Varianz reduziert und die systematische Varianz vergrößert werden. Daher erscheint die Konstruktion spezifischerer und dazu geeigneter Skalen günstiger zur Beurteilung der Güte der Qualität der Arbeitsbedingungen als die Einbeziehung von Bezugssystemen oder mehr oder weniger beliebigen Moderatorvariablen, für deren Auswahl theoretische Begründungen kaum herangezogen werden können. Wichtig erscheint vielmehr, sich den Beurteilungsprozeß beim Befragten und dessen Determinanten vor Augen zu führen und unter Beachtung dieser Überlegungen jeweils geeignete Indikatorvariablen zu entwickeln.

Nicht vergessen werden sollte auch, daß die Erhebung von Arbeitszufriedenheitswerten nicht im luftleeren, bedeutungslosen Raum sozialwissenschaftlicher Laborforschung stattfindet. Die u. U. zu Zwecken der Evaluation durchgeführte Erhebung dieser Indikatoren im Betrieb stellt in der Regel gleichzeitig eine Intervention dar (vgl. dazu Nachreiner et al., 1987 sowie insbesondere Wiendieck & Maas, in diesem Band), auch und insbesondere aus der Sicht der Befragten, die mit ihren Antworten auf die gestellten Fragen in aller Regel intentionale Absichtserklärungen abgeben. Dies schmälert nicht den Wert von Arbeitszufriedenheitsmessungen als Diagnoseinstrument zur Steuerung einer Intervention, insbesondere nicht in Verbindung mit anderen Diagnoseinstrumenten, wohl aber als Indikator zur personenunabhängigen Beurteilung der Qualität des Arbeitslebens.

LITERATUR

Bonitz, D., Grzech-Sukalo, H. & Nachreiner, F. (1987). Differential psychosocial effects of different shift systems. In A. Oginsky, J. Pokorski & J. Rutenfranz (Eds.), *Contemporary advances in shiftwork research* (Proceedings of the 8th International Symposium on Night and Shiftwork, Krakow/Koninki, 22-26 June 1987). Krakow: Medical Academy.

Bonitz, D., Hedden, I., Grzech-Sukalo, H. & Nachreiner, F. (1989). Zur Klassifikation und Analyse unterschiedlicher Schichtsysteme und ihrer psychosozialen Effekte. Teil 1: Differentielle Effekte bei unterschiedlicher Rotationsdauer und -richtung. *Z. Arb. Wiss, 43*, 34–41.

Bruggemann, A., Ulich, E. & Groskurth, P. (1975). *Arbeitszufriedenheit.* Bern: Huber.

Eilers, K., Nachreiner, F. & Hänecke, K. (1986). Entwicklung und Überprüfung einer Skala zur Erfassung subjektiv erlebter Anstrengung. *Z. Arb. Wiss., 40*, 215–224.

Ernst, G. & Nachreiner, F. (1981). Ergebnisse der arbeits- und sozialpsychologischen Untersuchungen zu den Problemen des Wechselschichtdienstes der Polizei. In F. Nachreiner, W. Rohmert & J. Rutenfranz, *Wechselschichtdienst bei der Polizei.* Oldenburg, Darmstadt, Dortmund: Unveröffentlichter Forschungsbericht.

Fischer, L. (1985). *Strukturen der Arbeitszufriedenheit und die Bedeutung des individuellen Bezugssystems. Untersuchungen zur Dignität eines umstrittenen Konzeptes unter Verwendung der „Skala zur Messung der Arbeitszufriedenheit" (SAZ).* Köln: WISO-Fakultät (Habilitationsschrift).

Fischer, L. & Lück, H.E. (1972). Entwicklung einer Skala zur Messung von Arbeitszufriedenheit (SAZ). *Psychologie und Praxis, 16*, 64–76.

Hertog, F.J. den (1978). *Arbeitsstrukturierung.* Bern: Huber.

Nachreiner, F. (1977). Einstellung zur Schichtarbeit. *Z. Arb. Wiss., 31*, 152–159.

Nachreiner, F. (1978). Über Determinanten der Einstellung zur Schichtarbeit. *Z. Arb. Wiss., 32*, 6–11.

Nachreiner, F., Müller, G.F. & Ernst, G. (1987). Methoden zur Planung und Bewertung arbeitspsychologischer Interventionsmaßnahmen. In U. Kleinbeck & J. Rutenfranz (Hrsg.), *Enzyklopädie der Psychologie, D, III, Band 1: Arbeitspsychologie* (S. 360–439). Göttingen: Hogrefe.

Neuberger, O. & Allerbeck, M. (1978). *Messung und Analyse von Arbeitszufriedenheit.* Bern: Huber.

Seashore (1975): Defining and measuring the quality of working life. In L. E. Davis, A. B. Cherns (Eds.), *The quality of working life. Vol. I: Problems, prospects, and the state of the art* (pp. 105–118). New York: Free Press.

Wiendieck, G. (1977). Arbeitsleistung und Arbeitszufriedenheit — eine kritische Übersicht. *Gruppendynamik, 8*, 415–430.

Wiendieck, G. & Maas, P. (in diesem Band). Analyse und Intervention. Arbeitszufriedenheitsforschung als sozialer Prozeß. In L. Fischer (Hrsg.), *Arbeitszufriedenheit — Beiträge zur theoretischen und praxeologischen Fortentwicklung eines umstrittenen Konzeptes.* Stuttgart: Verlag für Angewandte Psychologie.

Arbeitszufriedenheit bei Computerbenutzern
Eine empirische Analyse ausgewählter Restriktionen und Aktionsparameter zur Schaffung von Arbeitszufriedenheit unter Berücksichtigung eines allgemeinen und eines differentiellen Konzepts der Arbeitszufriedenheit

Detlef Müller-Böling und Iris Ramme

1. ARBEITSZUFRIEDENHEIT ALS GESTALTUNGSAUFGABE

Informations- und Kommunikationstechniken werden zu einem immer festeren Bestandteil unseres Lebens. Dies gilt derzeit in erster Linie für den Arbeitsbereich, in dem sich in einem rasanten Tempo ein Wandel vollzieht. Diese Veränderungen gehen nicht ab ohne Probleme in den Betrieben, bei denen Interessenvertreter der einen oder anderen Seite jeweils die Diskussionen beherrschen. Die eigentlich Betroffenen dagegen, die Benutzer der neuen Techniken, kommen selten zu Wort.[1*]

Die Ausführungen dieses Beitrags basieren auf empirischen Untersuchungen, die im Abstand von 9 Jahren durchgeführt wurden. 1974 wurden 443, 1983 1.145 Benutzer innerbetrieblich genutzter Informationstechniken befragt.[2] Es handelte sich um schriftliche Gruppenbefragungen unter Aufsicht.[3]

Betrachtet man Arbeitszufriedenheit als ein *Ziel der Unternehmung*, das es zu gestalten gilt, dann ist zu fragen, welche Restriktionen und welche Aktionsparameter bestehen, um dieses Ziel zu erreichen.

Als *Restriktionen* im betrieblichen Gestaltungsprozeß wollen wir

- personale Merkmale und
- betriebliche Merkmale

betrachten. Zu den *personalen Merkmalen* zählen Variablen wie Alter, Geschlecht und Schulbildung.[4] Als *betriebliche Merkmale* wurden die Größe des Betriebes und die Art des Betriebes erhoben. Bei der Art des Betriebes wurde nach Betriebsträgern unterschieden in öffentliche Betriebe, privatwirtschaftliche Betriebe und in eine Mischform aus öffentlichen und privatwirtschaftlichen Elementen, die wir als „halböffentlich" bezeichnen. Halböffentliche Betriebe sind ausnahmslos Betriebe der Energie- und Versorgungswirtschaft, die in der Regel eine privatwirtschaftliche Rechtsform aufweisen, jedoch mit einer behördlich kontrollierten Tarifstruktur zum großen Teil als Monopolisten auf den Absatzmärkten auftreten und deren Grundkapital üblicherweise in öffentlichem Besitz liegt.[5]

Zu den *Aktionsparametern* des Gestaltungsprozesses gehören

- organisatorische Merkmale und
- Merkmale der Systemgestaltung.

---

* Die Anmerkungen befinden sich am Ende des Textes.

Als *Organisatorische Merkmale* wurden die Variablen Gehalt, hierarchische Position (Sachbearbeiter, Gruppenleiter oder Abteilungsleiter) und der individuelle Entscheidungsspielraum untersucht. Der Entscheidungsspielraum läßt sich definieren als

- das Ausmaß der Freiheit von organisatorischen Regelungen oder
- die Möglichkeiten des Organisationsmitgliedes, nicht vorhandene organisatorische Regelungen durch eigene Entscheidungen zu ersetzen.[6]

Der Entscheidungsspielraum wird gemessen mit einer aus fünf Items bestehenden Skala.[7] Der Entscheidungsspielraum kann Werte zwischen 5 und 25 annehmen. Der Mittelwert bei den befragten Benutzern lag bei 16 Punkten, das Minimum bei 5 und das Maximum bei 25 Punkten.[8]

Innerhalb der Variablenklasse der *Systemgestaltungsmerkmale* geht es um die Art und Weise der Einführung neuer Techniken im Bereich von Hard- und Software, die sich auf die Benutzerarbeitsplätze auswirken. Insbesondere wird erhoben, inwieweit der einzelne Benutzer in die Planung einbezogen wurde und für wie gut er seine Interessen bei den Systemgestaltungsmaßnahmen für berücksichtigt hält. Bei der Einbeziehung der Benutzer in die Planung kann danach unterschieden werden, ob lediglich Informationen über die Planung an die Benutzer weitergegeben werden (passive Partizipation), oder ob die Benutzer die Möglichkeit haben, eigene Vorschläge zu machen, um ihr Wissen und ihre Interessen in den Planungsprozeß einzubeziehen (aktive Partizipation).[9] Werden lediglich Informationen an die Benutzer abgegeben, so sind wichtige Beurteilungskriterien Zeitpunkt und Ausmaß der Information.[10] Durch Mitwirkung in Projektgruppen, Vorschläge an die Systemgestalter oder durch Beteiligung an Entscheidungen stehen eine Vielzahl von Möglichkeiten offen, Wissen und Wertvorstellungen[11] der Benutzer zur Konstruktion gut funktionierender Systeme und zum Abbau von möglichen Widerständen gegen Veränderungen in den Planungsprozeß einzubeziehen.[12]

Unter der *Zielgröße* wollen wir bezogen auf die von uns untersuchte Mitarbeitergruppe

- die Einstellung zur Informationstechnik als ein differentielles Arbeitszufriedenheitskonzept und
- die Interessenberücksichtigung als spezifische Ausprägung von Arbeitszufriedenheit sowie
- die Arbeitszufriedenheit, gemessen mit der SAZ-Kurzform[13] als ein allgemeines Arbeitszufriedenheitskonzept erfassen.

Die *Einstellung zur Informationstechnik* wurde mit der ADV-Skala gemessen.[14] Dieses Instrument umfaßt 28 Items mit Aussagen zur Informationstechnik, die der befragte Benutzer zustimmend oder ablehnend bewerten kann. Die Werte wurden über Prozentränge flächentransformiert und anschließend auf einen Mittelwert von 100 mit einer Standardabweichung von 20 standardisiert.[15] Mit der ADV-Skala werden drei Einstellungswerte ermittelt. Die Einstellung zur Informationstechnik insgesamt (ADV-Wert), die Einstellung zu personen- und arbeitsplatzbezogenen Wirkungen der Informationstechnik, die wir auch als innerbetriebliche Einstellungsakzeptanz bezeichnen (ADV-Wert P) sowie die Einstellung zur volkswirtschaftlichen und sozialen Wirkungen der Informationstechnik, von uns auch gesellschaftliche Einstellungsakzeptanz genannt (ADV-Wert G).[16]

Die *Interessenberücksichtigung* wurde mit einer einzigen Frage („Glauben Sie, daß bei der Umstellung Ihre Interessen genügend berücksichtigt wurden?"; fünffach abgestuft) erfaßt.[17]

Die Messung der allgemeinen *Arbeitszufriedenheit* erfolgte mit Hilfe der Skala zur Messung von Arbeitszufriedenheit in der Kurzform (SAZK).[18]

Der folgende Beitrag untersucht, unter welchen hier als Restriktionen bezeichneten Situationen und unter welchen Gestaltungsbedingungen die Ziele der Arbeitszufriedenheit erreicht werden. Die Zielgrößen sind selbstverständlich ebenfalls miteinander verknüpft. Auch darauf werden wir in unseren Analysen eingehen.

Dargestellt werden im folgenden primär die empirischen Ergebnisse zur Arbeitszufriedenheit aus der Untersuchung des Jahres 1983. Die Daten von 1974 werden nur im Rahmen eines Zeitvergleichs herangezogen. Als statistische Methoden werden Mittelwertvergleiche (Varianzanalysen)[19] und Regressionsrechnungen verwendet.

Die Arbeitszufriedenheit der Informationstechnikbenutzer ist im Zeitablauf von 9 Jahren praktisch konstant geblieben. Der Durchschnittswert von 28 im Jahr 1983 entspricht fast exakt dem Mittel von 1974 (vgl. Tabelle 1).

Auch das Profil der Mittelwerte der Einzelitems zeigt, daß die Arbeitszufriedenheit im Vergleichszeitraum sowohl von der absoluten Höhe als auch von der Struktur her weitgehend unverändert geblieben ist(vgl. Tabelle 2).[20]

Tabelle 1: Statistische Eigenschaften der SAZK 1974 und 1983

Statistische Eigenschaften	SAZK 1974	SAZK 1983
Mittelwert	29	28
Standardabweichung	6	6
Zuverlässigkeit	0,73	0,82
Minimum	10	8
Maximum	40	40

Tabelle 2: Mittelwerte der Einzelitems der SAZK 1974 (——) und 1983 (——)

Item Nr.	Kurzbezeichnung	Zufriedenheit niedrig hoch	Mittelwert 1974	Mittelwert 1983
1	Arbeit macht wenig Spaß	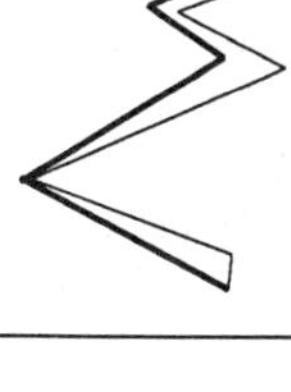	3,7	3,7
2	Freude an der Arbeit		3,9	3,7
3	Arbeitstrott		3,4	3,3
4	Befriedigung aus der Arbeit		4,0	3,8
5	Einsatz von Fähigkeiten		3,5	3,3
6	Aufstiegsmöglichkeiten		3,0	3,0
7	Arbeitstempo		3,7	3,5
8	Wieder den gleichen Beruf		3,7	3,7

2. ARBEITSZUFRIEDENHEIT, RESTRIKTIONEN UND AKTIONSPARAMETER

2.1. Personale und betriebliche Merkmale als Restriktionen

Frauen zeigen *etwas* geringere Zufriedenheit mit ihrer Arbeit als Männer (vgl. Tabelle 3).[21] Bruggemann u.a. stellten dagegen fest, daß Frauen zufriedener sind und erklären dies damit, daß Frauen geringere Ansprüche an ihre Arbeit stellen als Männer.[22] Empirischen Befunden von Neuberger und Allerbeck mit dem Arbeitsbeschreibungsbogen zufolge sind Frauen mit dem Aspekt Arbeitsinhalt weniger zufrieden als ihre männlichen Kollegen. Hingegen sind Frauen zufriedener mit Kollegen, Vorgesetzten, Arbeitsbedingungen, Organisation und Leitung, Entwicklungsmöglichkeiten und schließlich auch mit der Bezahlung.[23] Da die Kurzform der SAZ im großen und ganzen den Aspekt „Zufriedenheit mit den Arbeitsinhalten" mißt,[24] kann festgehalten werden, daß der Aspekt des Arbeitsinhalts wesentlich ist, um die Frage nach der Beziehung zwischen Geschlecht und Arbeitszufriedenheit zu beantworten. Noch größere Unterschiede zwischen Frauen und Männern lassen sich bei der Einstellung gegenüber der Informationstechnik feststellen.[25] Die befragten Frauen sind weitaus kritischer eingestellt als ihre männlichen Kollegen. Auch sehen die weiblichen Benutzer ihre Interessen bei der Systemeinführung nicht so stark berücksichtigt wie die männlichen Benutzer.[26]

Der Zusammenhang zwischen Arbeitszufriedenheit und Alter ist in zahlreichen Studien untersucht worden. Jedoch wurden keine einheitlichen Ergebnisse erzielt.[27] In unserer Untersuchung kann kein Zusammenhang zwischen Alter und Arbeitszufriedenheit festgestellt werden (siehe Tabelle 3). Das gleiche gilt auch für die Beziehung zwischen Alter und Einstellung zur Informationstechnik bzw. zur Interessenberücksichtigung.

Bei der Schulbildung ist eine leichte Tendenz dahingehend zu erkennen, daß Befragte mit höherer Schulbildung zufriedener sind (vgl. Tabelle 3).[28] Insbesondere Absolventen von Fachhochschulen und Universitäten weisen hohe Arbeitszufriedenheitswerte auf. Eine derartige eindeutige Tendenz ist bei Neuberger und Allerbeck nicht feststellbar.[29] Diese Tendenz findet sich auch bei der Beziehung zur Einstellung und auch — hier etwas schwächer ausgeprägt — zur Interessenberücksichtigung wieder. Die höchsten Arbeitszufriedenheitswerte weisen Mitarbeiter in Kleinbetrieben mit bis zu 500 Beschäftigten auf (vgl. Tabelle 3). Zu vermuten ist hier, daß in Kleinbetrieben den Mitarbeitern höhere Entscheidungsspielräume verbleiben,[30] die einen positiven Einfluß auf die Arbeitszufriedenheit ausüben (vgl. Abschnitt 3). In Kleinbetrieben weisen die Benutzer auch eine positivere Haltung zur Informationstechnik auf.[31] Die Interessenberücksichtigung nimmt ebenfalls in Kleinbetrieben die günstigsten Werte an.

Mitarbeiter in halböffentlichen bzw. privatwirtschaftlichen Betrieben sind deutlich zufriedener, während Beschäftigte im öffentlichen Dienst erhebliche Kritik an ihrer Arbeit üben (vgl. Tabelle 3). Auch hier bietet der Entscheidungsspielraum eine Erklärung an. Denn die meisten Benutzer im öffentlichen Dienst verfügen über extrem geringe Entscheidungsspielräume.[32] Im öffentlichen Dienst Beschäftigte sehen ihre Interessen auch am wenigstens berücksichtigt. Nicht zuletzt nehmen sie auch eine kritische Position gegenüber den Auswirkungen der Informationstechnik ein.[33]

Tabelle 3: Arbeitszufriedenheit, Einstellung zur Informationstechnik und Interessenberücksichtigung in Abhängigkeit von personalen und betrieblichen Merkmalen

	SAZK-Wert	n	ADV-Wert	n	IB-Wert	n
Geschlecht						
Frauen	27	330	97	338	2,7	272
Männer	28	716	102	701	2,9	567
Gesamt	28	1046	100	1039	2,8	839
F-Wert	8,4**		15,6**		9,4**	
Alter						
bis 25 Jahre	27	165	99	165	2,7	127
26 bis 35 Jahre	28	330	100	328	2,8	265
36 bis 45 Jahre	29	305	102	306	2,9	249
46 bis 55 Jahre	28	177	100	171	2,9	133
56 Jahre und älter	28	67	99	67	2,9	53
Gesamt	28	1044	100	1037	2,8	827
F-Wert	1,7		0,8		0,6	
Schulbildung						
Volks-, Hauptschule	28	370	99	373	2,8	279
Real-, Handelsschule	27	412	99	415	2,8	347
Fachoberschule	28	71	101	70	2,6	51
Gymnasium	28	107	103	102	3,1	83
Fachhochschule	30	60	107	55	3,3	50
Universität	32	13	119	12	2,8	13
Gesamt	28	1033	100	1027	2,8	823
F-Wert	3,9**		4,4**		2,9*	
Betriebsgröße						
bis unter 500 Mitarbeiter	31	117	110	117	3,3	81
500 bis 2000 Mitarbeiter	27	408	96	404	2,7	336
über 2000 Mitarbeiter	28	565	101	567	2,9	423
Gesamt	28	1090	100	1088	2,8	840
F-Wert	19,9**		25,4**		10,8**	
Art des Betriebes						
öffentlicher Betrieb	26	436	96	430	2,4	343
halböffentlicher Betrieb	30	237	102	240	3,1	170
privatwirtschaftlicher Betrieb	29	340	105	339	3,2	260
Gesamt	28	1013	100	1009	2,8	773
F-Wert	30,9**		19,1**		40,3**	

2.2. Organisatorische Merkmale als Aktionsparameter

Ein eindeutiger linearer Zusammenhang zwischen *Gehalt* und Arbeitszufriedenheit läßt sich mit den Daten unserer Studie bestätigen (vgl. Tabelle 4).[34] Kritisch zu hinterfragen ist jedoch, ob durch eine höhere Bezahlung mehr Zufriedenheit erreicht wird, oder ob Bezahlung nicht als Indikator für eher andere Faktoren anzusehen ist. Dies ist in der Tat der Fall. Untersucht man die Beziehung zwischen Gehalt und Arbeitszufriedenheit bei gleichen Entscheidungsspielräumen, so ergibt sich immer noch ein positiver — aber stark abgeschwächter — Zusammenhang zwischen den beiden Variablen (vgl. die SAZK-Werte in Tabelle 4 in Klammern)[35].

Eine fast lineare Beziehung läßt sich auch zwischen Gehalt und Einstellung zur Informationstechnik bzw. zur Interessenberücksichtigung nachweisen. Mit zunehmendem Gehalt beurteilen die Befragten die Auswirkungen der Informationstechnik positiver. Bezieher höherer Gehälter stellen auch eine bessere Berücksichtigung ihrer Interessen fest.

Deutlich fällt der Befund bezogen auf die *hierarchische Position* aus. Je höher die hierarchische Position, desto höher die Arbeitszufriedenheit (vgl. Tabelle 4). Ein Vergleich mit den Ergebnissen von Neuberger und Allerbeck ist nur bezüglich

Tabelle 4: Arbeitszufriedenheit, Einstellung zur Informationstechnik und Interessenberücksichtigung in Abhängigkeit von der Organisationsstruktur

	SAZK-Wert		n	ADV-Wert	n	IB-Wert	n
Gehalt							
bis 2000 DM	27	(28)	99	99	103	2,8	74
2000 bis 3000 DM	27	(27)	492	97	486	2,5	383
3000 bis 4000 DM	29	(29)	275	103	273	3,1	230
4000 bis 5000 DM	31	(29)	78	109	76	3,3	65
über 5000 DM	34	(31)	43	116	40	4,0	38
Gesamt	28		987	100	978	2,8	790
F-Wert	28,9**			15,9**		25,3**	
Hierarchische Position							
Sachbearbeiter	28		888	99	888	2,8	672
Gruppenleiter	29		146	102	143	3,1	122
Abteilungsleiter	34		49	119	47	3,9	37
Gesamt	28		1083	100	1078	2,8	831
F-Wert	30,5**			23,0**		20,5**	
Entscheidungsspielraum							
bis unter 10 Punkte	24		174	91	172	2,1	133
10 bis unter 15 Punkte	26		295	95	300	2,5	225
15 bis unter 20 Punkte	29		315	102	310	3,1	258
20 Punkte und mehr	32		305	110	300	3,4	231
Gesamt	28		1089	100	1082	2,8	847
F-Wert	97,1**			49,6**		47,7**	

der Tarifangestellten und der AT-Angestellten möglich. AT-Angestellte weisen Neuberger und Allerbeck zufolge höhere Werte der Arbeitszufriedenheit auf als Tarifangestellte.[36]

In die gleiche Richtung gehen die Befunde in Bezug auf die Einstellung und die Interessenberücksichtigung. Abteilungsleiter und Gruppenleiter sind positiver eingestellt und sehen ihre Interessen eher berücksichtigt als Sachbearbeiter.

Ebenso wie bei den Variablen Gehalt und hierarchische Position ist beim *Entscheidungsspielraum* ein linearer Zusammenhang mit der Arbeitszufriedenheit erkennbar (vgl. Tabelle 4). Der überaus hohe F-Wert weist auf eine starke Beziehung hin.[37] Dies unterstreicht die zentrale Bedeutung, die Fragen der Aufgabenstrukturierung im Zusammenhang mit Zufriedenheit zukommen.[38] Verfügen Benutzer über hohe Entscheidungsspielräume, sind sie auch zufrieden mit ihrer Arbeit. Sieht man dies vor dem Hintergrund der häufig diskutierten Dequalifizierungsthese durch Technik-, speziell Computereinsatz,[39] so ist zu konstatieren, daß die Entscheidungsspielräume der Benutzer im Zeitablauf von 9 Jahren *nicht* gesunken sind.[40] Das bedeutet, daß der zunehmende Einsatz von Informationstechnik, wie er sich beispielsweise auch in der gestiegenen durchschnittlichen EDV-Wochenarbeitszeit von 13 (1974) auf 16 Stunden (1983) niederschlägt,[41] nicht zu einer Verringerung der Entscheidungsspielräume geführt hat. Vielmehr entwickeln sich Informationstechnik und Entscheidungsspielräume unabhängig voneinander. Festzuhalten bleibt, daß der Entscheidungsspielraum die Zufriedenheit mit der Arbeit maßgeblich beeinflußt.

Nicht ganz so eindeutig, aber dennoch eindrucksvoll sind die Beziehungen des Entscheidungsspielraums zur Einstellung zur Informationstechnik sowie zur Interessenberücksichtigung. Verfügen die Benutzer über hohe Entscheidungsspielräume, haben sie auch eine positive Einstellung zur Technik. Benutzer mit hohen Entscheidungsspielräumen betrachten ihre Interessen bei der Einführung neuer Systeme eher als berücksichtigt als Benutzer mit niedrigen Entscheidungsspielräumen.

Die Bedeutung des Entscheidungsspielraums wird auch dadurch eindrucksvoll unterstrichen, daß er die Beziehungen zwischen Arbeitszufriedenheit und anderen Variablen — so z.B. Geschlecht und Arbeitszufriedenheit (siehe unten) oder Gehalt und Arbeitszufriedenheit (siehe oben) — zu erklären vermag. Durch organisatorische Maßnahmen wie der Erhöhung des Entscheidungsspielraums kann nicht nur die Akzeptanz neuer Techniken, sondern auch die Zufriedenheit mit der Arbeit erhöht werden.

2.3. Merkmale der Systemgestaltung als Aktionsparameter

Die Merkmale der Systemgestaltung spielen deshalb eine zentrale Rolle, weil die Art und Weise der Einführung neuer Informationstechniken einen erheblichen Einfluß auf die zukünftige Akzeptanz hat.[42] Insofern ist zu fragen, inwiefern sich auch Beziehungen zur allgemeinen Arbeitszufriedenheit ergeben.

Eine lineare Beziehung zwischen dem *Zeitpunkt der Information* über eine bevorstehende Einführung neuer Informationstechniken und der Arbeitszufriedenheit ist in Tabelle 5 zu erkennen. Benutzer, die frühzeitig über die Einführung informiert worden sind, sind mit ihrer Arbeit zufriedener. Weitaus stärker schlägt

Tabelle 5: Arbeitszufriedenheit, Einstellung zur Informationstechnik und Interessenberücksichtigung in Abhängigkeit von den Systemgestaltungsmerkmalen

	SAZK-Wert	n	ADV-Wert	n	IB-Wert	n
Wurden Sie — Ihrer Meinung nach — rechtzeitig über die Umstellung informiert?						
nein, viel zu spät	25	78	89	80	1,8	79
hätte früher sein können	26	103	95	107	2,4	111
mittelmäßig	27	145	95	144	2,6	146
rechtzeitig	29	351	104	342	3,1	348
ja, durchaus frühzeitig	30	136	109	130	3,4	138
Gesamt	28	813	100	803	2,8	822
F-Wert	17,2**		22,3**		39,3**	
Wie war das Ausmaß der Information?						
eher unzureichend	23	77	86	82	1,7	83
wenig zufriedenstellend	26	125	93	125	2,1	128
mittelmäßig	27	212	97	211	2,8	214
ausreichend	29	310	106	297	3,3	308
sehr gut, jeder wußte Bescheid	32	92	113	91	3,7	94
Gesamt	28	816	100	806	2,8	827
F-Wert	35,7**		36,6**		67,9**	
Konnten Sie selbst Vorschläge bei der Umstellung machen?						
nein, keine Vorschläge möglich	27	475	96	471	2,5	483
ja, aber Vorschläge wurden nicht gehört	28	51	93	53	2,2	53
ja, aber nur für unbedeutende Dinge	28	141	104	136	3,2	140
ja, in allen wichtigen Dingen	32	144	113	141	4,0	146
Gesamt	28	811	100	801	2,8	822
F-Wert	26,3**		33,0**		96,8**	
Glauben Sie, daß bei der Umstellung Ihre Interessen genügend berücksichtigt wurden?						
bestimmt nicht	24	156	88	158		
eher nicht	26	146	92	148		
vielleicht	28	226	100	220		
im großen und ganzen ja	31	255	110	249		
ja, vollkommen	33	43	117	42		
Gesamt	28	826	100	817		
F-Wert	49,2**		55,8**			

der Informationszeitpunkt bei der Einstellung zur Informationstechnik und bei der Interessenberücksichtigung zu Buche. Früh informierte Benutzer weisen positive Einstellungswerte auf und betrachten ihre Interessenberücksichtigung ebenfalls sehr positiv.

Konstituierend für die Arbeitszufriedenheit ist auch die Variable *Informationsausmaß* (siehe Tabelle 5). Hier ist ebenso wie beim Informationszeitpunkt ein linearer Verlauf erkennbar. Benutzer mit eher unzureichender Information über die Einführung neuer Informationstechniken sind erheblich unzufriedener mit ihrer Arbeit als Mitarbeiter, die sehr gut informiert worden sind. Die Unterschiede in den einzelnen Gruppen sind noch höher als beim Informationszeitpunkt, d.h. daß das Ausmaß der Information konstituierender für die Arbeitszufriedenheit ist als der Informationszeitpunkt.

Analog zum Informationszeitpunkt ergeben sich für das Informationsausmaß noch stärkere Beziehungen zur Einstellung und zur Interessenberücksichtigung dahingehend, daß ausreichend informierte Benutzer eine positivere Haltung zur Informationstechnik einnehmen und ihre Interessenberücksichtigung auch positiver beurteilen.

59 % aller befragten Benutzer konnten während des Einführungsprozesses neuer Informationstechniken keine *Vorschläge* machen (siehe Tabelle 5). Diese Benutzer weisen geringere Arbeitszufriedenheitswerte auf als diejenigen Benutzer, die Vorschläge unterbreiten konnten, unabhängig davon, ob die Vorschläge gehört wurden oder nur Vorschläge in unwichtigen Dingen möglich waren. Sehr zufrieden mit ihrer Arbeit sind hingegen die Benutzer, die in allen wichtigen Belangen der Informationstechnikeinführung ein Mitspracherecht hatten. Dies gilt jedoch nur für ein knappes Fünftel aller Befragten.

Auch hier ist wieder erkennbar, daß die Beziehungen der Partizipationsmöglichkeiten zur Einstellung und insbesondere zur Interessenberücksichtigung noch ausgeprägter sind. Benutzer, die keine Möglichkeiten hatten, Vorschläge bei der Einführung neuer Systeme zu unterbreiten, beurteilen die Informationstechnik sehr kritisch und sehen ihre Interessen als nicht hinreichend berücksichtigt an.

Die Höhe der F-Werte macht bereits deutlich, daß wir es bei den Systemgestaltungsmerkmalen mit wesentlichen Einflußfaktoren für die Bildung von Arbeitszufriedenheit zu tun haben. Inwiefern dieser Einfluß direkt erfolgt oder eine umfassende Informationspolitik verbunden mit einer starken Partizipationsbereitschaft Ausdruck eines allgemeinen Betriebsklimas ist, das mit hoher Arbeitszufriedenheit verbunden ist, mag vorerst dahinstehen. Festzuhalten bleibt, daß mit einer Unternehmenspolitik, die die Interessen der Benutzer berücksichtigt — nach Möglichkeit durch aktive Partizipation — positive Wirkungen auf Akzeptanz *und* Arbeitszufriedenheit erzielt werden können.

2.4. Die Beziehungen der Zielgrößen untereinander

Die *Interessenberücksichtigung* steht, wie auch die Merkmale der Systemgestaltung, in linearem Zusammenhang mit der Arbeitszufriedenheit. Je höher der Grad der Interessenberücksichtigung durch etwa Betriebsrat, DV-Beauftragte oder Vorgesetzte ist, desto zufriedener sind die Benutzer mit ihrer Arbeit (siehe Tabelle 5). Das gleiche gilt auch für die Einstellung zur Informationstechnik.

Ein starker Einfluß der *Einstellung zur Informationstechnik* auf die Zufriedenheit mit der Arbeit ist festzustellen (siehe Tabelle 6). Betrachtet man den F-Wert als Maß für die Stärke des Zusammenhangs, so ist die Beziehung zwischen Einstel-

Tabelle 6: Arbeitszufriedenheit in Abhängigkeit von der Einstellung zur Informationstechnik

ADV-Skala	SAZK-Wert	n
ADV-Wert		
bis unter 90 Punkte	24	316
90 bis 110 Punkte	28	422
111 Punkte und mehr	32	326
Gesamt	28	1064
F-Wert	195,9**	
ADV-Wert P		
bis unter 90 Punkte	25	332
90 bis 110 Punkte	28	434
111 Punkte und mehr	31	317
Gesamt	28	1083
F-Wert	129,6**	
ADV-Wert G		
bis unter 90 Punkte	25	295
90 bis 110 Punkte	28	458
111 Punkte und mehr	32	331
Gesamt	28	1084
F-Wert	137,4**	

lung zur Informationstechnik und Arbeitszufriedenheit die stärkste unter allen betrachteten Variablenzusammenhängen.

Benutzer, die die Auswirkungen der Informationstechnik negativ beurteilen, sind eher unzufrieden mit ihrer Arbeit. Zur Informationstechnik positiv eingestellte Benutzer hingegen haben auch eine positive Haltung gegenüber ihrer Arbeit. Die Akzeptanz der Informationstechnik ist bei Informationstechnikbenutzern also in hohem Maße konstituierend für die allgemeine Arbeitszufriedenheit.

Bei getrennter Betrachtung der innerbetrieblichen und gesellschaftlichen Akzeptanz fällt auf, daß im Großen und Ganzen kein wesentlicher Unterschied im Hinblick auf die Beziehung zur Arbeitszufriedenheit besteht.[43] Die Einschätzung der gesellschaftlichen und der innerbetrieblichen Wirkungen der Informationstechnik variieren bei Computerbenutzern gleich stark mit der Arbeitszufriedenheit.

Der Einfluß der Einstellung zur Informationstechnik auf die Arbeitszufriedenheit hat im übrigen im Verlauf des Zeitvergleichs erheblich zugenommen. Dies drückt sich nicht zuletzt im deutlich gestiegenen Korrelationskoeffizienten aus. Betrug er 1974 bereits beachtliche $r = 0{,}48$, so stieg er im Jahre 1983 auf $r = 0{,}56$.[44] Die Einstellung zur Informationstechnik ist für die Benutzer im Zeitablauf 1974–1983 zu einem bedeutenderen Teil ihrer Gesamteinstellung zur Arbeit, d. h. ihrer Arbeitszufriedenheit geworden.

Wenn wir damit auch gerne unterstellen wollen, daß es zwischen einem Konstrukt Einstellung zur Informationstechnik und Arbeitszufriedenheit bezogen auf die Benutzer dieser Technik inhaltliche Überschneidungen gibt, so bleibt dennoch interessant, daß weniger die "harten", "objektiven" Größen wie die Art der eingesetzten Informationstechnik, die Dauer der Interaktion oder die Art der

Arbeitsaufgabe ausschlaggebend für die Arbeitszufriedenheit sind, sondern die auch durch diese Faktoren beeinflußte Sicht der Informationstechnik, die sich in unserer ADV-Skala niederschlägt. Wir wollen daher in den nächsten Abschnitten 3 und 4 dieses Beitrags — basierend auf dem Datenmaterial — in einem integrierten Bezugsrahmen die wesentlichen Einflußströme darstellen.

Betrachtet man die Beziehungen der o.a. unabhängigen Variablen zur Arbeitszufriedenheit, zur Einstellung zur Informationstechnik und zur Interessenberücksichtigung unter dem Aspekt der Differenzierungsfähigkeit der einzelnen Meßinstrumente, so läßt sich konstatieren, daß die personalen Merkmale bei der Einstellung zur Informationstechnik die größten —wenn auch absolut geringsten —Unterschiede verursachen, während die organisatorischen Merkmale die größten Unterschiede bei der Arbeitszufriedenheit hervorrufen. Die Systemgestaltungsmerkmale bewirken dagegen die größten Unterschiede bei der Interessenberücksichtigung. In Bezug auf die Differenzierungsfähigkeit kann also keine eindeutige Aussage dahingehend getroffen werden, daß eines der Meßinstrumente den anderen überlegen ist.

2.5. Arbeitszufriedenheit und Engagement

Wir wollen nun der Frage nachgehen, ob Mitarbeiter mit persönlichem Engagement zufriedener mit ihrer Arbeit sind oder nicht. Als Mitarbeiter mit persönlichem Engagement sehen wir solche Personen an, die bei der Systemeinführung ihre Vorschläge auch einbringen wollten, also auch Interesse und Engagement im Einführungsprozeß zeigten. Benutzer, die keine Partizipationswilligkeit zeigten, können als eher apathische Mitarbeiter bezeichnet werden. Tabelle 7 zufolge sind die apathischen Benutzer unzufriedener mit ihrer Arbeit als ihre engagierteren Kollegen. Die These, daß Arbeitszufriedenheit primär aus Selbstgenügsamkeit, d.h. aus der Anpassung des Anspruchsniveaus an die Gegebenheiten resultiert, kann also durch diesen Befund nicht belegt werden.

Tabelle 7: Arbeitszufriedenheit in Abhängigkeit von der Partizipationswilligkeit

	SAZK-Wert	n
Partizipationswilligkeit		
ja	29	370
nein	27	455
Gesamt	28	825
F-Wert	15,7**	

Wir wollen der Frage weiter nachgehen, indem wir die These überprüfen, ob Entscheidungsspielraum, Systemgestaltungsmerkmale und Einstellung zur Informationstechnik bei den engagierten Benutzern einen größeren Zusammenhang zur Arbeitszufriedenheit aufweisen als bei apathischen Benutzern. Tabelle 8 (S.72/73) zeigt die Ergebnisse.

Betrachtet man wiederum die F-Werte als Maß für den Zusammenhang, ist erkennbar, daß mit Ausnahme des Informationsausmaßes alle Variablen bei den engagierten Benutzern einen engeren Zusammenhang zur Arbeitszufriedenheit

Tabelle 8: Arbeitszufriedenheit und persönliches Engagement gemessen durch die Partizipationswilligkeit (wird fortgesetzt)

	keine Partizipationswilligkeit SAZK-Wert	n	Partizipationswilligkeit SAZK-Wert	n
Wurden Sie — Ihrer Meinung nach — rechtzeitig über die Umstellung informiert?				
nein, viel zu spät	24	34	25	40
hätte früher sein können	25	53	27	48
mittelmäßig	26	100	28	42
rechtzeitig	28	191	29	154
ja, durchaus frühzeitig	29	57	31	79
Gesamt	27	435	29	363
F-Wert	8,9**		7,9**	
Wie war das Ausmaß der Information?				
eher unzureichend	22	30	24	46
wenig zufriedenstellend	26	70	27	51
mittelmäßig	27	128	28	78
ausreichend	29	172	30	135
sehr gut, jeder wußte Bescheid	30	39	34	53
Gesamt	27	439	29	363
F-Wert	13,3**		24,2**	
Konnten Sie selbst Vorschläge bei der Umstellung machen?				
nein, keine Vorschläge möglich	27	363	26	105
ja, aber Vorschläge wurden nicht gehört	27	12	28	38
ja, aber nur für unbedeutende Dinge	28	48	28	89
ja, in allen wichtigen Dingen	29	12	32	131
Gesamt	27	435	29	363
F-Wert	0,9		20,7**	
Glauben Sie, daß bei der Umstellung Ihre Interessen genügend berücksichtigt wurden?				
bestimmt nicht	24	99	24	56
eher nicht	27	85	25	60
vielleicht	28	151	29	72
im großen und ganzen ja	30	103	31	150
ja, vollkommen	31	12	33	31
Gesamt	27	450	29	369
F-Wert	18,1**		30,0**	

Tabelle 8: Arbeitszufriedenheit und persönliches Engagement gemessen durch die Partizipationswilligkeit (Fortsetzung)

	keine Partizipationswilligkeit SAZK-Wert	n	Partizipationswilligkeit SAZK-Wert	n
Entscheidungsspielraum				
bis unter 10 Punkte	25	95	22	35
10 bis unter 15 Punkte	26	149	26	68
15 bis unter 20 Punkte	29	131	29	117
20 Punkte und mehr	31	79	32	148
Gesamt	27	454	29	368
F-Wert	25,5**		44,3**	
ADV-Wert				
bis unter 90 Punkte	25	158	23	79
90 bis 110 Punkte	27	191	29	135
111 Punkte und mehr	31	94	33	139
Gesamt	27	443	29	353
F-Wert	56,0**		83,8**	
ADV-Wert P				
bis unter 90 Punkte	25	163	25	93
90 bis 110 Punkte	28	189	29	146
111 Punkte und mehr	31	99	32	125
Gesamt	27	451	29	364
F-Wert	41,9**		53,5**	
ADV-Wert G				
bis unter 90 Punkte	25	142	25	80
90 bis 110 Punkte	27	212	28	130
111 Punkte und mehr	31	96	32	151
Gesamt	27	450	29	361
F-Wert	43,2**		54,4**	

zeigen. Das bedeutet, daß z.B. niedrige Entscheidungsspielräume, geringe oder sogar keine Partizpationsmöglichkeiten oder ungenügende Interessenberücksichtigung sich bei engagierten Benutzern noch stärker in der Arbeits(un)zufriedenheit niederschlagen als bei sogenannten apathischen Benutzern. Dies bedeutet, daß engagierte Benutzer eine besonders empfängliche Gruppe für Systemgestaltungsmaßnahmen darstellen. Systemgestaltungsmaßnahmen wie passive oder aktive Partizipationsangebote und organisatorische Umstrukturierungsmaßnahmen in Richtung auf höhere Entscheidungsspielräume erhöhen die Arbeitszufriedenheit bei den engagierten Benutzern in besonderem Maße.

3. DIE ERKLÄRUNG DER ARBEITSZUFRIEDENHEIT

Der Einfluß einer oder mehrerer Variablen(klassen) auf die Arbeitszufriedenheit wird im Rahmen einer multivariaten Analyse herausgearbeitet. Die multivariaten Analysen wurden mittels Regressionsrechnung durchgeführt, wobei wir den Anteil erklärter Varianz an der Gesamtvarianz als Indikator für die Stärke des Einflusses ansehen.[45] Die Arbeitszufriedenheit wird durch die relevanten Variablen und Variablenklassen zu 43,1 % erklärt. Das Ergebnis ist gegenüber 1974 leicht verbessert, im Grunde genommen jedoch konstant (vgl. Tabelle 9).

Die Arbeitszufriedenheit wird 1983 wie 1974 durch drei Variablenbereiche jeweils relativ stark beeinflußt, durch die Merkmale der Systemgestaltung, den Entscheidungsspielraum und die Einstellung zur Informationstechnik (siehe Abbildung 1).[46]

Der Entscheidungsspielraum hat dabei 1983 an Erklärungsanteilen eingebüßt, während sowohl die Merkmale der Systemgestaltung als auch die Einstellung zur Informationstechnik (ADV-Attitüde) an Gewicht zugenommen haben. Wie oben bereits hervorgehoben, ist die Einstellung inzwischen die in der bivariaten Analyse bedeutendste Variable, während 1974 der Entscheidungsspielraum diesen Platz innehatte (vgl. Tabelle 9).

Tabelle 9: Bedeutende Einzelvariablen zur Erklärung der Arbeitszufriedenheit im Vergleich 1974/1983 unter Berücksichtigung der Interdependenzen

1974 n = 422	erklärte Varianz	1983 n = 787	erklärte Varianz
— Entscheidungsspielraum	30,8	— ADV-Attitüde	32,1
— ADV-Attitüde	7,9	— Entscheidungsspielraum	8,7
— Informationszeitpunkt	2,4	— Informationsausmaß	2,9
Gesamt	41,1		43,7

Varianzerklärung: Angaben in Prozent; aufgenommen wurden nur Variablen mit einem zusätzlichen Varianzanteil von mindestens 1 %.

Die Stärke, mit der die spezielle Einstellung der Benutzer zur Informationstechnik Einfluß auf die allgemeine Arbeitszufriedenheit nimmt, muß umso höher bewertet werden, als der durchschnittliche Benutzer weniger als 50 % seiner Arbeitszeit computergestützte Aufgaben erfüllt.[47] Eine positive Einstellung zur Informationstechnik führt am ehesten zur Arbeitszufriedenheit.

An zweiter Stelle mit immerhin noch 8,7 % zusätzlich erklärter Varianz steht der Entscheidungsspielraum. Der Entscheidungsspielraum hat nunmehr das gleiche Gewicht wie die Systemgestaltungsmerkmale (vgl. Abbildung 1). Die Art und Weise der Systemeinführung kann neben der ADV-Attitüde und dem Entscheidungsspielraum insbesondere noch über das Informationsausmaß zusätzliche Varianz der Arbeitszufriedenheit einfangen (vgl. Tabelle 9). Die übrigen in Abschnitt 2 genannten Variablen z.B. die personalen Merkmale, die informationstechnischen Merkmale oder die übrigen organisatorischen Variablen können keinen direkten Erklärungsbeitrag leisten. Vielmehr wirken diese indirekt insbesondere über den Entscheidungsspielraum auf die Arbeitszufriedenheit.[48]

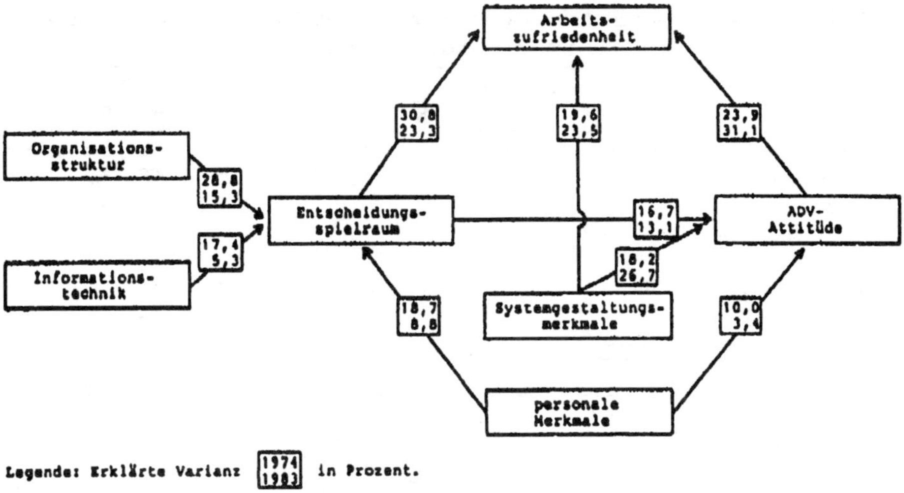

Abb. 1: Die Haupteinflußgrößen auf die Arbeitszufriedenheit[49].

Festzuhalten ist, daß die Einstellung der Benutzer zur Informationstechnik die wesentlichste Voraussetzung für die Erreichung des humanorientierten Betriebsziels Arbeitszufriedenheit ist.[50] Während die Arbeitszufriedenheit im Durchschnitt im Verlauf 1974 bis 1983 gleichgeblieben ist (vgl. Abschnitt 1) und die Einstellung zur Informationstechnik deutlich skeptischer wurde,[51] ist das Verhältnis zwischen Einstellung und Arbeitszufriedenheit sehr viel enger geworden. Für Computerbenutzer ist die Einstellung zur Informationstechnik ein ganz wesentlicher Teil ihrer Gesamteinstellung zur Arbeit, d.h. ihrer Arbeitszufriedenheit.[52]

4. DIE ERKLÄRUNG DER ARBEITSZUFRIEDENHEIT BEI FRAUEN

Es wurde zwar festgestellt, daß die Unterschiede zwischen männlichen und weiblichen Computerbenutzern hinsichtlich ihrer Arbeitszufriedenheit, wenn auch signifikant, dennoch nicht sehr erheblich sind. Dennoch zeigt eine weitergehende Analyse aufschlußreiche Befunde.[53]

Untersucht man die einzelnen Items der SAZK näher im Hinblick auf geschlechtsspezifische Unterschiede,[54] stellt sich heraus, daß Frauen vor allem die Monotonie der Arbeit beklagen und sich oft unterfordert fühlen.[55] Hier ist ein Zusammenhang mit dem Entscheidungsspielraum zu vermuten. In der Tat verschwinden die Unterschiede zwischen Männern und Frauen in den SAZK-Werten völlig, wenn der Einfluß des Entscheidungsspielraums kontrolliert wird (vgl. Tabelle 10, S.76).[56] Frauen sind somit nicht grundsätzlich unzufriedener mit ihrer Arbeit, sondern nur dann, wenn sie über geringere Entscheidungsspielräume verfügen als Männer.[57]

An dieser Stelle soll sich analog zu Abschnitt 3 eine multivariate Analyse der Beziehungszusammenhänge, getrennt für Frauen und Männer anschließen. Auch hier wird eine Regressionsrechnung durchgeführt und die erklärte Varianz als

Tabelle 10: Mittelwerte der Einzelitems der SAZK für weibliche (——) und männliche Benutzer (——) unter Kontrolle des Entscheidungsspielraums

Item Nr.	Kurzbezeichnung	Zufriedenheit niedrig hoch	Mittelwert w	Mittelwert m
1	Arbeit macht wenig Spaß		3,9	3,6
2	Freude an der Arbeit		3,8	3,7
3	Arbeitstrott		3,2	3,4
4	Befriedigung aus der Arbeit		3,8	3,8
5	Einsatz von Fähigkeiten		3,2	3,3
6	Aufstiegsmöglichkeiten		3,0	2,9
7	Arbeitstempo		3,4	3,4
8	Wieder den gleichen Beruf		3,6	3,7
Gesamtwert			28	28

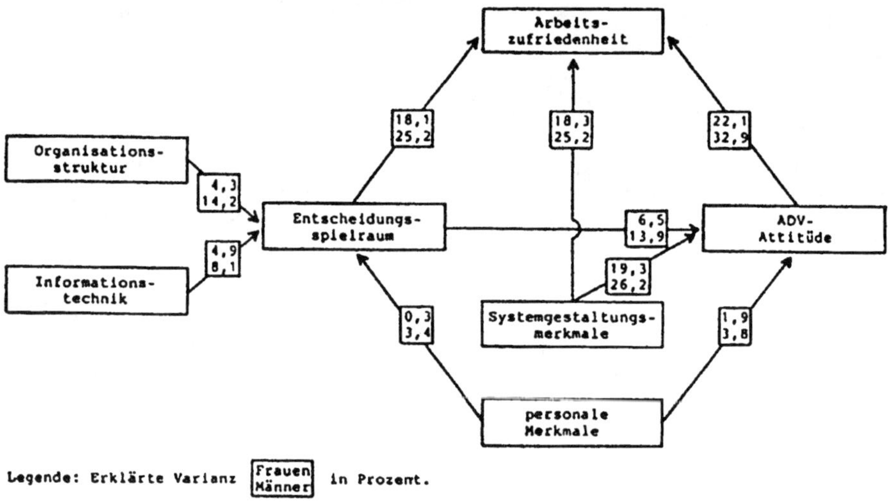

Abb. 2: Die Haupteinflußgrößen auf die Arbeitszufriedenheit bei weiblichen und männlichen Benutzern[64].

Maß für die Stärke des Einflusses einer unabhängigen Variablen auf die Arbeitszufriedenheit verwendet.

Die stärkste Beziehung (vgl. Abschnitt 3) und zugleich der größte Unterschied zwischen weiblichen und männlichen Benutzern findet sich beim Zusammenhang zwischen Einstellung zur Informationstechnik und Arbeitszufriedenheit (siehe Abbildung 2). Die Zufriedenheit mit der Arbeit hängt bei männlichen Benutzern maßgeblich von ihrer Einstellung zu Computern ab. Für Frauen ist eine positive Einstellung zur Informationstechnik offensichtlich weit weniger wichtig für eine positive Beziehung zur Arbeit.

Die Arbeitszufriedenheit ist auch zum großen Teil von der Vorgehensweise bei der Systemeinführung geprägt. Diese Beziehung gilt ebenfalls nur abgeschwächt für weibliche Benutzer.

Schließlich bleibt noch der Entscheidungsspielraum als wichtiger Einflußfaktor auf die Arbeitszufriedenheit. Mit größer werdenden Entscheidungsspielräumen variiert die Arbeitszufriedenheit, was für männliche Benutzer stärker zutrifft als für ihre Kolleginnen.[58]

Die Beziehungen aller von uns untersuchten Variablen(gruppen) zur Arbeitszufriedenheit sind also bei Frauen erheblich geringer ausgeprägt als bei männlichen Benutzern. Nach einer Untersuchung von Kessler[59] hängt die Einstellung zur Arbeit bei Frauen auch davon ab, ob sie einen Arbeitsplatz haben, der mit ihren Familienpflichten vereinbar ist.[60] Hinzu kommt, daß Kessler zufolge viele Frauen in Anbetracht der hohen Frauenarbeitslosigkeit[61] ihr Anspruchsniveau bezüglich der Befriedigung in der Arbeit gesenkt haben. Letztlich spielt auch die Alternative „Hausfrau"[62] insofern eine Rolle, als daß ein großer Teil von Frauen selbst eintönige und uninteressante Arbeiten der Tätigkeit als „Nur-Hausfrau" vorziehen.[63]

Mit den von uns erhobenen Variablen können wir 46,5 % der Varianz bei den Männern, aber nur 37,5 % der Varianz bei den Frauen erklären.[65] Da wir mit dem Entscheidungsspielraum, den Systemgestaltungsmerkmalen der Informationstechnik usw. insbesondere innerbetriebliche Faktoren erfaßt haben, liegt der Schluß nahe, daß die Arbeitszufriedenheit weiblicher Mitarbeiter weniger von innerbetrieblichen Verhältnissen bestimmt ist als die Arbeitszufriedenheit männlicher Mitarbeiter. Offensichtlich haben gesellschaftliche Faktoren bei Frauen eine stärkere Bedeutung für die Arbeitszufriedenheit als bei Männern.[66]

ANMERKUNGEN

1) Müller-Böling & Müller, Akzeptanzfaktoren, S. 11.

2) Die Ergebnisse sind veröffentlicht in Müller-Böling, Datenverarbeitung, und in Müller-Böling & Müller, Akzeptanzfaktoren.

3) Zur Methode und ihren Vorzügen vgl. insbesondere Anger, Befragung, S. 591ff.; Friedrich, Grundprobleme, S. 40ff. und mit Bezug zu den vorliegenden Untersuchungen Müller-Böling, Datenverarbeitung, S. 372f. sowie Müller-Böling et al., Handbuch, S. 5ff.

4) Vgl. Müller-Böling & Müller, Akzeptanzfaktoren, S. 75ff.

5) Vgl. Müller-Böling, Datenverarbeitung, S. 138ff. und die angegebene Literatur.

6) Vgl. Müller-Böling, Datenverarbeitung, S. 138ff. und die angegebene Literatur.

7) Vgl. Müller-Böling, Datenverarbeitung, S. 150ff. sowie Müller-Böling & Müller, Akzeptanzfaktoren, S. 68ff.

8) Zu den teststatistischen Werten, die 1983 praktisch identisch ausfielen wie 1974 vgl. Müller-Böling & Müller, Akzeptanzfaktoren, S. 70.

9) Vgl. Müller-Böling & Müller, Akzeptanzfaktoren, S. 84 sowie Müller-Böling, Systemgestalter.

10) Vgl. Müller-Böling & Müller, Akzeptanzfaktoren, S. 85.

11) Die Betrachtung der Partizipation als Konstrukt der Einbeziehung von Wissen und Wertvorstellungen der Betroffenen geht auf Kirsch & Scholl, Demokratisierung, zurück.

12) Vgl. Müller-Böling & Müller, Akzeptanzfaktoren, S. 87.

13) Vgl. dazu Fischer & Lück, SAZ, S. 64ff. sowie Fischer, Arbeitszufriedenheit, S. 207ff.

14) Vgl. dazu Müller, ADV-Skala, S. 433ff.; Müller-Böling, Datenverarbeitung, S. 81ff. sowie Müller-Böling et al., Handbuch.

15) Zum Verfahren vgl. Gutjahr, Messung, S. 159ff.; Lienert, Testaufbau, S. 339ff.; Magnusson, Testtheorie, S. 245ff.; Durchführung der Transformation und Erfolg im Hinblick auf die Normalverteilungseigenschaft sind dokumentiert in Müller-Böling et al., Handbuch, S. 44.

16) Müller-Böling & Müller, Akzeptanzfaktoren, S. 38f.; Müller-Böling et al., Handbuch, S. 1f.

17) Vgl. Müller-Böling & Müller, Akzeptanzfaktoren, S. 90f.

18) Vgl. Fischer & Lück, SAZ, S. 64ff. sowie Fischer, Arbeitszufriedenheit, S. 207ff.

19) Die Mittelwerte werden mit dem F-Test auf Signifikanz geprüft. Die Tabellen sind wie folgt aufgebaut: Neben den Mittelwerten wird der F-Wert angegeben. Ist der F-Wert mit einem Stern (*) versehen, so handelt es sich um einen signifikanten Mittelwertunterschied auf dem 5%-Niveau. Zwei Sterne (**) weisen auf einen signifikanten Unterschied auf dem 1%-Niveau hin. Ist der Unterschied nicht signifikant, wurde kein Stern vergeben.

20) Vgl. Müller-Böling & Müller, Akzeptanzfaktoren, S. 46f.

21) Vgl. auch bereits Ramme, Einstellung, S. 19ff.

22) Vgl. auch Bruggemann et al., Arbeitszufriedenheit, S. 106.; vgl. auch Neuberger, Arbeit, S. 176.

23) Vgl. Neuberger & Allerbeck, Arbeitszufriedenheit, S. 98f.

24) Vgl. Neuberger & Allerbeck, Arbeitszufriedenheit, S. 161f.; Müller-Böling, Arbeitszufriedenheit, S. 291.

25) Vgl. Ramme, Einstellung, S. 144ff. sowie Müller-Böling & Ramme, Angst, S. 12ff.

26) Vgl. Ramme, Einstellung, S. 42.

27) Vgl. Neuberger & Allerbeck, Arbeitszufriedenheit, S. 102.

28) Vgl. Bunz et al., Qualität, S. 144.

29) Vgl. Neuberger & Allerbeck, Arbeitszufriedenheit, S. 110.

30) Vgl. Müller-Böling & Müller, Akzeptanzfaktoren, S. 189.

31) Vgl. Müller-Böling & Müller, Akzeptanzfaktoren, S. 188f.

32) Vgl. Müller-Böling & Müller, Akzeptanzfaktoren, S. 199.

33) Vgl. Müller-Böling & Müller, Akzeptanzfaktoren, S. 185ff.

34) Vgl. Neuberger & Allerbeck, Arbeitszufriedenheit, 98f.

35) Ergebnisse auf der Basis einer Kovarianzanalyse. Vgl. zur Methode Ramme, Einstellung, S. 58ff. sowie die dort zitierte Literatur.

36) Neuberger und Allerbeck unterscheiden: Tarifangestellte, AT-Angestellte, Lohnempfänger, Beamte, Lehrlinge. Vgl. Neuberger & Allerbeck, Arbeitszufriedenheit, S. 98f.

37) Dies gilt in gleicher Weise für den Korrelationskoeffizienten nach Pearson, der bei $r = 0{,}48$ liegt, womit die erklärte Varianz 23% beträgt; vgl. Müller-Böling & Müller, Akzeptanzfaktoren, S. 108.

38) Vgl. bereits Müller-Böling, Handlungsspielraum, S. 306f.; Müller-Böling, Datenverarbeitung, S. 224f. sowie Müller-Böling & Müller, Akzeptanzfaktoren, S. 219.

39) Vgl. zur Auf- bzw. Abwertung von Tätigkeiten durch neue Informationstechniken auch den literarischen Überblick bei Kubicek, Informationstechnologie, S. 161 sowie Müller-Böling, Datenverarbeitung, S. 62f.

40) Vgl. Müller-Böling & Müller, Akzeptanzfaktoren, S. 70f.

41) Vgl. Müller-Böling & Müller, Akzeptanzfaktoren, S. 49.

42) Vgl. Müller-Böling, Systemgestalter sowie die dort angegebene Literatur.

43) Die beiden F-Werte von 129,6 und 137,4 sind außerordentlich hoch und in ihrer Differenz eher unerheblich.

44) Produkt-Moment-Korrelation nach Pearson; vgl. Müller-Böling, Datenverarbeitung, S. 230 sowie Müller-Böling & Müller, Akzeptanzfaktoren, S. 108.

45) Das Vorliegen der Voraussetzungen ist in Müller-Böling & Müller, Akzeptanzfaktoren, S. 246f. mit positivem Ergebnis geprüft.

46) Im Unterschied zur Tabelle 9, in der die Arbeitszufriedenheit im Rahmen *einer* Regressionsrechnung in Abhängigkeit von allen unabhängigen Variablen überprüft wurde, schlagen sich in Abbildung 1 die Werte für insgesamt *neun* Regressionsrechnungen nieder, bei der die Arbeitszufriedenheit, der Entscheidungsspielraum und die ADV-Attitüde jeweils gruppiert in Abhängigkeit von den einzelnen Variablenklassen untersucht wurden; vgl. Müller-Böling & Müller, Akzeptanzfaktoren, S. 100ff.

47) Vgl. Müller-Böling & Müller, Akzeptanzfaktoren, S. 49f.

48) Vgl. Müller-Böling & Müller, Akzeptanzfaktoren, S. 228.0

49) Die oberen Werte in den Kästchen geben den erklärten Varianzanteil für 1974, die unteren den für 1983 wieder. Die Abbildung ist entnommen Müller-Böling & Müller, Akzeptanzfaktoren, S. 101.

50) Vgl. Müller-Böling & Müller, Akzeptanzfaktoren, S. 219f.

51) Vgl. detailliert zu diesem Phänomen Müller-Böling, Wandel; Müller-Böling, Einstellung; Müller-Böling & Müller, Akzeptanzfaktoren, S. 35ff. Der Indexwert für die ADV-Skala sinkt von 111 im Jahre 1974 auf 100 Punkte im Jahr 1983; vgl. Müller-Böling et al., Handbuch, S. 21.

52) Vgl. Müller-Böling & Müller, Akzeptanzfaktoren, S. 107f.

53) Vgl. auch Müller-Böling & Ramme, Angst.

54) Vgl. dazu Ramme, Einstellung, S. 20f.

55) Vor allem Frauen im Büro leiden darunter, daß sie erworbene Fähigkeiten und Kenntnisse bei ihren Tätigkeiten oft nicht verwerten können. Vgl. Rummel, Frauenarbeit, S. 60.

56) Vgl. Ramme, Einstellung, S. 68ff. Die Mittelwerte der SAZK-Werte unter Kontrolle des Entscheidungsspielraums wurden mit dem Verfahren der Kovarianzanalyse berechnet. Vgl. dazu Ramme, Einstellung, S. 58ff. und die dort zitierte Literatur.

57) Dieses Ergebnis zeigte sich bereits in der Untersuchung von 1974. Vgl. Müller-Böling, Handlungsspielraum, S. 307.

58) Vgl. Ramme, Einstellung, S. 53.

59) Vgl. Kessler, Arbeit, S. 18ff.

60) Die Familienpflichten obliegen im wesentlichen immer noch den Frauen. Vgl. z.B. Bode, Frauen, S. 55 oder Herkommer, Alltagsbelastungen, S. 36. Zum Zusammenhang zwischen Arbeitszufriedenheit und familiärer Situation vgl. Lehr, Frau, S. 958f.

61) Frauen sind von Arbeitslosigkeit stärker betroffen als Männer. Vgl. z.B. Krebsbach-Gnath et al., Frauenbeschäftigung, S. 99; von Rosenbladt & Büchtemann, Arbeitslosigkeit, S. 555.

62) Für Männer stellt sich diese Alternative weniger. Vgl. Krebsbach-Gnath et al., Frauenbeschäftigung, S. 125. Zum einen sind viele Männer nicht bereit, sich voll der Familie zu widmen. Vgl. dazu Bode, Frauen, S. 57f. Zum anderen wird es ihnen wegen konventioneller gesellschaftlicher Vorstellungen erschwert.

63) Das letzte Argument wird gestützt durch die Ergebnisse einer Allensbach-Untersuchung, wonach lediglich 15 % der weiblichen Berufstätigen lieber *nur* ihren Haushalt führen würden. Vgl. Noelle-Neumann & Piel, Jahrbuch, S. 469. Vgl. dazu auch Beck-Gernsheim, Frauen, S. 29; Oegerli et al., Tätigkeiten, S. 585; Schöll-Schwinghammer & Lappe, Arbeitsbedingungen, S. 92.; zum vorangegangenen Abschnitt vgl. Kessler, Arbeit, S. 19.

64) Die oberen Werte in den Kästchen geben den erklärten Varianzanteil für weibliche Benutzer, die unteren den für männliche Benutzer wieder.

65) Vgl. Müller-Böling & Müller, Akzeptanzfaktoren, S. 140.

66) Vgl. Ramme, Einstellung, S. 56f.

67) Die oberen Werte in den Kästchen geben den erklärten Varianzanteil für weibliche Benutzer, die unteren den für männliche Benutzer wieder.

LITERATUR

Anger, H. (1969). Befragung und Erhebung. In *Handbuch der Psychologie, Band 7, 1. Halbband* (S. 567–617). Göttingen.

Beck-Gernsheim, E. (1984). Frauen zurück in die Familie? *WSI-Mitteilungen*, 23–32.

Bode, E. (1984). Lebensperspektive junger Frauen. *WSI-Mitteilungen*, 54–60.

Bruggemann, A., Groskurth, P. & Ulich, E. (1975). *Arbeitszufriedenheit*. Bern u.a.

Bunz, A.R., Jansen, R. & Schacht, K. (1974). *Qualität des Arbeitslebens. Soziale Kennziffern zu Arbeitszufriedenheit und Berufschancen* (Forschungsbericht). Bonn: Bundesministerium für Arbeit und Sozialordnung.

Fischer, L. (1985). *Strukturen der Arbeitszufriedenheit und die Bedeutung des individuellen Bezugssystems*. Unveröffentlichte Habilitationsschrift, Universität zu Köln.

Fischer, L. & Lück, H.E. (1972). Entwicklung einer Skala zur Messung von Arbeitszufriedenheit (SAZ). *Psychologie und Praxis*, 64–72.

Friedrich, W. (1972). Grundprobleme der Befragungsmethode. In W. Friedrich (Hrsg.), *Methoden der marxistisch-leninistischen Sozialforschung* (S. 24–73). Berlin-Ost.

Gutjahr, W. (1971). *Die Messung psychischer Eigenschaften*. Berlin.

Herkommer, B. (1984). Alltagbelastungen und Gesundheit der Frauen. *WSI-Mitteilungen*, 32–39.

Kessler, G. (1981). Frauen beurteilen ihre Arbeit. *Druck und Papier* (8), 18–23.

Kirsch, W. & Scholl, W. (1977). Demokratisierung —Gefährdung der Handlungsfähigkeit organisatorischer Führungssysteme? *Die Betriebswirtschaft, 37*, 235–246.

Krebsbach-Gnath, C., Ballerstedt, E., Frenzel, U., Bielenski, H., Büchtemann, C.F. & Bengelmann, D. (1983). *Frauenbeschäftigung und neue Technologien*. München, Wien.

Kubicek, H. (1975). *Informationstechnologie und organisatorische Regelungen*. Berlin, München.

Lehr, U. (1981). Die Frau in der Arbeitswelt. In F. Stoll (Hrsg.), *Anwendungen im Berufsleben (Psychologie des 20. Jahrhunderts, Band 13.)* (S. 930–966). Zürich.

Lienert, G.A. (1969). *Testaufbau und Testanalyse* (3. Aufl.). Weinheim u.a.

Magnusson, D. (1975). *Testtheorie* (2. Aufl.). Wien.

Müller, D.B. (1975). Die ADV-Skala. Ein Instrument zur Messung von Einstellungen gegenüber der ADV. *Angewandte Informatik, 17*, 433–440.

Müller-Böling, D. (1978). *Arbeitszufriedenheit bei automatisierter Datenverarbeitung*. München, Wien.

Müller-Böling, D. (1985). Einstellung zur Informationstechnik — Zwischen Technikfeindlichkeit und Technikeuphorie. *Hauswirtschaft und Wissenschaft, 33,* 243–245.

Müller-Böling, D. (1979). Handlungsspielraum und Arbeitszufriedenheit von Organisationsmitgliedern. *Zeitschrift für Organisation, 48,* 303–308.

Müller-Böling, D. (1987). Akzeptanz der Computerunterstützung durch den Manager. *Handbuch der modernen Datenverarbeitung,* (138), 19–27.

Müller-Böling, D. (1986). Akzeptanz und Partizipation. Sind Systemgestalter lernfähig? In K. T. Schröder (Hrsg.), *Arbeit und Informationstechnik* (S. 153–166). Berlin u.a.

Müller-Böling, D. (1984). *Einstellung zur Informationstechnik im zeitlichen Wandel. Angewandte Informatik, 26,* 98–107.

Müller-Böling, D. & Müller, M. (1986). *Akzeptanzfaktoren der Bürokommunikation.* München, Wien.

Müller-Böling, D. & Ramme, I. (1985). Angst vor dem Computer —typisch weiblich? *Assistenz, 34* (6), 12–14.

Müller-Böling, D., Müller, M. & Zerfas, C. (1984). *Handbuch zur ADV-Skala* (Arbeitsbericht Nr. 10). Dortmund: Universität, Fachgebiet Methoden der empirischen Wirtschafts- und Sozialforschung.

Neuberger, O. (1985). *Arbeit.* Enke.

Neuberger, O. & Allerbeck, M. (1978). *Messung und Analyse von Arbeitszufriedenheit.* Bern u.a.

Noelle-Neumann, E. & Piel, E. (1983). *Allensbacher Jahrbuch der Demoskopie 1978-1983, Band VIII.* München u.a.

Oegerli, K., Martin, E. & Grandjean, E. (1980). Auswirkungen repetitiver Tätigkeiten. *Industrielle Organisation,* 582–585.

Ramme, I. (1984). *Einstellung zur Informationstechnik in Abhängigkeit vom Geschlecht der Benutzer.* Diplomarbeit am Fachgebiet Methoden der empirischen Wirtschafts- und Sozialforschung, Universität Dortmund.

von Rosenbladt, B. & Büchtemann, C.F. (1980). Arbeitslosigkeit und berufliche Wiedereingliederung. *Mitteilungen aus der Arbeitsmarkt-und Berufsforschung,* 552–572.

Rummel, M. (1982). Frauenarbeit —Merkmale, Auswirkungen. In G. Mohr, M. Rummel & D. Rückert (Hrsg.), *Frauen. Psychologische Beiträge zur Arbeits- und Lebenssituation* (S. 55–77). München u.a.

Schöll-Schwinghammer, I. & Lappe, L. (1978). *Arbeitsbedingungen und Arbeitsbewußtsein erwerbstätiger Frauen* (2. Aufl.). Frankfurt.

KONZEPTUELLE BEITRÄGE

Struktur und Dynamik von Arbeitszufriedenheit: Konzeptuelle und methodische Überlegungen zu einer Untersuchung verschiedener Formen von Arbeitszufriedenheit*

André Büssing

1. EINLEITUNG

Die Arbeitszufriedenheitsforschung (AZ-Forschung) ist geprägt durch einen erprobten Pragmatismus, der v.a. auf die geeignete Erfassung der Arbeitszufriedenheit (AZ) abzielt. Im Kontext dieses Pragmatismus wird AZ weitestgehend als personenspezifische Einstellung gegenüber der Arbeit betrachtet, die jedoch in der Regel wenig über die dynamische Wechselwirkung von Person und Situation aussagen läßt. Neben diesem Pragmatismus sind Entwicklungen methodischer Provenienz zu beobachten, die ihr Ziel in einer adäquaten Abbildung des AZ-Konstrukts sehen. Beiträge zu einer Skalierung außerhalb der Annahmen der klassischen Testtheorie, wie sie u.a. Stephan (in diesem Band) mit der probabilistischen Messung sensu Mokken und Rasch vorstellt, oder das hierarchisch-individuenzentrierte Meßmodell von Borg (1987; vgl. auch Borg & Staufenbiel, in diesem Band) bieten diesbezüglich Fortschritte. Aber auch diese Ansätze bleiben der personenbezogenen Perspektive von AZ verhaftet und betrachten AZ als Einstellung bzw. erweitern die Einstellungsdefinition um personenspezifische Komponenten wie z.B. Arbeitswerte, Instrumentalitäten etc. (vgl. Borg & Staufenbiel, in diesem Band).

In diesem Beitrag soll ein anderer Schwerpunkt gesetzt werden. In Anlehnung an ein laufendes Forschungsprojekt (Büssing, 1987, 1990a) besteht das Anliegen, *konzeptuelle Überlegungen zur Struktur und Dynamik von AZ* zu entwickeln resp. weiterzuentwickeln. Dabei sollen die an anderer Stelle verschiedentlich vorgetragenen grundsätzlichen Kritiken am AZ-Begriff hier nicht explizit aufgegriffen werden (vgl. z.B. Büssing, 1983, 1985, 1989; Groskurth, 1974; Meyer, 1982; Walter-Busch, 1977; Wiendieck, 1980). Die Überlegungen in diesem Beitrag gehen von drei wesentlichen *theoretischen* und *methodologischen Defiziten der AZ-Forschung* aus:

1) Es fehlt derzeit ein *theoretisch fundierter Begriff von AZ*, der neben der *Motivbezogenheit* auch einen *Tätigkeitsbezug* herstellt,

2) es mangelt an einer *interaktiven Sicht von Arbeit und Arbeitendem*, und — damit verknüpft —

3) es wird — mit wenigen Ausnahmen — der *Prozeß der AZ-Entwicklung* und damit auch die *Unterscheidung verschiedener Formen von AZ* vernachlässigt.

* Mit Unterstützung durch die Deutsche Forschungsgemeinschaft unter BU 581/2-1. Für Anmerkungen und Verbesserungsvorschläge danke ich Margarethe Boos und Lorenz Fischer.

Insbesondere im Kontext der letztgenannten beiden Defizite und Kritiken wird die in diesem Band erhobene Forderung gesehen, die AZ-Forschung als soziale Prozeßforschung zu betrachten (Fischer, in diesem Band; Wiendieck & Maas, in diesem Band)

2. ARBEITSZUFRIEDENHEIT, TÄTIGKEIT UND MOTIV

Ein schwerwiegendes Manko des AZ-Begriffs ist sein *einseitig personalistischer Theoriebezug*, der die situative, gegenständliche Orientierung menschlichen Handelns und Urteilens völlig unzulänglich berücksichtigt. Arbeitszufriedenheit wird in Anlehnung an bestimmte Motivationstheorien, wie insbesondere diejenige von Maslow (1970) oder an die Zweifaktorentheorie von Herzberg et al. (1959) einerseits als „Bedürfnisbefriedigung", als „aufgehobene Soll-Ist-Differenz", als das „Erreichen bestimmter Werte" oder als „Gleichgewichtszustand" etc. begriffen (vgl. zum Überblick z.B. Neuberger & Allerbeck, 1978). Andererseits wird AZ als Einstellung vielfach stärker auf formalisierte, kognitiv orientierte Konzeptionen, wie z.B. das Valenz-Instrumentalitäts-Erwartungsmodell (VIE-Modell) von Vroom (1964) bezogen. Unter beiden konzeptuellen Sichtweisen müssen wir eine einseitige und statische Personenbezogenheit dergestalt konstatieren, daß Arbeit als ein passiv erfahrenes Ereignis aufgefaßt wird, das mit bedürfnis- bzw. nutzentheoretisch begründeten Ansprüchen konfrontiert wird. Die beiden genannten, dominierenden Sichtweisen vernachlässigen somit das, was den Begriff der AZ maßgeblich prägt, nämlich den Begriffsteil Arbeit. Der *Begriff Arbeit* beinhaltet wesentlich die Aspekte des *Tätigseins*, des *Gegenstandsbezugs*, also des Tätigseins bezogen auf materielle oder immaterielle Gegenstände, sowie das tätige Verändern der gegenständlichen Umwelt in der Arbeit und somit auch das Zusammenspiel von Arbeits-Person und Arbeits-Umwelt.

Beide Aspekte, Gegenstandsbezug und Tätigsein der Person, werden in der bisherigen Betrachtung des Begriffs AZ kaum behandelt. Außer dem Gegenstandsbezug und dem Moment der aktiv handelnden (und auch reflexiven) Person muß ein Begriff von Arbeit, der den Begriff AZ umfassend konstituieren soll, auch den Aspekt des Motivs umfassen. Das *Motiv* ist das entscheidende Ergänzungsstück zu einer nicht bloß kognitivistischen Sicht der handelnden Person. Menschliches Handeln wird demnach als nicht bloß zielgerichtet, sondern unter menschlichem Handeln wird — im weitesten Sinne — sinngeleitetes Handeln verstanden. In Handlungstheorien psychologischer und soziologischer Herkunft (vgl. Lenk, 1977–1984) wird selten explizit der Aspekt des Antriebs und der Sinngeleitetheit untersucht. Die Handlungsregulation als bewußter und zielgerichteter Vorgang steht in kognitivistischer Sicht im Vordergrund, während der Sinnstiftung und der Antriebsregulation häufig eine nachgeordnete Bedeutung zukommen. Der Autor bezieht sich daher bei der theoretischen Betrachtung des Begriffs AZ in seinen bisherigen Arbeiten auf die *Tätigkeitstheorie von Leontjew* (1977, 1982), die mittels des Tätigkeitsbegriffs einen Arbeitsbegriff definieren läßt, mit dem das Arbeitshandeln nicht nur aus regulatorischer, sondern auch aus motivationaler Perspektive verstanden werden kann (Büssing, 1985, 1987, 1990a).

Die *Tätigkeitstheorie* von Leontjew (1977, 1982) bettet Tätigkeit in eine *Makro-* und in eine *dynamische (prozessuale) Ringstruktur* ein. Die *Makrostruktur* sieht die

Tätigkeiten an *Motive* gebunden. Tätigkeiten sind demnach sinnbestimmt, wobei Motive nicht mit Bedürfnissen im Sinne von primären oder anderweitig genetisch bedingten Bedürfnissen zu verwechseln sind, sondern als gegenständliche Motive (jedes Motiv braucht seinen materiellen oder immateriellen Gegenstand) verstanden werden, für die die Bedürfnisse lediglich den Ausgangspunkt darstellen. Die sinnhafte, motivierte Tätigkeit wird nach der Tätigkeitstheorie durch *zielgerichtetes Handeln* realisiert (reguliert), wobei die Summe von Handlungen nicht notwendigerweise auch eine Tätigkeit konstituiert, da an die Tätigkeit immer das Motiv geknüpft ist. Handlungen werden wiederum durch *Operationen* und den mit diesen verknüpften *Bedingungen* auf der Mikroebene konkret umgesetzt, wobei die zur Realisierung einer Handlung notwendigen Operationen unselbständige Einheiten von Handlungen darstellen. Handlungen sind demnach in der Tätigkeitstheorie von Leontjew (1982) nicht an sich motiviert, sondern erfahren ihre motivationale Ausrichtung durch die Einbettung in eine sie bestimmende Tätigkeit. Handlungen und die sie leitenden Ziele dienen der sog. Ausführungsregulation, während Tätigkeiten und die sie bestimmenden Motive der sog. Antriebsregulation dienen. *Ausführungs- und Antriebsregulation* bilden demnach Teile eines Ganzen mit unterschiedlichen Funktionen.

Es sind also die *drei Beziehungspaare: Tätigkeit-Motiv, Handlung-Ziel, Operation-Bedingung,* die die Makrostruktur der gegenständlichen Tätigkeit nach Leontjew (1977, 1982) bilden. Die Makrostruktur beinhaltet die Elemente von Leontjews' Ansatz, während die *Ringstruktur* den dynamisch-prozessualen Aspekt der Tätigkeit im Sinne von Leontjew beschreibt. Unter dem dynamisch-prozessualen Aspekt vermittelt die Tätigkeit die Beziehung von Person und Umwelt; bezogen auf die Erwerbsarbeitssituation also die Beziehung zwischen Arbeitendem und dem Gesamt seiner Arbeitssituation. Das Einbringen der Tätigkeit in den Person-Umwelt-Bezug berücksichtigt einerseits das gegenständliche Handeln, also den Bezug zur Umwelt und ihre Veränderung durch die Person, andererseits die Motivierung über die Tätigkeit bezogen auf die Person. Der Tätigkeitsbegriff vereinigt demnach mit der Gegenständlichkeit und dem Motiv Momente beider Teile der Person-Umwelt-Beziehung und erlaubt darüber hinaus die Dynamik zu erfassen, die über die Tätigkeit beidseitige Veränderungen (zur Person und zur Umwelt) und jeweilige Rückkopplungen beinhaltet.

Abb. 1: Schematische Darstellung der ringstrukturellen Betrachtung (nach Seeger & Bromme, 1979)

In dieser Ringstruktur (vgl. Abbildung 1) lassen sich die *Austauschprozesse* zwischen den Übergängen der Elemente: Individuum-Tätigkeit-Umwelt wie folgt darstellen:

1) Der *Übergang Individuum→Tätigkeit* umfaßt alle Vorgänge der Auslösung und Steuerung der Tätigkeit durch das Individuum, also die Prozesse der Antriebs- und Ausführungsregulation, insbesondere das Eingehen der subjektiven Form des Gegenstandes der Tätigkeit, des Motivs, in die Tätigkeit;

2) Der *Übergang Tätigkeit→Umwelt* beinhaltet die Einflußnahme der Tätigkeit auf die Umwelt, das Übergehen der Tätigkeit in objektive Ergebnisse;

3) Der *Übergang Umwelt→Tätigkeit* erfaßt die Rückwirkung der Umwelt auf die Tätigkeit;

4) Der *Übergang Tätigkeit→Individuum* beschreibt die (Rück-) Wirkung der Tätigkeit auf das Individuum, der (ideelle oder materielle) Gegenstand der Tätigkeit wird in eine subjektive Form, ein Abbild überführt (vgl. ausführlicher Büssing, 1990b; Kannheiser, 1983).

Man muß sich diese Ringstruktur als einen ständigen Prozess vorstellen, in dem auf der Individuumseite jeweils neue Motive gebildet werden, die neue Tätigkeiten auslösen, die ihrerseits auf der Umweltseite in neuen Ergebnissen resultieren.

Die dynamisch-prozessuale Perspektive des Tätigkeitsansatzes überwindet die „Unmittelbarkeit" des S-O-R-Paradigmas. Es wird von einer transaktionalen Beziehung zwischen Person und Umwelt ausgegangen, welche ein unvermitteltes, unidirektionales Ursache-Wirkungs-Modell ablehnt. Einen solchen Ansatz wählen auch Lazarus und Launier (1981) für ihr kognitives Stresskonzept, in dem sie die Überwindung des „deskriptiv-interaktionistischen" Ansatzes in der Psychologie durch die Erweiterung mittels eines „deskriptiv-transaktionistischen" Konzeptes, d.h. die Verknüpfung einer strukturellen mit einer prozessualen Perspektive fordern.

Lazarus und Launier (1981) verstehen Stress als ein Ereignis, das von der Person primär als Schädigung/Verlust, Bedrohung oder Herausforderung und sekundär als schwierig bzw. als nicht bewältigbar bewertet wird, wobei *primäre und sekundäre Bewertung* lediglich eine begriffliche Trennung und keine zeitliche Abfolge meinen. Das heißt, „die Fähigkeiten, die eine Person für verfügbar hält, werden psychologisch den vorhandenen Gefahren und Schädigungen gegenübergestellt und bilden einen entscheidenen kognitiven Faktor in der Entstehung der psychologischen Stressreaktion" (dies., 1981, S. 240). Dieser Aspekt gibt den Kerngedanken der *transaktionalen Stressdefinition* wieder.

Die Psychologie der Person-Umwelt-Beziehung bei Lazarus und Launier (1981) soll die strukturellen Bedingungen auf der Seite der Person und der Umwelt inklusive ihres Verhältnisses sowie die prozessual-dynamische Beziehung zwischen beiden betrachten und in einem gemeinsamen Ansatz vereinen. Tatsächlich machen jedoch auch Lazarus und Launier (1981) in ihrem Ansatz unzureichende Annahmen über Zwischenstrukturen, die die Beziehung von Person und Umwelt vermitteln. Das *Prinzip der Unmittelbarkeit* ist in ihrem transaktionalen Stresskonzept prinzipiell nicht aufgehoben. Die zentrale Rolle in diesem Konzept nehmen Bewertungs- und Bewältigungsprozesse ein. Diese Prozesse erlauben keine Aussage über die vermittelnden Zwischenstrukturen, wie Kannheiser (1983, S. 103) zu Recht feststellt: „Die letztendlich resultierende Aktion im transaktionalen Ansatz (von Lazarus & Launier, 1981, A.B.) ist *keine Zwischenstruktur,* sondern eine *Folge* von Bewertungsprozessen". Obgleich die von Lazarus und Launier (1981) beschriebenen Bewertungs- und Bewältigungsprozesse wesentliche Hilfsmittel darstellen, um Prozesse zwischen Person und Umwelt zu beschreiben, sind sie in der Sichtweise des Tätigkeitsansatzes als Annahmen über innerpsychische Kräfte und Wirkmechanismen zu betrachten, wobei die maßgeblichen Analyseeinheiten weiterhin die Umwelt und die Person bleiben. Um die Unmittelbarkeit der Person-Umwelt-Beziehung zu überwinden, ist nach Leontjew (1982) eine weitere Analyseeinheit notwendig, die die Prozesse wie auch die Strukturen, die zwischen Person und Umwelt vermitteln, erfaßbar macht. Diese dritte Analyseeinheit ist die dargestellte gegenständliche Tätigkeit. Es sind demnach nicht psychologische oder physikalische Momente allein, sondern ihr Zusammenspiel in der eigenständigen Kategorie Tätigkeit, die zwischen Person und Umwelt vermittelt.

Wählt man den mit Bezug auf die Tätigkeitstheorie bestimmten Arbeitsbegriff zur Grundlage einer Analyse der Struktur und Dynamik von AZ, so ergeben sich, wie im weiteren zu zeigen sein wird, durchaus interessante und neuartige Perspektiven für die Konzeption des AZ-Begriffs. Neben dem hier vertretenen Zugang zur menschlichen Arbeit als gegenständlicher Tätigkeit sensu Leontjew (1982) finden wir in der Arbeitspsychologie wie auch in der Arbeitswissenschaft eine Vielzahl von Arbeitsbegriffen, die von dem hier vertretenen Begriff mehr oder weniger substantiell abweichen (vgl. z.B. Fürstenberg, 1975; Neuberger, 1985a).

3. ARBEITSZUFRIEDENHEIT UND PERSON-UMWELT-INTERAKTION

Die Relation von Person und Umwelt in der AZ-Forschung, ausgedrückt in der Relation von Soll-Werten (der Person) und Ist-Werten (der Arbeitssituation), kann heute als vorherrschende Vorstellung oder — besser gesagt — als ein kleinster gemeinsamer Nenner für viele AZ-Definitionen angesehen werden (vgl. Bruggemann et al., 1975; Büssing, 1985). Arbeitsunzufriedenheit (AUZ) wird bezogen auf diese *Soll-Ist-Wert-Relation* als eine Differenz unterschiedlicher Größe verstanden. Wenige Autoren verstehen diese Relation jedoch als wechselseitig, also als eine Beziehung, in der Soll-Wert-bedingte Ist-Wert-Veränderungen und Ist-Wert-bedingte Soll-Wert-Veränderungen stattfinden können. Diese Vernachlässigung des Wechselwirkungsbezugs wurde bereits ausführlich bei Büssing (1985) behandelt und dort in verschiedener Hinsicht kritisiert. Es kann zusammenfassend festgestellt werden, daß aufgrund der wechselseitigen Beziehung nicht nur das Produkt des Soll-Ist-Wert-Verhältnisses, sondern auch und v.a. der Prozeß hinsichtlich der allseitigen Dynamik in diesem Verhältnis Kern einer AZ-Theorie und -Methode werden sollte. Damit würde AZ zu dem, was sie eigentlich ist und wie sie verstanden werden sollte, nämlich zu einem Bestandteil der beruflichen Sozialisation.

3.1 Unterscheidung verschiedener Formen von Arbeitszufriedenheit[1]*

In dem 1974 publizierten *Modell zur Unterscheidung verschiedener Formen von AZ* von Agnes Bruggemann sind einige Ansätze zur Umsetzung dieser Forderung angelegt. Wie Abbildung 2 zeigt, geht Bruggemann (1974) von *drei AZ-Formen-konstituierenden Kernvariablen* aus:

---

* Die Anmerkungen befinden sich am Ende des Textes.

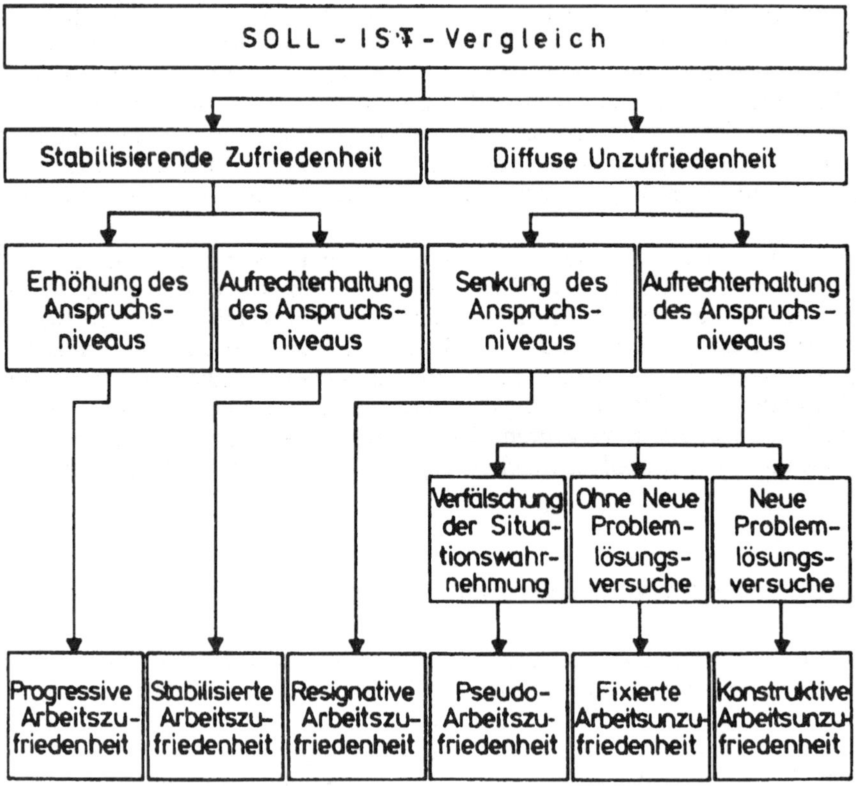

Abb. 2: Die Typologie der Arbeitszufriedenheit von Agnes Bruggemann (1974).

1) Soll-Ist-Wert-Vergleich,

2) Anspruchsniveauveränderung,

3) Problembewältigungsverhalten.

Aufgrund von Übereinstimmungen bzw. Differenzen zwischen Soll-Werten (Ansprüche etc.) der Arbeitenden und Ist-Werten (Arbeitsbedingungen) sind im Modell von Bruggemann (1974) sowie Bruggemann et al. (1975) entweder stabilisierte Zufriedenheit oder diffuse Unzufriedenheit zu erwarten, die nun ihrerseits Anlaß zu Anspruchsniveauveränderungen geben können. Neben der Aufrechterhaltung sind die Senkung und die Erhöhung des Anspruchsniveaus denkbar, denen unterschiedliche Problemlösungsverhaltensweisen folgen sollen. In Abhängigkeit vom jeweiligen Anspruchsniveau und Problemlöseverhalten postuliert Bruggemann das Entstehen von *sechs verschiedenen Formen von AZ* bzw. *AUZ*, die sie als *progressive, stabile, resignative* und *Pseudo-AZ* sowie als *konstruktive* und *fixierte AUZ* beschreibt. Leider geht Bruggemann weder in ihrer Originalarbeit von 1974 noch in den nachfolgenden Arbeiten (Bruggemann, 1976; Bruggemann et al., 1975) auf die drei o.g. formenkonstituierenden Kernvariablen hinreichend spezifisch ein. Es wird weder klar, wie Soll-Ist-Wert-Vergleiche im einzelnen vonstatten gehen sollen, noch expliziert sie, was sie unter Soll-Werten versteht. Auch das Begriffsverständnis des Anspruchsniveaus, das bereits eine längere Tradition in der Psychologie hat (vgl. insbesondere Lewin et al., 1944; zum Überblick Heckhausen, 1989) wird nicht im einzelnen dargelegt, insbesondere wird auf eine Adaption des Begriffs Anspruchsniveau auf die Erwerbsarbeit verzichtet.

Auch wenn diese und andere konzeptuelle, begriffliche und methodische Kritiken gegenüber dem Modell von Bruggemann bestehen (vgl. z.B. Büssing, 1985; Meyer, 1982; Neuberger, 1976, 1985a, b; Neuberger & Allerbeck, 1978), so hat Bruggemann mit ihrem Modell doch erstmals explizit das Person-Umwelt-Verhältnis und eine dynamisch-prozessuale Perspektive zur Grundlage einer AZ-Begriffsbildung gewählt und vereint. An dem Modell von Bruggemann (1974, 1976) lassen sich allerdings im Grundsatz wiederum die eingangs genannten drei prinzipiellen konzeptuellen Defizite der AZ-Forschung erkennen. Im Unterschied zu anderen Modellen lassen sich diese Defizite jedoch unseres Erachtens im Rahmen dieses Modells überwinden. Es fehlt dem Bruggemann-Modell nicht nur an einer explizierten Vorstellung von der tätigen Person, der Veränderungsmöglichkeiten in der Umwelt durch ihr Tätigsein zugeschrieben werden, sondern die Dynamik des Modells bezieht sich letztlich wieder wesentlich auf personenbezogene Anspruchsniveau- und Problembewältigungsmomente.

3.2 Arbeitszufriedenheit, Tätigkeit und Tätigkeitsspielraum

Weiter oben wurde mit der Tätigkeitstheorie (Leontjew, 1977, 1982) eine makrostrukturelle und dynamisch-prozessuale Sichtweise des Person-Umwelt-Verhältnisses vorgeschlagen, die sich bereits als „Grundlage eines Modells von Arbeitsstreß" (Kannheiser, 1983, 1984) und als Grundlage einer tätigkeitspsychologischen Theoriekonzeption von Kontrollmotivation (Büssing, 1988a, b; Oesterreich, 1981) bewährt hat.

Wesentliche Bedingungen für die *dynamisch-prozessuale Entwicklung der AZ* im Sinne des Modells von Bruggemann (1974) werden nun in Veränderungen der Beziehungen zwischen den Momenten der Makrostruktur: Motive, Ziele und Bedingungen der Arbeitstätigkeit sowie den ihr zugehörigen Arbeitshandlungen und -operationen angenommen. Motive, Ziele und Bedingungen werden in einer arbeitsteiligen Gesellschaft regelmäßig nicht übereinstimmen. Arbeitshandlungen und -operationen werden häufig Ziele aufweisen, die keinen direkten inhaltlichen Bezug zu den Motiven von Arbeitnehmern haben. Das Nichtübereinstimmen betrifft darüber hinaus auch das Verhältnis von Motiv und Ziel zu den Arbeitsbedingungen, die die Realisierung von Tätigkeiten und Handlungen erschweren, bedrohen oder verhindern können. Dieses Nichtübereinstimmen führt somit zu Konflikten, wenn „zum einen die Ziele und Bedingungen, die zur Motiverreichung verfolgt werden, nicht mehr vom Individuum selbst bestimmbar/auswählbar sind, sondern von der Umwelt fremdbestimmt sind, zum anderen diese Nichtselbstbestimmbarkeit von Zielen und Bedingungen dazu führt, daß die Ziele und Bedingungen das Erreichen oder Aufrechterhalten motivationaler oder zielgerichteter Prozesse, d.h.von Tätigkeiten und Handlungen, gefährden, bedrohen oder verhindern" (Kannheiser, 1983, S. 104). Um spezifische Aussagen über das Auftreten von Motivkonflikten machen zu können, müssen die einzelnen Beziehungen zwischen den Momenten der Arbeitstätigkeit analysiert werden, wobei insbesondere die Momente: Ziele und Bedingungen eine besondere Rolle spielen, da sie die Realisierung von Arbeitstätigkeiten und -handlungen einschränken, verhindern oder fördern können.

Im folgenden sollen Diskrepanzen zwischen den Momenten der Arbeitstätigkeit, ihren Ursachen und Folgen in das ringstrukturelle Modell der Tätigkeit bzw. in die einzelnen Übergänge: *Person→Tätigkeit*, *Tätigkeit→Umwelt*, *Umwelt→Tätigkeit* und *Tätigkeit→Person* eingeordnet werden. Damit wird eine strukturelle und eine prozessuale Sichtweise möglicher Motivkonflikte, die maßgeblich für die Veränderung und Entwicklung verschiedener Formen von AZ sind, gewährleistet (vgl. weiter unten). Spricht man von zielgerichteten Arbeitshandlungen, so ist zunächst zu berücksichtigen, daß die Ziele, die arbeitsteilig bedingt von außen in die Tätigkeit einfließen, durch den Arbeitnehmer redefiniert werden (Hackman, 1970). Darunter ist ein Prozeß zu verstehen, in dem der Arbeitnehmer die Arbeitsaufgabe vor dem Hintergrund seiner Bedürfnisse und Motive sowie seiner bisherigen Arbeitserfahrungen erfaßt und kodiert. In Verbindung mit derartigen Redefinitionsprozessen können nach Kannheiser (1983, S. 105) zwei Arten von Diskrepanzen angenommen werden:

> a) *Motiv-Ziel-Diskrepanzen*: Redefinitionsprozesse werden erschwert oder verhindert oder können nur unvollständig erfolgen, da die zu redefinierenden Ziele nicht mit den ursprünglich tätigkeitsauslösenden Motiven vereinbar sind.
> b) *Motiv-Bedingungs-Diskrepanzen*: Bedingungen der Tätigkeiten, die ebenfalls in die Redefinitionsprozesse eingehen, gefährden, erschweren, verhindern die Entwicklung oder Aufrechterhaltung von Motiven bzw. von motiv-initiierten Tätigkeiten.
>
> *Motiv-Ziel-Diskrepanzen* sind sowohl aufgrund *inhaltlich-qualitativer* als auch aufgrund *äußerlich-quantitativer Eigenschaften* der Ziele anzunehmen. Im ersten Fall können Ziele nicht oder nur unvollständig redefiniert werden, da sie innerlich nicht mit den tätigkeitsauslösenden Motiven übereinstimmen; im zweiten Fall weisen die Ziele äußerliche Eigenschaften auf, die verhindern, daß sie mit den Motiven in einen sinnvollen, verständlichen Zusammenhang gebracht werden können (ders., 1983, S.105; alle Hervorhebungen durch A.B.).

Inhaltlich-qualitative Diskrepanz zwischen Motiv und Ziel kann z.B. im Pflegeberuf heißen, daß eine Krankenpflegekraft, die zunächst längere Zeit im somatischen Krankenhaus tätig war und ihre Kompetenzen im Bereich der stationären Behandlungs- und Intensivpflege besitzt, es als schwierig empfindet, die soziotherapeutischen, mit starken Gesprächsaktivitäten verbundenen Ziele einer psychiatrischen Suchtstation (also handlungsrelevante Auftragsziele)[2] oder das betrieblich-organisatorische Ziel einer möglichst hohen Quote von ambulanten und teilstationären Patienten zu übernehmen. Für beide Arten von Diskrepanzen könnte eine motivierte Übernahme der jeweiligen Ziele und damit der Aufträge zumindest mit Problemen verbunden sein oder findet gar nicht statt. Im Fall der *äußerlich-quantitativen Diskrepanzen* können Auftragsziele unklar und zu komplex oder betrieblich-organisatorische Ziele gar nicht transparent genug sein, um ihre Übernahme trotz einer beim Arbeitenden vorhandenen Motivation möglich zu machen (vgl. ausführlich Büssing, 1990b).

Der Zielbegriff wird also nicht auf das *handlungsrelevante Auftragsziel* beschränkt. Vielmehr werden auch *betrieblich-organisatorische Ziele*, die den unmittelbaren Auftragszielen vorgelagert sind, in die Betrachtung miteinbezogen, da sie ebenso wie die unmittelbaren Auftragsziele „richtend" auf den Arbeitnehmer einwirken sollen. Stehen bei den Motiv-Ziel-Diskrepanzen Arbeitshandlungen im

Vordergrund, die nicht mit den Motiven vereinbart werden können, so treten bei den Motiv-Bedingungs-Diskrepanzen Bedingungen in den Vordergrund, die bewirken können, daß sinnbildende und stimulierende Motive nicht entwickelt bzw. aufrechterhalten werden können. Neben den unmittelbaren *speziellen Arbeitsplatzbedingungen* können auch *allgemeine*, d.h. von einem bestimmten Arbeitsplatz unabhängige, *betriebliche* (z.B. Grad der betrieblichen Arbeitsteilung) sowie *über- und außerbetriebliche Bedingungen* (z.B. Abhängigkeit von einer Muttergesellschaft oder von bestimmten Rohstoffen) die Entwicklung oder Aufrechterhaltung *motiv-initiierter Tätigkeiten* in Frage stellen und Arbeitsaktivitäten zu *motiv-entleerten Handlungen* machen.

Zusätzlich zu den Motiv-Bedingungs-Diskrepanzen können *Ziel-Bedingungs-Diskrepanzen* auftreten. Besteht bei ersteren das Problem darin, daß Aktivitäten nur als zielgerichtete Handlungen auftreten, bei denen die Arbeitsbedingungen die Aufrechterhaltung der Motive in Frage stellen können, so charakterisieren letztere eine Situation, in der die Realisierung übernommener Ziele und damit entsprechende Handlungen durch betriebliche Bedingungen in Frage gestellt werden. Ein Beispiel für eine Ziel-Bedingungs-Diskrepanz im Bereich allgemeiner Arbeitsbedingungen ist das Problem, daß aufgrund hoher Zentralisierung Arbeitnehmern für übernommene Funktionen die erforderlichen Entscheidungsbefugnisse fehlen.

In der bisherigen Betrachtung wurde die Entstehung von Motivkonflikten als Diskrepanz zwischen Elementen der Makrostruktur in den Übergängen Person→Tätigkeit (als Motiv-Ziel- und Motiv-Bedingungs-Diskrepanz) und in dem Übergang Tätigkeit→Umwelt (als Ziel-Bedingungs-Diskrepanz) konzipiert. Neben dem Übergang Umwelt→Tätigkeit, der hier nicht behandelt werden soll, ist für das Anliegen unserer Überlegungen der *Übergang Tätigkeit→Person* maßgebend. In diesem Übergang manifestieren sich die *Rückwirkungen der Tätigkeit auf die Person*, insbesondere also die Rückwirkungen der oben beschriebenen Diskrepanzen. Als entsprechende Rückwirkungen sind aus tätigkeitstheoretischer Sicht Veränderungen in den Beziehungen zwischen motiv-bestimmten Tätigkeiten und ziel-bestimmten Handlungen anzunehmen, die als Bewältigungsmechanismen (Problemlösebemühungen) wirken können.

Hinsichtlich der *Motiv-Ziel-* und *Motiv-Bedingungs-Diskrepanzen* lassen sich drei Ergebnisse unterscheiden: Die Übereinstimmung sowie die positive und negative Diskrepanz zwischen den beiden Momentpaaren der Arbeitstätigkeit, wobei die Einteilung in positiv und negativ anzeigt, ob vereinfacht gesagt Motive durch Ziele und Bedingungen der Arbeitstätigkeit „übererfüllt" bzw. nicht „erfüllt" werden. Eine *Übereinstimmung* zwischen Motiven, Zielen und Bedingungen sowie eine *„Überbestimmtheit"* von Motiven in der Erwerbsarbeitstätigkeit können in einer arbeitsteiligen Gesellschaft als Sekundärphänomen betrachtet werden, da sie zu einem definierten Zeitpunkt in der Regel bereits das Produkt eines Prozesses sein werden, in dem der Arbeitnehmer z.B. über Selbst- und Mitbestimmungsmöglichkeiten Ziele und Bedingungen beeinflussen konnte.

Eine *negative Diskrepanz* im Verhältnis von Motiven, Zielen und Bedingungen kann dagegen als die Regel betrachtet werden. Die tätigkeitspsychologische Sichtweise betont hinsichtlich solcher Diskrepanzen neben den unmittelbaren Zielen und Bedingungen des Arbeitsauftrags und der Arbeitsausführung auch die Rolle, die speziellen und allgemeinen organisatorischen und technologischen Zielen und Bedingungen für die Arbeitstätigkeit zukommen. Kann ein Arbeitnehmer die diskrepanten Beziehungen nicht durch eine Änderung an Zielen und Bedingungen modifizieren (durch Selbst- und Mitbestimmung, durch Kündigung etc.), so ist er gezwungen, seine Motive und damit seine Tätigkeit zu ändern. So kann ein ursprünglich nur handlungsleitendes Ziel eine stimulierende und sinnbildende Motivfunktion übernehmen und somit die entsprechende Handlung zur Tätigkeit werden. Die AZ, deren Basis die motivierte Tätigkeit ist, erfährt in einem solchen *Prozeß des Motivwechsels* eine Veränderung entsprechend den neuangestrebten Handlungsergebnissen und -folgen. Die Transformation der Motive und damit der AZ, die Bildung und Veränderung hierarchischer Beziehungen zwischen den Motiven durch die Arbeitstätigkeit — sinngebende werden zu stimulierenden, stimulierende zu sinngebenden Motiven in einem vertikalen Gefüge — bilden einen fortwährenden Prozeß, der nicht zuletzt auch eine *Persönlichkeitsentwicklung durch berufliche Sozialisation* darstellt.

Im Bereich allgemeiner wie auch spezieller Arbeitsbedingungen kommt nach unseren bisherigen Erkenntnissen der Kontrolle, die Arbeitnehmer in bezug auf ihre Arbeit haben, eine entscheidende Rolle zu (vgl. Büssing, 1988c). Gebert (1979, 1983) nennt die Vernachlässigung dieses Aspekts sogar das eigentliche Grundproblem der AZ-Forschung. „Das Grundproblem, mit dem man bei der Interpretation von Bewußtseins-Schilderungen zu kämpfen hat, besteht also darin, daß dieses Bewußtsein nicht nur die Bewertung der Realität (auf der Dimension gut/ schlecht), sondern *zugleich* die Einschätzung der Veränderbarkeit der Realität widerspiegelt. Dies ist zumindest die Kernthese meiner Ausführungen" (ders., 1983, S. 37). Er stellt aus diesem Grund die wichtige Forderung auf: „Will man im konkreten Fall unterscheiden, ob das Ausbleiben von Kritik positive Bewertung der Realität oder Sachzwang-Interpretationen einer negativen Realität widerspiegelt, so muß der Grad der Einschätzung der Veränderbarkeit der Realität bei der jeweiligen Befragung (mit welcher Methode man auch immer befragt) *mitgemessen* werden!" (ders., 1983, S. 38).

Aus einer anderen theoretischen Perspektive kommt der Autor (Büssing, 1985) ebenfalls zu dem Ergebnis, daß sowohl die individuelle als auch kollektive Kontrollierbarkeit und Veränderbarkeit der Arbeitsbedingungen wie auch deren Antizipation einen entscheidenden zweifachen Effekt für die Dynamik der AZ haben. Einerseits haben sie den Effekt, daß sie als Kontrolldefizite im Rahmen von primären Bewertungsprozessen[3] zu Ursachen von AUZ werden können, andererseits können sie in sekundären Bewertungsprozessen die Funktion von Bewältigungsressourcen übernehmen. Vorhandene oder antizipierte Kontrollmöglichkeiten von Arbeitshandlungen und Bedingungen können somit die Funktion von Copingmechanismen wahrnehmen. Werden fehlende Kontrollmöglichkeiten in sekundären Bewertungsprozessen als nicht veränderbar beurteilt und wird die ihr zugrundeliegende Motiv-Bedingungs-Diskrepanz als nachhaltig belastend erlebt, so dauert dieser Zustand an, bis sich das Verhältnis von Tätigkeit und von ausgeführten Handlungen ändert, das heißt die Person ist gezwungen, ihre Motive und somit den Charakter ihrer Tätigkeit zu ändern.

Dieser doppelten Funktion der Kontrolle am Arbeitsplatz entspricht auch die Bedeutung, die sie als Merkmal in der arbeitspsychologischen Forschung in vielen Bereichen einnimmt. Kontrolle wird dabei ganz unterschiedlich verstanden und operationalisiert. Mit dem *Tätigkeitsspielraum* (Ulich, 1972, 1983, 1984; Hacker,

1986; Osterloh, 1983)[4] liegt allerdings ein Konzept vor, das seinerseits auf die Tätigkeitstheorie im Sinne von Leontjew (1977, 1982) Bezug nimmt. Der Tätigkeitsspielraum ist nicht nur ein grundlegendes, sondern auch ein weitreichendes Merkmal zur Charakterisierung von Arbeitstätigkeiten. Mit dem *Handlungsspielraum*[5] sowie dem *Gestaltungs- und Entscheidungsspielraum*[6] als den drei „Dimensionen" des Tätigkeitsspielraums werden sowohl Momente der Regulation (d.h. Momente der Zielsetzung sowie Momente der Bedingungen von Arbeitstätigkeiten) als auch Momente der Motivierung angesprochen, wobei gerade die Aspekte der Motivierung die integrierende Funktion des Begriffes Tätigkeitsspielraum begründen.[7,8]

Betrachtet man AZ aus der oben begründeten Sichtweise der Tätigkeitstheorie, so ist der Tätigkeitsspielraum als wesentliches Merkmal zur Beschreibung von Möglichkeits- und Veränderungsspielräumen bei der Analyse der AZ heranzuziehen. Möglichkeits- und Veränderungsspielräume als Folie, auf der AZ insbesondere in bezug auf den Grad der Verdinglichung — oder vereinfacht gesagt des Sachzwanggehaltes in der Arbeitstätigkeit (vgl. Büssing, 1985)[9] — untersucht werden kann, können mit dem Tätigkeitsspielraum sowohl hinsichtlich ihrer Handlungsregulationsspielräume sowie hinsichtlich ihrer Spielräume zu Möglichkeiten eigenständiger Zielsetzungen und damit in bezug auf ihre Möglichkeiten zur Motivierung untersucht werden (vgl. Hacker, 1983).

3.3 Die Rolle des Anspruchsniveaus für die Arbeitszufriedenheit

Mit dem Konzept einer tätigkeitsvermittelten Person-Umwelt-Beziehung in der Erwerbsarbeit wird AZ als ein Konstrukt betrachtet, das einer stetigen Dynamik unterliegt. Veränderungen der Ziele und Bedingungen in der Arbeit selbst, z.B. das Verändern von Kommunikations- und Interaktionsstrukturen, das Gestalten einer „eigenen" betrieblichen Kultur durch die Arbeitenden, der Kampf um bessere Arbeitsbedingungen (z.B. in der Industrie) oder Auseinandersetzungen um veränderte Zielsetzungen (z.B. in professionellen psychosozialen Bereichen) vermögen als solche häufig nur einen eingeschränkten „Varianzanteil" dieser Dynamik zu erklären. Vielfach sind es Veränderungen persönlicher Zielstrukturen im Kontext beruflicher Sozialisation, die die Dynamik in bezug auf die AZ dominieren. Die gegenständliche Entwicklung von persönlichen Zielstrukturen, man könnte hier auch ohne Einschränkung von Motivstrukturen sprechen, soll daher im folgenden zusammengefaßt betrachtet werden (vgl. ausführlich Büssing, in Vorbereitung).

In der AZ-Forschung wird zwar ab und an zwischen *Soll-Werten* und *Anspruchsniveau* unterschieden, in keiner uns bekannten Arbeit wird jedoch die innere Beziehung der beiden Begriffe eingehender untersucht. Bezieht man sich auf das einzige Sammelreferat zur Anspruchsniveau-Forschung, auf die schon 1944 verfaßte Arbeit von Lewin et al., so wird dort von Soll-Wert im Sinne eines „ideal-goal" und eines „wish-goal" gesprochen. Im Unterschied zum „ideal-goal" und „wish-goal" definieren Lewin et al. (1944) das „action-goal" als Kriterium für das Anspruchsniveau zu einem gegebenen Zeitpunkt. Die Anspruchsniveaubildung läßt sich nach Lewin et al. (1944) nur in der gesamten inneren Zielstruktur unter Einschluß der Idealziele eines Individuums verstehen, wobei die „inner discrepancy", also die Differenz zwischen „action-goal" (als dem Kriterium für das Anspruchsniveau) und „ideal-goal" (als dem Kriterium für den Soll-Wert) eine wesentliche „Triebkraft" für die Anspruchsniveaudynamik darstellt. Ähnlich wie Lewin et al. (1944) geht auch Heckhausen (1977a) von der inneren Zielstruktur in bezug auf Oberziele aus, wobei er das Moment einer zeitperspektivischen Strukturierung betont. Heckhausen bevorzugt zur Kennzeichnung der Soll-Werte die Begriffe „Oberziel" (1989) bzw. „superordinate-goal" (1977a) und weist auf die besondere Bedeutung der Oberziele für die Anspruchsniveaubildung und ihre weitgehende Vernachlässigung oder laborpsychologische Verengung in der bisherigen Motivationsforschung hin. Ein wesentlicher Unterschied zwischen der laborexperimentellen Anspruchsniveau-Forschung und der Untersuchung des Anspruchsniveaus in der AZ-Forschung ist zweifellos die Reichweite und der Sinngehalt, unter der Anspruchsniveaus betrachtet und operationalisiert werden. Während in der experimentellen Anspruchsniveau-Forschung Anspruchsniveausetzungen im wesentlichen auf sinnverarmte Laborsituationen beschränkt bleiben und auch aus diesem Grunde individuelle Oberziele kaum eine Rolle spielen konnten (vgl. Heckhausen, 1989, S. 619ff.), stehen in der AZ-Forschung individuell sinnhaltige Anspruchsniveausetzungen mittlerer Reichweite (z.B. Wochen oder Monate) im Vordergrund. Es muß deshalb davon ausgegangen werden, daß eine feldorientierte AZ-Forschung Anspruchsniveausetzungen und -änderungen in einem komplexeren Determinantengefüge zu betrachten hat als die experimentelle Anspruchsniveau-Forschung. Aus diesem Grunde ist eine kritische Berücksichtigung der Ergebnisse der bisherigen Anspruchsniveau-Forschung notwendig.

Der Autor (Büssing, 1987, in Vorbereitung) hat zentrale Aussagen der bisherigen Anspruchsniveau-Forschung, die weitgehend auf den Bereich der Leistungsmotivation begrenzt sind, auf den Bereich der Erwerbsarbeit ausgerichtet und um Determinanten erweitert, die (1) eine theoretische und/oder empirische Relevanz für motivationale Prozesse im Arbeitsbereich haben, und die (2) operationalisierbar sind, demnach also einer empirischen Prüfung zugeführt werden können (vgl. weiter unten Hinweise auf einen anderen Zugang, den Wiswede, 1980, und Fischer, 1985, in Anlehnung an Homans, 1958, und Thibaut & Kelley, 1959, wählen).

Das resultierende *Strukturmodell zum Anspruchsniveau* für die AZ-Forschung soll zunächst explikative und keine prädiktiven Absichten vermitteln.[10] Es umfaßt drei umfangreiche Gruppen von Determinanten, die jeweils wieder in verschiedene Blöcke gegliedert sind. Bei den drei übergeordneten Gruppen von Determinanten handelt es sich um:

1) *Die Ausgangslage und arbeitssituationssspezifische Determinanten;*

2) *Determinanten interindividueller Differenzen (sogenannte Personparameter);*

3) *Bezugsgruppen- und organisationsbezogene Determinanten.*

Weiter oben wurde bereits der innere Zusammenhang von Anspruchsniveau (sogenannte Zwischenziele oder „action-goals") und Soll-Wert (Oberziel) angesprochen. Neben der „inner discrepancy" ist für das Anspruchsniveau die Zieldiskrepanz („goal discrepancy") maßgeblich. Die Zieldiskrepanz entspricht dem Abstand zwischen der augenblicklichen Lage, also der Verwirklichung bzw. Nicht-Verwirklichung von Ansprüchen und dem gesetzten Anspruchsniveau, wobei diese intraindividuelle Relation nach der bisherigen Forschung (vgl. zusammenfassend Heckhausen, 1965, 1989; Lewin et al., 1944) maßgeblich von folgenden fünf Determinanten abhängt:

- *vom bisherigen Erfolg bzw. Mißerfolg*
- *vom Stellenwert der Ansprüche (Valenz)*
- *von den Realisierungs-Chancen der Ansprüche (Erwartung)*
- *von den Konsequenzen der Realisierung (Instrumentalität)*
- *von der Beeinflußbarkeit der Realisierung der Ansprüche (Kontrollier- und Vorhersagbarkeit).*

Zwar können die spezifischen Ergebnisse zur Determination des Anspruchsniveaus durch diese fünf Parameter nicht ohne weiteres vom Leistungsmotivationsbereich auf den Arbeitsbereich übertragen werden, doch geben auch im Arbeitsbereich die Detailergebnisse zu diesen Parametern wichtige Hinweise für eine deskriptive Analyse der Dynamik bei der Anspruchsniveaubildung.

Die Ausgangslage und die genannten fünf arbeitssituationsspezifischen Determinanten stellen den „Kern" des Strukturmodells zum Anspruchsniveau dar. Bezüglich der arbeitssituationsspezifischen Determinanten muß man sich jedoch im klaren sein, daß sie nicht nur situativ, sondern auch von Personunterschieden abhängig sind, wobei umgekehrt wiederum die Personparameter auch durch die arbeitssituationsspezifischen Determinanten beeinflußt werden. Diese reziproken Effekte konnten durch verschiedene Längsschnittstudien in den vergangenen Jahren dem Grundsatz nach belegt werden (vgl. z.B. Brousseau, 1978; Kohn & Schooler, 1978, 1982, 1983).

Unter den *Personparametern* lassen sich drei Blöcke von Determinanten des Anspruchsniveaus und des Soll-Wertes unterscheiden, die die zwei weiter o.g. Bedingungen erfüllen, nämlich die eine empirische und/oder theoretische Relevanz für motivationale Prozesse im Arbeitsbereich aufweisen sowie operationalisierbar erscheinen. Der erste Block dieser Determinanten umfaßt Kontrollüberzeugungen, -orientierungen und -motivationen. Der zweite Block von Determinanten unter den Personparametern umfaßt verschiedene Aspekte des „involvement" und des „commitment" bezüglich der Arbeit sowie personspezifische Aspekte im Verhältnis von Arbeit und Nicht-Arbeit (sogenannte Freizeit). Der dritte Block von Determinanten unter den Personparametern setzt sich aus verschiedenen Aspekten interindividueller Differenzen im Sinne von bio- und demographischen Merkmalen zusammen.

Die *bezugsgruppen- bzw. organisationsbezogenen Determinanten* bilden — wie oben erwähnt — bei der Explikation des Anspruchsniveaus eine dritte Gruppe. Unter diesen Determinanten des Anspruchsniveaus werden Einflußgrößen der Arbeitsgruppe, Aufwand und Ertrag von Kollegen, bezugsgruppenbezogene und organisationale Standards zusammengefaßt (vgl. ausführlich Büssing, in Vorbereitung).

Einen anderen Zugang zur Explikation des Begriffs Anspruchsniveau hinsichtlich der Arbeit wählen Wiswede (1980) und Fischer (1985). Beide gehen von Homans (1958) und Thibaut und Kelley (1959) aus, die Ansprüche im austauschtheoretischen Ansatz der Sozialpsychologie verankern und rekonstruieren. So unterscheidet Wiswede (1980):

1) das Erfahrungsniveau,
2) das soziale Vergleichsniveau,
3) das Vergleichsniveau für Alternativen und
4) das Adaptationsniveau,

wobei Fischer (1985) allerdings das Adaptationsniveau außer Betracht läßt, „weil sich auf empirischer Ebene bislang noch keine stringente Übertragungsmöglichkeit dieser auf psychophysischen Messungen beruhenden Thesen in den sozialen Bereich ergeben hat" (ders., 1985, S. 148). Während Bestandteile dieser Ansätze von Wiswede (1980) und Fischer (1985) wie das soziale Vergleichsniveau in unserem Ansatz explizit z.B. über bezugsgruppenrelevante Determinanten Eingang finden, unterscheidet sich unser Ansatz zum Anspruchsniveau durch seine Betonung der Dynamik, die von dem Zielgefüge und dessen bestimmenden Determinanten für das Handeln einer Person und damit auch für die Entwicklung und Veränderung von Anspruchsniveaus ausgeht.

Die o.g. drei Gruppen von Determinanten des Anspruchsniveaus bzw. des Soll-Werts stellen eine notwendige begriffliche Explikation zum Soll-Ist-Wert-Vergleichs dar. Bei der begrifflichen Explikation des Anspruchsniveaus bzw. des Soll-Werts kam es uns nicht auf eine Berücksichtigung aller denkbaren Determinanten an, sondern es wurden nur solche in das Strukturmodell aufgenommen, für die bereits eine begründbare arbeitsmotivationsspezifische Relevanz in der bisherigen Forschung vorliegt. Mit der eingehenden Betrachtung des Anspruchsniveaus und des Soll-Werts in diesem Strukturmodell wird auch der psychologischen *Schlüsselrolle von Zielen* Rechnung getragen. In Übereinstimmung mit Hacker (1983) und Heckhausen (1977a, b, 1989) sind wir der Auffassung, daß die besondere und vielfältige Funktion von Zielen in der Psychologie vernachlässigt wird. In Zielen sind nämlich als „Vorwegnahmen und Vornahmen zugleich (. . .) die motivationalen (einschließlich der emotionalen) und kognitiven Aspekte der psychischen Regulation von Tätigkeiten vereinigt" (Hacker, 1983, S. 5). Ziele, und insbesondere die innere Struktur von Zielen, bilden demnach einen entscheidenden Ansatzpunkt zum Verständnis menschlichen (Arbeits-) Handelns. Für den Prozeß der Entwicklung der AZ kommt unseres Erachtens daher der Zielsetzung und der Veränderung von Zielen in ihrer inneren Struktur in der und durch die Arbeit eine Schlüsselrolle zu, für deren Untersuchung wir das in diesem Abschnitt explizierte Strukturmodell als Ausgangspunkt wählen.

3.4 Arbeitszufriedenheit und Ambivalenz

Ein Phänomen, auf das auch von AZ-Forschern verschiedentlich hingewiesen wird, ist das Auftreten sogenannter ambivalenter Äußerungen in „qualitativen" Untersuchungen zur AZ. Offenkundig sind danach Arbeitnehmer nur eingeschränkt in der Lage, eindeutige Feststellungen zu ihrer Zufriedenheit bzw. Unzufriedenheit mit Aspekten ihrer Arbeit zu treffen. Vielmehr entsteht aufgrund dieser empirischen Ergebnisse der Eindruck, daß die scheinbar konsistenten Resultate standardisierter Befragungen auf Entweder-Oder-Entscheiden beruhen, die von Arbeitnehmern in Befragungen verlangt werden, und die ihnen die Darstellung ambivalenter Konfliktlagen nicht ermöglichen (vgl. Büssing, 1985).

Becker-Schmidt (1980) und Becker-Schmidt et al. (1983) belegen, daß *Ambivalenzen* wesentlich *Ausdruck widersprüchlicher Realitäten am Arbeitsplatz* sind. Für die Fabrikarbeiterinnen ihrer Studie, und eben nicht nur für diese, ist der Produktionsprozeß prinzipiell als Einheit von Arbeits- und Verwertungsprozeß zu begreifen. Diese Doppelbestimmtheit kennzeichnet die Arbeitstätigkeit als solche wie auch die mit ihr verbundene Kooperation. So fordert der Arbeitsprozeß als solcher, „daß besonders viel Quantität bei möglichst geringem Zeitaufwand produziert wird. Gleichzeitig muß diese Quantität verkaufbar sein, d.h. auf Qualität kann nicht gänzlich verzichtet werden" (dies., 1980, S. 714). Die widersprüchlichen Verhaltensanforderungen bedeuten also: „Viel, aber auch gut, schnell, aber auch sorgfältig arbeiten zu müssen" (dies., 1980, S. 714). Ähnlich wie der Arbeitsprozeß läßt auch das Kooperationsgefüge nur mehr oder weniger eine eindeutige affektive Besetzung zu. Der objektiv vorgegebene Zwang zur Kooperation — für die Mehrzahl der Arbeitenden gilt sicherlich, daß die Arbeitsgruppen nicht durch einen Akt der freiwilligen Gemeinsamkeit zustande kommen — bewirkt in der Regel auch Konkurrenz und Leistungsdruck.

Neben der Arbeitssphäre können auch die Nicht-Arbeitssphäre wie auch deren Verhältnis widersprüchlich strukturiert sein. So ist die Nicht-Arbeitssphäre, als sogenanntes Reich der Freiheit v.a. hinsichtlich des Konsums und des Potentials „Subjektivität", auch eine Quelle von Zwängen, die sich aus spezifischen Rollenerwartungen/-konflikten (insbesondere bei Frauen), knappen finanziellen Ressourcen, Abhängigkeiten, Enge u.a. ergeben können. Darüber hinaus muß eine Widerspruchsebene Arbeit/Nicht-Arbeit berücksichtigt werden. Denn die eine Sphäre ist nicht nur Zwang und die andere nicht nur Freiheit, und der Zwang/die Freiheit der einen ist nicht zugleich der Zwang/die Freiheit der anderen Sphäre.

Strukturelle Widersprüche werden nach Becker-Schmidt (1980, S. 715) nun auf zweifache Art und Weise für das Individuum einsichtig: „Auf der Ebene der Alltäglichkeit stellen sie sich als positive und negative Aspekte *ein- und desselben Objektbereichs* dar: die Familie ist z.B. Raum emotionaler Nähe, gleichzeitig aber auch Raum aktivitätslähmender Isolation; oder: die Fabrik ist Stätte der Ausbeutung, des Verschleißes — sie bietet aber auch die Möglichkeit der Selbstbewertung, der sozialen Anerkennung durch vergleichbare Leistung. Diese positiven und negativen Komponenten sind *gleichzeitig,* unauflöslich ineinander verschränkt. Als *strukturell* Verankerte präsentieren sie sich zudem kontinuierlich, auf Dauer". Im täglichen Wechsel zwischen Arbeits- und Nicht-Arbeitssphäre aktualisieren „Komplementaritäts- bzw. (. . .) Kontrasterfahrungen die jeweilige Ambiguität von Unzumutbarkeiten und Anreizen, und hält somit die Widerspruchserfahrung (zwischen Arbeits- und Nicht-Arbeitssphäre, A.B.) der Möglichkeit nach wach" (dies., 1980, S. 716).

Die Überlegungen von Becker-Schmidt (1980) sollen hier nicht weiter vertieft werden. Vielmehr soll im folgenden versucht werden, einen Bezug zu der weiter oben dargestellten Notwendigkeit einer tätigkeitsvermittelten Person-Umwelt-Beziehung in der AZ-Forschung herzustellen. Auf dem Hintergrund der Makro- und Ringstruktur der Tätigkeit sollen Möglichkeiten von widersprüchlichen Realitäten am Arbeitsplatz formuliert und als subjektive Verarbeitungsweisen verständlich gemacht werden. Ambivalenzen sollen somit nicht mehr als bloßes

Anhängsel von AZ-Äußerungen verstanden, sondern als ein integraler Bestandteil im Prozeß der Entwicklung verschiedener Formen von AZ dargestellt werden (vgl. auch weiter unten Abschnitt 4).

Mit der Makro- und Ringstruktur der Tätigkeit waren wir in der Lage, über Diskrepanzen in den jeweiligen Übergängen zwischen Person-Tätigkeit-Umwelt objektive und subjektive Momente der Dynamik von AZ zu beschreiben (vgl. Abschnitt 3.2). Man kann nicht davon ausgehen, daß Diskrepanzen zwischen Motiv-Ziel, Motiv-Bedingungen oder zwischen Zielen-Bedingungen in der Arbeitstätigkeit eindeutig und gleichgerichtet ausfallen, da z.B. das Ziel einer Arbeitstätigkeit durchaus mit dem Motiv, die Bedingungen einer Arbeitstätigkeit dagegen nicht mit dem Motiv eines Arbeitnehmers übereinstimmen können. In Abhängigkeit von der Perspektive des Arbeitnehmers — betrachtet er die Arbeitstätigkeit aus der Perspektive des Ziels oder aus der Perspektive der Bedingungen — kann somit eine Befragung zu ganz unterschiedlichen Einschätzungen gelangen.

Diese Begründung von widersprüchlicher Realität in der Makro- und Ringstruktur der Arbeitstätigkeit läßt sich in zweierlei Hinsicht weiter differenzieren. Zum einen im Hinblick auf die Vielfalt und Verschiedenartigkeit der Aspekte von Arbeitstätigkeiten (z.B. Kooperations- und physikalische Umgebungsbedingungen), zum anderen im Hinblick auf die möglichen unterschiedlichen Ebenen in Organisationen bzw. Betrieben (z.B. die Ebenen Arbeitsplatz, Arbeitsgruppe, Abteilung usw.), desweiteren im Hinblick auf die möglichen verschiedenen Widerspruchsebenen, als da wären: Der Arbeitsbereich als solcher, der Nicht-Arbeitsbereich (sogenannter Freizeitbereich) sowie die Verknüpfung von Arbeitsbereich und Nicht-Arbeitsbereich.

Betrachten Becker-Schmidt und Mitarbeiterinnen (1980, 1983) Ambivalenzen als Ausdruck widersprüchlicher Realitäten am Arbeitsplatz differenziert nach sogenannten *Widerspruchsebenen* (Arbeitsbereich, Nicht-Arbeitsbereich, Arbeitsbereich im Verhältnis zum Nicht-Arbeitsbereich) und in Abhängigkeit von der auf den jeweiligen Widerspruchsebenen eingenommenen *Perspektive des Arbeitnehmers*, so erlaubt die *tätigkeitstheoretische Analyse ambivalenter AZ- bzw. AUZ-Äußerungen* eine wesentliche Differenzierung sowohl auf der Seite der widersprüchlichen Realität als auch auf der subjektiven Seite des Ambivalenzerlebens und seiner Verarbeitung. Auf der objektiven Seite lassen sich widersprüchliche Realitäten über die Kombination einzelner Elemente der Makrostruktur beinahe beliebig verfeinert beschreiben und in ihrer Funktion analysieren. So können Ziele und Bedingungen verschiedener Organisationsebenen in bezug auf unterschiedliche Aspekte der Tätigkeit (Kooperation, Bezahlung, etc.) in Kombination miteinander Anlaß zu Widersprüchen in Relation zur Motivlage eines Arbeitnehmers geben. So könnten sich Motive von Arbeitnehmern beispielsweise mit dem Ziel einer Organisation, hochwertige Produktqualität zu erreichen, decken, während einzelne konkrete Arbeitsbedingungen am Arbeitsplatz, z.B. aufgrund von unzureichenden Kommunikationsmöglichkeiten unter den Kollegen während der Arbeitstätigkeit oder unzureichenden Arbeitsmitteln, diesen Motiven entgegenstehen könnten.

Desweiteren werden mit dem Einbezug der o.g. beiden weiteren Widerspruchsebenen, nämlich des Nicht-Arbeitsbereichs sowie der Widerspruchsebene von Arbeits- und Nicht-Arbeitsbereich, die Erklärungsmöglichkeiten von widersprüchlichen Beziehungen von Zielen und Bedingungen noch erhöht. Zieht man darüber hinaus auch eine Differenzierung von Zielen und Bedingungen selbst in Betracht, wie sie insbesondere von Kannheiser (1983, 1984) vorgenommen wird — z.B. die im Abschnitt 3.2 genannte Differenzierung von Zielen nach äußerlich-quantitativen und inhaltlich-qualitativen Eigenschaften —, so ergeben sich vielfältige Möglichkeiten zur tätigkeitstheoretischen Darstellung von objektiven Widersprüchlichkeiten in der Arbeit.

Auf der subjektiven Seite, also auf der Seite der Wahrnehmung und Verarbeitung von Ambivalenzen durch die Person, vermag man mittels der hier vorgestellten tätigkeitstheoriebezogenen Sichtweise die eher allgemein gehaltene Darstellung der subjektiven Verarbeitung ambivalenter Äußerungen, wie sie von Becker-Schmidt et al. (1980, 1983) mit tiefenpsychologischen Argumenten vorgenommen wird, tätigkeitspsychologisch in einer Konzeption zu reformulieren. Es stehen sich in dieser integrierten Konzeption dann nicht mehr eine objektive widersprüchliche Realität und eine tiefenpsychologisch begründete, psychoanalytische Rekonstruktion subjektiven Erlebens von widersprüchlicher Realität gegenüber. Vielmehr vermittelt die Tätigkeit in dieser Konzeption[11] ambivalenten Erlebens zwischen widersprüchlicher Realität und Arbeitsperson, und im Übergang Tätigkeit-Arbeitsperson werden diese widersprüchlichen Realitäten in Bewältigungsprozessen, also in Prozessen der primären, sekundären und Neu-Bewertung verarbeitet (vgl. Lazarus & Launier, 1981).

4. DIE STRUKTUR UND DYNAMIK DES SOLL-IST-WERT-VERGLEICHS UND DES ANSPRUCHSNIVEAUS ALS GRUNDLAGE EINER UNTERSCHEIDUNG UND ENTSTEHUNG VERSCHIEDENER FORMEN VON ARBEITSZUFRIEDENHEIT

Aus der bisherigen Forschung liegen zu diesen beiden AZ-Formenkonstituierenden Variablen weder zur Struktur noch zum dynamischen Charakter befriedigende Ergebnisse vor. Während die empirische Untersuchung zum dynamischen Charakter des Soll-Ist-Wert-Vergleichs und der Anspruchsniveauveränderung sowie ihrer inneren Zusammenhänge hinsichtlich der Entstehung von AZ-Formen eine Aufgabe unseres Forschungsprojekts ist (Büssing, 1987, 1990a), sollen im folgenden einige konzeptuelle Überlegungen zur Analyse der Struktur und Dynamik des Soll-Ist-Wert-Vergleichs und der Anspruchsniveauveränderung zusammengefaßt werden. Dabei werden der Soll-Ist-Wert-Vergleich und die Anspruchsniveauveränderung gemeinsam in einem Abschnitt behandelt, da aufgrund ihrer unmittelbaren Abhängigkeit voneinander eine getrennte Darstellung zu Redundanzen führen müßte.

Zunächst ist bezüglich des Soll-Wert-/Anspruchsniveau-Gefüges zu sagen, daß die Rede von dem Soll-Wert bzw. dem Anspruchsniveau irreführend ist. Soll-Wert und Anspruchsniveau sind nicht eindimensionale, sondern mehrdimensionale Variablen, wie die Analyse des Soll-Werts und des Anspruchsniveaus in den vorangegangenen Abschnitten bereits gezeigt hat. Das Anspruchsniveau kann entsprechend dem Einzelaspekt der Arbeit (Kollegen, Bezahlung, Qualifizierung, etc.) unterschiedlich ausfallen. Weiterhin ist ausgehend von Neuberger und Allerbecks (1978, S. 171) Überlegungen ein unmittelbarer Soll-Ist-Wert-Vergleich nicht sinnvoll. Vielmehr sollte ein Anspruchsniveau-Ist-Wert-Vergleich untersucht werden. Der wesentliche Grund dafür, daß die Ebene des Anspruchsniveaus gewählt werden sollte, liegt in dessen konkreterer Operationalisierbarkeit und der damit vergleichsweise besseren empirischen Überprüfbarkeit des Anspruchsniveau-Ist-Wert-Vergleichs.

Soll-Werte und Anspruchsniveaus treffen in der Arbeitstätigkeit auf Ist-Werte der Arbeitssituation. Die Arbeitssituation ist auf der einen Seite durch Ziele und mit diesen verbundenen Plänen sowie Arbeitsbedingungen auf den verschiedenen Arbeits- und Organisationsebenen, auf der anderen Seite durch etwaige Möglichkeiten zur Arbeitssituationskontrolle insbesondere im Sinne des weiter oben explizierten Tätigkeitsspielraums geprägt. Wesentliche *Grundlage für den Soll-Ist-Wert-Vergleich* sind die *Relationen: Anspruchsniveau-Ziele/Pläne und Anspruchsniveau-Arbeitsbedingungen*. Bezüglich dieser beiden Relationen lassen sich drei wichtige Ergebnisse unterscheiden: die Übereinstimmung, die positive sowie die negative Diskrepanz zwischen den beiden Momentpaaren, wobei die Einteilung in positiv und negativ anzeigt, ob — vereinfacht gesagt — Ansprüche „übererfüllt" bzw. nicht „erfüllt" werden durch die Ziele/Pläne und/oder die Bedingungen der Arbeitstätigkeit. Wie bereits weiter oben dargestellt (vgl. Abschnitt 3.2), kann eine Übereinstimmung zwischen Ansprüchen, Zielen/Plänen und Bedingungen sowie insbesondere eine Überbestimmtheit von Ansprüchen im Arbeitsbereich in einer arbeitsteiligen Industriegesellschaft eher als Sekundärphänomen betrachtet werden. Übereinstimmung wie auch Überbestimmtheit werden zu einem definierten Zeitpunkt regelmäßig bereits das Produkt eines Prozesses sein, in dem entweder der Arbeitnehmer über Selbst- oder Mitbestimmungsmöglichkeiten Ziele/Pläne und Bedingungen beeinflussen konnte oder aufgrund von psychologischen Umstellungen eine Anpassung an die Situation vollzogen hat.

Für die *Richtung von Anspruchsniveauveränderungen* ist demnach das Zusammenspiel der Anspruchsniveau-Ziel/Plan-Relation und der Anspruchsniveau-Arbeitsbedingungs-Relation mit der Arbeitssituationskontrolle maßgeblich.

Tabelle 1 gibt eine vereinfachte Klassifikation dieser drei Variablen:

- Anspruchsniveau — Auftragsziel/Plan-Relation,
- Anspruchsniveau — Arbeitsbedingungs-Relation,
- Arbeitssituationskontrolle

sowie die *wahrscheinlichen AZ-Reaktionen* und *Richtungen von Anspruchsniveauveränderungen* wieder, wobei auf eine positive Diskrepanz, also die bereits erwähnte weniger wahrscheinliche Überbestimmtheit zwischen Anspruchsniveau-Auftragsziel/Plan sowie Anspruchsniveau-Arbeitsbedingungen zur Vereinfachung der Darstellung verzichtet wurde. Obgleich die Tabelle 1 eine vereinfachte Schematisierung des Geschehens darstellt, macht sie bereits die Komplexität des Soll-Ist-Wert-Vergleichs deutlich.

Im Rahmen dieser schematischen Darstellung ist für das Verständnis des Soll-Ist-Wert-Vergleichs und damit der AZ bzw. AUZ auch eine Betrachtung der Zeitabhängigkeit der Arbeitssituationskontrolle wichtig. Diese *Zeitabhängigkeit der Arbeitssituationskontrolle sowie der AZ bzw. AUZ* wird sehr zutreffend von Gebert und von Rosenstiel (1981, S. 70) zusammengefaßt: „Arbeitszufriedenheit kann damit auch als das (immer nur vorübergehende) Ergebnis einer jeweils durch

	Anspruchsniveau vs. Auftragsziele/Pläne	Anspruchsniveau vs. Arbeitsbedingungen	AZ, AUZ, Ambivalenz	Erwartete Arbeitssituationskontrolle	Wahrscheinliche Richtung von Anspruchsniveauveränderungen
1	=	=	Arbeitszufriedenheit (AZ)	hoch	erhöht/unverändert[2]
2	-	-	Arbeitsunzufriedenheit (AUZ)		unverändert
3	-	=	Ambivalenz/AUZ[1]		unverändert
4	=	-	Ambivalenz/AUZ[1]		unverändert
5	=	=	AZ	niedrig	unverändert/erhöht[2]
6	-	-	AUZ		gesenkt
7	-	=	AUZ/Ambivalenz[1]		gesenkt/unverändert[2]
8	=	-	AUZ/Ambivalenz[1]		gesenkt/unverändert[2]

= : Übereinstimmung 1) /: und/oder 2) /: oder

- : Differenz

Tabelle 1: Schematische Klassifikation von wahrscheinlichen Arbeitszufriedenheitsreaktionen und Anspruchsniveauveränderungen infolge von unveränderten und negativen Ausgängen im Soll-Ist-Wert-Vergleich

Bedrohungen ausgelösten Regulierung eingetretener Soll-Ist-Differenzen betrachtet werden, wobei diese Regulierungen (Coping-Mechanismen . . .) ein objektiv nach außen wirkendes Handeln und/oder (subjektive) Änderungen der Kognition und Evaluation gegenüber bedrohlichen Situationen beinhalten. Arbeitszufriedenheit wird damit im Zuge von Coping-Mechanismen in Abhängigkeit vom Grad der angenommenen Situationskontrolle von der Person in spezifischer Weise ‚hergestellt'".

Gerade der Begriff des *„Herstellens" von AZ* trifft unseres Erachtens einen zentralen Punkt, da er sowohl die Zeitabhängigkeit der AZ bzw. AUZ als auch der Arbeitssituationskontrolle beinhaltet. Der Arbeitnehmer verändert sein Anspruchsniveau in Abhängigkeit von der wahrgenommenen Arbeitssituation. Sieht er seine Ansprüche insgesamt durch die Arbeit befriedigt und verfügt er über Arbeitssituationskontrolle, so ist eine Anspruchsniveauerhöhung wahrscheinlich (vgl. Zeile 1 in Tabelle 1), verfügt er nicht im ausreichenden Maße über Arbeitssituationskontrolle, so ist eine Anspruchsniveauerhöhung gegenüber der Arbeit wenig wahrscheinlich (vgl. Zeile 5 in Tabelle 1). Sieht der Arbeitnehmer dagegen seine Ansprüche insgesamt als unbefriedigt an und kommt es wegen der nicht unmittelbaren Veränderbarkeit der Situation zur AUZ, so ist bei erwarteter Arbeitssituationskontrolle eine Anspruchsniveauaufrechterhaltung wahrscheinlich (vgl. Zeile 2 in Tabelle 1), während das Anspruchsniveau wahrscheinlich gesenkt wird, wenn eine solche Kontrollerwartung nicht vorliegt (vgl. Zeile 6 in Tabelle 1). Es ist jedoch wichtig festzuhalten, daß Aufrechterhaltung und Veränderung von Anspruchsniveaus nicht nur an die Situationskontrolle sowie an weitere Bewältigungsressourcen (z.B. soziale Unterstützung) geknüpft sind, sondern, wie weiter oben ausführlich dargestellt, einerseits in Abhängigkeit von interindividuellen Differenzen gesehen werden müssen, die als Determinanten von Ansprüchen wirksam werden, andererseits Aufrechterhaltung und Veränderung von Anspruchsniveaus sich in Abhängigkeit von der Stellung der betroffenen Ansprüche in der inneren Struktur der weitergehenden Ziele (Soll-Werte) befinden. Die AZ-Dynamik, ihre Abhängigkeit von der Arbeitssituationskontrolle, von der Stellung des Anspruchsniveaus im Soll-Wert-Gefüge und ihre Abhängigkeit von interindividuellen Differenzen wird als Problemstellung in der einschlägigen Literatur durchaus gesehen, wie dies z.B. eine aktuelle Aufarbeitung der AZ-Forschung von Neuberger (1985a, b) zeigt. Neubergers (1985a, b) Aufarbeitung zeigt aber auch, daß diese Problemstellungen zumeist mit einer erheblichen begrifflichen Unschärfe behandelt werden und als Einzelprobleme nebeneinander stehen bleiben.

Im vorangegangenen Abschnitt 3.4 wurde dargelegt, daß Ambivalenzen im Zusammenhang mit AZ bzw. AUZ-Äußerungen keine inkonsistenten Einstellungen darstellen, sondern Ausdruck widersprüchlicher Realitäten in der Arbeitstätigkeit sind. So können z.B. die Kollegen Quelle der Befriedigung sozialer Bedürfnisse wie auch Quelle von Konflikten und Konkurrenz sein. Als eine andere, ebenfalls wichtige Ebene von widersprüchlicher Realität wurde die Beziehung von Arbeit und Nicht-Arbeit (sogenannte Freizeit) betont. So kann bezogen auf das gerade genannte Beispiel die Beziehung zu den Kollegen aus der Perspektive schwieriger familiärer Beziehungen positiv, jedoch aus der Perspektive von Konkurrenzproblemen unter den Kollegen am Arbeitsplatz negativ gesehen werden. Je nach der Perspektive, die der Befragte einnimmt, kann er zu verschiedenen

Urteilen kommen, die als Ambivalenzen in Erscheinung treten können. Die Berücksichtigung der Makrostruktur der Arbeitstätigkeit, also u.a. ihre Gliederung in Ziele/Pläne sowie in Arbeitsbedingungen, die Berücksichtigung verschiedener Teilaspekte von Arbeitstätigkeiten wie auch die Berücksichtigung verschiedener Ebenen in einer Organisation bzw. in einem Betrieb ermöglichen — wie wir gesehen haben — weitere Differenzierungen im Hinblick auf widersprüchliche Realitäten am Arbeitsplatz und damit im Hinblick auf mögliche ambivalente Äußerungen von Arbeitnehmern. Im Soll-Ist-Wert-Vergleich muß die Übereinstimmung von Anspruchsniveau und Zielen/Plänen nicht zusammenfallen mit der Übereinstimmung von Anspruchsniveau und Arbeitsbedingungen. Auch kann ein Arbeitnehmer mit den Zielen/Plänen seiner unmittelbaren Arbeitssituation an seinem Arbeitsplatz einverstanden sein, während sich die betrieblich-organisatorischen Ziele/Pläne nicht mit seinen Ansprüchen decken müssen. Vergleichbares kann auch für die Beziehung von Anspruchsniveau und Arbeitsbedingungen gelten.

Bringen wir die Überlegungen zu ambivalenten Äußerungen bei AZ bzw. AUZ in die schematische Klassifikation von wahrscheinlichen AZ-Reaktionen und Anspruchsniveauveränderungen in Tabelle 1 ein, so erwarten wir eine erhöhte Wahrscheinlichkeit für ambivalente Äußerungen im Falle vorhandener Arbeitssituationskontrolle, wenn entweder eine Übereinstimmung zwischen Anspruchsniveau — Auftragsziele/Pläne oder Anspruchsniveau — Arbeitsbedingungen bei Fehlen der jeweils anderen Übereinstimmung gegeben ist (vgl. Zeilen 3 und 4 in Tabelle 1). Umgekehrt, immer dann, wenn nur eine geringe oder keine Arbeitssituationskontrolle erwartet werden kann, würden wir bei Anspruchsniveau — Auftragsziel/Plan- bzw. Anspruchsniveau — Arbeitsbedingungs-Diskrepanzen eher AUZ-Reaktionen bzw. eine Senkung des Anspruchsniveaus vorhersagen (vgl. Zeilen 7 und 8 in Tabelle 1).

Mit letzterem Gedanken ist eine wesentliche Frage angesprochen, nämlich: markieren Ambivalenzen bei Bestehen objektiver Konfliktpotentiale bezüglich der Arbeitstätigkeit und ihrer Bedingungen mehr oder weniger lange Durchgangsstadien auf dem Weg zu einer subjektiven Konfliktlösung und unter welchen Bedingungen bleiben Ambivalenzen bestehen, verändern sich oder lösen sich auf? Becker-Schmidt (1980) stellte bei ihren Untersuchungen und Analysen fest, daß Ambivalenzen immer dann in „Ablehnung von Unzumutbarkeiten" umkippen, wenn Aspekte der Arbeitstätigkeit überwiegend negativ ausfallen, das heißt, wenn sich die von ihr untersuchten Fabrikarbeiterinnen nicht „auch positiv auf etwas beziehen können". „Pure Negativität löst einen Verdrängungs- und Verleugnungsdruck aus" (dies., 1980, S. 717).

Nach unseren Überlegungen hängt die Aktualität von Ambivalenzen bezüglich der Arbeit erstens von der Art und dem Ausmaß der Widersprüchlichkeit auf den verschiedenen Widerspruchsebenen und zweitens von den individuellen und kollektiven Bewältigungsmöglichkeiten ab, die dem Arbeitnehmer zur Verfügung stehen. Ambivalenzen bezüglich der Arbeit treten in dem Bewußtsein betroffener Arbeitnehmer eher in den Hintergrund, wenn die Arbeitstätigkeit und ihre Bedingungen einen rein belastenden und schädigenden Charakter annehmen und positive Bezugspunkte, Anreize nicht vorhanden sind. Eine solche, rein belastende, negative Situation haben wir insbesondere mit der Konstellation in Zeile 6 in Tabelle 1 vorliegen, in der sowohl Anspruchsniveau — Auftragsziele/Pläne- sowie Anspruchsniveau — Arbeitsbedingungs-Diskrepanzen bei gleichzeitig niedriger Arbeitssituationskontrolle vorliegen. Damit Ambivalenzen wachgehalten werden, müssen jedoch positive Bezüge zur Arbeit bestehen bleiben, wobei hier positive Bezugspunkte nicht als kompensatorisch im Verhältnis zu den Stressoren, sondern als mehr oder weniger umfangreiche Restposten von positiven Anreizen in der Arbeit verstanden werden.

Das Ausmaß der negativen Seite des Widerspruchs, das Maß der Belastung und Schädigung und ihrer Wahrnehmung und Bewertung durch den Arbeitnehmer führt jedoch nicht schon an sich, sondern erst im Zusammenhang mit der Einschätzung der eigenen Bewältigungsmöglichkeiten (vgl. Lazarus & Launier, 1981) zur Entstehung von AUZ, womit auf die in den vorangegangenen Abschnitten der AZ-Definition zugrundegelegte Transaktion zwischen Person und Arbeitsumwelt (Soll- und Ist-Werte) Bezug genommen wird.

Dieser Gedankengang wird deutlich mit den Konstellationen in Zeile 3 und Zeile 4 sowie in den Zeilen 7 und 8 in Tabelle 1. Unter diesen vier Bedingungen besteht ein Widerspruch in bezug auf die Arbeitsrealität dergestalt, daß Anspruchsniveau — Auftragsziele/Pläne- oder Anspruchsniveau — Arbeitsbedingungs-Diskrepanzen bei Fehlen der jeweils anderen Diskrepanz auftreten, somit also Widersprüchlichkeiten zwischen Zielen/Plänen und Arbeitsbedingungen vorliegen. Derartige Konstellationen können nach unseren Überlegungen prinzipiell sowohl zu Ambivalenzen als auch zur AUZ führen, wobei bei erwarteter hoher Arbeitssituationskontrolle eher Ambivalenzen zu erwarten sind, da diese Ambivalenzen gewissermaßen in Erwartung von zukünftiger Bewältigung (hier: erwarteter hoher Arbeitssituationskontrolle) zu ertragen sind, dagegen bei niedriger Arbeitssituationskontrolle eher AUZ wahrscheinlich ist, da eben keine Bewältigung mittels Arbeitssituationskontrolle wahrscheinlich ist. Auffällig ist der Unterschied zwischen diesen beiden Paaren von Bedingungskonstellationen vor allem auch dann (Zeilen 3 und 4 gegenüber Zeilen 7 und 8 in Tabelle 1), wenn man die wahrscheinlichen Anspruchsniveauveränderungen betrachtet. Da das *Aufrechterhalten von Ambivalenzen* bei erwarteter Arbeitssituationskontrolle wahrscheinlich ist (Zeilen 3 und 4 in Tabelle 1), ist unseres Erachtens eine Veränderung des Anspruchsniveaus nicht zu erwarten. Dagegen dürfte eine widersprüchliche Realität am Arbeitsplatz, die bei erwarteter niedriger Arbeitssituationskontrolle zur AUZ führt, im Zeitverlauf eher zu einer Senkung des Anspruchsniveaus Anlaß geben (Zeilen 7 und 8 in Tabelle 1).

Das *Erleben und Ertragen von Ambivalenzen* — einmal abgesehen von interindividuellen Unterschieden — hat demnach ganz wesentlich wiederum seine Ursache in den Eigenschaften der widersprüchlichen Realität als solcher sowie — und hier sehen wir eine weitere, psychologisch begründete Differenz zum Standpunkt von Becker-Schmidt (1980) — in den objektiven Ressourcen und deren Bewertung zur Bewältigung der Ambivalenz durch die Arbeitsperson. Die sekundäre Bewertung von Bewältigungsressourcen, die hier wesentlich in der Arbeitssituationskontrolle gesehen werden, bezieht sich dabei nach unseren Überlegungen nicht nur auf das Ereignis, den potentiellen Stressor als solchen, wie dies von Lazarus und Launier (1981) vorgeschlagen wird, sondern auf den Widerspruch selbst. Das widersprüchliche Verhältnis, also das Verhältnis von Zielen/Plänen und Bedingungen in der Arbeitstätigkeit zu Anreizen sowie zu Ansatzpunkten zur Veränderung in der Arbeit (Arbeitssituationskontrolle) unterliegen damit der Bewältigungsbewertung. Bietet die Arbeit keine oder nur verschwindende Anreizaspekte und/oder bilden die negativen Seiten der Arbeit ein sehr hohes Maß an Belastung (gibt es also keine Ansatzpunkte und Möglichkeiten zur aktiven Bewältigung), dann entsteht der oben genannte „Verleugnungs- und Verdrängungsdruck" der zu einer weitreichenden Anpassung führen kann. Das Ausmaß des konstruktiven Umgangs mit den negativen Aspekten der Arbeit hängt somit von der Stärke der objektiven Widerspüchlichkeit, von dem Verhältnis zwischen belastenden Diskrepanzen zwischen Zielen/Plänen und Bedingungen zu Anreizen sowie von der individuellen und kollektiven Kontrolle als der wesentlichen Grundlage für die Bewältigung ab. Voraussetzung für ein diesbezüglich konstruktives Verhalten des Arbeitnehmers bleibt daher letztlich das ambivalente Bewußtsein selbst.

Ambivalenz wird demnach als ein wesentliches Merkmal eines AZ-Prozesses verstanden, in dem die Arbeitstätigkeit und ihre Bedingungen in einer wechselseitigen Beziehung zu den Möglichkeiten und Anspruchsniveaus des Arbeitnehmers gesehen werden. Das Auflösen ambivalenten Bewußtseins ist nur unter dem Druck einer einseitig abstoßenden Wirklichkeit und ihrer weitgehenden Verdrängung möglich, was zu einer weitreichenden Anpassung an das negative So-Sein der Arbeitssituation führen würde. Solange widersprüchliche Realitäten am Arbeitsplatz vorhanden sind, und dies dürfte für viele Arbeitsplätze zutreffen, ist eine differentielle Ausgestaltung von Ansprüchen und Bedürfnissen anzunehmen. Anpassung findet dann eher partiell statt und orientiert sich v.a. an der Wechselbeziehung zwischen persönlichen Ansprüchen und dem Verhältnis zu Anreizen und negativen Seiten in der Widersprüchlichkeit der Arbeit.

An überwiegend negativen Arbeitsplätzen sind Kündigung und völlige *Resignation* demnach Extrema und Endpunkte in der Wechselbeziehung von Arbeitnehmer und Arbeitstätigkeit. Die individuell unterschiedliche partielle Verleugnung besonders negativer Seiten der Arbeit darf jedoch nicht schon als Resignation mißverstanden werden. Mit der Verleugnung bestimmter negativer Umstände und der mit diesen verknüpften Ansprüchen geht nicht schon die Fähigkeit zur Kritik an den Arbeitsbedingungen verloren. Gerade das Nachfragen in Untersuchungen zur AZ (vgl. z.B. Galliker, 1980) hat nachdrücklich gezeigt, daß sich Arbeitnehmer in einem Gespräch bewußtseinsmäßig der widersprüchlichen Realität nähern.

Umfassende Resignation als endgültige Anpassung auf der Grundlage eines unbewußten Verdrängungsprozesses und der damit verbundenen Auflösung ambivalenten Bewußtseins muß unseres Erachtens im Zusammenhang mit der Diskussion unterschiedlicher Formen von AZ, insbesondere resignativer AZ, als eine, jedoch nicht als einzige und vorrangige Möglichkeit begriffen werden. Partielle Verleugnung und Anpassung an negative Arbeitsverhältnisse stellen bei Aufrechterhaltung partiell ambivalenten Bewußtseins somit nach unserer Auffassung eher die Regel dar.

5. SCHLUSSBEMERKUNGEN

Die Darstellung zum Soll-Ist-Wert-Vergleich und zur Anspruchsniveauveränderung hat deutlich gemacht, daß ein diesbezüglicher Stand der Forschung bislang wenig entwickelt ist. Es wurde daher versucht, sowohl die Struktur als auch die

Dynamik des Soll-Ist-Wert-Vergleichs sowie der Anspruchsniveauveränderung zu analysieren, um Grundlagen für die weitere Forschung zu verbessern. Bei diesen Bemühungen wurde auf die Darstellung und Analyse der dritten AZ-Formenkonstituierenden Variablen im Modell von Bruggemann (1974), nämlich auf das Problembewältigungsverhalten verzichtet.

Eine grundlagenorientierte Untersuchung des dynamischen Modells der Unterscheidung verschiedener Formen von AZ hat neben der vorausgehenden konzeptuellen Analyse ebenso entsprechende methodische Vorstellungen zur empirischen Untersuchung zu entwickeln, da auch solche bislang im wesentlichen fehlen. Diesbezüglich treten zwei, auf den komplexen Charakter eines dynamischen Modells verschiedener Formen von AZ bezogene Notwendigkeiten in den Vordergrund. Zum einen die Berücksichtigung des dynamischen Charakters im *Längsschnitt*, zum anderen die *Notwendigkeit einer quantitativen und qualitativen Erforschung der Unterscheidung und Entstehung verschiedener Formen von AZ*. Die erste der beiden Notwendigkeiten erscheint evident. Zumindest für grundlagenorientierte Untersuchungen wird eine Rekonstruktion dynamischer Phänomene durch Querschnittuntersuchungen nicht zu rechtfertigen sein. Auf die zweite, konzeptbedingte methodische Implikation soll abschießend kurz eingegangen werden.

Es ist einerseits im Modell der Unterscheidung verschiedener Formen von AZ durchaus denkbar, daß einzelne Bestandteile eines AZ-Urteils — z.B. die Arbeitssituationskontrolle — quantitativ erhoben werden. Andererseits besteht jedoch gerade über das Zusammenwirken der Bestandteile eines AZ-Urteils bislang weitgehende Unklarheit, so daß eine quantitative Verknüpfung z.B. über spezifizierte, diesbezüglich allerdings wenig erfolgreiche Instrumentalitäts-, Erwartungs-/Wert-Modelle keine wirklich neuen Einsichten in die AZ-Dynamik erbringt. Gerade aber dieses Zusammenwirken der Bestandteile eines AZ-Urteils auf der Mikroebene muß Gegenstand grundlagenorientierter Untersuchungen sein, da diesbezüglich bislang der Erkenntnisstand gering ist. Hier erscheinen uns theoriegeleitete, offene Interviews besonders geeignet, um auf explorativem Wege neue Einsichten und Anstöße für die Weiterentwicklung quantitativer Modelle zu erschließen. Ein weiterer Grund für die Notwendigkeit einer qualitativen Untersuchung der AZ ist in den Schwankungen zu sehen, die AZ-Urteile aufweisen (vgl. Gebert, 1983). Evaluative Urteile wie die AZ sind den „daily hassles" und „uplifts" (Kanner et al., 1981) in besonderer Weise ausgesetzt. Eine emotionale Färbung und Schwankung aufgrund von „daily hassles" und „uplifts" lassen sich durch die subjektive Deutung der Befragten in einem offenen Interview miterfassen, während ausschließlich quantitative Urteile den Befragten zwingen, solche Konnotationen in resümierende Urteile zu transformieren. Desweiteren sehen wir einen Grund für eine kombinierte quantitative und qualitative Erfassung der AZ in den für AZ-Urteile bedeutsamen Ambivalenzen. Es wurde im vorangegangenen Abschnitt argumentiert, daß bei Vorliegen widersprüchlicher Realitäten je nach der Perspektive, die der Befragte einnimmt, er zu verschiedenen Urteilen kommen kann, die als Ambivalenzen in Erscheinung treten. Diese Perspektivenabhängigkeit ist über eine standardisierte Befragung allein nicht mehr erfaßbar. Über eine qualitative Methode kann dagegen dem Arbeitenden ermöglicht werden, bestehende Tätigkeits- und Veränderungsspielräume sowie Widerspruchsebenen in seiner Arbeit darzustellen, um somit AZ-Äußerungen auf diesem Hintergrund zu treffen. Anstelle der AZ-Messung durch vorgegebene „Entweder-Oder-Entscheide" im Fragebogen rückt mittels der Erhebung in offenen Interviews die „Herstellung" von AZ in einer nicht abgeschlossenen, nach Möglichkeit wiederholten, sich über eine längere Zeit erstreckenden, aktiven Auseinandersetzung in den Vordergrund.

Mit der qualitativen Methode in der AZ-Messung können auch weitere komplexe Sachverhalte, wie insbesondere das *Verhältnis von Arbeit und Freizeit*, im Sinne von Nicht-Erwerbsarbeit, bezüglich der AZ anders als bislang betrachtet werden. Man wäre nicht mehr auf die Interpretation moderater Korrelationen von AZ und Lebenszufriedenheit z.B. unter Zuhilfenahme von Arbeitsorientierungen angewiesen. Vielmehr ließe sich der subjektive Bedeutungsgehalt von Arbeit und ihre Stellung im Gefüge der zentralen Lebensinteressen über „alltägliche Vorstellungsmuster" des Verhältnisses von Arbeit und Freizeit erfassen (vgl. Hoff, 1986). Die quantitative Methode in der AZ-Messung sollte dabei keineswegs aus dem Blick geraten. Sie wird in unseren Untersuchungen verstärkt als Screening-Möglichkeit im Vorfeld, wie auch als Komplement qualitativer Messungen verwendet, wobei jedoch eine valide Interpretation ihrer Resultate nur auf dem Hintergrund der ebenfalls erfaßten Arbeitssituation, insbesondere der Tätigkeitsspielräume, möglich erscheint.

ANMERKUNGEN

1) Im weiteren werden die Begriffe „Formen" und „Qualitäten" von Arbeitszufriedenheit als Synonyme behandelt. Auf die Bezeichnung „Typen" von AZ wird wegen der Mißverständlichkeit dieses Begriffs in der Psychologie vor allem mit Bezug auf Invarianzeigenschaften verzichtet.

2) Im Unterschied zur Aufgabe als einem psychologischen Sachverhalt wird unter einem Auftrag ein rechtlicher und betriebswirtschaftlicher Sachverhalt verstanden. „Die Aufgabe entsteht beim Übernehmen des objektiven Arbeitsauftrags" (Hacker, 1986, S. 69). Im folgenden werden Auftragsziele und Ziele als Synonyme behandelt, um zu verdeutlichen, daß es sich dem Grunde nach um vorgegebene Sachverhalte und nicht um selbstgesetzte Ziele handelt. Immer dann, wenn eigenständige Zielsetzungen oder Zielspezifikationen z.B. im Sinne von persönlichen Oberzielen etc. gemeint sind, wird dies ausdrücklich angemerkt. Darüber hinaus kann unter Zielen bzw. Auftragszielen zwischen sog. speziellen, also auf einen Arbeitsplatz bezogenen, und sog. allgemeinen betrieblichen bzw. über- und außerbetrieblichen Zielsetzungen unterschieden werden.

3) Gemeint sind primäre und sekundäre Bewertungsprozesse im Sinne der Stresskonzeption von Lazarus und Launier (1981), die weiter oben skizziert wurde.

4) In der frühen Fassung dieses Konzepts spricht Ulich (1972) zunächst vom Handlungsspielraum als übergeordnetem Merkmal, das Tätigkeits-, Entscheidungs- und Kontrollspielraum integrieren soll. Mit Bezug auf das Konzept der Tätigkeit von Leontjew revidiert Ulich (1983) später diese Begriffsbildung und wählt den Begriff Tätigkeitsspielraum als übergeordnete Kategorie. Gleichwohl findet der Begriff Handlungsspielraum, der mittlerweile einen festen Platz in der arbeitspsychologischen Forschung hat, weiterhin in seiner frühen Begriffsfassung Verwendung. In einer neueren Arbeit differenziert Ulich (1984) den Tätigkeitsspielraum in die Dimensionen des Handlungs-, Gestaltungs- und Entscheidungsspielraums.

5) Der Handlungsspielraum stellt die „Varietät der Arbeitsvollzüge" dar, oder — anders gesagt — er entspricht der Summe der „Entscheidungsmöglichkeiten für unterschiedliches aufgabenbezogenes Handeln" (Hacker, 1986, S. 108); der Handlungsspielraum wird durch job rotation und job enlargement erweitert.

6) „Der Gestaltungsspielraum wird durch die Möglichkeiten zur selbständigen Gestaltung von Vorgehensweisen bestimmt", während „der Entscheidungsspielraum . . . den Umfang der Entscheidungskompetenzen einer Person oder einer Gruppe von Personen" kennzeichnet (Ulich, 1984, S. 917); das heißt, die Arbeitstätigkeit wird auf diesen beiden Dimensionen durch job enrichment qualitativ und nicht bloß quantitativ bereichert.

7) Oesterreich (1981) spricht im Zusammenhang mit „Handlungsregulation und Kontrolle" vom sogenannten Kontrollstreben („Streben nach Erhaltung und Ausweitung der Kontrolle und Kontrollkompetenz", Oesterreich, 1981, S. 210), das — ontogenetisch entwikkelt — ein wesentlicher, fortwährender Antrieb menschlichen Handelns sein soll. Während Oesterreich (1981) das Kontrollstreben in einem weiten Sinne an das Tätigkeitskonzept von Leontjew (1977, 1982) anlehnt, untersucht Büssing (1988 b, c) mit der Kontrollmotivation einen Begriff, den er unmittelbar aus der Makro- und Ringstruktur menschlicher Tätigkeit ableitet und als Gegenstand der (beruflichen) Sozialisation im Rahmen der Motiventwicklung untersucht.

8) Hacker (1986) beschreibt mit seinem Begriff „Freiheitsgrade" charakteristische Eigenschaften des Handlungsspielraums im Sinne des Konzepts von Ulich (1972, 1983, 1984). Die Gesamtheit der Freiheitsgrade, also der „Entscheidungsmöglichkeiten für unterschiedliches aufgabenbezogenes Handeln" kann als „‚Handlungs-'(richtiger Tätigkeits) spielraum bezeichnet werden" (Hacker, 1986, S. 108).

9) Vor allem mit Bezug auf Lukacs (1968) ist Verdinglichung zu verstehen als: daß „Produkten und Resultaten der menschlichen Produktion und Interaktion, die somit sozialen Charakter haben — . . . ein autonomer, quasi dinghafter Charakter zugesprochen (wird)" (Groskurth, 1974, S. 287).

10) Dort, wo im einzelnen mit diesem Strukturmodell zum Anspruchsniveau prädiktive Aussagen möglich wären — z.B. im Zusammenhang mit der Erwartungs- und Instrumentalitäts-/Wert-Theorie — wird auf sie verzichtet, da ihre Stellung im Gesamtzusammenhang der Anspruchsniveau-Forschung zum Arbeitsbereich ungesichert ist und darüber hinaus gerade im Fall der Instrumentalitäts- und der Erwartungs-Wert-Modelle in neueren motivationspsychologischen Modellvorstellungen ebenfalls auf eine solche Prädiktion verzichtet wird (vgl. Heckhausen, 1977a, b, 1989).

11) Auf diese Konzeption: „Widersprüchliche Realität und Tätigkeit. Überlegungen zu einer tätigkeitstheoretischen Formulierung von widersprüchlicher Realität und ambivalentem Erleben in der Arbeitstätigkeit" (Büssing, in Vorbereitung b) kann hier lediglich hingewiesen werden, da ihre Darstellung den thematischen Rahmen dieser Arbeit überschreiten würde.

LITERATUR

Becker-Schmidt, R.(1980). Widersprüchliche Realität und Ambivalenz: Arbeitserfahrungen von Frauen in Fabrik und Familie. *Kölner Zeitschrift für Soziologie und Sozialpsychologie, 32,* 705–725.

Becker-Schmidt, R., Brandes-Erlhoff, U., Rumpf, M. & Schmidt, B. (1983). *Arbeitsleben — Lebensarbeit. Konflikte und Erfahrungen von Fabrikarbeiterinnen.* Bonn: Verlag Neue Gesellschaft.

Borg, I. (1987). Arbeitszufriedenheit, Arbeitswerte und Jobauswahl: Ein hierarchischer, individuenzentrierter Ansatz. *Zeitschrift für Sozialpsychologie, 19*, 28–39.

Borg, I. & Staufenbiel, T. (in diesem Band). Ein individuenzentriertes Modell und Meßverfahren zur Analyse von Arbeitswerten und Arbeitszufriedenheit. In L. Fischer (Hrsg.), *Fortschritte und Probleme der empirischen Analyse von Arbeitszufriedenheit*. Göttingen: Verlag für Angewandte Psychologie.

Brousseau, K.R. (1978). Personality and job experience. *Organizational Behavior and Human Performance, 22*, 235–252.

Bruggemann, A. (1974). Zur Unterscheidung verschiedener Formen von „Arbeitszufriedenheit". *Arbeit und Leistung, 28*, 281–284.

Bruggemann, A. (1976). Zur empirischen Untersuchung verschiedener Formen der Arbeitszufriedenheit. *Zeitschrift für Arbeitswissenschaft, 30*, 71–74.

Bruggemann, A., Groskurth, P. & Ulich, E. (1975). Arbeitszufriedenheit. Bern: Huber.

Büssing, A. (1983). Arbeitssituation und Arbeitszufriedenheit. Ein theoretischer und methodischer Beitrag zur Kontroverse um die Bedeutung der Arbeitssituation für die Arbeitszufriedenheit. *Kölner Zeitschrift für Soziologie und Sozialpsychologie, 35*, 680–708.

Büssing, A. (1985). *Arbeitszufriedenheit — ein Artefakt? Eine Kritik der Arbeitszufriedenheitsforschung*. Forschungsberichte aus dem Fachbereich Psychologie der Universität Osnabrück, Nr. 47, Osnabrück.

Büssing, A. (1987). *Untersuchungen zur Unterscheidung und Entstehung verschiedener Formen von Arbeitszufriedenheit anhand quantitativer und qualitativer Methoden im Längsschnitt*. Antrag an die Deutsche Forschungsgemeinschaft, bewilligt unter BU 581/ 2-1, TH Aachen.

Büssing, A. (1988a). *Kontrollmotivation und Tätigkeit. Theoretische Überlegungen zu einem tätigkeitspsychologischen Konzept der Kontrollmotivation unter besonderer Berücksichtigung der Arbeitstätigkeit*. Forschungsberichte aus dem Fachbereich Psychologie der Universität Osnabrück, Nr. 63, Osnabrück.

Büssing, A. (1988b). Kontrollmotivation und Arbeitstätigkeit. In M. Hildebrand-Nilshon & G. Rückriem (Hrsg.), *Kongreßbericht des Internationalen Kongresses zur Tätigkeitstheorie* (S. 539–551). Berlin: System-Druck.

Büssing, A. (1988c). Autonomy and control at work. In D. Wallis & C. de Wolff (Eds.), *Stress and organizational problems in hospitals* (pp. 223–240). London: Croom & Helm.

Büssing, A. (1989). Arbeitszufriedenheit. In S. Greif, H. Holling & N. Nicholson (Hrsg.), *Arbeits- und Organisationspsychologie. Internationales Handbuch in Schlüsselbegriffen* (S. 137–141). München: PVU.

Büssing, A. (unter Mitarbeit von K. M. Perrar, J. Fischer & S. Rohde) (1990a). *Untersuchungen zur Unterscheidung und Entstehung verschiedener Formen von Arbeitszufriedenheit anhand quantitativer und qualitativer Methoden im Längsschnitt*. Arbeitsbericht und Fortsetzungsantrag an die Deutsche Forschungsgemeinschaft zu BU 581/2-1. Universität Konstanz.

Büssing, A. (1990b). *Organisationsstruktur, Tätigkeit und Individuum*. Bern: Huber.

Büssing, A. (in Vorbereitung a). *Anspruchsniveaubildung in der Arbeitstätigkeit. Ein konzeptueller Rahmen*. Universität Konstanz.

Büssing, A. (in Vorbereitung b). *Widersprüchliche Realität und Tätigkeit*. Überlegungen zu einer tätigkeitspsychologischen Formulierung von widersprüchlicher Realität und ambivalentem Erleben in der Arbeitstätigkeit. Universität Konstanz.

Fischer, L. (1985). *Strukturen der Arbeitszufriedenheit und die Bedeutung des individuellen Bezugssystems*. Habilitationsschrift. Universität zu Köln.

Fischer, L. (in diesem Band). „Stillschweigende" innerbetriebliche Voraussetzungen von Analysen der Arbeitszufriedenheit und ihrer Konsequenzen. In L. Fischer (Hrsg.), *Fortschritte und Probleme der empirischen Analyse von Arbeitszufriedenheit*. Göttingen: Verlag für Angewandte Psychologie.

Fürstenberg, F. (1975). *Konzeption einer interdisziplinär organisierten Arbeitswissenschaft*. Göttingen: Schwartz.

Galliker, M. (1980). *Arbeit und Bewußtsein*. Frankfurt: Campus.

Gebert, D. (1979). Arbeitszufriedenheit, Situationskontrolle und Resignation — Ergebnisse einer Befragung. *Problem und Entscheidung, 23*, 1–33.

Gebert, D. (1983). Arbeitszufriedenheit messen: So weiterwursteln wie bisher? *Zeitschrift für Organisationsentwicklung, 2*, 35–46.

Gebert, D. & von Rosenstiel, L. (1981). *Organisationspsychologie*. Stuttgart: Kohlhammer.

Groskurth, P. (1974). Arbeitszufriedenheit als normatives Problem. *Arbeit und Leistung, 28*, 285–288.

Hacker, W. (1983). Ziele — eine vergessene psychologische Schlüsselvariable? Zur antriebsregulatorischen Potenz von Tätigkeitsinhalten. *Psychologie für die Praxis, 2*, 5–26.

Hacker, W. (1986). *Arbeitspsychologie. Psychische Regulation von Arbeitstätigkeiten*. Bern: Huber.

Hackman, J.R. (1970). Tasks and task performance in research on stress. In J.E. McGrath (Ed.), *Social and psychological factors in stress* (pp. 202–237). New York: Holt, Rinehart & Winston.

Heckhausen, H. (1965). Leistungsmotivation. In H. Thomae (Hrsg.), *Handbuch der Psychologie, Band II* (S. 602–702). Göttingen: Hogrefe.

Heckhausen, H. (1977a). Achievement motivation and its constructs: A cognitive model. *Motivation and Emotion, 1*, 283–329.

Heckhausen, H. (1977b). Motivation. Kognitionspsychologische Aufspaltung eines summarischen Konstrukts. *Psychologische Rundschau, 28*, 175–189.

Heckhausen, H. (1989). *Motivation und Handeln*. Berlin: Springer.

Herzberg, F., Mausner, B. & Snyderman, B.B. (1959). *The motivation to work*. New York: Wiley.

Hoff, E.-H. (1986). *Arbeit, Freizeit und Persönlichkeit*. Bern: Huber.

Homans, G.C. (1958). Social behavior as exchange. *American Journal of Sociology, 63*, 597–606.

Kanner, A.D., Coyne, J.C., Schaefer, C. & Lazarus, R.S. (1981). Comparison of two modes of stress measurement: Daily hassles and uplifts versus major life events. *Journal of Behavioral Medicine, 4*, 1–39.

Kannheiser, W. (1983). Theorie der Tätigkeit als Grundlage eines Modells von Arbeitsstreß. *Psychologie und Praxis. Zeitschrift für Arbeits- und Organisationspsychologie, 27*, 102–110.

Kannheiser, W. (1984). *Erfassung potentiell beanspruchungsrelevanter organisatorisch-technischer Bedingungsstrukturen von Arbeitstätigkeit*. Unveröffentlichte Dissertation, Fachbereich Berufspädagogik, Polytechnik und Arbeitswissenschaft, Universität Gesamthochschule Kassel.

Kohn, M.L. & Schooler, C. (1978). Reciprocal effects of the substantive complexity of work and intellectual flexibility. A longitudinal assessment. *American Journal of Sociology, 84*, 24–52.

Kohn, M.L. & Schooler, C. (1982). Job conditions and personality: A longitudinal assessment of their reciprocal effects. *American Journal of Sociology, 87*, 1257–1286.

Kohn, M.L. & Schooler, C. (1983). *Work and personality*. Norwood: Ablex.

Lazarus, R.S. & Launier, R. (1981). Streßbezogene Transaktionen zwischen Person und Umwelt. In J.R. Nitsch (Hrsg.), *Streß* (S. 213-259). Bern: Huber.

Lenk, H. (Hrsg.). (1977–1984). *Handlungstheorien — interdisziplinär* (Bände 1–4). München: Fink.

Leontjew, A.N. (1977). *Tätigkeit, Bewußtsein, Persönlichkeit*. Stuttgart: Klett.

Leontjew, A.N. (1982). *Tätigkeit, Bewußtsein, Persönlichkeit*. Köln: Pahl-Rugenstein.

Lewin, K., Dembo, T., Festinger, L. & Sears, P.S. (1944). Level of aspiration. In J. McV. Hunt (Ed.), *Personality and the behavior disorders* (Vol. I) (pp. 333–378). New York: Ronald Press.

Lukacs, G. (1968). *Geschichte und Klassenbewußtsein. Studien über marxistische Dialektik*. Neuwied: Luchterhand.

Maslow, A.H. (1970). *Motivation and Personality*. New York: Harper.

Meyer, W.-H. (1982). *Arbeitszufriedenheit. Ein interessiertes Mißverständnis*. Opladen: Westdeutscher Verlag.

Neuberger, O. (1976). Der Arbeitsbeschreibungsbogen. Ein Verfahren zur Messung von Arbeitszufriedenheit. *Problem und Entscheidung, 15*, 1–129.

Neuberger, O. (1985a). *Arbeit*. Stuttgart: Enke.

Neuberger, O. (1985b). Kraft durch Freude oder Euphorie im Unglück? *Die Betriebswirtschaft, 45*, 184–203.

Neuberger, O. & Allerbeck, M. (1978). *Messung und Analyse von Arbeitszufriedenheit. Erfahrungen mit dem „Arbeitsbeschreibungs-Bogen (ABB)"*. Bern: Huber.

Oesterreich, R. (1981). *Handlungsregulation und Kontrolle*. München: U & S.

Osterloh, M. (1983). *Handlungsspielräume und Informationsverarbeitung*. Bern: Huber.

Seeger, F. & Bromme, R. (1979). Zur Untersuchung der Lehrertätigkeit im Rahmen der kognitiven Psychologie. In H. Ueckert & D. Rhenius (Hrsg.), Komplexe menschliche Informationsverarbeitung. Bern: Huber.

Stephan, E. (in diesem Band). Zur Messung von Arbeitszufriedenheit — Implikationen der klassischen Testtheorie und probabilistischer Meßmodelle. In L. Fischer (Hrsg.), *Fortschritte und Probleme der empirischen Analyse von Arbeitszufriedenheit*. Göttingen: Verlag für Angewandte Psychologie.

Thibaut, I.W. & Kelley, H.H. (1959). *The social psychology of groups*. New York: Wiley.

Ulich, E. (1972). Arbeitswechsel und Aufgabenerweiterung. *REFA-Nachrichten, 25*, 265–275.

Ulich, E. (1983). Vorwort zu „Handlungsspielräume und Informationsverarbeitung". In M. Osterloh, *Handlungsspielräume und Informationsverarbeitung* (S. 5–6). Bern: Huber.

Ulich, E. (1984). Psychologie der Arbeit. In *Management Enzyklopädie* (S. 914–929). Landsberg a. Lech: Verlag Moderne Industrie.

Vroom, V.H. (1964). *Work and motivation*. New York: Wiley.

Walter-Busch, E. (1977). *Arbeitszufriedenheit in der Wohlstandsgesellschaft*. Bern: Haupt.

Wiendieck, G. (1980). Arbeitszufriedenheit: Ein Kunstprodukt der Sozialforschung? In W. Bungard (Hrsg.), *Die „gute" Versuchsperson denkt nicht. Artefakte in der Sozialpsychologie* (S. 191–216). München: U & S.

Wiendieck, G. & Maas, P. (in diesem Band). Analyse und Intervention — Arbeitszufriedenheitsforschung als sozialer Prozeß. In L. Fischer (Hrsg.), *Fortschritte und Probleme der empirischen Analyse von Arbeitszufriedenheit*. Göttingen: Verlag für Angewandte Psychologie.

Wiswede, G. (1980). *Motivation und Arbeitsverhalten*. München: UTB.

Zur Differenzierung von Formen der Arbeitszufriedenheit mit unterschiedlichen Meßverfahren

Lorenz Fischer und Andrea Eufinger

1. VORÜBERLEGUNGEN

1.1 Das Problem

Die Bedeutung einer Differenzierung von Formen der Arbeitszufriedenheit geht aus verschiedenen Beiträgen dieses Bandes deutlich hervor. Sie läßt sich begründen durch die Tatsache, daß bei einer Beschränkung auf die *Zufriedenheitsdimension* in den verschiedensten Zusammenhängen nur ein geringer Anteil gemeinsamer Varianz mit externen Kriterien festgestellt werden kann. Eine solche Differenzierung von Formen der Arbeitszufriedenheit — etwa durch die zusätzliche Verwendung einer Resignationsdimension — dürfte dagegen nach bisherigen Ergebnissen eine bessere Korrespondenz zu Variablen wie Krankheit und Weiterbildungsbereitschaft (Fischer, 1989; Ruckriegel, 1989) erwarten lassen. Oegerli und Udris (1981) hatten zeigen können, daß bei ihrer Untersuchung unter Bankangestellten die höher qualifizierteren „Sachbearbeiter", die über einen größeren Entscheidungsspielraum verfügten als die weniger qualifizierten „Sachverarbeiter", sich von diesen nicht in ihrer *allgemeinen* Arbeitszufriedenheit unterschieden. Unterscheidet man aber *Formen* der Arbeitszufriedenheit etwa danach, auf welche *Aspekte* der Arbeit sich die Zufriedenheit „bezieht", dann zeigen sich deutliche Unterschiede in dem Sinne, daß bei den „Sachbearbeitern" die „intrinsischen" Aspekte dominieren, bei den „Sachverarbeitern" dagegen die „extrinsischen". Zugleich verbanden sich mit unterschiedlichen Formen der Arbeitszufriedenheit zugleich unterschiedliche Veränderungswünsche im Hinblick auf die Arbeitssituation.

Ähnlich stellten Graen et al. (1986) unter Bezug auf das „job characteristics"-Modell von Hackman und Oldham (1975, 1976, 1980) fest, daß Personen mit einem starken „Wachstumsbedürfnis" positiver auf die Möglichkeit einer intensivierten Vorgesetzten-Mitarbeiter-Interaktion reagierten (quantitativ und qualitativ mehr leisteten) als Mitarbeiter mit geringerem Wachstumsbedürfnis. Die tatsächliche Wirksamkeit von Moderatoren ist in den letzten Jahren bezweifelt worden (White, 1978; Griffin et al., 1981), wobei allerdings zu berücksichtigen ist, daß für das Ausbleiben von Moderatoreffekten in vielen Untersuchungen möglicherweise unzulängliche Meßverfahren verantwortlich gemacht werden müssen (Behling & Dillard, 1984).

Für die Notwendigkeit einer Differenzierung lassen sich aus theoretischer Sicht im wesentlichen zwei Modelle anführen, die einerseits vor allem von den Mitarbeitern der ETH Zürich (Bruggemann u.a., 1975; Großkurth, 1975) , sowie andererseits von Hackman und Oldham (1975, 1976, 1980) in Anlehnung an Herzberg (1966) geliefert wurden.

Diese beiden Verfahren scheinen allerdings auf den ersten Blick insbesondere im Hinblick auf den Aussagebereich der Theorien weitgehend unterschiedliche

Probleme zu erfassen. Die Theorie von Bruggemann u.a. versucht, den Prozeß der Anspruchsregulierung, der zu einem Zufriedenheitsurteil führt, zu erfassen, während das Konzept von Hackman und Oldham letztlich ein statisches persönlichkeitsbezogenes Konzept ist, das die Möglichkeit bieten soll, gewissermaßen ex ante zu unterscheiden, welche Arbeitnehmer für eine anspruchsvollere Tätigkeit geeignet und an ihr interessiert erscheinen und welche nicht. Voraussetzung für die erste Alternative ist ein möglicherweise mehr oder minder stark ausgeprägtes Bedürfnis nach Wachstum und Entfaltung, dem eine zentrale intervenierende Wirkung im Hinblick auf den Zusammenhang von Charakteristika der Arbeitssituation sowie motivationalen und Verhaltensvariablen zugesprochen wird.

Das Bruggemann-Modell geht davon aus, daß das Individuum einen *Soll-Ist-*Vergleich in bezug auf seine Arbeitssituation durchführt und die aus diesem Vergleich resultierende (Un-)Zufriedenheit durch psychische Prozesse der Anspruchsniveauregulierung strukturiert, so daß sich unterschiedliche Formen der Arbeitszufriedenheit ergeben. Im Falle der Zufriedenheit kann das Anspruchsniveau beibehalten oder erhöht werden, im Falle der „stabilisierenden Unzufriedenheit" kann das Anspruchsniveau gesenkt oder aber beibehalten werden. Dies ist dann aber nur möglich durch eine Anpassung des Individuums an die Situation unter psychischen Kosten (Verdrängung, Fixierung) oder aber durch den Entschluß, die Situation ändern zu wollen.

Es resultieren in diesem Modell sechs Formen der Arbeitszufriedenheit, die unterschiedliche Qualitäten der Wirklichkeitsstrukturierung durch die Befragten als Voraussetzung des Zufriedenheitsurteils beinhalten (vgl. im einzelnen Bruggemann, 1974; Bruggemann u.a., 1975). Eine größere Zahl von Untersuchungen hat gezeigt, daß der von Bruggemann entwickelte Fragebogen (SAK) u.a. deshalb nicht geeignet erscheint, den Prozeß der Anspruchsregulierung in seinem Zeitablauf zu erfassen, weil dieser bestenfalls (nämlich soweit diese meist unbewußten Prozesse überhaupt erfaßt werden können) eine Längsschnittstudie voraussetzt (Neuberger und Allerbeck, 1978; Fellmann, 1980, 1981), hier aber lediglich in einer einmaligen Messung erfaßt wird.

Gleichzeitig zeigte sich aber, daß zwar die Schwäche, die Prozeßhaftigkeit nicht erfassen zu können, aus theoretischer Sicht durchaus gravierend ist, in der Praxis sich die von Bruggemann entwickelten Fragen aber immerhin ansatzweise dazu eigneten, unterschiedliche Formen der Arbeitszufriedenheit zu unterscheiden (z.B. Fellmann, 1980, 1981; Oegerli & Udris, 1981). Diese erwiesen sich dann in der Tat im Hinblick auf eine Reihe von Kriterien als differentialanalytisch bedeutsame Variablen.

Auch das Modell von Hackman und Oldham kann hier nicht im Detail besprochen werden. Im wesentlichen beinhaltet es die Aussage, daß bestimmte Charakteristika der Arbeit (Variabilität der Anforderungen, Ganzheitlichkeit und Bedeutsamkeit der Aufgabe, Autonomie und Feedback) bestimmte „kritische psychologische Zustände" des Arbeitnehmers hervorrufen (erlebte Bedeutsamkeit der Arbeit, erlebte Verantwortlichkeit und Wissen um die Ergebnisse der Arbeit). Diese wiederum sollen zu einer erhöhten intrinsischen Arbeitsmotivation, zu größerer Arbeitszufriedenheit, geringerer Fluktuation, und weniger Absentismus führen. Die einzelnen Probleme dieser Mikrostruktur der Motivation wie auch die Frage der angemessenen Operationalisierung der einzelnen Elemente sowie die durch die zahlreichen Nachfolgeuntersuchungen aufgeworfenen Fragen können hier im einzelnen nicht diskutiert werden (vgl. hierzu die ausführliche Diskussion einschlägiger Arbeiten bei Gawelleck, 1987). Für die vorliegende Erörterung ist vielmehr die besondere Bedeutung der Moderatorvariable „Bedürfnis nach Wachstum" hervorzuheben, nach der die oben skizzierten Zusammenhänge (z.B.: erhöhte AZ durch einen höheren Anregungsgehalt der Arbeit) bei solchen Arbeitnehmern besonders eng sein sollen, die ein hohes Wachstumsbedürfnis aufweisen, während sie bei Personen mit einem geringen Wachstumsbedürfnis nur in geringfügigem Maße gegeben sein sollen (vgl. Hackman & Oldham, 1976, 1980).

Der Begriff „Wachstumsbedürfnis" schien Hackman und Oldham (1976) gut geeignet, individuelle Differenzen in der Reaktion von Beschäftigten auf komplexere Arbeitsanforderungen zu erklären. Turner und Lawrence (1965) hatten (sub-) kulturelle Normen dafür verantwortlich gemacht, daß auf solche Arbeitsbedingungen lediglich Mitarbeiter in kleinen Städten gegenüber solchen in großen Städten positiv reagierten (rural vs. urban subcultural background). Ähnliche Ergebnisse zeitigten auch Blood und Hulin (1967), Hulin und Blood (1968). Andere Untersuchungen, auf die Hackman und Oldham (1976) verwiesen, verwendeten mit Erfolg andere Konzepte als Moderatorvariable wie „intrinsische Arbeitsorientierung"(Robey, 1974), „Entfremdung" (Shepard, 1970) oder „protestantische Arbeitsethik" (Stone, 1976; Wanous, 1974). In diesen Ergebnissen sahen Hackman und Oldham eine konsistente Unterstützung für die Annahme, daß generalisierte Arbeitsorientierungen bzw. subkulturelle Wertstrukturen das Arbeitserleben ausschlaggebend beeinflussen, und daß diese am besten durch ein Konstrukt wie das „Wachstumsbedürfnis" gemessen würden.

Wenngleich diese moderierende Wirkung von einer Reihe von Untersuchungen bestätigt werden konnte (z.B. Hackman & Oldham, 1976; Kleinbeck & Schmidt, 1983) kamen etwa Griffin et al. (1981) in einer Übersicht über 13 Studien, die den Zusammenhang von Charakteristika der Arbeitssituation und Leistung untersuchten, zu dem Schluß, daß u.a. bei 11 der 13 Studien keine signifikanten Unterschiede in dem postulierten Zusammenhang bei Personen mit unterschiedlichem Wachstumsbedürfnis gefunden werden konnten.

Zu einem nur wenig günstigeren Ergebnis kamen Graen et al. (1986) bei der Betrachtung von 58 Tests der Moderator-Hypothese. Allerdings zeigten sie auf, daß die bei diesen Studien überwiegend verwendeten Querschnittsanalysen einen für die Theorie letztlich unangemessenen Test darstellen, weil nicht vorausgesagt werden solle, daß Personen mit anspruchsvolleren Tätigkeiten im Falle größeren Wachstumsbedürfnisses zufriedener seien, sondern welche Mitarbeiter durch Arbeitsstrukturierungsmaßnahmen motiviert werden könnten, ihre Leistung zu steigern.

Dennoch muß zur Zeit die wissenschaftliche Effizienz des „Wachstumsbedürfnisses" als moderierende Variable als ungesichert angesehen werden, was einige Autoren (Steers & Spencer, 1977; Kleinbeck u.a., 1980) veranlaßte, statt dessen das „Leistungsmotiv" (McClelland et al., 1953; Heckhausen, 1980) zu verwenden.

Es muß also festgestellt werden, daß sowohl bei dem SAK von Bruggemann wie auch bei dem JDS von Hackman und Oldham das Korrespondenzproblem, d.h. die Frage des Zusammenhangs zwischen dem jeweiligen theoretischen Konzept (Formen der Anspruchsregulierung bei Bruggemann und Wachstumsbedürfnis bei Hackman und Oldham) und seiner Operationalisierung auf der Meßebene nicht befriedigend gelöst ist.

Dies wird in der gegenwärtigen Forschungspraxis meist als ein definitorischer Akt angesehen (z.B. „Intelligenz ist, was Intelligenztests messen"), der empirisch nur selten geprüft werden kann. Dieses „operationalistische Verfahren" hat den Nachteil, daß verschiedene Verfahren zur Messung desselben theoretischen Konstrukts zugleich verschiedene „operationale Theorien" repräsentieren, deren Relation untereinander auf der theoretischen Ebene nicht bestimmbar ist. Andererseits ist es durchaus möglich, daß unterschiedliche theoretische Konzepte auf der empirischen Ebene konvergieren, also theoriebezogen nicht vorhersagbare Parallelen aufweisen.

1.2 Die Zielsetzung der Untersuchung

Die Zielsetzungen des hier beabsichtigten Vergleichs lassen sich je nach Perspektive recht unterschiedlich beschreiben. Zunächst einmal widerspricht es der Forschungsökonomie, unterschiedliche Meßverfahren zu verwenden, die möglicherweise das gleiche messen. Es ist zudem kein Zeichen der Reife organisationspsychologischer Theoriebildung, wenn sie über ein Warenlager theoretischer Konzepte verfügt, deren empirischer Gehalt ungewiß ist. Andererseits können sich wiederum aus den möglicherweise empirisch feststellbaren Zusammenhängen Hinweise für notwendige Präzisierungen auf der theoretischen Ebene ergeben.

Die Frage einer möglichen Konvergenz unterschiedlicher Meßverfahren auf der operationalen Ebene wollen wir als erste behandeln, um dann die aus diesen Erkenntnissen resultierenden Konsequenzen für die weitere Theorieentwicklung zu erörtern.

Die hier eingenommene modelltheoretische Perspektive (vgl. Gigerenzer, 1981; Fischer, 1989) legt zudem nahe, daß der Forschungsprozeß — hier insbesondere die Zielsetzung des Forschers sowie die verwendeten Erhebungsmethoden — das resultierende Ergebnis mit beeinflussen bzw. eigenständige Probleme konstituieren (vgl. hierzu den einleitenden Beitrag in diesem Band). Es stellt sich aus dieser Sicht die Frage, welche unterschiedlichen „Formen der Arbeitszufriedenheit" sich angesichts des ungelösten Korrespondenzproblems beider theoriebezogener Ansätze tatsächlich empirisch unterscheiden lassen. Außerdem soll der Versuch gemacht werden, diese über weitere Korrelate inhaltlich zu präzisieren, sofern sich auf der empirischen Ebene Konvergenzen feststellen lassen. Nun gibt es neben den erwähnten theoriebezogenen Verfahren auch theoriefreie Verfahren, die zunächst zwar nur unterschiedliche Dimensionen der Arbeitszufriedenheit erfassen sollten, aber dennoch geeignet erscheinen, Formen der AZ zu unterscheiden. In einer vorangegangenen Arbeit (Fischer, 1989) wurde nicht nur gezeigt, daß sich anhand der „Skala zur Messung von Arbeitszufriedenheit (SAZ)" unter Verwendung der Subskala „Resignation" eine solche Unterscheidung vornehmen läßt, sondern auch, daß die so erzielte Typologie deutliche Konvergenzen zu einer mit dem SAK Bruggemanns reproduzierbaren Typologie erkennen ließ. Beide Verfahren sind in der Lage, eine Art Resignationsdimension zu operationalisieren, die gemeinsam mit der Zufriedenheitsdimension vier Formen der Zufriedenheit unterscheiden können:

Resignativ Zufriedene Nicht-resignativ Zufriedene Resignativ Unzufriedene Nicht-resignativ Unzufriedene
Abb. 1: Zu unterscheidende Formen der Arbeitszufriedenheit.

Als zweites theoriefreies Verfahren läßt sich die Subskala „Meine Entwicklung" aus dem ABB von Neuberger (1976) in den Vergleich mit einbeziehen, die schon auf den ersten Blick mit den „Entwicklungsmöglichkeiten" einen ähnlichen Bedeutungsträger (d.h. hier Aspekte der Arbeit; zum Begriff vgl. Gigerenzer, 1981; Fischer, 1989) betrifft wie das Wachstumsbedürfnis bei Hackman und Oldham. Die Bedeutungskomponenten (das sind hier die Affekt- u. Bedeutungszuordnungen von seiten der Befragten) fallen allerdings insoweit auseinander, als bei Hackman und Oldham die Intensität des Bedürfnisses, bei Neuberger aber die Zufriedenheit mit den Möglichkeiten erfragt werden. Die zahlreichen Studien zum Problem einer getrennten Erhebung von Bedeutung und Gewichtung zeigen aber immer wieder, daß beide Komponenten im Urteilsverhalten von Befragten stark konvergieren.

Bislang liegen allerdings noch keine Untersuchungen dazu vor, wie gut die verschiedenen Verfahren zur Unterscheidung verschiedener Formen der Arbeitszufriedenheit geeignet sind, und inwieweit es dabei Konvergenzen oder auch Divergenzen gibt.

Es mag eine Reihe von Gründen geben, warum ein so umfassender Vergleich bisher nicht versucht worden ist. Ein Vergleich der theoriefreien Instrumente ist zwar — zumindest was die allgemeine Arbeitszufriedenheit anbetrifft — schon verschiedentlich (Neuberger, 1975; Neuberger & Allerbeck, 1978) durchgeführt worden. Sie sind jedoch von ihrer Konzeption her zunächst nicht auf eine Berücksichtigung von „Formen der Arbeitszufriedenheit" hin ausgelegt, sondern erfassen lediglich verschiedene Dimensionen der Arbeitszufriedenheit, insbesondere verschiedene Aspekte der Arbeitssituation.

Da diese beiden Verfahren ex ante nicht explizit auf eine Differenzierung von AZ angelegt waren, ist es nur selbstverständlich, daß auf sie bezogen bislang noch kein Vergleich zur Differenzierung einer Typologie der AZ durchgeführt worden ist.

In die hier darzustellende Untersuchung wurden die entsprechenden Subskalen oder Items der folgenden Verfahren einbezogen (abschließend jeweils in Klammern die im weiteren Text verwendeten Abkürzungen):

1) Theoriefreie Verfahren
   — Von der „Skala zur Messung von Arbeitszufriedenheit" (SAZ) (Fischer & Lück, 1972) die Subskala „Resignation" (FIS)
   — Aus dem „Arbeitsbeschreibungsbogen" (ABB) (Neuberger, 1976) die Subskala „Meine Entwicklung" (NEU)
2) Theoriebezogene Verfahren
   — Von dem „AZ-Fragebogen in Kurzform" (SAK) (Bruggemann u.a., 1975) zwei Items zur Anspruchsregulierung (BRU)
   — Von dem „Job Diagnostic Survey" (JDS) (Hackman & Oldham, 1976) die Operationalisierung des „Growth Need Strength" (GNS) von Hackman und

Oldham im „Would-like-Format", in der zwei unterschiedliche Arbeiten kurz beschrieben und einander gegenübergestellt werden, worauf die Testperson dann durch Bevorzugung der einen oder anderen Arbeit reagieren kann (HA2).

1.3 Das Vorgehen

Bei dem Versuch, den empirischen Gehalt operationaler Konstrukte zu präzisieren, kann man einerseits auf eine Analyse des von den Befragten perzipierten semantischen Gehaltes (Intension des Begriffs) und andererseits auf die Frage abstellen, welche Personen das zu untersuchende Merkmal aufweisen und welche nicht (Extension des Begriffs; vgl. Esser u.a., 1977).

Der Intension der verwendeten Begriffe kann man sich nähern über Interkorrelationen und Faktorenanalysen der verwendeten Items und Skalen, die zumindest heuristische Schlußfolgerungen auf den perzipierten Inhalt der Operationalisierungen ermöglichen. Komplementär dazu ist die Diskriminanzanalyse, durch die man überprüfen kann, ob die verschiedenen Testverfahren die untersuchten Personen in gleicher Weise zu klassifizieren in der Lage sind.

1.3.1 Zur Analyse der Intension der Konzepte

Angesichts der nur unzureichend geklärten Bedeutung der operationalen Konzepte können klassische Verfahren der Überprüfung der Validität hilfreich sein, um das Ausmaß der gemeinsamen Intension zu ermessen. In diesem Sinne könnte man die verschiedenen Moderatorvariablen als „Paralleltests" auffassen und entsprechend ihre Interkorrelationen überprüfen. Hohe Interkorrelationen, die gegebenenfalls sogar nahe an die Reliabilitätskoeffizienten heranreichen, könnten als Indiz dafür aufgefaßt werden, daß diese unterschiedlich — mindestens aber völlig unabhängig voneinander — konzipierten Instrumente inhaltlich auf der operationalen Ebene konvergieren.

Ein zweiter Weg wäre die Überprüfung der „faktoriellen Validität". Sofern die verschiedenen Skalen nicht jeweils einheitlich auf einem Faktor laden, sondern jeweils ein Faktor von Items verschiedener Skalen „geleitet" wird, erscheint zumindest eine gesonderte Behandlung dieser Skalen als wenig sinnvoll. Zudem erlaubt die Interpretation der Faktoren ein übergreifendes Verständnis der in den Skalen enthaltenen Bedeutungskomponenten oder -träger.

Weitere Aufschlüsse dürfte darüberhinaus — im Sinne einer Konstruktvalidierung — eine Prüfung der theoriebezogenen Aussagefähigkeit der verschiedenen, aus den Moderatorvariablen und der allgemeinen Arbeitszufriedenheit zu bildenden Zufriedenheits-Typologien bieten.

Eine solche theoriebezogene Prüfung kann sich zunächst an den beiden theoriebezogenen Modellen orientieren. Da wir in der vorliegenden Untersuchung keine Längsschnittstudie vornehmen konnten, schied eine Prüfung der Frage aus, inwieweit diese vier Testformen eine Anspruchsdynamik im Sinne Bruggemanns zu erfassen in der Lage sind. Dagegen ließ sich eine vergleichende Analyse im Sinne des Modells von Hackman und Oldham durchführen. In einer Reihe von Untersuchungen unter Verwendung dieses Modells konnte die These bestätigt werden, daß das bekundete Wachstumsbedürfnis ceteris paribus eine wichtige

Voraussetzung (im Sinne einer intervenierenden Variablen) für den Zusammenhang zwischen Arbeitssituation, und Ergebnisvariablen wie Leistung, Kündigung und Arbeitszufriedenheit ist. Wenn andererseits das Wachstumsbedürfnis niedrig war, dann war entsprechend keine größere Zufriedenheit im Falle eines höheren Anregungsgehaltes der Arbeit zu erwarten.

Von einer *Konvergenz der verschiedenen Typologien* könnte dann gesprochen werden, wenn die anderen Tests eine ähnliche intervenierende Funktion haben wie derjenige von Hackman und Oldham.

Das Bedürfnis nach Entfaltung ist — wie schon erwähnt — bei Hackman und Oldham als ein Persönlichkeitsmerkmal konzipiert und dürfte somit vor allem als Resultat der primären (Familie) und sekundären (Schule, Gleichaltrige) Sozialisation angesehen werden können — etwa analog dem „wohlhabenden Arbeiter" bei Goldthorpe et al. (1970). Hierzu gehören auch die normierten Grundhaltungen bzw. die Entwicklung beruflicher Leitbilder (Fürstenberg, 1974; Fischer, 1981), die von Familie und Schule wesentlich geprägt werden. Demgegenüber könnte man die in den Skalen von Bruggemann und Fischer enthaltene Resignationsdimension von der Formulierung der Items her eher als Element bzw. Resultat der tertiären (d.h. beruflichen) Sozialisation, insbesondere der Erlebnisverarbeitung von konkreten Erfahrungen am Arbeitsplatz bzw. im Betrieb auffassen. Dieser Gedanke stand ja auch insbesondere bei der Entwicklung des Bruggemann-Modells Pate. Auch streßtheoretisch (insbesondere Lazarus, 1974) oder lern- bzw. attributionstheoretisch (Seligman, 1979; Weiner, 1972) läßt sich Resignation als eine subjektive Anpassung an eine unbefriedigende oder gar bedrohliche betriebliche Realität verstehen, die zu verändern sich das Subjekt jedoch nicht in der Lage sieht (vgl. hierzu Gebert, 1988; Gebert & v. Rosenstiel, 1989).

1.3.2 Zur Analyse der Extension der Konzepte

Die Extension der Konzepte ist dann bzw. insoweit identisch, als es gelingt, durch die mit den verschiedenen Konzepten gebildeten Typologien der Arbeitszufriedenheit eine identische Einordnung der Probanden zu erzielen. Dies soll im folgenden durch eine Diskriminanzanalyse geschehen, die hier überprüfen soll, wie präzise die Fragebögen von Bruggemann u.a., Fischer und Lück sowie Neuberger die durch den Fragebogen von Hackman und Oldham erstellte Typologisierung (also Zuordnung von Befragten zu den vier zuvor genannten Typen) korrekt zu replizieren in der Lage sind.

2. DIE UNTERSUCHUNG

2.1 Die Stichprobe

Im Juli 1988 wurde eine Gesamtstichprobe von 60 Beschäftigten unterschiedlicher Betriebe befragt, die sich in drei Teilstichproben zu je 20 Befragten aufteilte. Diese Teilstichproben unterschieden sich deutlich in dem Anreizwert und der Komplexität der Arbeitsstruktur:

1) Näherinnen eines Textilgroßhandels (unterstellter geringer Anregungsgehalt)
2) Büroangestellte eines Tiefbauunternehmens mit recht unterschiedlichen Arbeitsinhalten, angefangen von Schreibarbeiten bis zu den Aufgaben eines Prokuristen (unterstellter mittlerer Anregungsgehalt)
3) Mitarbeiter einer Großbank, die auf einer mittleren Managementebene tätig waren und weitgehend selbständige und kreative Tätigkeiten auszuüben hatten (unterstellter hoher Anregungsgehalt).

2.2 Der Fragebogen

Der verwendete Fragebogen enthielt folgende Elemente:
1) Die schon genannten Operationalisierungen der Moderatorvariablen von Bruggemann (BRU), Hackman und Oldham (HA2), Neuberger (NEU) und Fischer (FIS).
2) Weiterhin wurden Fragen u.a. zu den perzipierten Arbeitsmarktchancen sowie zu Kündigungsintentionen gestellt.
3) Außerdem wurde ein Meßwert für allgemeine Arbeitszufriedenheit erhoben (AAZ). Dazu wurden aus allen erwähnten Fragebögen einzelne Fragen zur allgemeinen Arbeitszufriedenheit ausgewählt.
4) Schließlich wurden übliche Fragen zu den Demographia etc. gestellt.

2.3 Ergebnisse

Die *Reliabilität* der Skalen hielt sich in dem schon bekannten Rahmen (vgl. Abb. 2).

NEU	.88
FIS	.66
BRU	.45*
HA2	.78
AAZ	.80

Abb. 2: Reliabilitäten der diskutierten Skalen (Cronbachs Alpha, abgesehen von dem Wert bei Bruggemann, der als Schätzwert durch eine — nach Spearman-Brown korrigierte — Interkorrelation beider Items gebildet wurde).

Die Reliabilitätswerte können als befriedigend bzw. als gut angesehen werden, sieht man einmal von dem methodisch problematischen Fall der zwei Items von Bruggemann ab.

Die einfachste Form der Überprüfung der Parallelität der verschiedenen Verfahren wurde durch deren Interkorrelationen fest gestellt, die in Abb. 3 aufgeführt sind.

Die Korrelationen zeigen, daß die Resignationsdimension von Fischer die höchste durchschnittliche Konvergenz mit den anderen Moderatoren aufweist. Gleichzeitig weisen aber insbesondere FIS und NEU starke Korrelation mit der allgemeinen Arbeitszufriedenheit auf, so daß sie als Moderatorvariable nur sehr begrenzt tauglich erscheinen.

	FIS	BRU	NEU	HA2
AAZ	.4755***	.0787	.5918***	.2091
FIS	1.0000	.4906***	.5451***	.5821***
BRU		1.0000	.2871*	.3567**
NEU			1.0000	.1877
durch-schnittl. Konverg.	.5393	.3781	.3400	.3755

*p≤0.05, **p≤0.01, ***p≤0.001

Abb. 3: Interkorrelationen zwischen Indikatoren für Resignation, Wachstumsbedürfnis und Arbeitszufriedenheit.

Partialisieren wir die Wirkungen der allgemeinen Arbeitszufriedenheit aus, dann erhalten wir folgende Zusammenhänge:

	FIS	BRU	NEU	HA2
FIS		.52***	.37**	.56***
BRU			.30**	.35**
NEU				.08

*p≤0.05, **p≤0.01, ***p≤0.001

Abb. 4: Interkorrelationen der Moderatorvariablen unter Auspartialisierung von allgemeiner Arbeitszufriedenheit.

FIS zeigt substantielle Konvergenzen zu BRU wie auch zu HA2. Der Zusammenhang von BRU mit FIS sowie HA2 übersteigt die eigene Reliabilität, so daß man rein methodisch gesehen statt BRU ebensogut FIS oder HA2 verwenden könnte. Der Wert solcher Korrelationen ist zwar recht beschränkt, da auch hier nicht viel mehr als 30% der Varianz von der Gemeinsamkeit betroffen ist, und damit einer Theorieentwicklung bzw. der Frage des Korrespondenzproblems noch wenig gedient ist. Grundsätzlich erweist sich damit aber die hier aufgeworfene Problemstellung als berechtigt.

Eine auf vier Faktoren begrenzte *Faktorenanalyse*, die die relative Kohärenz der Skalen prüfen sollte, zeigte folgende Ladungen:

1) *Faktor 1: 26,5% Varianz.* Die Leitvariablen dieses Faktors bestanden in erster Linie aus den positiv formulierten Items von NEU (z.B. Meine Entwicklung: gut, sicher, angemessen), nicht aber negativ formulierte (z.B.: kaum Möglichkeiten, wenig etc.). Ladungen von über -.40 von anderen negativ formulierten Items aus FIS lassen vermuten, daß dieser Faktor so etwas wie einen Responseset (sozial erwünschte Zufriedenheit) erfaßt.

2) *Faktor 2: 13,3% Varianz.* Auf diesem Faktor laden beide Items von BRU, zwei weitere von FIS sowie 7 von HA2 mit mehr als .50, was als Hinweis auf eine resignative Konnotation verstanden werden kann. Die am stärksten ladenden Items von HA2 erfordern eine Entscheidung zwischen einer Präferenz für größere Entscheidungsspielräume oder für soziale bzw. finanzielle Ziele. Eine Entscheidung gegen die erste Alternative läßt die hier operationalisierte Resignation als empfundenen Verlust von Kontrolle erscheinen.

3) *Faktor 3: 7,7% Varianz.* Hier laden nahezu ausschließlich die negativ formulierten Items von NEU (z.B. „wenig", „enttäuschend").

4) *Faktor 4: 6,8% Varianz.* Dieser Faktor wird von solchen Items des HA2 geprägt, die Charakteristika der Tätigkeit der Beziehung zu den Kollegen gegenüberstellen, in denen also „Motivatoren" „Hygienefaktoren" entgegengestellt werden.

Das Ergebnis zeigt, daß Faktoren und Skalen in keinem Fall völlig übereinstimmen. Auf dem thematisch hier besonders interessanten zweiten Faktor weisen drei der vier betrachteten Skalen nennenswerte Ladungen auf. NEU ist die einzige Skala, die auf diesem Faktor der Resignation oder des Kontrollverlustes keine bedeutsamen Ladungen aufweist.

Ein drittes Element unserer Analyse des intensionalen Gehalts orientiert sich an der Theorie von Hackman und Oldham. Im Falle einer weitgehenden Überlappung der betrachteten Konzepte wäre zu erwarten, daß die Moderatorwirkung bei allen in etwa zum Modell Hackman und Oldhams „Wachstumsbedürfnis" kongruent ausfällt: Sie müssen zur Differenzierung von Formen der Arbeitszufriedenheit in dem Sinne in der Lage sein, daß der Zusammenhang zwischen Anregungsgehalt der Arbeitstätigkeit einerseits und der subjektiv empfundenen Arbeitszufriedenheit andererseits im Falle eines großen Wachstumsbedürfnisses bzw. geringer Resignation (Mediansplitting) relativ hoch ist, während dieser Zusammenhang gegen 0 konvergiert, wenn hohe Resignation bzw. ein geringes Wachstumsbedürfnis vorliegen. Über diese Zusammenhänge gibt die folgende Abbildung Auskunft:

	Moderierende Bedingungen Großes Wachstumsbedürfnis/geringe Resignation	Geringes Wachstumsbedürfnis/hohe Resignation	Signifikanz der Differenz
HA2	r=.6925 p≤0.01	r=-.0097 n.s.	p≤0.01#
FIS	r=.3625 p≤0.05	r=-.0292 n.s.	p≤0.05#
BRU	r=.5594 p≤0.01	r= .2681 p≤0.05	n.s.
NEU	r=.2706 p≤0.05	r= .2795 p≤0.05	n.s.

Abb. 5: Zusammenhang zwischen Anregungsgehalt der Arbeit (Berufsgruppenzugehörigkeit) und allgemeiner Arbeitszufriedenheit unter Verwendung der Moderatorvariablen. Signifikanz der Differenz wurde errechnet über Fishers z' (vgl. Mittenecker, 1971, S. 107ff). # = einseitig

Bis auf die Subskala „Meine Entwicklung" des ABB sind offensichtlich alle Verfahren zumindest tendenziell in der Lage, eine Moderatorwirkung im Sinne des Modells auszuüben. In der Tat erweist sich aber das Verfahren von Hackman und Oldham in diesem Modelltest eindeutig als das wirksamste. Personen mit einem starken Wachstumsbedürfnis reagieren also stärker negativ auf restriktive Arbeitsplätze als Personen mit geringem Wachstumsbedürfnis. Ähnliches kann man von der Tendenz her auch von nicht resignierten Mitarbeitern behaupten.

Die mittleren Interkorrelationen, die signifikanten Ladungen verschiedener Moderatorvariablen auf gemeinsamen Faktoren lassen also deutlich werden, daß sich die Intensionen der hier betrachteten Konzepte in nicht unerheblichem Maße überlappen, auch wenn nicht alle in gleicher Weise im Sinne des Modells von Hackman und Oldham zu intervenieren in der Lage sind.

Für die weitere Konstruktvalidierung sollte geprüft werden, ob die durch die Moderatorvariablen gemessenen Resignationserscheinungen eher langfristige Sozialisationskonsequenzen im Sinne „erlernter Hilflosigkeit" sind oder aber eher als kurzfristige Folgen situativer betriebs- oder arbeitsbezogener Konstellationen anzusehen sind. Das Wachstumsbedürfnis bei Hackman und Oldham ist von seiner Konzeption her sicher eher als Konsequenz der primären Sozialisation angelegt, während BRU, NEU wie auch FIS eher auf die Erlebnisverarbeitung am Arbeitsplatz abzielen.

Im folgenden verwenden wir die schulische Bildung als Indikator für die sekundäre Sozialisation sowie die Dauer der Betriebszugehörigkeit als einen solchen für die tertiäre, also eher kurzfristig wirkende Sozialisation. Die folgende Abbildung 6 zeigt eindeutig, daß die Schulbildung einen starken positiven Einfluß auf das Wachstumsbedürfnis bzw. die Resignation ausübt, während die Firmenzugehörigkeit bestenfalls geringfügig positiv korreliert.

	Schulbildung	Zugehörigkeit zur Firma
HA2	.37*	.07
BRU	.27*	.06
FIS	.53***	.21*
NEU	.39*	.06

* p≤.05 ** p≤.01 ***p≤.001

Abb. 6: Korrelationen der Moderatorvariablen mit Schulbildung und Dauer der Zugehörigkeit zur Firma.

Nun ist die positive Korrelation im Falle der Schulbildung unmittelbar plausibel: Die Ansprüche an die Tätigkeit und die Freude an einer anspruchsvolleren Tätigkeit werden durch weiterführende Schulen in höherem Maße vermittelt. Demgegenüber sind im Falle der betrieblichen Sozialisation zwei entgegengesetzte Effekt denkbar: die Entwicklung der Ansprüche im Sinne einer Entfaltung durch herausfordernde aber nicht überfordernde Tätigkeiten oder aber Resignation z.B. durch restriktive Arbeitsbedingungen.

In diesem Fall wäre eine mit der Betriebszugehörigkeit zunehmende Streuung auf den Skalen der Moderatorvariablen zu erwarten. Diese aber war nicht zu beobachten. Eher nahm die Streuung in den Moderatorvariablen mit zunehmender Betriebszugehörigkeit ab.

Diese Ergebnisse legen insgesamt den Schluß nahe, daß wesentliche Weichenstellungen zu differentiellen Formen der Arbeitszufriedenheit schon in der vorberuflichen Sozialisation vorgenommen werden. Ein Beispiel hierfür kann z.B. in einer Arbeitersubkultur gesehen werden, bei der eine instrumentelle Arbeitsorientierung als Immunisierungsstrategie gegen hochrepetitive Arbeitstätigkeiten aufgefaßt wird (vgl. Thunecke, 1980), und im Rahmen derer dann das persönliche Sinnproblem üblicherweise nicht mehr im Zusammenhang mit dem beruflichen Leben gesehen wird.

Diese Prüfung der „Fristigkeit" der erhobenen Resignation kann sicherlich nur als ein schwacher Test angesehen werden insbesondere angesichts der Tatsache, daß die innerbetriebliche Sozialisation sehr komplexe, sich möglicherweise widersprechende Lernerfolge zeitigen kann (vgl. z.B. Gibson & Klein, 1970; Fischer, 1988).

Situationsspezifisch besser läßt sich — zumindest theoretisch — folgender Zusammenhang abgrenzen: Wie bereits erwähnt läßt sich streßtheoretisch (insbesondere Lazarus, 1974), aber auch lern- oder attributionstheoretisch (vgl. Seligman, 1979; Weiner, 1972) Resignation als eine subjektive Anpassung an eine unbefriedigende oder gar bedrohliche Situation des Arbeitslebens verstehen, die zu verändern sich das Subjekt jedoch nicht in der Lage sieht (vgl. hierzu Gebert, 1988; Gebert & v. Rosenstiel, 1989).

Eine der — auch in ihrer positiven Funktion für das Subjekt — sicher zu wenig gewürdigten Möglichkeiten, eine bedrohliche Situation zu beenden, ist sicherlich der Wechsel an einen anderen Arbeitsplatz. Dieser aber ist in hohem Maße abhängig von den Chancen, die der Arbeitsmarkt dem einzelnen Mitarbeiter bietet. Wir können deshalb folgende Hypothese formulieren:

> Bei Mitarbeitern, die mit ihrer Arbeit unzufrieden sind, sollten die von ihnen perzipierten Chancen auf dem Arbeitsmarkt (=perzipierte Situationskontrolle) stärker mit Resignation korrelieren als bei Mitarbeitern mit hoher Arbeitszufriedenheit, für die die Arbeitsmarktchancen geringere Bedeutung haben müßten.

Tatsächlich zeigen allerdings die Ergebnisse, daß die Chancen am Arbeitsmarkt sowohl bei Befragten mit hoher wie mit niedriger Arbeitszufriedenheit mit Resignation korrespondieren. Eine genauere Analyse läßt zwar erkennen, daß BRU und FIS in dieser Hinsicht spezifischer zu messen scheinen, da bei ihnen im Gegensatz zu HA2 und NEU hypothesenkonform die Resignation angesichts geringer Arbeitsmarktchancen dann besonders groß wird, wenn Mitarbeiter mit ihrer Arbeit unzufrieden sind. Allerdings sind die Interaktionseffekte zwischen AAZ und den perzipierten Arbeitsmarktchancen bei keinem Test signifikant.

Dieses Ergebnis muß als ein weiterer Hinweis dafür gewertet werden, daß die Intension des Resignationsbegriffs — so wie er durch die hier erörterten Maße erfaßt wird — nicht in dem wünschenswerten Maße situationsspezifisch ist, da die Personen, die in einer spezifisch ausweglosen Situation sind, keine signifikant höheren Resignationswerte aufweisen als solche Personen, die sich zumindest mit ihrer gegenwärtigen Tätigkeit zufrieden erklären können.

Eine weitere Spezifizierung des Problems erhofften wir uns von einer Kontrolle der perzipierten Instrumentalität eines Arbeitsplatzwechsels für die eigene berufliche Entwicklung:

> Wer häufiger daran dachte, daß ein Arbeitsplatzwechsel für seine berufliche Entwicklung dienlich sein könnte, müßte unter der Voraussetzung von schlechten Arbeitsmarktchancen und Unzufriedenheit eine größere Resignation aufweisen als derjenige, der selten oder gar nicht über eine solche Möglichkeit nachdachte.

Tatsächlich gabe es hier weder signifikante Haupteffekte noch die erwarteten Interaktionseffekte. Das aber spricht wiederum gegen eine situative Intension des hier erfaßten Resignationsbegriffs.

Als ein letztes Kriterium für die Überlappung der hier betrachteten Konzepte diente die Prüfung des *Ausmaßes einer gemeinsamen Extension*. Dabei sollte jedes

Moderatorkonzept in Verbindung mit der Zufriedenheitsdimension die befragten Personen derselben der vier vorgesehenen Zufriedenheitsformen zuordnen können. Um diese Frage zu überprüfen, wurde durch Dichotomisierung von AAZ und HA2 eine „Mustertypologie" gebildet, die unter Verwendung der AAZ einerseits sowie entweder BRU, NEU oder FIS, andererseits im Rahmen einer Diskriminanzanalyse zu replizieren war (zur Methode im SPSS-Programm vgl. Klecka, 1975). Die Ergebnisse sind der folgenden Abbildung zu entnehmen.

		Prozent richtig klassifizierter Fälle von AZ — Typen			
	Ges. N	resignativ unzufrieden	n. resignativ unzufrieden	n. resignativ zufrieden	resignativ zufrieden
FIS	90	93	93	94	77
NEU	92	93	93	94	85
BRU	85	87	93	89	69

Abb. 7: Anteil der unter Verwendung von AAZ und den Moderator variablen FIS, NEU, BRU in die Mustertypologie richtig klassifizierten Fälle.

Die für Sozialwissenschaftler schon artefaktverdächtige Höhe der richtig reproduzierten Fälle darf natürlich nicht täuschen. Durch die wiederholte Verwendung des Index AAZ bei der Bildung der Mustertypologie und bei den Klassifikationen konnte der Prozentsatz richtig klassifizierter Fälle praktisch nicht unter 50% sinken. Dennoch ist die Gesamtzahl richtig klassifizierter Fälle erstaunlich hoch. Grundsätzlich erscheint lediglich die operationale Erfassung resignativ-zufriedener Personen nennenswerte Unterschiede aufzuweisen.

3. DISKUSSION DER ERGEBNISSE

Die hier vorgelegten Ergebnisse zeigen zunächst eine erstaunliche Konvergenz der betrachteten Moderatorvariablen, die es sinnvoll erscheinen läßt, sich a priori für eine dieser Alternativen zu entscheiden. Rein technische Gütekriterien würden dann sicherlich zugunsten von HA2 sprechen (hohe Stabilität bei einer relativ geringen Korrelation zu allgemeiner Arbeitszufriedenheit).

Allerdings stellt sich angesichts der aufgezeigten Konvergenzen zwischen den verschiedenen Meßansätzen auf der operationalen Ebene einerseits sowie des weiterhin ungelösten Korrespondenzproblems der einzelnen Meßverfahren auf der anderen Seite die Frage nach einer effizienten Strategie der weiteren Theorieentwicklung. Diese kann nur unter Berücksichtigung der Untersuchungsziele präzisiert werden, die mit einem differentiellen Modell der Arbeitszufriedenheit verfolgt werden sollen.

Die sicherlich nur bedingt verallgemeinerbaren Ergebnisse dieser Studie deuten daraufhin, daß das Ausmaß an Resignation bzw. Wachstumsbedürfnis eher mit nicht-betrieblichen Variablen wie familiärer bzw. schichtbezogener Sozialisation oder schulischer Bildung als mit betriebsspezifischer Sozialisation erklärt werden kann, ein Ergebnis, das konzeptuell nur dem Modell von Hackman und Oldham entspricht.

Folglich dürften diese bisherigen Maße zur Differenzierung von Arbeitszufriedenheit (und auch mögliche Fortentwicklungen) primär für Fragen der Personalentwicklung relevant sein, da man angesichts des verschiedentlich festgestellten Zusammenhangs dieser differentiellen Variablen zu Widerständen bzw. Ängsten vor Veränderungen am Arbeitsplatz diese antizipieren und entsprechende flankierende (Bildungs-)Maßnahmen vorbereiten kann. Insbesondere aus berufspädagogischer Sicht dürften diese Differenzierungsmöglichkeiten von Bedeutung sein, da der durch den technologischen Wandel bedingte (Aus-) Bildungsbedarf von den Unternehmen nach Möglichkeit durch eine entsprechende Personalauslese bei der Einstellung von neuen Arbeitskräften kompensiert wird, und auf diese Weise die Unternehmen solche Mitarbeiter bevorzugen, die — wenn sie schon nicht die gewünschten Qualifikationen besitzen — zumindest Fortbildungsbereitschaft und -fähigkeit aufweisen.

Zu diesen Personen dürfte der so abgrenzbare „Resignierte" nicht zählen. Aufgabe der Berufspädagogik oder der Personalentwicklung ist es sicherlich, diese spezifische psychische Konstellation mit der Zielsetzung zu mehr Flexibilität und Lernbereitschaft zu beeinflussen.

Andererseits werden auch die Grenzen dieser Maße deutlich, die schon von ihrer Konzeption her eher situationsübergreifend-persönlichkeitsbezogen sind und sich deshalb z.B. nicht als Kriterium für Sozialisationsdefizite am Arbeitsplatz eignen dürften. Ob man allerdings dann den prospektiven Erfolg von Arbeitsstrukturierungsmaßnahmen primär an den in der Kindheit erlernten Verhaltensweisen ablesen kann, bleibt noch zu prüfen (vgl. hierzu etwa Ulichs „subjektive Tätigkeitsanalyse", 1983). Hier wird man noch nach anderen Lösungen suchen müssen.

Ein erster Ansatz, tätigkeitsnähere Analysekategorien zu entwerfen, kann in dem Beitrag von Büssing in diesem Band gesehen werden. Eine andere Möglichkeit wäre etwa eine Differenzierung nach Formen organisationaler Einbindungsmuster, wie sie etwa Türk (1981) vorschlägt. Nach seiner Systematik könnte man vermuten, daß Mitarbeiter mit einer resignativen Form von Arbeits(un)zufriedenheit eine „instrumentalistische Einbindung" aufweisen, die sich primär an Einkommen, Freizeit u.ä. extrinsischen Sanktionsmitteln orientieren. Demgegenüber würde etwa eine „bürokratische Einbindung" Titel oder Aufstiegschancen als Belohnung interpretieren. Eine „professionalistische Einbindung" würde z.B. auf Anerkennung von Arbeitserfolg und eine „organisationspolitische Einbindung" schließlich auf Partizipation abzielen.

Während also eine systematische Entwicklung solcher Differenzierungsmöglichkeiten noch aussteht, zeigt andererseits das Beispiel des Beitrags von Müller-Böling und Ramme in diesem Band, daß sich bei konkreten Fragestellungen wie der Einführung neuer Technologien in Betrieben, einfache direkte Indikatoren, wie die Frage nach der Partizipationswilligkeit, als äußerst wirkungsvoll zur Differenzierung prospektiven Verhaltens am Arbeitsplatz selbst erweisen können.

Die Frage aber, welche Art der Differenzierung der Arbeitszufriedenheit im Detail relevant ist, läßt sich nur im Zusammenhang mit der jeweiligen Fragestellung beantworten. Dies mag eine gewisse Ähnlichkeit zur Erörterung über den Sinn eines allgemeinen semantischen Differentials aufweisen. Gerade in diesem Sinne ist es wichtig festzuhalten, daß eine gewisse Resignation oder eine Selbstbeschränkung hinsichtlich der Entwicklungwünsche oder -absichten im beruflichen Leben für das Individuum und für den Betrieb von Belang sind. Diese Einstellungen oder Wertorientierungen, die zudem auch in einem gewissen Zusammenhang mit dem Wertewandel stehen dürften, haben erkennbaren Einfluß auf das Bildungsverhalten und offensichtlich auch auf Kündigungsintentionen etc.. Für solche Fragestellungen, bei denen die Wirkungen der vorberuflichen Sozialisation von Bedeutung sind, erscheinen die hier erörterten Moderatoren, insbesondere das „Wachstumsbedürfnis" nach Hackman und Oldham wirkungsvoll. Für andere Fragestellungen dürften je spezifische Formulierungen geeigneter sein.

LITERATUR

Behling, O. & Dillard, J. (1984). A problem in data analysis: Implications for organizational behavior research. *Academy of Management Review, 9,* 37–46.

Blood, M. R. & Hulin, C. L. (1967). Alienation, environmental characteristics, and worker responses. *Journal of Applied Psychology, 51,* 284–290.

Bruggemann, A. et al. (1975). *Arbeitszufriedenheit.* Bern: Huber.

Cronbach, L. J. & Meehl, P. E. (1955). Construct validity in psychological tests. *Psychological Bulletin, 52,* 281–302.

Esser, H., Klenovits, K. & Zehnpfennig, H. (1977). *Wissenschaftstheorie 1: Grundlagen und analytische Wissenschaftstheorie.* Stuttgart: Teubner.

Fellmann, U. (1980). *Zur Differenzierung qualitativ unterschiedlicher Formen der Arbeitszufriedenheit.* Lizentiatsarbeit. EZH Zürich.

Fischer, L. (1981). Jüngere/Ältere Arbeitnehmer. In Beckerath et al. (Hrsg.), *Handwörterbuch der Betriebspsychologie und Betriebssoziologie.* Stuttgart: Enke.

Fischer, L. (1988). Arbeitszufriedenheit und Anspruchsniveau — Ein Dilemma ohne Ausweg? In L. Beinke (Hrsg.), Didaktik der Berufs- und Arbeitswelt, 2–3/1988, 3–33. Gießen.

Fischer, L. (1989). *Strukturen der Arbeitszufriedenheit und die Bedeutung des individuellen Bezugssystems.* Göttingen: Hogrefe.

Fischer, L. & Lück, H. E. (1972). Entwicklung einer Skala zur Messung von Arbeitszufriedenheit (SAZ). *Psychologie und Praxis, 16,* 63–76.

Fürstenberg, F. (1974). Normenkonflikte beim Eintritt in das Berufsleben. In Th. Scharmann (Hrsg.), *Schule und Beruf als Sozialisationsfaktoren* (2.Aufl.). Stuttgart: Enke.

Gawelleck, U. (1987). Erkenntnisstand, Probleme und praktischer Nutzen der Arbeitszufriedenheitsforschung. Frankfurt/M. u.a: Peter Lang.

Gebert, D. (1988). Individuum und Organisation. In D. Frey et al. (Hrsg.), *Angewandte Psychologie.* München, Weinheim: Psychologie-Verlagsunion.

Gebert, D. & v. Rosenstiel, L. (1989). *Organisationspsychologie* (2. Aufl.). Stuttgart u.a.: Kohlhammer.

Gigerenzer, G. (1981). *Messung und Modellbildung in der Psychologie.* München, Basel: UTB.

Gibson, J. L.& Klein, St. M. (1970). Employee attitudes as a function of age and length of service: A reconceptualization. *Academy of Management Journal, 13,* 411–425.

Goldthorpe, J. H., Lockwood, D., Bechhofer, F. & Platt, J. (1970). Der „wohlhabende" Arbeiter in England. *British Journal of Sociology, 17,* 227–244. (Engl.1968).

Graen, G. B., Scandura, T. A. & Graen, M. (1986). A field experimental test of the moderating effects of growth need strength on productivity. *Journal of Applied Psychology, 71* (3), 484–491.

Griffin, R. W., Welsh, A. & Moorhead, G. (1981). Perceived task characteristics and employee performance: A literature review. *Academy of Management Review, 6*, 655–664.

Großkurth, P. (1975). Zur Systemanalyse der „Neuen Formen der Arbeitsgestaltung". In P. Großkurth & W. Volpert (Hrsg.), *Lohnarbeitspsychologie*. Frankfurt: Fischer.

Hackman, I. R. & Oldham, G. R. (1980). *Work redesign*. Reading, Mass.: Addison Wesley.

Hackman, I. R. & Oldham, G. R. (1976). Motivation through the design of work: Test of a theory. *Organizational Behavoir and Human Performance, 16*, 250–279.

Hackman, I. R. & Oldham, G. R. (1975). Development of the job diagnostic survey. *Journal of Applied Psychology, 60*, 159–170.

Hackman, J. R. & Lawler, E. E. (1971). Employee reactions to job characteristics. *Journal of Applied Psychology, 55*, 259–286.

Heckhausen, H. (1980). *Motivation und Handeln*. Heidelberg u.a.: Springer.

Herzberg, F. (1966). *Work and the nature of man*. Cleveland, N.Y.

Hulin, C. L. & Blood, M. R. (1968). Job enlargement, individual differences, and worker responses. *Psychological Bulletin, 69*, 41–55.

Klecka, W. R. (1975). Discriminant analysis. In N. H. Nie et al. (Eds.).

Kleinbeck, U., Schmidt, K. H. & Rutenfranz, J. (1980). Motivationale Aspekte der Arbeitszufriedenheit. *Zeitschrift für Arbeitswissenschaft, 34* (N.F. 6), 200–206.

Kleinbeck, U. & Schmidt, K. H. (1983). Angewandte Motivationspsychologie in der Arbeitsgestaltung. *Psychologie und Praxis, 27*, 13–21.

Lazarus, R. S. (1966). *Psychological stress and the coping process*. New York.

Lienert, G. A. (1961). *Testaufbau und Testanalyse*. Weinheim: Beltz.

McClelland, D. C., Atkinson, J. W., Clark, R. A. & Lowell, E. L. (1953). *The achievement motive*. New York: Appleton.

Mittenecker, E. (1971). *Planung und statistische Auswertung von Experimenten* (8. Aufl.). Wien: Deuticke.

Neuberger, O. (1975). Erfahrungen mit der „Skala zur Messung von Arbeitszufriedenheit" (SAZ). *Psychologie und Praxis, 19*, 63–72.

Neuberger, O. (1985a). *Arbeit*. Stuttgart.

Neuberger, O. (1985b). Arbeitszufriedenheit: Kraft durch Freude oder Euphorie im Unglück? *Die Betriebswirtschaft, 45*, 184–206.

Neuberger, O. (1976). Der Arbeitsbeschreibungsbogen. Ein Versuch zur Messung von Arbeitszufriedenheit. *Problem und Entscheidung, 15*, 1–169.

Neuberger, O. & Allerbeck, M. (1978). *Messung und Analyse von Arbeitszufriedenheit*. Bern u.a.: Huber.

Oegerli, K. & Udris, I. (1981). Angestellte oder Büroarbeiter? Untersuchungen zur Tätigkeitsklassifikation, zu Beanspruchungs- und Zufriedenheitsstrukturen im Bürobereich. In M. Frese (Hrsg.), Streß im Büro (S. 96–123). Bern u.a.

Robey, D. (1974). Task design, work values, and worker response: An experimental test. *Organizational Behavior and Human Performance, 12*, 264–273.

Ruckriegel, H. (1989). *Arbeitszufriedenheit und berufliche Fortbildungsbereitschaft. Eine empirische Studie im Kraftfahrzeuggewerbe*. Diplomarbeit Universität Köln.

Seligman, M. E. P. (1979). *Erlernte Hilflosigkeit*. München: Urban & Schwarzenberg.

Shepard, J. M. (1970). Functional specialization, alienation and job satisfaction. *Industrial and Labor Relations Review, 23*, 207–219.

Steers, R. M. & Spencer, D. G. (1978). The role of achievement motivation and job design. *Journal of Applied Psychology, 63*, 391–407.

Stone, E. F. (1976). The moderating effect of work-related values on the job scope — job satisfaction relationship. *Organizational Behavior and Human Performance, 15*, 147–167.

Thibaut, I. W. & Kelley, H. H. (1959). *The social psychology of groups*. New York.

Thunecke, H. (1980). Arbeitssituation, Arbeitsorientierung und Arbeitszufriedenheit. *Kölner Zeitschrift für Soziologie und Sozialpsychologie, 32*, 746–773.

Türk, K. (1981). Organisation und Individuum. In P. G. v. Beckerath et al. (Hrsg.), *Handwörterbuch der Betriebspsychologie und Betriebssoziologie*. Stuttgart: Enke.

Turner, A. N. & Lawrence, P. R. (1965). *Industrial jobs and the worker. An investigation of response to task attributes*. Boston.

Ulich, E. (1983). Präventive Intervention im Betrieb: Vorgehensweisen zur Veränderung der Arbeitssituation. *Psychosozial, 6* (20), 48–70.

Wanous, J. P. (1974). A causal-correlational analysis of the job satisfaction and performance relationship. *Journal of Applied Psychology, 59*, 139–144.

Weiner, B. (1972). *Theories of motivation. From mechanisms to cognition*. Chicago.

White, J. K. (1978). Individual differences and the job quality-worker-response relationship: Review, integration and comments. *Academy of Management Review, 3*, 267–280.

Wiswede, G. (1980). *Motivation und Arbeitsverhalten*. München, Basel: UTB Reinhardt.

Zur Messung von Arbeitszufriedenheit: Implikationen der klassischen Testtheorie und probabilistischer Meßmodelle

Ekkehard Stephan

1. EINLEITUNG

Der Konstruktion tauglicher sozialwissenschaftlicher Meßinstrumente kommt in praktischer und in theoretischer Hinsicht eine wichtige Bedeutung zu. In einer komplexer werdenden Gesellschaft steigt auch der Beratungs- und Planungsbedarf ihrer Institutionen. Schul- und Berufseignungsdiagnostik, die Differentialdiagnose psychischer Störungen, die Analyse der psychischen Beanspruchung in Abhängigkeit von der Arbeitsplatzgestaltung, die Prüfung der Effektivität politischer und kommerzieller Werbespots, die Suche nach Marktnischen für Konsumgüter und die Beschreibung der Entwicklung gesamtgesellschaftlicher Wert- und Einstellungssysteme kennzeichnen beispielhaft wichtige Einsatzbereiche pädagogischer und psychologischer Testverfahren. Ebenfalls unentbehrlich sind sorgfältig entwickelte Meßinstrumente zur Überprüfung und Fortentwicklung sozialwissenschaftlicher (wie aller empirischer) Theorien.

Angesichts ihrer großen Bedeutung ist es erstaunlich, daß die Konstruktion von Meßinstrumenten fast ausnahmslos nach den Prinzipien der klassischen Testtheorie (KTT) erfolgt ist, deren praktischer und theoretischer Wert seit nunmehr zwei Jahrzehnten recht umstritten ist. Zwar wurde der KTT durch Lord und Novick (1968) eine geschlossene mathematisch-statistische Grundlage gegeben, doch markiert dieses Werk zugleich eine entscheidende Wende in der Entwicklung der Testtheorie, die sich vor allem im Beitrag Birnbaums „Some Latent-Trait-Models" manifestiert. Diese Wende betraf nicht primär das statistische Methodenarsenal, sondern war grundsätzlicherer Art: Das Verhältnis zwischen Theorie und Empirie in den Sozialwissenschaften wurde überdacht. Der Begriff der Messung wurde problematisiert, über den man sich über Jahrzehnte hinweg nur wenig Gedanken gemacht hatte; insbesondere sollten die Ergebnisse der axiomatischen Meßtheorie in der Testtheorie berücksichtigt werden. Mittelbar war durch solche Überlegungen freilich auch das hochentwickelte statistische Methodenarsenal betroffen, denn es wurde nunmehr fraglich, ob man zu seiner Anwendung überhaupt berechtigt war bzw. welche Bedeutung die mit seiner Hilfe gewonnenen Aussagen haben. Auch die mittlerweile recht zahlreichen Instrumente zur Messung von Arbeitszufriedenheit (AZ) sind im Rahmen der KTT entwickelt worden. Der vorliegende Beitrag soll zum einen verdeutlichen, welche Konsequenzen sich aus dieser Tatsache für die Beurteilung der bislang formulierten *theoretischen Modelle* der AZ ergeben. Zum anderen soll auf recht handfeste Implikationen der Verwendung dieser Meßinstrumente in der *betriebspsychologischen Praxis* hingewiesen werden. Die zu Recht konstatierte theoretische Krise und die geringe praktische Bedeutung des Konstruktes „Arbeitszufriedenheit" haben sicherlich mehrere Ursachen. In der Benutzung von meßtheoretisch nicht fundierten Instrumenten zur Erfassung dieses Konstrukts liegt u. E. eine der wichtigeren.

Im folgenden werden zunächst einige Probleme erörtert, die die nach den Kriterien der KTT konstruierten Verfahren zur Messung von AZ für Theorie und Praxis mit sich bringen (Abschnitt 2). Im Anschluß daran werden die Grundzüge probabilistischer Meßmodelle dargestellt, die gegenüber der KTT bedeutsame Vorteile aufweisen (Abschnitt 3). Im empirischen Teil des Beitrags (Abschnitt 4) werden die Meßmodelle von Mokken und Rasch auf Daten der „Skala zur Messung von Arbeitszufriedenheit" (Fischer & Lück, 1972) angewendet und mit den Ergebnissen klassischer Item- und Faktorenanalysen verglichen. Ein kritisches Resümee des gegenwärtigen „state of the art" der AZ-Messung und eine Skizze alternativer Forschungsstrategien bilden den Abschluß.

2. PROBLEME DER TRADITIONELLEN AZ-MESSUNG

2.1 Skalenniveau

Bei der herkömmlichen Messung der AZ ist das Skalenniveau der Meßwerte unbekannt. Bekanntlich kann im Rahmen der KTT das Skalenniveau der Messungen nicht *begründet* werden, sondern muß vorausgesetzt (oder geglaubt) werden. Für die betriebspsychologische Praxis hat dies zur Folge, daß Fragen wie „Sinkt durch die Einführung von Bildschirmarbeitsplätzen die AZ der älteren Sekretärinnen stärker als die der jüngeren Sekretärinnen?" nicht schlüssig beantwortet werden können. Hier geht es um den Vergleich von Differenzen zwischen Meßwerten, der nur sinnvoll ist, wenn mindestens das Intervallskalenniveau vorliegt.

Die Skalenproblematik nimmt noch grundsätzlichere Dimensionen an, wenn man sich vergegenwärtigt, daß das gesamte statistische Instrumentarium der klassischen Testtheorie — unter anderem — auf der Annahme des Intervallskalenniveaus ruht. Die Berechnung von arithmetischen Mittelwerten, Varianzen, Kovarianzen, Produkt-Moment-Korrelationen und damit auch die Bestimmung von Reliabilitäts- und Validitäts-Koeffizienten von Meßinstrumenten sind nur bei intervallskalierten Daten empirisch bedeutsam, weil diese Statistiken gegenüber Meßwerttransformationen, die auf niedrigerem Skalenniveau zulässig sind, nicht invariant sind. Aus dem gleichen Grund ist auch die Anwendung der Faktorenanalyse problematisch, die — da sie von der Matrix der Produkt-Moment-Korrelationen ausgeht — ebenfalls intervallskalierte Merkmale voraussetzt.

Schließlich implizieren einflußreiche theoretische Konzeptionen bestimmte Skalenniveau-Anforderungen. Dieser Sachverhalt wurde in der bisherigen AZ-Forschung kaum thematisiert, doch berührt er ein zentrales methodologisches Problem: das der empirischen Bedeutsamkeit der aus den Theorien abgeleiteten Aussagen.

Exemplarisch sei dies an der Instrumentalitätstheorie, der Equity-Theorie, dem typologischen Arbeitszufriedenheitsmodell von Bruggemann und dem integrativen Modell von Locke dargestellt.

Im Rahmen der *Instrumentalitätstheorie* von Vroom (1964) kommt dem sogenannten Valenzmodell unter anderem die Aufgabe zu, Zufriedenheit am Arbeitsplatz vorherzusagen. AZ wird darin konzeptualisiert als Funktion der Summe der Produkte aus den subjektiven Werten der (antizipierten) Arbeitsergebnisse wie Bezahlung, Beförderung, Anerkennung, Arbeitslosigkeit etc. und der subjektiven

Erwartung („Instrumentalität"), daß die derzeitige Arbeit zu diesen Ergebnissen führt.

In mathematischer Formulierung lautet dieses Modell (vgl. Vroom 1964, S. 17 u. 279f):

$$AZ = f \sum_{k=1}^{n} (V_k I_k) \quad (1),$$

wobei

- AZ = Arbeitszufriedenheit
- V_k = subjektiver Wert („Valenz") des Ergebnisses k
- I_k = wahrgenommene Instrumentalität der Arbeit für das Ergebnis k
- f ist eine monoton steigende Funktion

Dieses in der Tradition der Erwartungs-Wert-Theorien stehende Modell geht ebenso wie entsprechende Varianten und Weiterentwicklungen (Galbraith & Cummings, 1967; Porter & Lawler, 1968; Graen, 1969; Wiswede, 1980) von einer multiplikativen Verknüpfung zwischen Valenzen und Instrumentalitäten aus. Empirisch bedeutsam sind solche Meßwertmultiplikationen im allgemeinen jedoch nur auf Ratioskalenniveau. In der Forschungspraxis wurden und werden Valenzen und Instrumentalitäten fast ausschließlich mit Rating-Skalen erhoben, die bestenfalls Messungen auf Intervallskalenniveau darstellen. Unter diesen Umständen haben empirische Prüfungen des Modells (etwa mittels Rangkorrelationen zwischen AZ-Werten und Werten der rechten Seite der obigen Gleichung) keine Bedeutung, da die Rangordnung der Produktsummen (Σ (V^*I)) nicht invariant ist gegenüber auf Intervallskalenniveau zulässigen Transformationen der V- und I-Werte (s. auch Schmidt, 1973; Orth, 1985). Niedrige oder sogar negative Korrelationen sprechen daher nicht gegen das Modell, ebenso wie hohe positive Korrelationen nicht für das Modell sprechen.

Für das obige Modell (1) gilt ferner, daß — unabhängig von I und V — Arbeitszufriedenheit mindestens auf Ordinalskalenniveau gemessen werden muß, wenn f — wie in Vrooms ursprünglicher Formulierung — eine monoton steigende Funktion sein soll (vgl. Orth, 1985, S. 111). In diesem Fall könnte das Modell über die Rangkorrelation zwischen ordinal skalierten AZ-Werten und den Produktsummen der ratioskalierten I- und V-Werte geprüft werden. Tatsächlich wird in empirischen Prüfungen des Modells jedoch i.d.R. der Produkt-Moment-Korrelationskoeffizient verwendet, so auch von Vroom selbst, wodurch f implizit als positiv lineare Funktion ($f(x)=a^*x+b$) begriffen wird. In diesem Fall ist für AZ das Intervallskalenniveau erforderlich.

An anderer Stelle setzt die Prüfung der Vroomschen Theorie gar das Ratioskalenniveau für AZ voraus. In seinem „Handlungsmodell" (Vroom, 1964, S. 18f und 282 ff) postuliert er einen Zusammenhang zwischen motivational bedingten Handlungstendenzen wie Kündigungsneigung und Abwesenheit vom Arbeitsplatz und AZ:

> The force on a person to remain in a job in which he is presently working is a monotonically increasing function of the product of the valence of that job (i.e. Arbeitszufriedenheit, *d. Verf.*) and the strength of his expectancy that he will be able to remain in it (Vroom, 1964, S. 283).

Dieses Modell läßt sich wie folgt formalisieren (die Formel von Vroom, 1964, S. 18, wurde entsprechend vereinfacht):

$$F=f(E*AZ) \quad (2),$$

wobei

- F = die Stärke der Tendenz, den Arbeitsplatz nicht zu verlassen
- E = die subjektive Erwartung, den Arbeitsplatz behalten zu können
- AZ = Arbeitszufriedenheit
- f ist eine monoton steigende Funktion

In diesem Modell verknüpft Vroom eine subjektive Erwartung multiplikativ mit der Arbeitszufriedenheit. Nach unseren obigen Ausführungen gilt: Das Modell (2) wäre nur dann empirisch bedeutsam, wenn AZ (und die subjektive Erwartung) auf Ratioskalenniveau gemessen werden könnten. —

Equity-theoretischen Überlegungen zufolge (Adams, 1965; Ivancevich et al., 1977) ist Arbeitszufriedenheit das Ergebnis eines Vergleichs von subjektiven „Erträgen" und „Aufwänden" einer Person mit den Erträgen und Aufwänden einer (nicht notwendigerweise konkret-realen) Vergleichsperson. Zu den „Erträgen" zählen Bezahlung, Status, Beförderung, Anerkennung etc., zu den „Aufwänden" zählen Anstrengung, Erfahrung, Sorgfalt, Gesundheit etc. (vgl. Neuberger, 1985, S. 150). Genauer: Wenn E die subjektiven Erträge und A die subjektiven Aufwände quantifiziert, dann ist die Arbeitszufriedenheit einer Person p, die sich mit einer Bezugsperson q vergleicht:

$$AZ(p) = f(E(p)/A(p) - E(q)/A(q)) \quad (3)$$

Dieses Modell ist vor allem zur Analyse der Effekte von Über- und Unterbezahlung auf das Arbeitsverhalten benutzt worden (zusammenfassend siehe Campbell & Pritchard, 1976). Kogniziert p bei sich das gleiche Ertrag/Aufwand-Verhältnis wie bei q, so ist die Bilanz ausgeglichen und p wird sein Verhalten nicht ändern (weder seine Erträge noch seine Aufwände verändern) wollen. Ist sein Ertrag/Aufwand-Verhältnis kleiner als das von q, so wird p seine Erträge zu steigern und/oder seine Aufwände zu verringern suchen. Im umgekehrten Fall, der z. B. dann vorliegt, wenn — unter sonst gleichen Bedingungen — p für die gleiche Arbeit besser bezahlt wird als q, sagt die Equity-Theorie eine Erhöhung der Aufwände (etwa größere Arbeitsqualität) von p voraus.

Die E/A-Quotienten in (3) erfordern Messungen von E und A auf Ratioskalenniveau; Messungen auf Intervallskalenniveau reichen nicht aus, wenn die Quotientenvergleiche empirisch bedeutsam sein sollen, wie man sich an einem einfachen Beispiel klarmacht:

Es sei

$$E(p)=2,\ A(p)=5,\ E(q)=3 \text{ und } A(q)=6.$$

Dann gilt

$$E(p)/A(p) = 2/5 < 3/6 = E(q)/A(q).$$

Sind E und A lediglich Intervallskalen, so ergibt sich für die auf diesem Skalenniveau zulässigen Transformationen E'=E+5 und A'=A+1:

$$E'(p)/A'(p) = 7/6 > 8/7 = E'(q)/A'(q).$$

Der Wahrheitswert der Aussage „p bewertet sein Ertrag/Aufwand-Verhältnis ungünstiger als das von q" ändert sich durch zulässige Meßwerttransformationen.

(Dies ist nicht der Fall, wenn die Meßwerte ähnlichkeits-transformiert werden, also E'=a*E und A'=b*A, mit a,b>0, wie man leicht nachrechnet.)

Für die Ertrag/Aufwand-Verhältnisse selbst gilt, daß sie mindestens auf Intervallskalenniveau gemessen werden müßten, wenn ihre Differenzen empirische Bedeutung haben sollen (vgl. auch die bedeutsamkeitstheoretische Analyse eines formal äquivalenten Modells bei Orth, 1987, S. 155). Für AZ gelten analog die Bemerkungen zu den Modellen (1) und (2): Ist die Funktion f monoton steigend, muß AZ mindestens ordinalskaliert sein; ist f eine positiv lineare Funktion, ist das Intervallskalenniveau erforderlich. —

Agnes Bruggemann (1974) unterscheidet sechs *Typen von Arbeitszufriedenheit*, die sie als Produkte eines dynamischen Prozesses ansieht. Am Anfang dieses Prozesses steht der Vergleich zwischen den Ansprüchen des Individuums an die Arbeitssituation und der kognizierten Realisierung dieser Ansprüche (Soll-Ist-Differenz). „Der abwägende Vergleich zwischen Ist- und Soll-Wert führt zu einem Urteil auf der Skala befriedigend-unbefriedigend bzw. zufrieden-unzufrieden" (Bruggemann, 1974, S. 283). Das Ergebnis dieses Vergleichs bezeichnet Bruggemann als „stabilisierende Arbeitszufriedenheit" (Ist>Soll) bzw. als „diffuse Unzufriedenheit" (Soll>Ist). Im Fall der stabilisierenden AZ kann es im weiteren Verlauf zu einer allmählichen Erhöhung des Anspruchsniveaus kommen, wodurch wiederum ein Zufriedenheitsdefizit entsteht. Diesen Typus der AZ nennt Bruggemann (mißverständlich) „progressive AZ". (Da die Erhöhung des Anspruchsniveaus bei gleichbleibendem Ist-Wert zu einem Zufriedenheitsdefizit führt, wie Bruggemann selbst feststellt, müßte dieser Typus eigentlich als „progressive Arbeitsunzufriedenheit" bezeichnet werden.) Bleibt dagegen das Anspruchsniveau unverändert, entsteht „stabilisierte AZ", die „durch das Bemühen um Aufrechterhaltung der gegebenen befriedigenden Arbeitssituation und Wahrung der erreichten Befriedigungsmöglichkeiten gekennzeichnet" ist (Bruggemann, 1974, S. 283). Im Fall der „diffusen Unzufriedenheit" stehen dem Individuum nach Bruggemann grundsätzlich zwei Alternativen offen: Das Anspruchsniveau kann gesenkt werden, wodurch „resignative AZ" entsteht. Wird es dagegen aufrechterhalten, kann die Soll-Ist-Differenz dadurch ausgeglichen werden, daß die tatsächliche Arbeitssituation verfälscht wahrgenommen bzw. beschönigt wird; diesen Zustand nennt Bruggemann „Pseudo-Arbeitszufriedenheit". Wird weder das Anspruchsniveau gesenkt noch die Kognition des Ist-Zustands beschönigend verzerrt, entstehen — in Abhängigkeit von den Versuchen des Individuums, seine Situation zu verbessern — „konstruktive Arbeitsunzufriedenheit" (aktive Problemlösungsversuche) oder „fixierte Arbeitsunzufriedenheit" (ohne aktive Problemlösungsversuche).

Dieses recht komplexe Modell konnte bisher nicht empirisch bestätigt werden — allerdings sind auch die Versuche, es zu widerlegen, als gescheitert anzusehen. Vielmehr fehlt bis heute eine adäquate Prüfung des Modells. Wir wollen kurz umreißen, welche Schritte dafür (mindestens) erforderlich wären.

In einer Längsschnittstudie wären zu erfassen

1) der Soll-Zustand (Anspruchsniveau) zu einem Zeitpunkt 1
2) der Ist-Zustand zum Zeitpunkt 1
3) die Differenz zwischen Soll- und Ist-Wert zum Zeitpunkt 1
4) der Soll-Zustand (Anspruchsniveau) zu einem späteren Zeitpunkt 2

5) die Differenz zwischen 1) und 4) und — unabhängig davon —

6) der Typus der AZ zum Zeitpunkt 2.

Sollen die Differenzwerte der Schritte 3) und 5) für zwei Individuen ihrer Größe nach vergleichbar sein — was sicherlich sinnvoll wäre, da die postulierten AZ-Typen umso prägnanter sein dürften, je größer die Ist-Soll-Differenz ist bzw. je stärker später das Anspruchsniveau verändert wird — so müßten die in sie eingehenden Variablen auf Intervallskalenniveau gemessen werden können. —

Abschließend soll noch auf ein *Modell von Locke* (1976, S. 1306) eingegangen werden. Locke versucht darin die Integration eines „subtraktiven" und eines „multiplikativen" AZ-Modells. Nach ersterem ist Zufriedenheit die Differenz zwischen einem vom Individuum gewünschten Ausmaß eines Wertes (Bezahlung, Anerkennung etc.) und dem wahrgenommenen Ausmaß der Realisierung dieses Wertes durch die gegenwärtige Arbeit („perceived amount of the value provided by the job"); Zufriedenheit wird in diesem Modell also als Soll-Ist-Differenz konzeptualisiert. Nach dem multiplikativen Modell ist Zufriedenheit das Produkt aus dem Ausmaß der Realisierung eines Wertes und der Bedeutung dieses Wertes für das Individuum. Nach Locke sollte Zufriedenheit als die mit der subjektiven Wertbedeutung gewichtete Soll/Ist-Differenz konzeptualisiert werden:

$$AZ = (S-R)*B,$$

wobei

- S = gewünschte Wert-Ausprägung
- R = realisierte Wert-Ausprägung
- B = subjektive Bedeutung des Wertes.

Da im allgemeinen mehrere „Werte" die AZ determinieren, wäre Lockes Modell wie folgt zu erweitern (additives Zusammenwirken der k Komponenten vorausgesetzt):

$$AZ = \sum_{i=1}^{k} (S_i - R_i)B_i \quad (4)$$

Leicht resignierend stellt Locke fest: „While the above formula offers something approaching an integration of the subtractive and multiplicative models, the actual formula presented above is misleading in that it assumes ratio scale measurement of variables which are hard to measure even on an ordinal scale" (1976, S. 1336).

Inwieweit sein Pessimismus bezüglich der empirischen Prüfbarkeit seines Modells berechtigt ist, wird später noch erörtert werden. An dieser Stelle soll nur gezeigt werden, daß das Modell nicht mit der Voraussetzung (beliebiger) Ratioskalen auskommt, sondern einen ganz speziellen Typus von Ratioskalen erfordert.

Soll das Modell für beliebige Ratioskalen $S' = a*S$, $R' = b*R$ und $B' = c*B$ (mit $a,b,c > 0$) empirisch bedeutsam sein, so müßte die Aussage

„p's Arbeitszufriedenheit ist nicht kleiner als die von q"

unter allen zulässigen Skalentransformationen ihren Wahrheitswert behalten.

$$AZ_p \geq AZ_q \Leftrightarrow \Sigma (S_{ip} - R_{ip})B_{ip} \geq \Sigma (S_{iq} - R_{iq})B_{iq} \quad (4a)$$

Einfache Umformungen der rechten Seite von (4a) führen zu

$$\Sigma S_{ip}B_{ip} - \Sigma R_{ip}B_{ip} \geq \Sigma S_{iq}B_{iq} - \Sigma R_{iq}B_{iq} \quad (4b)$$

bzw. zu

$$\Sigma S_{ip}B_{ip} - \Sigma S_{iq}B_{iq} \geq \Sigma R_{ip}B_{ip} - \Sigma R_{iq}B_{iq} \quad (4c)$$

Einsetzen der transformierten Skalen in die rechte Seite von (4a) führt zu

$$\Sigma(S'_{ip} - R'_{ip})B'_{ip} \geq \Sigma(S'_{iq} - R'_{iq})B'_{iq}$$
$$\Leftrightarrow \Sigma\,(aS_{ip} - bR_{ip})cB_{ip} \geq \Sigma(aS_{iq} - bR_{iq})cB_{iq}$$
$$\Leftrightarrow \Sigma(acS_{ip}B_{ip} - bcR_{ip}B_{ip}) \geq \Sigma(acS_{iq}B_{iq} - bcR_{iq}B_{iq})$$
$$\Leftrightarrow ac\Sigma\, S_{ip}B_{ip} - bc\Sigma R_{ip}B_{ip} \geq ac\Sigma S_{iq}B_{iq} - bc\Sigma R_{iq}B_{iq}$$
$$\Leftrightarrow c(a\Sigma S_{ip}B_{ip} - b\Sigma R_{ip}B_{ip}) \geq c(a\Sigma S_{iq}B_{iq} - b\Sigma R_{iq}B_{iq})$$
$$\Leftrightarrow a(\Sigma S_{ip}B_{ip} - \Sigma S_{iq}B_{iq}) \geq b(\Sigma R_{ip}B_{ip} - \Sigma R_{iq}B_{iq}) \quad (4d)$$

(4 d) ist im allgemeinen nicht äquivalent zu (4 c); d.h., der Wahrheitswert der ursprünglichen Aussage ist nicht invariant gegenüber zulässigen Meßwerttransformationen. Nur wenn $a = b$ gilt, bleibt der Wahrheitswert der Aussage erhalten.

Dies bedeutet, daß S und R voneinander *abhängige* Ratioskalen sein müssen; die Meßwerte von S und R dürfen also nicht unabhängig voneinander transformiert werden. (Dagegen dürfen die Meßwerte von S und R unabhängig von der Transformation der B-Werte (gemeinsam) transformiert werden.) —

Fassen wir zusammen: Das Skalenniveau von Messungen der AZ spielt sowohl in der Praxis als auch in der wissenschaftlichen Forschung eine kritische Rolle. Die Auswirkungen einer Umstrukturierungsmaßnahme auf die AZ verschiedener Arbeitnehmergruppen können ebenso wenig miteinander verglichen werden wie die Auswirkungen verschiedener Umstrukturierungsmaßnahmen auf die AZ einer Arbeitnehmergruppe, wenn AZ nicht mindestens auf Intervallskalenniveau erfaßt wird. Auf Ordinalskalenniveau — und nur dieses kann für die bisher entwickelten Meßinstrumente für AZ angenommen werden — lassen sich Zufriedenheitsdifferenzen nicht interpretieren. Wichtige Fragen der betriebspsychologischen Praxis bleiben also so lange unbeantwortbar, wie Unklarheit über das Skalenniveau von Quantifizierungen der AZ herrscht. Ebenso fragwürdig sind streng genommen auch die Aussagen über Reliabilitäten und Validitäten und über die faktorielle Struktur der gängigen Meßinstrumente für AZ, die im Rahmen der KTT entwickelt worden sind. Schließlich konnten wir die Implikationen einflußreicher theoretischer Modelle der AZ für das erforderliche Skalenniveau der beteiligten Modellvariablen aufweisen. Solange diesen Implikationen in der Forschung nicht Rechnung getragen wird, bleiben alle Versuche, diese Modelle zu bestätigen oder zu widerlegen, fruchtlos. — Aber auch Schattenboxen kann bekanntlich zu stabilisierter Zufriedenheit führen.

2.2 Verteilungsannahmen

Einer der wenigen konsistenten Befunde der AZ-Forschung ist die Rechtssteilheit der Zufriedenheitsscores: Nur ca. 20 % der Befragten äußern sich unzufrieden, 80 % äußern sich zufrieden bis sehr zufrieden. Hier soll nicht erneut über die Gründe für diesen Befund spekuliert werden (zusammenfassend siehe dazu Neuberger, 1985, S. 179 – 188), sondern es sei nur daran erinnert, daß die Verwendung des statistischen Instrumentariums der klassischen Testtheorie auch unter diesem Gesichtspunkt problematisch ist. T-Tests, Varianzanalysen, Signifikanzprüfungen von Regressionskoeffizienten und von Korrelationen (und von Korrelationsunterschieden) setzen bekanntlich die Normalverteilung der Merkmale in der Population voraus. AZ ist sehr deutlich nicht normalverteilt.

2.3 Populationsabhängigkeit

Die wichtigsten Gütekriterien der KTT sind Reliabilität und Validität. (Die Objektivität der Testdurchführung, -auswertung und -interpretation sei hier einmal ausgeklammert.)

Die Reliabilität ist definiert als das Verhältnis zwischen „wahrer" Varianz (Varianz der wahren Werte T) und Gesamtvarianz (Varianz der beobachteten Werte t): $r_{tt} = s_T^2/s_t^2$.

Es ist leicht ersichtlich, daß damit die Reliabilität von der Streuung der wahren Werte in der Stichprobe, die aus einer definierten Population gezogen wurde, abhängt. Läßt man in einem Gedankenexperiment die Population bzw. Stichprobe immer homogener werden, also die wahren Werte der Individuen immer ähnlicher werden, so geht der Zähler des Varianzbruchs gegen 0 und damit auch die Reliabilität. Im Extremfall haben alle Individuen denselben wahren Wert und $r_{tt} = 0$; es wäre jedoch widersinnig, dem Test jede Meßgenauigkeit abzusprechen, wenn sich in einer etwas heterogeneren Stichprobe eine Reliabilität von $r_{tt} = .97$ ergeben hätte. Offensichtlich ist also die Reliabilität kein einstelliges Prädikat (vergl. Stegmüller, 1973, S. 22f), sondern ein zweistelliges: Man kann nicht von *der* Reliabilität eines Tests sprechen, sondern nur von der Reliabilität eines Tests bezogen auf eine bestimmte Referenzpopulation: r_{tt} = f (Test, Population). Ein AZ-Fragebogen hat in der Population von Straßenbauarbeitern per se eine geringere Reliabilität als in einer aus Arbeitern, mittleren und leitenden Angestellten gemischten Population derselben Branche — ein der Intuition widersprechendes Ergebnis, nach der doch die Genauigkeit eines Meßinstrumentes eine Eigenschaft allein des *Meßinstrumentes* sein sollte.

Bei der Validität verhält es sich ähnlich: Je homogener die Population bezüglich des Tests t und des Kriteriums c ist, desto geringer wird r_{tc}. Validität erweist sich damit als ein dreistelliges Prädikat: Ein Test hat eine Validität bezogen auf ein bestimmtes Kriterium in einer bestimmten Population (r_{tc} = f (Test, Kriterium, Population). Denn in einer gegebenen Population hat ein Test stets so viele Validitätskoeffizienten wie Kriterien definiert sind. Auch hier widerspricht die Populationsabhängigkeit der Enge des Zusammenhangs zwischen einem Test und einem Kriterium der Intuition: Die Validität sollte allein eine Eigenschaft des Tests und des Kriteriums sein.

Aus der Populationsabhängigkeit der Reliabilität folgt die Populationsabhängigkeit der Konfidenzintervalle für die einzelnen Testwerte, da der Standardmeßfehler als $s_e = s_t\sqrt{1-r_{tt}}$ definiert ist. Dies führt zu dem paradoxen Resultat, daß sich unterschiedlich große Konfidenzintervalle für den Testwert einer Person ergeben, je nach dem Homogenitätsgrad der Population, der die Person zugeordnet wird, obwohl sie mit demselben Meßinstrument gemessen wurde. Dies hat zur Folge, daß der Vergleich der AZ zweier Sekretärinnen davon abhängt, ob sie — allgemeiner — als Angestellte oder — spezieller — als weibliche Büroangestellte betrachtet werden.

Das gleiche gilt auch für die Beurteilung intraindividueller Unterschiede: Ob sich die AZ einer Sekretärin geändert hat, hängt (unter anderem) davon ab, als Mitglied welcher Referenzgruppe sie zufällig betrachtet wird. (Zur inferenzstatistischen Absicherung inter- und intraindividueller Unterschiede siehe im einzelnen Lienert, 1969, S. 454 - 457.)

Auch Dimensionalitätsanalysen von AZ-Fragebögen sind in starkem Maße populationsabhängig. Dies gilt nicht nur in dem (trivialen) Sinn, daß beispielsweise Anzahl und Inhalt der AZ-Faktoren von männlichen Arbeitern verschieden sind von denen der weiblichen Angestellten, sondern daß Anzahl und Inhalt der AZ-Faktoren ein und desselben Arbeitnehmers in Abhängigkeit von der betrachteten Referenzpopulation variieren. So ist es durchaus möglich, daß die Faktorenanalyse eines AZ-Fragebogens — um unser obiges Beispiel aufzugreifen — in der Population der Angestellten fünf Faktoren zutage fördert, in der Population der weiblichen Büroangestellten dagegen acht Faktoren, wobei sich zusätzlich die inhaltlichen Bedeutungen der Faktoren in beiden Populationen unterscheiden. Unserer Sekretärin — die per definitionem beiden Populationen angehört — würden dann im einen Fall fünf, im anderen Fall acht (inhaltlich verschiedene!) AZ-Faktoren zugesprochen. Die Populationsabhängigkeit der Ergebnisse von Faktorenanalysen berührt noch einen weiteren Punkt: Die Addition von Itemscores zu einem Gesamtscore, wie sie typischerweise bei Likert-Skalen vorgenommen wird, ist offensichtlich nur dann sinnvoll, wenn die Items ein und dasselbe Merkmal erfassen. In der KTT wird die Homogenität von Subskalen i.d.R. faktorenanalytisch begründet. Die Eindimensionalität von Subskalen und damit die Berechtigung der Addition der Itemscores ist damit eine Funktion der Skala *und* der untersuchten Population.

2.4 Spezifische Objektivität

Angenommen, jemand antworte auf die Frage, welche von zwei Personen die größere sei: „Das kommt darauf an, welche Längenskala man benutzt." Eine solche Antwort würde Zweifel an den Meßinstrumenten des Befragten oder an seinem Verständnis des Begriffs „Körpergröße" aufkommen lassen. Testtheoretisch würde das bedeuten, daß der Befragte nicht in der Lage ist, zwei Personen hinsichtlich ihrer Körpergröße *spezifisch objektiv* zu vergleichen. Kempf erläutert den Begriff der spezifischen Objektivität folgendermaßen: „Bei der Analyse psychologischer Testsituationen kann man davon ausgehen, daß das Anliegen der Psychologie nicht so sehr darin besteht, eine Messung an sich vorzunehmen, als vielmehr Vergleiche von Objekten (z. B. Versuchspersonen) durchzuführen, wobei man Objektivität der Vergleiche anstrebt. (. . .) Damit sie als wissenschaftlich gelten können, dürfen die aus den Resultaten des Kontaktes zweier Objekte v_1, $w_1 \varepsilon M_1$ mit einer Menge von Instrumenten $v_2, w_2, \ldots, z_2 \varepsilon M_2$ hergeleitete Aussagen über die Relation zwischen den Objekten nicht davon abhängen, welche Instrumente zufällig aus M_2 ausgewählt wurden" (1972, S. 18).

Die Vergleiche zwischen Personen bezüglich ihrer AZ dürften also nicht davon abhängen, mit welchen Items diese Vergleiche durchgeführt werden (andernfalls wären die Items offensichtlich nicht in der Lage, eben dieses Merkmal zu erfassen), ebenso wie die Vergleiche zwischen Items nicht davon abhängen dürften, wer damit gemessen wird (andernfalls würde nicht ausschließlich die AZ der

Personen die Reaktionen auf die Items bestimmen). Meßinstrumente, die nach den Kriterien der KTT konstruiert sind, erfüllen i.a. nicht die Forderung nach spezifischer Objektivität.

2.5 Empirische Prüfbarkeit

Die Grundannahmen der klassischen Testtheorie (Gulliksen, 1950; Kranz, 1979; elegantere Darstellungen geben Lord & Novick, 1968; Fischer, 1974) sind weder empirisch prüfbar, noch psychologisch sehr plausibel (Hilke, 1980; Stephan, 1984). Jegliches Messen ist jedoch ein stark „theoriengetränkter" Prozeß (Orth, 1974; Gigerenzer, 1981), d.h. durchsetzt mit substanzwissenschaftlichen Annahmen (Stegmüller, 1970). Diese für das Messen konstitutiven Annahmen sollen soweit wie möglich empirisch kontrollierbar sein.

Im folgenden werden zur KTT alternative Meßmodelle vorgestellt, die

1) zu Messungen führen, deren Skalenniveau bekannt (und nachweisbar) ist,
2) in die keine problematischen Verteilungsannahmen eingehen,
3) die die Konstruktion von Skalen ermöglichen, deren Homogenität nicht von der betrachteten Population abhängt,
4) die spezifisch objektive Vergleiche zwischen Personen (und Personengruppen) ermöglichen und
5) deren Annahmen (weitgehend) empirisch prüfbar sind.

3. PROBABILISTISCHE MESSMODELLE

3.1 Grundbegriffe probabilistischer Meßmodelle

Probabilistische Meßmodelle fassen das beobachtbare Verhalten lediglich als *Symptom* von zugrundeliegenden, nicht beobachtbaren („latenten") Eigenschaften der Person und der Umwelt auf. Darüber hinaus lassen sie die Annahme eines deterministischen Zusammenhangs zwischen den latenten Persönlichkeitsmerkmalen und den Umweltbedingungen auf der einen Seite und dem beobachtbaren Verhalten auf der anderen Seite fallen. Zwischen „Ursachen" und „Wirkungen" wird nur ein probabilistischer Zusammenhang postuliert. Die Skalogrammanalyse von Guttman (1950) markiert einen entscheidenden Schritt in der Geschichte der Entwicklung dieser Meßmodelle: „Guttman machte sich als erster von der Vorstellung frei, daß die latente Dimension und die beobachtbaren, qualitativen oder quantitativen Variablen gleichzusetzen, d.h. durch ein mathematisches Gleichheitszeichen zu verbinden sind und faßte die beobachtbaren Reaktionen der Versuchspersonen als Symptome der latenten Eigenschaften auf. (. . .) Allerdings hielt Guttman insofern noch an einem deterministischen Ansatz fest, als er keinerlei Zufallseinflüsse in seinem Modell vorsah." Dies ist die Einschätzung Fischers (1974, S. 148).

Die Grundidee der Guttman-Skalierung soll hier kurz ins Gedächtnis gerufen werden, weil an ihr wichtige Grundbegriffe der später darzustellenden Meßmodelle erläutert werden können. Ziel dieses Verfahrens ist es, zwei Mengen von

Objekten, Personen und Items, *simultan* zu skalieren. Items und Personen werden in eine Rangreihe gebracht: die Items nach ihrer „Schwierigkeit" (Anzahl der Personen, die ein Item lösen), die Personen nach ihrer „Fähigkeit" (Anzahl der Items, die eine Person löst). Eine perfekte Guttman-Skala existiert dann, wenn diese Rangreihenbildungen simultan erfolgen können, d.h., wenn die geordneten Items und Personen z.B. in einer Matrix wie der folgenden dargestellt werden können:

		Items			
		a	b	c	Σ
	w	0	0	0	0
Personen	x	1	0	0	1
	y	1	1	0	2
	z	1	1	1	3
	Σ	3	2	1	

Aus einer solchen Matrix läßt sich eindeutig vom Personenscore darauf schließen, welche Items die Person gelöst hat. Daß die Person y einen Score von 2 hat, bedeutet, daß sie das leichte und das mittelschwere Item (a und b) gelöst hat. (Damit ist die Anzahl der gelösten Items gleichzeitig eine „erschöpfende Statistik" für die Bestimmung der Fähigkeit der Person. Um diese zu bestimmen, muß man nicht wissen, *welche* Items sie gelöst hat, sondern nur, *wieviele* sie gelöst hat. Die Summe der gelösten Items enthält bereits alle Informationen über die Personenfähigkeit.)

Wäre der Antwortvektor von y dagegen (101), so hätte sie ein leichtes und ein schweres, aber nicht das mittlere Item gelöst, und es wäre unmöglich, die geordneten Items und Personen in einer Matrix zusammenzustellen, wie man sich leicht überlegt. Ein solcher Antwortvektor würde darauf hinweisen, daß die Items nicht *homogen* in dem Sinne sind, daß sie genau eine Fähigkeit bzw. Einstellung im Probanden ansprechen: Wer ein Item bestimmter Schwierigkeit löst, müßte auch alle leichteren lösen, es sei denn, sie sprechen nicht dieselbe latente Dimension an (Raten und andere Zufallslösungen ausgeschlossen). Damit ist die Anzahl der Abweichungen von der perfekten Guttman-Skala zugleich ein Maß für die Homogenität der Skala.

Die Grundannahme des Guttman-Modells läßt sich auch graphisch veranschaulichen.

Unter einer *Itemcharakteristikkurve* (ICC) versteht man den Graphen der Funktion der Lösungswahrscheinlichkeit p(+) eines Items i in Abhängigkeit von der Ausprägung des latenten Parameters θ. (Bezogen auf einen Leistungstest ist θ die Fähigkeit der Personen bzw. die Schwierigkeit der Items — beide sollen ja simultan, d.h. auf einer Skala angeordnet werden.) In Abbildung 1 (S.144) sind die ICCs für drei Guttman-Items eingezeichnet.

In perfekten Guttman-Skalen haben alle Items treppenförmige ICCs, weil alle Versuchspersonen, die ein Item i lösen, Personenparameter größer als θ_i besitzen und alle Versuchspersonen, die das Item nicht lösen, Personenparameter kleiner als θ_i besitzen: Jedes Item trennt die Personen eindeutig in zwei Hälften, die „Löser" und die „Nichtlöser". Alle Löser lösen auch alle leichteren Items, kein

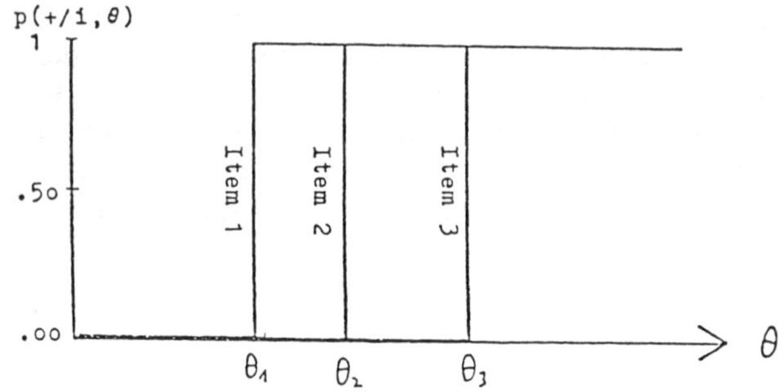

Abb. 1: Itemcharakteristikkurven von Guttman-Items

Nichtlöser löst ein schwereres Item. Die ICCs sind streng — gemäß der Schwierigkeit der Items — geordnet. Die Ereignisse Lösung vs. Nichtlösung sind durch den Personenparameter eindeutig determiniert.

Eine interessante Eigenschaft von Guttman-Skalen wird deutlich, wenn man untersucht, inwiefern die Vergleiche zwischen den Personen von den zufällig ausgewählten Items abhängen. Wenn zwei Personen p und q durch ein Item a eindeutig in eine Rangreihe gebracht werden, wenn also z. B. q das Item a gelöst hat, p aber nicht, so reproduziert jedes andere Item, daß zwischen den Fähigkeiten der Personen p und q liegt, ebenfalls diese Rangreihe. Dies ist in Abbildung 2 dargestellt:

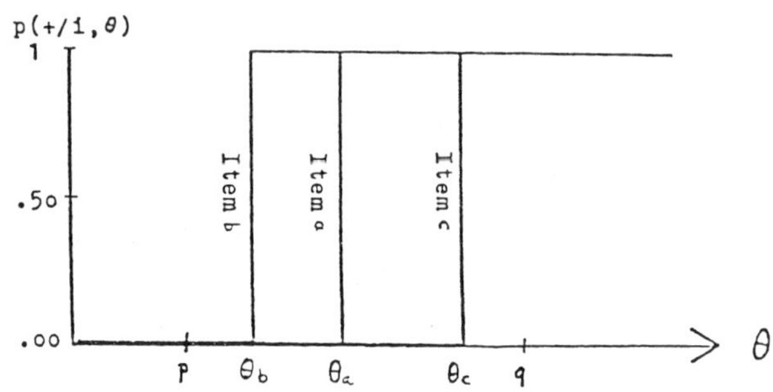

Abb. 2: Spezifische Objektivität von Personenvergleichen im Guttman-Modell

Auch die Items b und c ordnen die Personen p und q eindeutig bezüglich ihrer Leistungsfähigkeit. Der Vergleich der Personenparameter ist also unabhängig von den gewählten Items, die Ordnungsrelationen unter den Personen bleiben erhalten. Wegen der Symmetrie zwischen Item- und Personenparametern im Guttman-Modell muß auch das Umgekehrte gelten: Der Vergleich der Item-Parameter ist unabhängig von den gewählten Personen, falls das Modell gilt. Kempf (1972, S. 21) resümiert dieses Ergebnis: „Also ist die Forderung nach spezifischer Objektivität erfüllt."

Die Guttman-Skalierung führt zu Ordinalskalen. Der deterministische Charakter des Modells hat den Vorteil, daß es absolut sichere Verhaltensvorhersagen erlaubt. Aus dem Score einer Person kann ihr Antwortverhalten auf jedes einzelne Item zuverlässig abgeleitet werden. Freilich sind deterministische Modelle für menschliches Verhalten (und wahrscheinlich für die meisten biologischen Prozesse) ganz unrealistisch. Gleichgültig, ob man die Position vertritt, daß wir heute noch nicht in der Lage sind, die mitdeterminierenden Faktoren zu identifizieren, oder die Position, daß psychische, biologische und physikalische Prozesse an sich stochastisch sind (vgl. die Diskussion um die „hidden variables" in der Kernphysik), das „Unvorhersagbare" muß in praktikablen Modellen systematisch berücksichtigt werden.

In der psychologischen Testtheorie wird dem z. B. durch die Annahme von ICCs mit endlichen positiven Steigungen Rechnung getragen:

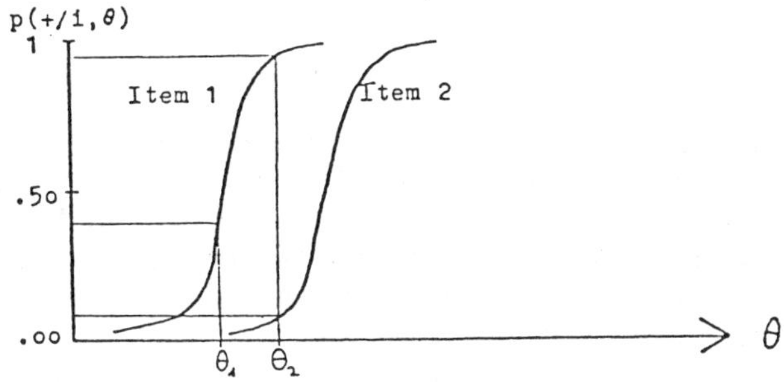

Abb. 3: Itemcharakteristikkurven probabilistischer Meßmodelle

Die ICC von Item 1 besagt, daß die Person 1 mit niedrigerem θ-Wert (θ_1) nur eine geringere *Wahrscheinlichkeit* als die Person 2 mit θ_2 hat, das Item zu lösen. Je ähnlicher die Personenparameter, desto ähnlicher sind natürlich auch die Lösungswahrscheinlichkeiten, je weiter sie auseinanderliegen, desto unwahrscheinlicher ist es, daß sie auf das Item in derselben Weise reagieren. Nimmt man an, daß die ICCs asymptotisch verlaufen, also nirgends p(+) exakt 0 oder 1 wird, so kann in einem Intelligenztest auch der Unbegabteste theoretisch das schwerste Item lösen, ebenso wie der Begabteste bei dem leichtesten Item versagen kann — allerdings mit verschwindend geringen Wahrscheinlichkeiten.

Item 2 ist das schwerere, weil die Lösungswahrscheinlichkeit für jeden gegebenen θ-Wert geringer ist als bei Item 1.

Die Bedeutung der *Steigungen* der ICCs (in einem gegebenen Punkt, p(+/i,θ) = 0.50) wird durch folgende Abbildung veranschaulicht: Zwei (lokal) gleichschwere Items mit unterschiedlichen Steigungen ihrer ICCs erzeugen unter-

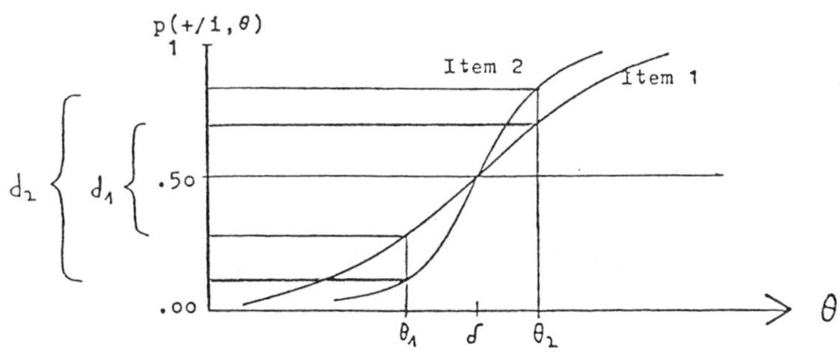

Abb. 4: Itemcharakteristikkurven mit unterschiedlichen Steigungen

schiedlich große Differenzen in den Lösungswahrscheinlichkeiten zweier Personen mit θ_1 und θ_2.

Es ist viel unwahrscheinlicher, daß die Personen auf das Item 2 in gleicher Weise reagieren, als daß sie auf das Item 1 in gleicher Weise reagieren; andersherum ausgedrückt: Es ist wahrscheinlicher, daß sie auf Item 2 unterschiedlich reagieren. Die Steigung der ICC ist also ein Maß für die lokale *Trennschärfe;* sie gibt an, wie gut (= mit welcher Wahrscheinlichkeit) das Item zwei Personen mit unterschiedlichen θ-Werten differenzieren kann. Guttman-Items besitzen (allerdings nur in einem Punkt) absolute Trennschärfe, Items mit parallel zur Abszisse verlaufenden ICCs können in keinem Punkt zwischen den Personen diskriminieren.

3.2 Das Modell von Mokken

Robert J. Mokken, ein holländischer Politologe, legte 1971 ein Meßmodell vor, das als probabilistische Version des Guttman-Modells angesehen werden kann. Es erlaubt die spezifisch objektive Messung von Fähigkeiten und Einstellungen auf ordinalem Niveau und prüft gleichzeitig die Homogenität der Itemmengen (die Homogenität ist selbstverständlich Voraussetzung dafür, daß man von *einer* Fähigkeit bzw. Einstellung sprechen kann).

Die entscheidende Forderung, damit ein Item-Set im Sinne Mokkens eine Skala bildet (bzw. homogen ist), betrifft den Verlauf der ICCs. Sie müssen *doppelt monoton* sein. Diese Eigenschaft der ICCs wird auch *Holomorphismus* genannt. Einfach monotone ICCs sind durch Monotonie bezüglich θ gekennzeichnet. Mit steigendem θ-Wert steigt auch die Lösungswahrscheinlichkeit der Items. Bei doppelter Monotonie ist zusätzlich Monotonie bezüglich der Itemschwierigkeit (im folgenden δ genannt) gefordert. Mit steigender Itemschwierigkeit sinkt monoton die Lösungswahrscheinlichkeit. Die ICCs in Abb. 3 waren doppelt monoton. Daß das keineswegs selbstverständlich ist bzw. daß Monotonie bezüglich θ nicht Monotonie bezüglich δ impliziert, sieht man aus der folgenden Abbildung (Abb. 5):

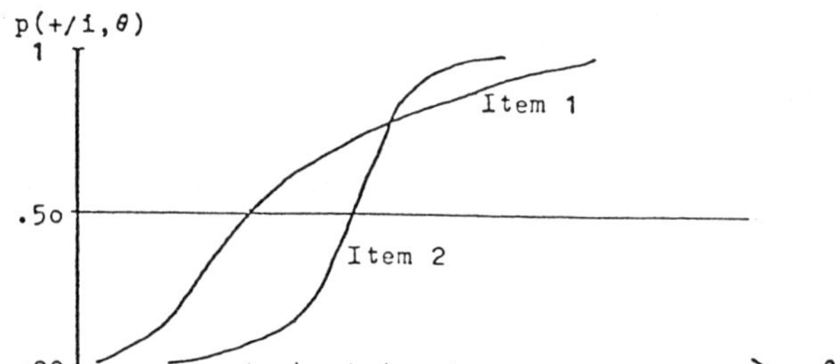

Abb. 5: Verletzung der doppelten Monotonie

Beide Items sind einfach monoton: Für alle Paare θ_1 und θ_2 gilt:

$$p(+/1,\theta_1) < p(+/1,\theta_2)$$

und

$$p(+/2,\theta_1) < p(+/2,\theta_2).$$

In Worten: je höher die θ-Werte, desto höher bei beiden Items die Lösungswahrscheinlichkeiten.

Die Items sind jedoch nicht monoton bezüglich der (lokalen) Schwierigkeit δ (die lokale Schwierigkeit wird als der Wert auf der latenten Dimension definiert, der einer Lösungswahrscheinlichkeit von 0.50 entspricht, also als $p(+/i,\theta) = 0.50$).

Item 1 besitzt die geringere Schwierigkeit, da $\delta_1<\delta_2$. Die Lösungswahrscheinlichkeit müßte, falls doppelte Monotonie vorläge, überall höher sein als für Item 2.

Es gilt zwar

$$p(+/1,\theta_1)>p(+/2,\theta_1),$$

aber auch

$$p(+/1,\theta_2)<p(+/2,\theta_2).$$

Das bedeutet, daß für Personen mit θ-Werten < x das Item 1 leichter als das Item 2 ist, daß aber für Personen mit θ-Werten > x das Umgekehrte zutrifft. Es ist intuitiv einleuchtend, daß solche Items nicht „dasselbe" messen, also nicht homogen sind. Für die Verletzung der zweiten Monotoniebedingung ist, wie man sich leicht klar macht, eine „Überschneidung" der ICCs verantwortlich. Doppelte Monotonie oder Holomorphismus ist also gleichbedeutend mit parallel verlaufenden monoton steigenden ICCs.

Daß das Meßmodell von Mokken spezifisch objektive Vergleiche erlaubt, sei für den Vergleich der Itemschwierigkeiten δ an einem Beispiel veranschaulicht.

Die folgende Abbildung (Abb. 6) ist identisch mit Abb. 5, nur daß jetzt noch zwei Populationsverteilungen eingezeichnet sind.

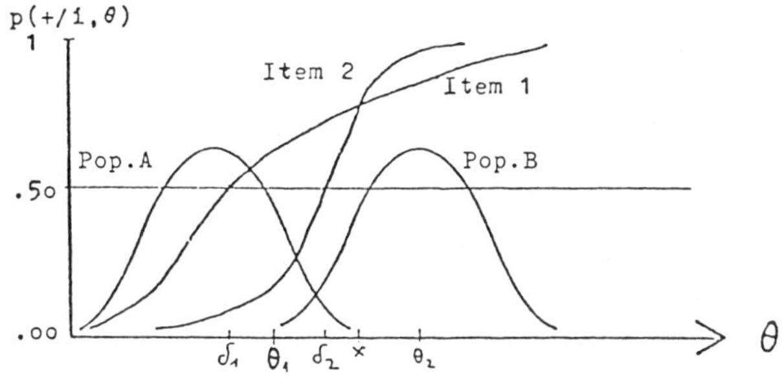

Abb. 6: Populationsabhängige Itemschwierigkeiten

Wir benutzen das gleiche Argument, welches wir bei der Erläuterung des Holomorphie-Begriffs gebraucht haben: Für Personen mit θ-Werten < x ist das Item 1 das leichtere, für Personen mit θ > x ist das Item 2 das leichtere. Man würde also in der Population A aufgrund der Lösungswahrscheinlichkeiten $\delta_1<\delta_2$ schätzen, in der Population B $\delta_1>\delta_2$.

Wären die ICCs parallel, so wäre die Ordnungsrelation zwischen δ_1 und δ_2 immer dieselbe, gleichgültig, aufgrund welcher Populationsverteilung der Personenparameter man sie schätzen würde. Holomorphie ist also hinreichend für spezifische Objektivität der Rangvergleiche zwischen Items. Wegen der Symmetrie zwischen Personen- und Itemparametern gilt das auch für die Rangvergleiche zwischen Personen. Die absolute Größe der Item- und Personenparameter hängt zwar von der Populationsverteilung der Personen bzw. Items ab, jedoch nicht ihre *Ordnung*.

Wie kann die entscheidende Bedingung der doppelten Monotonie empirisch überprüft werden? Dies geschieht durch die Inspektion zweier Matrizen P++ und P- - . P++ enthält die verbundenen Lösungswahrscheinlichkeiten $f_{ij}(++)$, wobei $f_{ij}(++)$ die Wahrscheinlichkeit ist, die Items i und j zu lösen; P- - enthält entsprechend die verbundenen Nicht-Lösungswahrscheinlichkeiten $f_{ij}(--)$, also die Wahrscheinlichkeit, an i und an j zu scheitern. Ordnet man die Items nach fallender Schwierigkeit und trägt die $f_{ij}(++)$-Werte in die quadratische Matrix P++ ein, so steigen die Werte zeilenweise an, wenn das Modell gilt. Da die Matrix symmetrisch ist, müssen die verbundenen Lösungswahrscheinlichkeiten auch spaltenweise ansteigen. In der Matrix P- - müssen die $f_{ij}(--)$-Werte zeilen- und spaltenweise fallen.

Bisher existiert noch keine statistische Theorie, mit der sich entscheiden ließe, ob Anzahl und Größe der Abweichungen vom Holomorphismus noch als zufällig gelten können. Mokken selbst hält es für legitim, Abweichungen kleiner als 0.03 — bezogen auf zwei aufeinanderfolgende f_{ij}-Werte — zu ignorieren. Jedoch ist es möglich, die *einfache Monotonie* oder *Homogenität* von Items statistisch zu überprüfen, also die Annahme, daß die Lösungswahrscheinlichkeiten der Items mit steigenden θ-Werten monoton wachsen. Aufbauend auf Loevingers Homogenitätskoeffizienten (Loevinger, 1948) entwickelte Mokken einen *Skalierbarkeitskoeffizienten* H, der ein Maß für die Homogenität eines Itemsatzes ist und Werte zwischen 0 (perfekte Heterogenität) und 1 (perfekte Homogenität) annehmen kann. Neben einem Gesamtmaß für die Homogenität einer Skala existiert ferner der *Item-Skalierbarkeitskoeffizient* H_i, der angibt, wie homogen ein Item i bezogen auf die restlichen Items einer Skala ist. In eine Skala werden nur solche Items aufgenommen, deren H_i-Werte signifikant von 0 verschieden sind. (Die Signifikanzprüfung geschieht über z-Wert-Äquivalente der H_i-Koeffizienten.)

Die Tatsache, daß die Items einer Skala überzufällig stark zusammenhängen, sagt noch wenig über die praktische Bedeutung dieses Zusammenhangs aus (vgl. den Unterschied zwischen der statistischen Signifikanz eines Korrelationskoeffizienten und dem Determinationskoeffizienten als Maß der praktischen Bedeutung des Zusammenhangs). Mokken schlägt folgende Konvention zur Beurteilung der Homogenität einer Skala vor:

- $H < 0.30$: „no scale"
- $0.30 \leq H < 0.40$: „weak scale"
- $0.40 \leq H < 0.50$: „medium scale"
- $0.50 \leq H$ „strong scale"

Aus einem heterogenen Itempool (wie er typisch für AZ-Fragebögen ist) können auch mehrere in sich homogene Subskalen entwickelt werden. Ausgehend von den beiden am engsten zusammenhängenden Items wird ein drittes Item gesucht, welches am besten zu dem ursprünglichen Itempaar paßt, d.h. den höchsten H-Wert für die Drei-Item-Skala liefert. Im nächsten Schritt wird als viertes Item dasjenige ausgewählt, welches mit den drei anderen den höchsten H-Koeffizienten ergibt usw., bis der H-Koeffizient kleiner als eine bestimmte Untergrenze wird. Mit den restlichen im Pool verbleibenden Items wird die gleiche

Prozedur durchgeführt (höchster H-Wert zweier Items, sukzessives Hinzufügen des jeweils am besten passenden Items, bis die Skalierbarkeits-Untergrenze erreicht ist). Auf diese Weise erhält man aus einem heterogenen Itempool eine Reihe von in sich homogenen Itemteilmengen, also eine Art mehrdimensionaler Skalenbildung.

Die Vorteile gegenüber der Faktorenanalyse, die traditionellerweise zur Prüfung der Dimensionalität von Tests und Fragebögen eingesetzt wird, liegen auf der Hand:

1) Es muß kein problematisches Skalenniveau vorausgesetzt werden;
2) die Mokken-Analyse ist auf dichotome Items anwendbar (und abgestufte Antwortkategorien können dichotomisiert werden);
3) die Ergebnisse sind populationsunabhängig;
4) die Item- und Personenvergleiche sind spezifisch objektiv, auch bezüglich der Subskalen.

3.3 Das Modell von Rasch

Das Rasch-Modell ist ein Spezialfall des Mokken-Modells. Die ICCs müssen im Rasch-Modell eine ganz bestimmte mathematische Form haben: Sie sind logistische Funktionen der Item- und Personenparameter.

$$p(\theta_j, \delta_i) = \frac{\exp(\theta_j - \delta_i)}{1 + \exp(\theta_j - \delta_i)}$$

wobei

- p = Lösungswahrscheinlichkeit
- θ_j = „Fähigkeit" der Person j
- δ_i = „Schwierigkeit" des Items i
- $\exp(x) = e^x \approx 2.718^x$

Für $\theta_j = \delta_i$ ist die Lösungswahrscheinlichkeit = 0.50. Personenfähigkeit und Itemschwierigkeit halten sich die Waage. Für $\theta_j > \delta_i$ steigt die Lösungswahrscheinlichkeit, für $\theta_j < \delta_i$ fällt sie.

Das Rasch-Modell läßt sich aus folgenden Annahmen mathematisch herleiten (vgl. Fischer, 1974, S. 193 – 203):

1) Der Test besteht aus einer endlichen Menge von dichotomen Items.
2) Zur Lösung der Items wird genau die Fähigkeit bzw. das latente Merkmal θ benötigt, der Test ist also homogen.
3) Die ICCs sind streng monoton steigend.
4) Das Prinzip der „lokalen stochastischen Unabhängigkeit" ist erfüllt. Die Antwort auf ein beliebiges Item ist stochastisch unabhängig von den Antworten, die auf andere Items gegeben werden. Das bedeutet, daß alle Iteminterkorrelationen verschwinden, wenn θ herauspartialisiert wird, oder umgekehrt: Die Korrelationen sind ausschließlich durch θ bedingt. Lern-, Übungs-, Ermüdungs- und Reaktivitätseffekte existieren also nicht. (Dieses Prinzip wird übrigens auch in der KTT vorausgesetzt.)

5) Die Anzahl der gelösten Aufgaben ist eine erschöpfende Statistik für den Parameter θ.

Es läßt sich zeigen, daß Item- und Personenparameter eindeutig bis auf additive Konstanten sind (vgl. Kempf, 1972):

$$\theta_j' = \beta_1 + \theta_j$$

$$\delta_i' = \beta_2 + \delta_i, \text{ mit } \beta_1 + \beta_2 = 1$$

Item- und Personenparameter werden also auf (einem speziellen Fall von) untereinander abhängigen Intervallskalen gemessen. (Arbeitet man mit delogarithmierten Parametern, so erhält man Ratioskalen).

Ferner kann bewiesen werden, daß — sofern das Modell gilt — die Differenzen zwischen den Itemparametern nicht davon abhängen, mit welcher Personen-Teilstichprobe die Itemparameter bestimmt werden; umgekehrt kann auch die Unabhängigkeit der Personenparameter-Differenzen von den Items gezeigt werden (Fischer, 1974, S. 214 – 221). Das Rasch-Modell erlaubt damit spezifisch objektive Vergleiche zwischen Personen und zwischen Items auf Intervall- bzw. Ratioskalenniveau.

Auf die verschiedenen Methoden der Parameterschätzung kann hier nicht eingegangen werden; ebensowenig auf die — mittlerweile recht zahlreichen — Möglichkeiten, die Modellgeltung empirisch zu überprüfen (siehe z.B. Andersen, 1973; Fischer, 1974; Formann, 1981; Fricke, 1972; Gustafsson, 1980; Molenaar, 1983; Rost et al., 1978; Wollenberg, 1982). Die von uns benutzte Methode beruht auf der Idee, die Personen nach bestimmten Merkmalen (Geschlecht, Arbeiter vs. Angestellte, hohe vs. niedrige AZ) in Teilstichproben aufzuteilen und zu prüfen, ob sich in den Teilstichproben die gleichen Itemparameter ergeben. Bei Modellgeltung dürften sich diese Parameter nicht signifikant voneinander unterscheiden.

4. ERGEBNISSE DER MOKKEN- UND RASCH-SKALIERUNG DER SAZ

4.1 Klassische Item- und Faktorenanalyse

Die „Skala zur Messung von Arbeitszufriedenheit" (SAZ) wurde 1972 von L. Fischer und H. E. Lück nach den Kriterien der klassischen Testkonstruktion entwickelt, wie sie etwa in Lienert (1969) beschrieben sind.

Die SAZ besteht aus 37 Items (wovon das erste Item als „Eisbrecher" nicht mit ausgewertet wird), die im Likert-Format (5-stufige Antwortmöglichkeiten) dargeboten werden. Sie enthält 21 (20) Feststellungen, von denen 8 positiv (Zustimmung bedeutet hohe AZ) und 12 negativ gepolt sind (Zustimmung bedeutet geringe AZ), ferner 17 Fragen, die überwiegend positiv gepolt sind (16 positiv, eine negativ). Unseren Untersuchungen liegt eine annähernd repräsentative Stichprobe von n = 341 Personen zugrunde.

Für die folgenden Analysen wurden die Antworten so dichotomisiert, daß die beiden Antwortkategorien, die hohe AZ zum Ausdruck bringen (z. B. „sehr zufrieden", „ziemlich zufrieden"), als signifikante Antworten (1 = Lösung des Items) codiert werden. Die restlichen Antwortkategorien wurden mit 0 codiert.

Eine klassische Itemanalyse der dichotomisierten Skala erbrachte eine recht hohe Reliabilität (Cronbachs α = .91), zufriedenstellende Trennschärfen ($\overline{r}_{it}$ = .46, min = .21, max = .57) und eine günstige Schwierigkeitsverteilung der Items ($\bar{p}$ = .46, min = .24, max = .73). Der Gesamtmittelwert betrug 16.70 (theoretisches Mittel = 18.00), die Standardabweichung s = 8.72.

Damit genügt die SAZ auch in ihrer dichotomisierten Form den Kriterien der KTT für einen akzeptablen Test. (Zur Validität der SAZ siehe Fischer, 1989, S. 114ff.)

Um die Ergebnisse der klassischen Dimensionsanalyse bzw. Subskalenkonstruktion mit denen der probabilistischen Meßmodelle zu vergleichen, wurde die dichotomisierte SAZ auf der Basis der tetrachorischen Itemkorrelationsmatrix faktorisiert (Hauptachsenanalyse, Varimax-Rotation). Nach dem KAISER-Kriterium (Eigenwerte≥1.0) wurden 9 Faktoren extrahiert, die zusammen ca. 74 % der Gesamtvarianz erklärten (Eigenwertverlauf 13.58, 2.84, 2.26, 1.71, 1.60, 1.26, 1.20, 1.04, 1.02). Aus den auf einem Faktor hoch ladenden Items wurden die folgenden Subskalen konstruiert (nach den Kriterien Fürntratts [1969]):

Subskala	*Items*	*Reliabilität*
Ideelle AZ	12,21,22,24,27	.77
Freude/Wechselbereitschaft	2,3,11,17,33	.71
Bezahlung	29,31,32	.80
Aufstiegsmöglichkeiten	15,18,26,34,37	.71
Betriebsklima	4,8,10,16,35	.67

(Die restlichen vier Faktoren enthielten nur jeweils zwei hoch ladende Items und werden hier nicht weiter verfolgt.)

4.2 Mokken-Skalierung

Nach den Kriterien Mokkens stellt die Gesamt-SAZ keine homogene Skala dar. Der Skalierbarkeitskoeffizient liegt mit H = .292 noch knapp unterhalb der Grenze für eine „schwache Skala". Die Inspektion der Matrizen P++ und P- - erbrachte eine Fülle von untolerierbaren Abweichungen vom erwarteten Trend. Die fünf faktorenanalytisch gefundenen Subskalen wiesen folgende Charakteristiken auf:

Subskala	Skalierbarkeitskoeff. H	Verletzung des Holomorphismus
Ideelle AZ	.503	keine
Freude/Wechselbereitschaft	.486	keine
Bezahlung	.570	keine
Aufstiegsmöglichkeiten	.410	keine
Betriebsklima	.378	keine

Gute Skaleneigenschaften weisen demnach die Subskalen „ideelle AZ" und „Bezahlung" auf, „Freude/Wechselbereitschaft" und „Aufstiegsmöglichkeiten" stellen noch zufriedenstellende Skalen dar, und „Betriebsklima" ist nach den Kriterien Mokkens schon eine schwache Skala.

Um die Übereinstimmung zwischen den Ergebnissen der Faktorenanalyse und der Mokken-Skalierung auch in der umgekehrten Richtung zu prüfen, wurden aus dem vollen Itempool (nach dem in 3.2 beschriebenen Verfahren) homogene Itemuntergruppen herausgesucht. Die Skalierbarkeits-Untergrenze wurde auf H = .52 gesetzt, so daß alle resultierenden Itemuntergruppen „starke" Skalen bilden mußten.

Unter diesen recht strengen Bedingungen wurden sechs Subskalen gefunden (von denen allerdings zwei als Zwei-Item-Subskalen nicht brauchbar waren). Die anderen vier Subskalen decken sich z.T. mit den faktorenanalytisch ermittelten Subskalen: „Bezahlung" (Items 29, 31, 32), „Freude/Wechselbereitschaft" (Items 3, 11, 17, 33), „ideelle AZ" (Items 12, 21, 22, 24) und „Aufstiegsmöglichkeiten" (Items 23, 26, 27). Die schlechteste Übereinstimmung besteht zwischen der faktorenanalytisch ermittelten Aufstiegsskala und der durch die Mokken-Skalierung gefundenen. Beide Skalen haben nur ein Item gemeinsam, wobei die Mokken-Skala die prägnanteren Items enthält.

Insgesamt kann von einer partiellen Konvergenz der faktorenanalytisch gefundenen und der durch die Mokken-Analyse ermittelten SAZ-Subskalen gesprochen werden.

Die SAZ-Gesamtskala erweist sich nach den Kriterien Mokkens jedoch nicht als taugliche Skala.

4.3 Rasch-Skalierung

Nachdem sich die SAZ schon im weniger restriktiven Mokken-Modell als nicht homogen erwiesen hatte, konnte nicht erwartet werden, daß sie sich als verträglich mit dem Rasch-Modell erweisen würde. So war es nicht überraschend, daß sich für alle untersuchten Aufteilungen der Personenstichprobe (nach SAZ-Gesamtwert, nach Geschlecht, Angestellte vs. Arbeiter) sehr deutliche Modellabweichungen ergaben.

Jedoch erwies sich auch keine der Subskalen (weder der faktorenanalytisch noch der Mokken-analytisch gefundenen Subskalen) als verträglich mit den Annahmen des Rasch-Modells. Bestimmte Personenaufteilungen wiesen in allen Subskalen einzelne Items als modellunverträglich aus.

Fassen wir exemplarisch einige Fälle ins Auge: In der Skala „ideelle AZ" verletzte insbesondere das Item 27 („Sind Sie mit Ihrer Stellung zufrieden, wenn Sie sie vergleichen mit Ihren Fähigkeiten?") die Voraussetzung der Geschlechtsunabhängigkeit: Für die Frauen war es hochsignifikant „leichter" als für die Männer. (Dieses Item ist bei den Männern das zweitschwerste von den 5 Items, bei den Frauen ist es das leichteste. Damit sind auch die Differenzen zwischen den Itemparametern für die Männer andere als für die Frauen — vgl. 3.3.) Erklärbar ist dieser Unterschied mit den unterschiedlichen individuellen Bezugssystemen von Männern und Frauen: Frauen sind durchschnittlich beruflich weniger qualifiziert als Männer und glauben daher nicht, für höhere Stellungen überhaupt in Frage zu kommen. Die geringere Differenz zwischen Anspruchsniveau und erreichter Stellung schlägt sich nieder in größerer Zufriedenheit.

Mit der unterschiedlichen Qualifizierung kann auch erklärt werden, daß in der Skala „Freude/Wechselbereitschaft" das Item 2 („Meine Arbeit gibt mir die Möglichkeit, etwas zu lernen, was mir in Zukunft noch nützlich sein kann") von Männern eher bejaht wird als von Frauen. Monotone und wenig anspruchsvolle Tätigkeiten bieten kaum die Möglichkeit, etwas für die Zukunft zu lernen. Dies wird auch dadurch unterstrichen, daß dieses Item für Arbeiter signifikant schwieriger ist als für Angestellte. (Genauer: Es ist schwieriger relativ zu den anderen Items der Skala. Denn nicht die absolute Schwierigkeit, sondern die „Verschiebung“ eines Items relativ zu den anderen verletzt die Populationsunabhängigkeit.)

Unterschiedliche individuelle Bezugssysteme mögen auch dafür ausschlaggebend sein, daß Frauen viel unzufriedener mit ihrer Bezahlung als Männer sind, wenn sie „sie vergleichen mit der ihrer Kollegen“ (Item 29 aus der Skala „Bezahlung“). Möglicherweise vergleichen sich Frauen hier insbesondere mit ihren männlichen Kollegen, deren Bezahlung in der Regel tatsächlich höher ist (oft auch für die gleiche Arbeit). Männer, die sich mit männlichen und weiblichen Kollegen vergleichen, sind unter ihrem Blickwinkel naturgemäß zufriedener. Umgekehrt äußern sich Männer unzufriedener als Frauen, wenn allgemein nach der Bezahlungszufriedenheit gefragt wird („Wie zufrieden sind Sie mit Ihrer Bezahlung?“, Item 31). Hier wird die Referenzgruppe offengelassen und die unterschiedlichen Anspruchsniveaus — möglicherweise vermittelt über unterschiedliche Karriereerwartungen — der Geschlechter kommen zum Tragen.

5. FAZIT

Zusammenfassend kann festgehalten werden, daß sich einige Subskalen der SAZ zwar als verträglich mit den Annahmen des Mokken-Modells erwiesen haben, nicht jedoch mit den Annahmen des Rasch-Modells. Zwar können für die Verletzung der Populationsunabhängigkeit der Itemparameter im Rasch-Modell durch den Rekurs auf differentielle Bezugssysteme plausible Erklärungen gefunden werden, doch ändert dies nichts an der Tatsache, daß wir weder mit der SAZ insgesamt noch mit ihren Subskalen Quantifizierungsmöglichkeiten von allgemeiner Arbeitszufriedenheit oder von Teilaspekten der Arbeitszufriedenheit gefunden haben, die die unverzichtbaren Ansprüche der Praxis und der theoriegeleiteten Forschung befriedigen könnten. Die spezifisch objektive ordinale Meßbarkeit von Aspekten der AZ, die durch die Mokken-Analyse der SAZ begründet werden könnte, reicht nicht aus, um die Auswirkungen von Umstrukturierungsmaßnahmen zu vergleichen, und sie ermöglicht es nicht, die gängigen Theorien der AZ adäquat zu überprüfen und fortzuentwickeln.

Es bedarf keiner großen Kühnheit, zu vermuten, daß auch andere nach den Regeln der KTT konstruierte AZ-Skalen meß- und testtheoretisch nicht wesentlich besser abschneiden würden als die SAZ. (Der Versuch Gieglers (1985), die Rasch-Skalierbarkeit einiger Skalen des AZ-Fragebogens von Weyer et al. (1980) zu begründen, ist in seiner Absicht zwar verdienstvoll, doch überzeugt er angesichts der geringen Teststärke seiner Modellgeltungsprüfungen wenig: Die Stichprobengröße ist mit $N = 113$ so klein, daß auf dem 5 %-Niveau nur Itemparameterdifferenzen $\geq .73$ aufgedeckt werden können. Ferner wurden keine Vergleiche zwischen relevanten Subgruppen — Arbeiter vs. Angestellte, Männer vs. Frauen, jüngere vs. ältere Arbeitnehmer — durchgeführt, die bei uns Modellverletzungen zu Tage förderten.)

Was kann angesichts dieser Situation getan werden? Eine Möglichkeit wäre die, den Anspruch an die Aussagekraft theoretischer Modelle und betriebspraktischer Handlungsempfehlungen so weit zu senken, bis dieser nicht mehr in einem Spannungsverhältnis zu den methodischen Bedenken steht.

Weniger rigoros und produktiver erscheinen zwei andere Wege: Die *Neukonstruktion* von generellen und/oder subgruppenspezifischen Skalen nach den Kriterien *probabilistischer Meßmodelle* und die Prüfung von theoretischen Kernaussagen im Rahmen der *Theorie des verbundenen Messens*.

Generelle AZ könnte z.B. über allgemeine Handlungstendenzen erfaßt werden, die als Resultanten aller auf das Individuum bezüglich seiner Arbeit einwirkenden appetenten und aversiven Kräfte zu denken sind. Locke schlägt zur Erfassung dieser allgemeinen Handlungstendenzen u.a. folgende Items vor: „Wenn Sie auf dem Weg zu Ihrer Arbeit sind, möchten Sie dann manchmal lieber woanders hinfahren?" — „Wünschen Sie sich manchmal, auch abends und am Wochenende arbeiten zu können?". Die Vergleichbarkeit der Antworten auf solche Fragen wird weniger durch die individuellen Bezugssysteme eingeschränkt, denn „. . . one does not need much of a frame of reference to know whether he feels like going to work or not" (Locke, 1976, S. 1336). Damit haben solche Items auch eher die Chance, allgemeine AZ populationsunabhängig zu erfassen. Über erste empirische Ergebnisse der Konstruktion einer entsprechenden Skala berichten Hartman et al. (1986).

Die Theorie des verbundenen Messens (Krantz et al., 1971) eignet sich zur Prüfung von Gesetzesaussagen, wie sie in 2.1 diskutiert worden sind. Der Typ der Verknüpfung von Variablen (additiv, multiplikativ, gemischt additiv-multiplikativ) kann geprüft werden, ohne problematische Skalenniveaus vorauszusetzen. Die unabhängigen Variablen (die auf der rechten Seite der Gleichungen (1) – (4) auftreten) müssen nur nominalskaliert und unabhängig voneinander manipulierbar sein, und bezüglich der abhängigen Variable (AZ) sind lediglich ordinale Vergleiche erforderlich. Insbesondere eignet sich die verbundene Messung zur Entscheidung zwischen konkurrierenden Modellen, etwa zwischen Lockes Modell AZ = (S–R)B und alternativen Verknüpfungen der unabhängigen Variablen wie AZ = (S/R)B, AZ = (S/R)+B und AZ = (S–R)+B. Die Chancen, die die Theorie der verbundenen Messung für die Prüfung und Fortentwicklung von AZ-Theorien bietet, sind derzeit noch ungenutzt.

Am wenigsten befriedigend wäre eine vierte Strategie: Mit den herkömmlichen Meßverfahren für AZ wie gewohnt weiterzuarbeiten.

LITERATUR

Adams, J. S. (1965). Inequity in social exchange. In L. Berkowitz (Ed.), *Advances in experimental social psychology* (Vol. 2). New York: Academic Press.

Andersen, E. B. (1973). A goodness of fit test for the Rasch model. *Psychometrika, 38,* 123–140.

Bruggemann, A. (1974). Zur Unterscheidung verschiedener Formen von „Arbeitszufriedenheit". *Arbeit und Leistung, 28,* 281–284.

Campbell, J. P. & Pritchard, R. (1976). Motivation theory in industrial and organizational psychology. In Dunnette (Ed.), (pp. 63–130).

Dunnette, M. D. (Ed.). (1976). *Handbook of industrial and organizational psychology.* Chicago: Rand McNally.

Fischer, G. (1974). *Einführung in die Theorie psychologischer Tests*. Bern: Huber.

Fischer, L. (1989). *Strukturen der Arbeitszufriedenheit zur Analyse individueller Bezugssysteme*. Göttingen: Verlag für Psychologie.

Fischer, L. & Lück, H. (1972). Entwicklung einer Skala zur Messung von Arbeitszufriedenheit (SAZ). *Psychologie und Praxis, 16*, 64–76.

Formann, A. K. (1981). Über die Verwendung von Items als Teilungskriterium für Modellkontrollen im Modell von Rasch. *Zeitschrift für Experimentelle und Angewandte Psychologie, 28*, 541–560.

Fricke, R. (1972). *Über Meßmodelle in der Schulleistungsdiagnostik*. Düsseldorf: Schwann.

Fürntratt, E. (1969). Zur Bestimmung der Anzahl interpretierbarer gemeinsamer Faktoren in Faktorenanalysen psychologischer Daten. *Diagnostica, 15*, 62–75.

Galbraith, J. & Cummings, L. (1967). An empiric investigation of the motivational determinants of past performance: Interactive effects between instrumentality-valence, motivation, and ability. *Organizational Behavior and Human Performance, 2*, 237–257.

Giegler, H. (1985). Rasch-Skalen zur Messung von Arbeits- und Berufszufriedenheit, Betriebsklima und Arbeits- und Berufsbelastung auf seiten der Betroffenen. *Zeitschrift für Sozialpsychologie, 16*, 13–28.

Gigerenzer, G. (1981). *Messung und Modellbildung in der Psychologie*. München: Reinhardt.

Graen, G. B. (1969). Instrumentality theory of work motivation: Some experimental results and suggested modifications. *Journal of Applied Psychology, 53*, 1–25.

Gulliksen, H. (1950). *Theory of mental tests*. New York: Wiley.

Gustafsson, J. (1980). Testing and obtaining fit of data to the Rasch model. *British Journal of Mathematical and Statistical Psychology, 33*, 205–233.

Guttman, L. (1950). The basis of scalogram analysis. In S.A. Stouffer et al., *Studies in social psychology in world war II* (Vol. IV). Princeton, NJ: Princeton University Press.

Hartman, S., Grigsby, D. W., Crino, M. D. & Chhokar, J. S. (1986). The measurement of job satisfaction by action tendencies. *Educational and Psychological Measurement, 46*, 317–329.

Hilke, R. (1980). *Grundlagen normorientierter und kriteriumorientierter Tests*. Bern: Huber.

Ivancevich, J. M., Szilagyi, A. D. & Wallace, M. J. (1977). *Organizational behavior and performance*. Santa Monica: Goodyear.

Kempf, W. (1972). Probabilistische Modelle experimentalpsychologischer Versuchssituationen. *Psychologische Beiträge, 14*, 16–37.

Krantz, D. H., Luce, R. D., Suppes, P. & Tverskey, A. (1971). *Foundations of measurement*. New York: Academic Press.

Kranz, H. (1979). *Einführung in die klassische Testtheorie*. Frankfurt: Fachbuchhandlung für Psychologie.

Lienert, G. (1969). *Testaufbau und Testanalyse* (3. Aufl.). Weinheim: Beltz.

Locke, E. A. (1976). The nature and causes of job satisfaction. In Dunnette (Ed.) (pp. 1297–1349).

Loevinger, J. (1948). The technique of homogeneous tests compared with some aspects of scale analysis and factor analysis. *Psychological Bulletin, 45*, 507–530.

Lord, F. & Novick, M. R. (Eds.) (1968). *Statistical theories of mental test scores*. Reading, Mass.: Addison-Wesley.

Mokken, R. J. (1971). *A theory and procedure of scale analysis*. The Hague: Mouton.

Molenaar, I. W. (1983). Some improved diagnostics for failure of the Rasch-model. *Psychometrika, 48*, 49–72.

Neuberger, O. (1985). *Arbeit: Begriff — Gestaltung — Motivation — Zufriedenheit.* Stuttgart: Enke.

Orth, B. (1974). *Einführung in die Theorie des Messens.* Stuttgart: Kohlhammer.

Orth, B. (1985). Bedeutsamkeitsanalysen bilinearer Einstellungsmodelle. *Zeitschrift für Sozialpsychologie, 16,* 101–115.

Orth, B. (1987). Formale Untersuchungen des Modells von Fishbein & Ajzen zur Einstellungs-Verhaltensbeziehung: I. Bedeutsamkeit und erforderliches Skalenniveau. *Zeitschrift für Sozialpsychologie, 18,* 152–159.

Porter, L. W. & Lawler, E. E. (1968). *Managerial attitudes and performance.* Homewood, Ill.: Dorsey Press.

Rasch, G. (1960). *Probabilistic models for some intelligence and attainment tests.* Kopenhagen: The Danish Institute for Educational Research.

Rost, J., Mach, G. & Kempf, W. (1978). Logistische Testmodelle. In B. Niehusen, G. Mach, K.-H. Hansen, J. Rost & W. Kempf, *Manual der IPN-Programmbibliothek, Band 2.* IPN-Arbeitsberichte 24 (S. 219–355). Kiel: Institut für die Pädagogik der Naturwissenschaften.

Schmidt, F. L. (1973). Implications of a measurement problem for expectancy theory research. *Organizational Behavior and Human Performance, 10,* 243–251.

Stegmüller, W. (1970). *Probleme und Resultate der Wissenschaftstheorie und Analytischen Philosophie. Band II: Theorie und Erfahrung.* Berlin: Springer.

Stegmüller, W. (1973). *Probleme und Resultate der Wissenschaftstheorie und Analytischen Philosophie. Band I: Wissenschaftliche Erklärung und Begründung.* Berlin: Springer.

Stephan, E. (1984). *Klassische Testtheorie, Mokken-Analyse und Rasch-Modell: Ein Vergleich ihrer theoretischen Grundlagen und der empirischen Ergebnisse bei der Untersuchung der Dimensionalität der SAZ.* Unveröff. Diplomarbeit, Universität zu Köln.

Vroom, V. (1964). *Work and motivation.* New York: Wiley.

Weyer, G., Hodapp, V. & Neuhäuser, S. (1980). Weiterentwicklung von Fragebogenskalen zur Erfassung der subjektiven Belastung und Unzufriedenheit im beruflichen Bereich (SBUS-B). *Psychologische Beiträge, 22,* 335–355.

Wiswede, G. (1980). *Motivation und Arbeitsverhalten.* München: Reinhardt.

Wollenberg, A. L. (1982). Two new test statistics for the Rasch model. *Psychometrika, 47,* 123–140.

Ein idiographisches Modell und Meßverfahren zur Analyse von Arbeitswerten und Arbeitszufriedenheit*

Ingwer Borg und Thomas Staufenbiel

1. EINLEITUNG

Gemessen an dem beträchtlichen Aufwand, mit dem bisher auf dem Gebiet der Arbeitszufriedenheit (AZ) geforscht wurde, kann man mit den Ergebnissen nicht sonderlich zufrieden sein. Einerseits sind zwar die AZ-Schätzwerte, die man mit einem der vielen verschiedenen Meßinstrumente erhält (Cook et al., 1981; Quinn & Staines, 1979; Smith et al., 1969; Weiss et al., 1967), im allgemeinen im erwarteten Sinn und bisweilen sogar recht beträchtlich mit externen Variablen wie Absentismus, Fluktuation, Involviertheit, Engagement oder Produktivität korreliert (Griffin & Bateman, 1986; Stone, 1986). Andererseits ist bislang das Konstrukt AZ selbst noch relativ unscharf geblieben. So wird meist lediglich angenommen, daß AZ von „Komponenten" (wie z.B. Bezahlung, Kollegen, Vorgesetzten usw.) abhängt, die sich additiv zur Gesamt-AZ zusammenfügen. Daß sich derartige Modelle als prädiktiv valide erweisen, ist wegen ihrer „robust beauty" (Dawes, 1979) noch kein Indiz für ihre Konstruktvalidität.

Darüberhinaus basieren die Items in den Standardfragebogen typischerweise auf Faktoren, die aus Interkorrelationen großer Item-Stichproben zu ganz unterschiedlichen Arbeits-Aspekten gewonnen wurden. Sie stellen also Schätzungen von Populations-Parametern dar, von denen — selbst wenn sie reliabel sein sollten — nicht klar ist, ob sie auch für jedes Individuum dieser Population gelten, da es offensichtlich möglich ist, daß Individuen ganz unterschiedliche Dimensionen benutzen und/oder die Dimensionen in verschiedener Art kombinieren.

Ein inhaltlich plausibleres Modell als die Summierung von Zufriedenheits-Ratings für verschiedene Arbeits-Aspekte läßt sich aus Rosenbergs (1956) Einstellungs-Theorie ableiten. Die Theorie besagt, daß sich eine Einstellung bestimmt aus der Summe der Produkte der Wichtigkeit einer Reihe von Werten und der Instrumentalität des Einstellungs-Objektes zur Erreichung dieser Werte. Fishbein (1965) und Vroom (1964) haben ähnliche Modelle vorgeschlagen. Sie alle machen den Versuch, AZ zu erklären durch grundlegendere Konzepte wie Instrumentalität und Wichtigkeit von Werten, die in Beziehung zum Einstellungs-Objekt stehen.

Empirisch führt dies zu validen Vorhersagen von Handlungen, obwohl man „in allen bisherigen Untersuchungen die Operationalisierung der Konstrukte in Frage ziehen (kann)" (Heckhausen, 1980, S. 233). Vom konzeptuellen Gesichtspunkt aus erscheint zudem die Skalarprodukt-Kompositionsregel als Modell des psychologischen Verrechnungs-Prozesses wenig überzeugend. Schließlich kann man auch bezweifeln, ob solche bilinearen Modelle durch die üblichen Rating-Skalenwerte für Wichtigkeit und Instrumentalität adäquat quantifizierbar sind (Orth, 1986).

---

* Arbeit im Rahmen des DFG-Projektes Bo 497/10-1.

Uns erscheint trotzdem die Rekursion auf Werte und ihre instrumentelle Funktion ein im Prinzip fruchtbarer Gedanke zu sein. Wir schlagen daher im folgenden einen Ansatz für die Messung der AZ und ihrer Bedingungsstruktur vor, der diesen Instrumentalitäts-Theorien verwandt ist. Unser Modell verwendet jedoch eine individualisierte und potentiell sehr viel komplexere Verknüpfungsregel als diese. Es wird angenommen, daß die AZ eines Individuums einerseits davon abhängt, in welchem Ausmaß seine verschiedenen Arbeitswerte in seiner Arbeit verwirklicht sind, und anderseits davon, wie die jeweiligen Arbeitswerte als instrumentell für seine AZ wahrgenommen werden. Das kognitive Netzwerk dieser instrumentellen Beziehungen stellt ein „belief system" (Rokeach, 1968) dar, das als Hierarchie ansteigender Allgemeinheit bezüglich des Einstellungsobjektes AZ entwickelt wird. Das Modell ist eng verknüpft mit einer Erhebungsprozedur, die für jedes Individuum Daten sammelt, die nicht nur in prädiktiver Hinsicht, sondern auch in Bezug auf ihre innere Konsistenz prüfbar sind.

2. ARBEITSWERTE-HIERARCHIE UND AZ

Unserer Meinung nach sollte ein gutes AZ-Modell alle relevanten Kernbegriffe des Gegenstandsbereichs wie Einstellungen zu Teilaspekten der Arbeit, Arbeitswerte, Instrumentalitäts-Überzeugungen, Arbeitsmarkt-Szenarien und ihre subjektiven Wahrscheinlichkeiten u.ä. beinhalten oder zumindest aufzeigen, wie sie hierin prinzipiell integrierbar sind. Wir stellen uns dieser Aufgabe dadurch, das wir zunächst AZ auffassen als eine Einstellung entsprechend der Definition Guttmans (in Gratch, 1973), da sie ausdrückt, wie positiv oder negativ ein Individuum zu seiner Arbeit in einer kognitiven, affektiven oder instrumentellen Modalität steht. Die meisten AZ-Erhebungsmethoden erheben primär die affektive Komponente (unabhängig davon, ob man „satisfaction" grundsätzlich als eine mehr kognitive Einstellung von „happiness" abheben will; vgl. Organ & Near, 1985) und fragen dann, ob es eine Korrelation mit „Verhalten" wie Produktivität oder Krankheitsrate gibt — also mit Verhalten, das, in Guttmans Definition, der instrumentellen Modalität der Einstellung zuzurechnen ist. Im folgenden werden wir diese instrumentelle Modalität nicht weiter betrachten.

Kommen wir nun zu den oben schon erwähnten Werten zurück. Rokeach (1968) definiert einen Wert als „a disposition of a person just like an attitude, but more basic as an attitude, often underlying it... a type of belief... about how one ought or ought not to behave, or about some end-state of existence worth or not worth attaining" (S. 124). Guttman (1981) und Levy (1986) formulieren eine ähnliche, aber schärfere Definition: „An item belongs to the universe of value items if and only if its domain asks for a {cognitive} assessment [by respondent {x}] of the importance of a {situational/behavioral} goal in a {cognitive/affective/instrumental} modality in life area {y} for {itself as a/a more primary} purpose in life area {z}, and the range is ordered from {very important that it should/. . ./very important that it should not} exist for that purpose" (Levy, 1986, S.5). (Geschweifte Klammerausdrücke sind die Facetten des Konzeptes; siehe Borg, 1986a; eckige Klammer ist unsere Einfügung.) Im Gegensatz zu Rokeach expliziert diese Definition vor allem, daß Wichtigkeit nicht abstrakt eingeschätzt werden kann, sondern stets nur bezüglich eines (wenn auch noch so globalen oder diffusen) Zwecks. Ein solcher Zweck kann z.B. AZ sein; die Arbeitswerte sind dann Arbeitsaspekte, von denen das Individuum meint, daß sie für hohe AZ verwirklicht sein sollten (wie z.B. gerechte Vorgesetzte, hohes Einkommen oder interessante Arbeit) oder nicht gegeben sein sollten (wie z.B. exzessiver Streß, schlechte Arbeitsbedingungen oder konfuses Management).

Diese Definition entspricht zwar der mehr philosophischen Werteliteratur (Graumann & Willig, 1986), hat aber dadurch den Nachteil, daß sie Werte ausschließlich normativ-präskriptiv auffaßt („should“) und damit die gesamte nutzensorientierte Wertforschung ausklammert. Eine kleine Erweiterung, die statt des „should“ die Facette {should, does} setzt, beseitigt diesen Nachteil (Borg, 1988): Setzt man „does“, ergibt sich eine instrumentelle Wertdefinition.

Es ist wohl vor allem diese instrumentelle Wertdefinition, die von den Autoren, die Werten in Zufriedenheitstheorien eine zentrale Rolle beimessen, implizit verwendet wird (vgl. hierzu auch den Beitrag von Stephan in diesem Buch). Andrews und Withey (1976), in Übereinstimmung mit Williams (1968), bezeichnen beispielsweise Werte als „Kriterien“, deren Bewertung die Zufriedenheit bestimmt. In ähnlicher Weise spricht Neuberger (1985) von „Zufriedenheit als Werte-Realisation“ (S. 201) und Butler (1983) stellt fest, daß „strong and consistent correlations have been found between value fulfillment ... and job satisfaction“. Und selbst bei Porter (1961), der AZ dadurch erhebt, daß er Personen eine Anzahl von Arbeitsaspekten in Bezug darauf einstufen läßt, was ist und was sein sollte, ist mit dem „sollte“ keine Vorstellung einer allgemeinen Norm impliziert, sondern nur der gewünschte Realisationsgrad des (AZ-instrumentellen) Wertes — fast ausnahmslos ein „so-viel-wie-möglich“ oder ein „so-wenig-wie-möglich“.

Wir nehmen also an, daß es für die AZ einer Person weniger relevant ist, wie ihre Arbeitswerte miteinander und mit der AZ verknüpft sein „sollten“, sondern welche Rolle sie in der konkreten Arbeit tatsächlich — letztlich hinsichtlich der AZ — haben. Normative Werte können hierbei ebenfalls Kategorien beitragen, die insgesamt bestimmen, in welchem System von Arbeitswerten oder „Outcomes“ (Elizur, 1984) Arbeit überhaupt wahrgenommen wird.

Nun stehen Werte natürlich nicht beziehungslos nebeneinander, sondern sie sind Teil eines Wertesystems. Eine häufig zu findende Annahme ist die, daß Werte eine „hierarchical organization — a rank ordering — . . .in terms of importance“ (Rokeach, 1968, S.124) bilden, wobei Wichtigkeit im Sinne von „functional centrality“ verwendet wird. Funktionale Zentralität wird bei Rokeach bestimmt durch „connectedness“, derart daß „the more a given belief is functionally connected or in communication with other beliefs, the more implications and consequences it has for other beliefs and, therefore, the more central the belief“ (Rokeach, 1968, S. 5). Rokeach nimmt also an, daß es immer möglich sein sollte, Werte vollständig zu ordnen. Tatsächlich werden Personen in seinem Fragebogen per Erhebungsmethode dazu gezwungen, eine lineare Ordnung zu produzieren, obwohl sie offensichtlich Schwierigkeiten dabei haben und sich über das Ergebnis unsicher sind (Rokeach, 1973, S. 28).

Die Probleme der Vpn könnten auch daher kommen, daß Rokeach nicht angibt, in welchem Sinn (bzw. bezüglich welchen Zweckes) „Wichtigkeit“ zu verstehen sein soll. In unserem Kontext könnte man diesen Zweck, wie schon gesagt, mit der AZ des Befragten angeben: „Wie wichtig ist es für Ihre AZ, daß der Wert x verwirklicht ist?“. Hierauf eine Antwort zu geben, die genauer ist als etwa

„sehr wichtig“ oder „nicht so besonders wichtig“, wird den meisten Personen allerdings schwer fallen, weil AZ relativ zu einem Wert wie z.B. „gute Sozialleistungen“ sehr abstrakt ist. Sehr viel leichter ist es hingegen anzugeben, wie wichtig „gute Sozialleistungen“ für ein engeres Kriterium wie z.B. die Realisation „materieller Arbeitswerte insgesamt“ sind.

Jeder Wert kann also selbst wieder als Kriterium dienen für andere Werte, und das Wichtigkeitsurteil der Vpn sollte umso verläßlicher sein, je spezifischer das Kriterium ist.

Dies führt uns fast zwangsläufig zu einer Wertehierarchie, in der die Werte einer Ebene stets als Kriterien für die Werte der darunter liegenden Ebene dienen (siehe Abbildung 1). Technisch betrachtet ist eine Hierarchie definiert (Atkin, 1981) als eine Halbordnung von überlappenden Mengen, wobei die Mengen auf Ebene N die Mengen auf Ebene N-1 erschöpfend abdecken, aber nicht notwendigerweise in disjunkter Weise (wie etwa in einer hierarchischen Clusteranalyse).

Da Werte nach der obigen Definition stets einzustufen sind daraufhin, wie wichtig ihre (Nicht-)Existenz für einen bestimmten Zweck ist oder sein sollte, ist klar, das stets ein Szenarium impliziert ist. Z.B. kann dieses Szenarium ganz utopisch sein („in einer idealen Welt“) oder konkreter („in ihrem Beruf“) oder auch ganz eng („in ihrer jetzigen Tätigkeit“).

Spezifiziert man das Szenarium nicht weiter, so kann man nur Vermutungen darüber anstellen, wie der Befragte die Frage nach der Wichtigkeit des Arbeitswertes für das Kriterium versteht. Es erscheint jedoch plausibel anzunehmen, daß die meisten Vpn dabei weder ein ganz utopisches, noch ein ganz konkretes Sze-

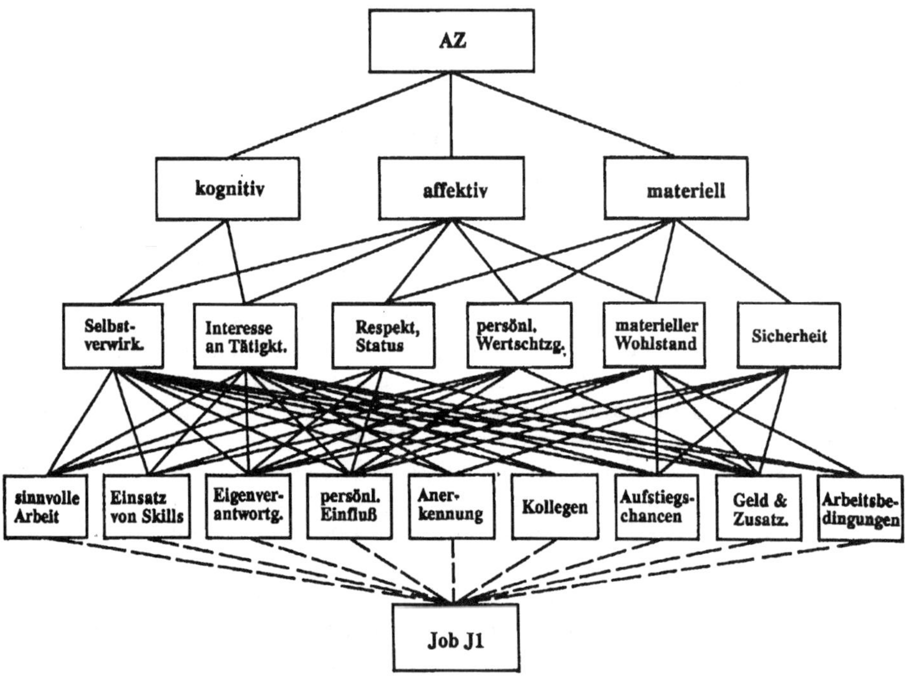

Abb. 1: Arbeitswerte-Hierarchie für eine Vp.

narium verwenden, sondern eher davon ausgehen, wie es „in ihrem Beruf, heute und in der nahen Zukunft" aussieht.

Betrachten wir folgenden Fall. Eine Hierarchie von aus der Literatur zusammengetragenen Arbeitswerten wurde einer Vp vorgelegt. Sie wurde aufgefordert, sich diese Hierarchie zu betrachten und sie durch Hinzufügen, Veränderung und Herausnahme von Werten derart zu modifizieren, daß nur persönlich relevante übrigblieben. Dies führte zu den Werten in Abbildung 1. Die oberste Ebene, Ebene 4, enthält nur ein Element, nämlich AZ. Ebene 3 bis 1 enthalten Arbeitswerte. Ebene 3 zeigt die drei Realisierungen einer Facette, die von Rosenberg (1957), Elizur (1984) und Borg (1986b) untersucht wurde: Sie umfassen kognitiv-intellektuelle, affektiv-soziale und instrumentell-materielle Arbeitswerte. Ebene 2 geht zurück auf Maslow (1954), Ronen et al.(1979), Ronen (1979) und Borg und Galinat (1986). Die Kästchen in Ebene 1 repräsentieren eine Abstraktheits-Ebene, die typischen Items in Arbeitswert-Umfragen (Jurgensen, 1978; Elizur, 1984; Borg, 1986b) entspricht.

Abbildung 1 zeigt außerdem verschiedene Linien, die die Arbeitswerte verbinden. Diese „Pfade" wurden von der befragten Person erzeugt. Sie sollte für ihren Beruf angeben, welche Arbeitswerte in Ebene N-1 für den Arbeitswert K (=Kriterium) in Ebene N wichtig oder von Einfluß sind. Besteht in Abbildung 1 kein Pfad von einem Kästchen der Ebene N-1 zu einem der Ebene N, dann hat die Person angegeben, daß in ihrer Arbeit das entsprechende Arbeitsergebnis für K irrelevant ist.

Der nächste Schritt besteht darin, daß das Individuum den Pfaden Gewichte zuweist. Diese Gewichte sollten ausdrücken, zu welchen Anteilen das Kriterium K von den Arbeitswerten der Ebene N-1 „abhängt". Im Modell wird K also vollständig determiniert durch die Arbeitswerte der nächst-niedrigeren Ebene, von denen Pfade zu K laufen.

Ist eine Hierarchie von Arbeitswerten qualitativ und quantitativ spezifiziert, dann leitet sich das Ausmaß der AZ dadurch ab, daß man die Zufriedenheits-Skores bezogen auf die momentane Tätigkeit (J1) des Individuums unten in die Hierarchie eingibt. Diese Skores drücken aus, in welchem Umfang der Befragte die Werte in Ebene 1 in seiner Arbeit J1 realisiert sieht. Abbildung 1 symbolisiert den Input dieser Skores durch die gestrichelten Linien, die J1 mit den Werten in Ebene 1 verbinden.

Bevor wir uns weiteren Details zuwenden, erscheint es nützlich, an dieser Stelle kurz die Ähnlichkeit des Modells mit den Instrumentalitäts-Theorien der Einstellung (Mitchell & Biglan, 1971) anzusprechen. Die gestrichelten Linien in Abbildung 1 und ihre Gewichte drücken die Instrumentalität der Arbeit des Individuums in Bezug auf die Arbeitswerte auf der untersten Ebene der Hierarchie aus. Die Pfade in der Wert-Ergebnis-Hierarchie selber und ihre Gewichte entsprechen, da sie unmittelbar mit AZ verbunden sind, der (direkten oder indirekten) Valenz der Arbeitswerte relativ zu AZ. Beide Typen von Pfaden stellen „beliefs" im Sinne von Rokeach (1968) oder Fishbein und Ajzen (1975) dar. Schließlich entspricht die Verarbeitung der Instrumentalitäts-Gewichte in der Werte-Hierarchie der psychologischen Verrechnungsregel, die sich offensichtlich i.A. stark von der gewichteten Summierung der Instrumentalitäts-Theorien unterscheidet.

3. QUANTIFIZIERUNG DER ARBEITSWERTE-HIERARCHIE

Die Quantifizierung der Hierarchie beginnt im Prinzip damit, daß die Person für die von ihr bestimmten Pfade „Vorzeichen" angibt, d.h. jeweils entscheidet, ob ein Arbeitsergebnis i der Ebene N-1 für das Kriterium K positive oder negative Instrumentalität besitzt. (Durch positive Formulierung aller Arbeitswerte der Hierarchie kann man allerdings den Fall negativer Instrumentalität so gut wie immer ausschließen.)

Als nächstes sollte man von der Person Daten bekommen, die angeben, in welchem Ausmaß die verschiedenen Kriterien K von den Werten der darunterliegenden Ebene(n) abhängen.

Ein simpler, direkter Ansatz zur Lösung dieser Aufgabe wäre etwa, mit einem Kuchen-Diagramm (auf dem Computer-Bildschirm dargestellt) zu arbeiten, in dem die verschiedenen Sektoren die Beiträge der Arbeitswerte zum Kriterium K darstellen. Die Person stellt dann die Größe der Sektoren entsprechend ein. Diese Aufgabe wäre jedoch ziemlich anspruchsvoll und vermutlich nicht besonders reliabel.

Eine bessere, weil für das Individuum einfachere Herangehensweise ist die, zunächst alle Arbeitswerte auswählen zu lassen, die einen Pfad zu K besitzen, und dann die Personen zu bitten, das Wichtigkeitsverhältnis der Elemente aller Paare, v_{ij}, anzugeben. Wenn also die Person glaubt, daß das Ergebnis K in Ebene N nur von i wie von j in Ebene N-1 abhängt, dann könnte sie z.B. direkt sagen, daß das Verhältnis der Beiträge von i und j zu K wie 60 % : 40 % ist. Wenn K aber von mehr als zwei Werten bestimmt wird, dann bestimmen i und j zusammen einen entsprechend kleineren Anteil von K, diesen aber nach wie vor in der Proportion 60 % : 40 %.

Man muß hierbei natürlich nicht unbedingt nach der Proportion von Beitragsprozenten fragen. Saaty (1977) hat z.B. vorgeschlagen, eine Rating-Skala von 1=„gleich wichtig" bis 9=„absoluter Dominanz" (von i über j) zu verwenden. Eine andere Möglichkeit wäre, die Person zu bitten, aus den Verhältnissen 1:9, 2:8, ..., 5:5, 6:4, ..., 9:1 ein treffendes auszuwählen.

In jedem Fall haben die so erzeugten Daten eine wichtige Eigenschaft: Sie sind auf ihre Konsistenz hin prüfbar (Fagot & Stewart, 1969). Offensichtlich muß gelten, daß $v_{ii}=1$ und $v_{ij}=1/v_{ji}$ für alle i, j, darüber hinaus auch $v_{ij}v_{jk}=v_{ik}$ für alle $i \neq j \neq k$ („kardinale Konsistenz", Saaty, 1977). Ein Individuum, das z.B. sagt, daß i über j (in seiner Wichtigkeit in Bezug auf das Kriterium K) dominiert wie 9:1 und j über k wie 7:3, muß, um konsistent zu sein, sagen, daß i über k dominiert wie 63:3=21:1. Da die Erhebung vollständiger Paarvergleichssysteme ziemlich zeitaufwendig werden kann, erhebt man typischerweise nur Daten für $i<j$. Dann bleibt nur die kardinale Konsistenz als testbare Bedingung übrig. Wenn sie gilt, verzahnen sich die Verhältnisschätzungen des Individuums konsistent, und somit existiert eine Verhältnisskala der Beitragsgewichte. Empirische Daten sind allerdings höchst selten einmal perfekt konsistent. Es ist daher erforderlich, das Ausmaß der Konsistenz zu messen und statistisch zu beurteilen.

Zur Messung der Konsistenz eigenen sich verschiedene Indizes. Im folgenden verwenden wir vor allem den von Borg und Galinat (1987) beschriebenen Alienations-Koeffizienten K_1. K_1 ist genau dann gleich Null, wenn die Daten fehlerfrei zusammenpassen; ist $K_1>0$, dann läßt sich der Grad der Inkonsistenz an Hand von Simulations-Normen statistisch bewerten.

Ein anderer Index stammt von Saaty (1980). Saaty hat bewiesen, daß bei völlig konsistenten Verhältnissen die Eigen-Gleichung **Vs=es** eine exakte Lösung hat, wobei $\mathbf{V}=(v_{ij})$ die nxn Matrix der empirischen Verhältnisschätzungen darstellt, e ein Eigenwert ist und **s** der zugehörige Eigenvektor. Bei perfekter Konsistenz ist also e=n; andernfalls ist e>n.

Saatys (1977) Eigen-Gleichung kann man auch dazu verwenden, von den Verhältnisdaten **V** zu einer Skala **s** zu kommen. Eine Lösung bzw. Approximation für **s** ergibt sich dann, wenn der größte reelle Eigenwert als e gesetzt wird: Dann ergibt der zugehörige Eigenvektor die Skala **s**, die man meist aus Gründen leichterer Deutbarkeit so normiert, daß sich ihre Werte auf 100 („Prozent"-Skala der Beitragsgewichte) aufsummieren.

Es gibt aber auch andere Lösungs-Methoden für **s** — jede mit ihren besonderen Vor- und Nachteilen (Jensen, 1984; Saaty & Vargas, 1984). Wenn die Daten perfekt konsistent sind, führen jedoch alle Verfahren zur gleichen Skala **s**. Darüberhinaus sind sich die Skalen bei relativ hoher Konsistenz sehr ähnlich. Im folgenden verwenden wir Saatys Methode, weil sie einfach zu berechnen und robust gegen Ausreißer ist.

Schließlich benötigt man zur Bestimmung der individuellen AZ die empirischen Urteile darüber, in welchem Ausmaß die Werte auf dem untersten hierarchischen Niveau realisiert sind. (Beachten Sie, daß der Befragte keine Zufriedenheits-Urteile abzugeben hat.) Man könnte geneigt sein, auch diese Daten durch Paarvergleiche wie oben zu erheben. Dann würden allerdings die Skalenwerte i.A. von der Anzahl der erhobenen Werte abhängen. Wir schlagen deshalb vor, die Individuen statt dessen zu fragen, zu wieviel Prozent (mit: „100 %=vollständige Wertverwirklichung") die entsprechenden Werte in der konkreten Tätigkeit verwirklicht sind. Multipliziert man diese Prozentanteile von unten in die Werte-Hierarchie, dann ergibt sich 100 % als obere Grenze für AZ. Der Werte resultiert dann, wenn alle Werte perfekt erfüllt sind.

4. SKALIERUNG DER ARBEITSWERTE-HIERARCHIE EINES INDIVIDUUMS

Wir präsentieren jetzt im Detail Daten, die von der Vp stammen, die die in Abbildung 1 dargestellte qualitative Hierarchie erzeugt hat. Die Daten wurden wie folgt erhoben. Zunächst bestimmte das Individuum die Vorzeichen aller Pfade der Arbeitswerte/Arbeitsergebnis-Hierarchie. Wegen der positiven Formulierung der Arbeitswerte („nette" Kollegen, „fairer" Vorgesetzter, „viel" Geld, u.ä.) erwiesen sich alle Pfad-Vorzeichen als positiv.

Die dann folgende Bestimmung der Pfad-Gewichte läßt sich am einfachsten an einem Beispiel zeigen. Betrachten wir den „materiellen" Wertebereich in Abb. 1 als Kriterium K. K hängt, für diese Vp, offenbar von vier Arbeitswerten der darunterliegenden Ebene ab. Vergleichen wir jeden dieser Arbeitswerte i mit jedem anderen Arbeitswert j (i>j) so erfordert dies (4)(4-1)/2=6 Urteile. Die Vp sollte dabei zunächst angeben, ob i oder j wichtiger ist für K, und dann, um wie viel es wichtiger ist, ausgedrückt durch eines der Verhältnisse aus [5:5, 6:4, 7:3, 8:2,

Tabelle 1: Matrix der empirischen Dominanzverhältnisse der Arbeitswerte der Zeilen über die der Spalten bezüglich des materiell-instrumentellen Wertebereichs (=Kriterium K).

	C	D	E	F
C = Respekt/Status	–	6:4	1:9	2:8
D = Persönl. Wertschätzung	4:6	–	1:9	1:9
E = Materieller Wohlstand	9:1	9:1	–	6:4
F = Sicherheit	8:2	9:1	4:6	–

Tabelle 2: Matrix **V** der Verhältnisse aus Tabelle 1 in Dezimalform; mit Skala **s** der Beiträge der Arbeitswerte zum Kriterium K = „materiall-instrumenteller Wertebereich".

	C	D	E	F	Skala **s**
C	1.000	1.500	.111	.250	7.2 %
D	.667	1.000	.111	.111	4.8 %
E	9.000	9.000	1.000	1.500	52.8 %
F	4.000	9.000	.667	1.000	35.2 %
					E = 100.0 %

9:1]. Ist also i wichtiger als j, dann kann die Vp die Wichtigkeitsrelation z.B. mit 7:3 angeben; ist umgekehrt j wichtiger als i, dann notieren wir entsprechend 3:7.

Tabelle 1 zeigt die beobachteten Daten. Das Dominanzverhältnis 6:4 von „Respekt/Status" über „persönliche Wertschätzung" (bezüglich K) ist, als Dezimalzahl geschrieben, gleich 1.500 (Tabelle 2).

Da das Paar nicht auch in der umgekehrten Ordnung präsentiert wurde (was als Konsistenz-Test durchaus möglich gewesen wäre), wird hier angenommen, daß das Verhältnis von „persönlicher Wertschätzung" zu „Respekt/Status" gleich dem reziproken Wert 4:6 oder 0.667 ist.

Die Matrix in Tabelle 2 ist die Matrix $\mathbf{V}=(v_{ij})$. Die Eigenwertzerlegung $\mathbf{Vs}=e\mathbf{s}$ führt zu e=4.0412 für den größten reellen Eigenwert. Dieser Wert ist kaum größer als n=4, der bei perfekter Konsistenz der Verhältnisse resultieren würde. Der normierte Eigenvektor **s**, d.h. die geschätzte Anteils-Skala der Beiträge ist (7,2 %, 4,8 %, 52,8 %, 35,2 %). Diese Werte besagen also, daß das Individuum z.B. der Ansicht ist, daß die materiell-instrumentellen Werte zu 52,8 % durch „materiellen Wohlstand" und zu 35,2 % durch „Sicherheit" bestimmt sind. Die beiden übrigen Werte erweisen sich in diesem Kontext, d.h. hinsichtlich des gegebenen Kriteriums, als ziemlich unbedeutend.

Man kann fragen, in welchem Ausmaß es möglich ist, die Verhältnisse in Tabelle 2 aus den Skalenwerten zu reproduzieren. (Die Frage ist äquivalent der Frage nach der Konsistenz der empirischen Verhältnisdaten, vorausgesetzt die betrachtete Skala ist optimal.) Tabelle 2 zeigt, daß z.B. r_{CD}=1.500. Aus s(C)=7,2 % und s(D)=4,8 % resultiert ebenfalls 7.2/4.8=1.500. Die beobachteten und rekonstruierten Verhältnisse sind also exakt gleich. In anderen Fällen zeigen sich kleine Unterschiede, die insgesamt zu einer Alienation von K_1=.226 führen. Wie aus dem Simulationen (Borg & Staufenbiel, 1988) ersichtlich, läßt sich eine derartig große Konsistenz für Zufallsdaten (bei n=4 und verschiedenen Zufallsmodellen) praktisch ausschließen. Der Koeffizient ist also „signifikant".

Tabelle 3: Pfad-Gewichte der Wert-Ergebnis-Hierarchie. Es seien **M_1, M_2, M_3** und **M_4** die Matrizen von oben nach unten, wobei **M_1** ein 1x9 Vektor und **M_4** ein 3x1 Vektor sind: Das Matrixprodukt **$M_1M_2M_3M_4$** ergibt den AZ-Wert, das Produkt **$M_2M_3M_4$** die AZ-Beiträge der Werte 1,...,9; das Produkt **M_3M_4** die AZ-Beiträge der Werte A,...,F. Sterne an K_1 Koeffizienten indizieren Signifikanz i.S. der Rechtecksnormen aus Borg und Staufenbiel (1988), jeweils relativ zur Zahl der im Paarvergleichs-System verbleibenden Arbeitswerte.

	Werte								
Realisationsgrad der Werte	1	2	3	4	5	6	7	8	9
in Tätigkeit J1	30	80	85	65	65	40	20	45	60

	A	B	C	D	E	F	AZ-Beitrag
1 = sinnvolle Arbeit	.153	.188	.181	.312	.000	.000	13.3 %
2 = Skills/Talente	.215	.341	.000	.126	.067	.000	16.6 %
3 = Eigenverantwortg	.320	.175	.299	.190	.076	.104	19.6 %
4 = pers. Einfluß	.064	.087	.299	.224	.076	.207	12.3 %
5 = Anerk.f.gute Arb.	.040	.037	.000	.000	.000	.191	4.1 %
6 = Kollegen	.038	.023	.000	.000	.000	.000	1.5 %
7 = Aufstiegschancen	.045	.039	.000	.000	.054	.242	5.9 %
8 = Geld/Benefits	.022	.027	.222	.148	.640	.255	20.2 %
9 = Arbeitsbeding.	.102	.084	.000	.000	.087	.000	6.4 %
K_1 =	.393*	.497*	.366	.280*	.161*	.501*	

	kog	aff	mat	AZ-Beitrag
A = Selbstverwirklichung	.500	.100	.000	26.0 %
B = Interesse an Tätigkeit	.500	.024	.000	24.4 %
C = Respekt/Status	.000	.257	.072	7.6 %
D = Persönl. Wertschätzung	.000	.454	.048	10.9 %
E = materieller Wohlstand	.000	.164	.528	20.0 %
F = Sicherheit	.000	.000	.352	11.1 %
K_1 =	.000	.562*	.226*	

		AZ-Beitrag
kog = kognitiv-intellektuell	.478	47.8 %
aff = affektiv-sozial	.207	20.7 %
mat = materiell-instrumentell	.315	31.5 %
K_1 =	.145	

Die K_1-Koeffizienten für alle Paarvergleichssysteme (Tabelle 3) zeigen, daß dies auch in den meisten anderen Fällen gilt. Es treten nur drei nicht-signifikante Werte auf: (1) Für C=„Respekt/Status" ergibt sich .366, was nur leicht über dem kritischen Wert von .36 liegt; (2) für den Bereich kognitiv-intellektueller Werte ist K_1=0, was bei n=2 immer gilt; (3) für die Arbeitswerte der obersten Ebene ist die Konsistenz K_1=.145, während die Simulations-Normen zeigen, daß bei n=3 erst bei perfekter Konsistenz mit dem üblichen 5 % Fehlerrisiko von Signifikanz gesprochen werden kann — ein Fall, der allerdings auf Grund psychologischer „Fehler" nicht wahrscheinlich ist.

Jeder Fall von Nicht-Signifikanz weist also eine Besonderheit auf. Insgesamt läßt sich folgern, daß die Konsistenz der Daten dieses Individuums weit besser ist, als aufgrund von Zufall zu erwarten gewesen wäre.

Bei weitgehender Konsistenz der Verhältnisdaten kann man die entstehenden Skalenwerte a forteriori (wegen der in der Skalenableitung zur Wirkung kommenden Fehlerausgleichsrechnung) als subjektive, anteilige Bestimmungsgrößen der jeweiligen Kriterien deuten. Durch weitere Verknüpfungen kann man dann auch über die Beziehung der Elemente von jeweils nur zwei benachbarten Ebenen der Hierarchie hinausgehen. Man kann z.B. fragen, wieviel „Bezahlung" zu AZ beiträgt. Diese Prozentzahl findet man, indem man alle Pfade, die von „Bezahlung" aufwärts zur Spitze der Hierarchie führen, verfolgt und ihre Beiträge addiert. Durch Matrix-Multiplikation werden solche (ansonsten mühseligen) Berechnungen zur einfachen Routine. Dies wird in Tabelle 3 erklärt.

Schließlich erhält man in ähnlicher Weise den AZ-Gesamtwert für die Arbeit („Job") J1 des Individuums, indem man seine Urteile über den Realisationsgrad der Werte in der untersten Ebene von unten in die quantifizierte Hierarchie hineinmultipliziert (Tabelle 3). Dies führt hier zu einem AZ-Wert von 59,3 %. Bei einer direkten Bewertung gab das Individuum einen vergleichbaren Wert von 65 % auf einer Skala von 0 %= „Tätigkeit ist überhaupt nicht zufriedenstellend" bis 100 %= „Tätigkeit ist völlig zufriedenstellend" an.

5. EINIGE WEITERE ANWENDUNGEN DES MODELLS

In einer ersten Feldstudie des hierachischen AZ-Modells dienten 14 ungelernte Arbeiter im Alter von 30 bis 52 Jahren als Vpn.

Sieben waren Männer, sieben Frauen. Sie lebten alle in einer Kleinstadt und hatten Berufe ohne Lehrabschluß (wie Putzfrau, Packerin, Kraftwagenfahrer, Textildrucker, usw.). Alle Vpn hatten einen Hauptschulabschluß.

Statt eine qualitative Hierarchie völlig ohne Vorgaben konstruieren zu lassen, begannen wir mit der Hierarchie aus Abb. 1, entsprechend umformuliert für diese Vpn-Gruppe, und mit dem zusätzlichen Element „Vorgesetzter" auf der untersten Ebene. Die Personen konnten dann ihre Hierarchie verändern, indem sie Arbeitswerte, die ihnen irrelevant erschienen, löschten und/oder andere Werte hinzufügten. Die verschiedenen Arbeitswerte wurden auf Kärtchen zusammen mit einer kurzen Erläuterung präsentiert, z.B. für Vorgesetzter: „Nett und interessiert, fair, offen, versteht seine Tätigkeit, informiert seine Untergebenen".

Mit diesem Material wurde jede Vp individuell interviewt. Die Karten wurden auf einem Tisch in drei Zeilen wie in Abbildung 1 dargestellt präsentiert. Dann wurde das Vorgehen erläutert. Die Vpn bearbeiteten ein Paarvergleichssystem nach dem anderen. Sie identifizierten dabei zuerst die Werte, die ihrer Meinung nach nichts zum jeweiligen Kriterium K beitragen und bewerteten dann die Beitragsverhältnisse der übrigen Paare auf der folgenden Skala:

gleich-stark		etwas stärker		deutlich stärker		sehr viel stärker		extrem viel stärker
1	2	3	4	5	6	7	8	9

Diese Skala entspricht dem Vorschlag von Saaty (1977, 1980). Vortests zeigten, daß sie für diese Vpn einfacher zu benutzen sind, als die oben verwendeten x:y-Verhältnisse.

Zusätzlich zu diesen Daten gab jedes Individuum Prozenturteile über das Ausmaß ab, mit dem jeder der Arbeitswerte der untersten hierachischen Ebene in ihrer jetzigen Arbeit verwirklicht ist.

Für die gesamte Datenerhebung einschließlich Instruktionen benötigten die Vpn durchschnittlich 45 Minuten. Interindividuell schwankte die Bearbeitungszeit zwischen etwa 25 und 85 Minuten.

Die Konsistenz der Daten betrug, über alle Individuen und Paarvergleiche gemittelt, K_1=.659. Die Alienationen der 14 Individuen lagen zwischen .510 und .767. Betrachtet man die Konsistenz der Urteile für die verschiedenen Kriterien-Werte, dann ist interessanterweise die schlechteste mittlere Konsistenz (.771) für die Beiträge der Werte der Ebene 1 zum Kriterium „Selbstverwirklichung" zu beobachten, ganz so, als ob die Personen nur recht ungenaue Vorstellungen von diesem Kriterium hätten. Selbstverwirklichung ist zudem der Wert mit dem geringsten AZ-Gewicht. Alle anderen Systeme erzielten im Mittel sehr viel bessere Konsistenzen, die von .512 bis .706 reichten.

Zur statistischen Bewertung dieser Fit-Indizes verwenden wir die Normen von Borg und Staufenbiel (1988). Für die 9-Punkt Skala finden wir kritische K_1(5 %)-Werte von .076, .700 und .850 für n=3, n=6 und n=10. Verglichen mit diesen Normen ist nur ein K_1 Index „signifikant" für die 14 (n=3)-Systeme, aber 81 % für die 42 (n=6)-Systeme und 92 % für die 84 (n=10)-Systeme. Wieder reicht, wie schon im obigen, bei den kleinen 3x3-Systemen ein sehr kleiner Fehler aus, den Konsistenzindex soweit zu erniedrigen, daß er in der Größenordnung liegt, die auch von Zufallsdaten erreicht wird. Bei größeren Systemen zeigen sich deutlich überzufällige Konsistenzen.

Da bereits die Daten statistisch konsistent sind, sollten die Skalen erst recht gute Schätzungen darstellen. Es zeigt sich, daß die Beitrags-Prozente der Werte zur AZ starke Unterschiede zwischen den Individuen aufweisen (Tabelle 4, S.168). Trotzdem lassen sich einige Trends erkennen. Der Bereich der kognitiv-intellektuellen Werte trägt generell relativ wenig zur AZ bei, wie für diese Population erwartet werden konnte. Noch weniger wichtig ist Selbstverwirklichung, ein Wert, der auch, wie gesagt, mit Abstand die schlechteste Konsistenz der Beitragsgewichte aufweist. Im Gegensatz dazu ist „Sicherheit" sehr wichtig. Dieser Wert zeigt auch die größten Geschlechts-Differenzen, was den Befunden repräsentativer Stichproben (Lepsius et al., 1982) entspricht.

Vergleicht man schließlich die direkten AZ-Ratings mit den AZ-Werten, die sich aus dem Modell errechnen (Abbildung 2, S.168), dann erkennt man eine weitgehende Entsprechung. Die Korrelation um den festen Ursprung ist .98.

Die beiden Punkte in der unteren Hälfte des Diagramms weichen deutlicher von der Winkelhalbierenden ab. Diese Vpn gaben in der direkten Befragung eine viel höhere AZ an, als ihre Hierarchie vorhersagte. Eine Vp berichtete, daß sie in einer besonders guten Stimmung war, als sie nach ihrem globalen Rating gefragt wurde. Der andere „Ausreißer" berichtete, daß er ohne viel Nachdenken ein eher spontanes Urteil geäußert habe.

Tabelle 4: Arbeitszufriedenheitsbeiträge verschiedener Arbeitswerte für die Stichprobe mit ungelernten Arbeitern. $\bar{x}$ ist der Mittelwert über alle Personen.

	Person														
	1	2	3	4	5	6	7	8	9	10	11	12	13	14	$\bar{x}$
Geschlecht =	m	m	m	m	m	m	m	f	f	f	f	f	f	f	
kognitiv-intellektuell	17	22	14	29	7	33	7	30	27	26	22	12	6	5	18
affektiv-sozial	35	13	58	28	62	33	22	18	8	10	32	69	20	18	30
materiell-instrumentell	38	65	28	43	30	33	72	52	65	64	46	19	74	77	50
Selbstverwirklichung	4	9	5	6	23	7	1	6	1	14	9	18	3	2	8
Interesse an der Tätigk.	5	9	25	12	14	20	9	16	8	11	48	20	20	3	16
Respekt/Status	9	11	8	7	6	0	25	12	16	11	0	10	11	1	9
Persönl. Wertschätzung	4	12	7	16	14	0	3	13	6	4	4	24	0	18	9
materieller Wohlstand	23	27	6	24	13	19	16	9	63	15	19	14	24	27	21
Sicherheit	46	33	50	37	28	53	46	44	7	44	21	15	42	49	37
sinnvolle Arbeit	2	13	23	6	10	2	1	4	4	13	6	7	8	4	7
Einsatz von Talenten	1	2	8	3	8	4	0	20	2	10	8	8	2	2	6
Eigenverantwortung	9	1	5	12	22	8	45	2	2	16	18	7	4	2	11
Persönl. Einfluß	36	2	1	12	20	18	5	5	1	3	11	9	3	6	9
Anerkennung guter Leist.	2	9	11	17	1	1	4	17	17	3	11	20	5	5	9
Kollegen	2	4	1	6	12	5	3	1	0	0	6	17	2	6	5
Vorgesetzter: fair, nett	1	2	19	13	3	14	12	34	1	3	1	7	25	40	13
Aufstiegschancen	3	9	4	19	5	21	8	8	12	13	5	6	14	22	11
Geld, Sozialleistungen	26	22	10	12	7	22	9	7	62	21	11	10	23	13	18
Arbeitsbedingungen	10	35	19	1	11	5	10	2	0	19	24	9	14	0	11

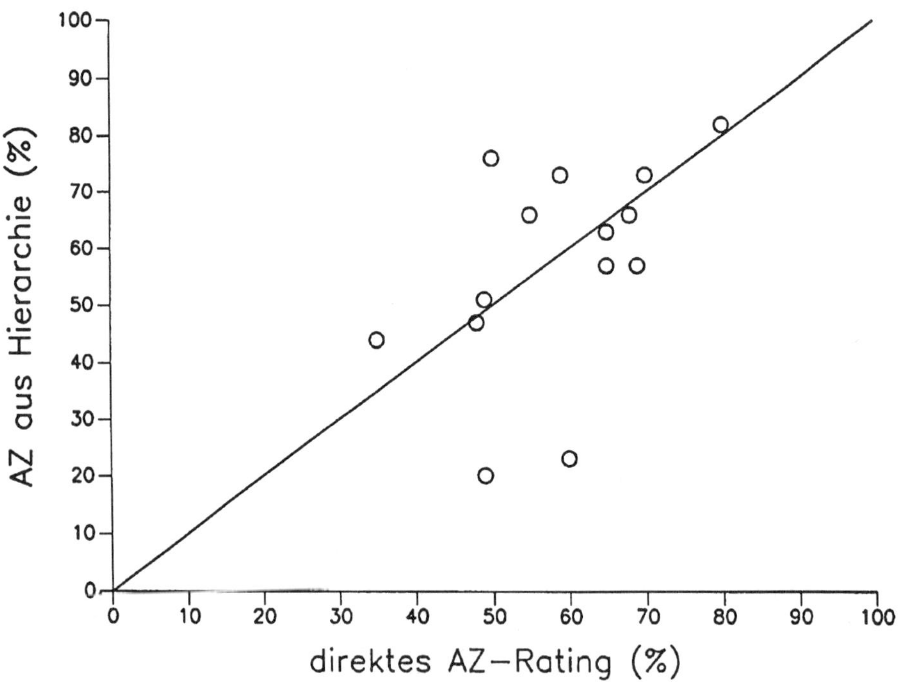

Abb. 2: Streudiagramm der direkten AZ-Ratings vs. die über die Hierarchie.

Daß Vpn in der Lage sind, innerhalb des hierarchischen Ansatzes konsistente Verhältnis-Urteile abzugeben, wurde ebenfalls von Kroke-Bihler (1986) gezeigt, die Daten von je 10 Studenten aus der DDR und der BRD erhob. Die Urteile waren in 92 % der Paarvergleichssysteme konsistenter als die kritischen Simulationsnormen. Darüber hinaus konnte Kroke-Bihler zeigen, daß die AZ-Beiträge der Arbeitswerte der BRD- und der DDR-Studenten sich in vorhergesagter Weise unterschieden. So erhielten z.B. Arbeitswerte des materiell-instrumentellen Wertebereichs relativ geringe Gewichte in der DDR-Stichprobe, während im Vergleich dazu kognitiv-intellektuelle Arbeitswerte als relativ wichtig beurteilt wurden.

Beimel (1986) erhielt ähnliche Ergebnisse beim Vergleich der Arbeitswert/Arbeitsergebnis-Hierarchien von 20 Studenten und 20 Arbeitern. Alle Individuen lieferten sehr konsistente Urteile. Deutliche Unterschiede zeigten sich in den AZ-Beiträgen von Studenten und Arbeitern, wobei die ersteren, wie vorhergesagt, den Beitrag von kognitiv-intellektuellen Arbeitswerte zur AZ höher gewichteten als den von instrumentellen.

6. DISKUSSION

Man kann zunächst zusammenfassend festhalten, daß Vpn offensichtlich in der Lage sind, AZ-Hierarchien konsistent zu beurteilen und zu quantifizieren. Dies ist empirisch nicht-trivial. Darüberhinaus zeigte sich, daß die errechneten Beitragsgewichte übereinstimmten mit anderen inhaltlichen Befunden. Zudem entsprachen die abgeleiteten AZ-Werte recht genau denen, die durch direkte Zufriedenheits-Ratings erhoben werden.

Das hierarchische AZ-Modell erweist sich also als eine Alternative zu den üblichen standardisierten Fragebogenmethoden. Voraussetzung dafür ist allerdings ausreichend Zeit und Interesse an der Konstruktion eines Modells für jedes einzelne Individuum. Dies mag vor allem in Fällen wie Karriere-Planung, Personalauswahl oder Motivierung einzelner Mitarbeiter bedeutsam sein.

Hinsichtlich der Konsistenz der Daten ist natürlich noch zusätzlich zu berücksichtigen, daß die Vpn auch einfache „Fehler" gemacht haben. So finden sich z.B. unter den 140 Paarvergleichssystemen in der Stichprobe der ungelernten Arbeiter sechs mit äußerst schlechten Konsistenzen. Darunter ist auch ein Fall mit einer Konsistenz von K_1=.994! Betrachtet man die Daten näher, so findet man, daß diese sonst ziemlich konsistente Vp offensichtlich aus Versehen dem Element i statt j ein sehr hohes Dominanzgewicht zugewiesen hatte. Solche Fehler können eliminiert werden. Borg und Tremmel (1988) haben gezeigt, daß die Konsistenzen erheblich verbessert werden können, wenn man das Individuum in einigen zusätzlichen Fragen bittet, besonders schlecht zusammenpassende Urteile nochmals gänzlich neu abzugeben.

Darüber hinaus sollte man in Rechnung stellen, daß den Individuen aus Zeitgründen als Startkonfiguration nur ein prototypisches Wertesystem präsentiert wurde. Es ist bemerkenswert, daß die Individuen diese Hierarchien nicht sehr stark modifizierten.

Staufenbiel (in Vorbereitung, vgl. auch Aschenbrenner et al., 1980) untersucht gegenwärtig ein Vorgehen, das den Individuen in einem effizienten Verfahren auf dem Mikrocomputer erlaubt, ihre eigene idiosynkratische Hierarchie zu entwerfen. Diese Methode ist nur ein Teil eines integrierten, computerisierten Systems, welches außerdem einen nicht-numerischen graphischen Modus zu Erhebung der Verhältnisdaten verwendet. Borg und Tremmel (1988) testeten solch eine Methode, bei der das Beitragsverhältnis von i und j zu K dadurch angegeben wird, daß die Höhe zweier Säulen auf dem Computerbildschirm mittels einer „Maus" entsprechend den relativen Gewichten eingestellt wird. Im Vergleich mit numerischen Urteilen, die mit einer Papier-und-Bleistift Methode erhoben wurden, führte dieses Vorgehen von Beginn an zu konsistenteren Daten. Insbesondere wurden einzelne große Verletzungen der kardinalen Konsistenzbedingung fast vollständig eliminiert.

Darüber hinaus wurden die Daten in kürzerer Zeit erhoben und konnten, falls notwendig, wie oben beschrieben durch einige ergänzende Abfragen weiter verbessert werden.

Einer der Gründe für die besseren Ergebnisse der graphischen gegenüber der numerischen Verhältnis-Erhebungsmethode liegt in der Tatsache begründet, daß Vpn dazu neigen, weniger konsistent zu urteilen, wenn extreme numerische Verhältnisse involviert sind. So wurde z.B. gefunden, daß die meisten Leute denken, daß Verhältnisse von 8:2 und 9:1 relativ ähnlich sind, obwohl natürlich das erste Verhältnis eine vierfache und das zweite eine neunfache Dominanz des ersten über das zweite Element ausdrückt.

Wenn man angemessene graphische Repräsentationstechniken verwendet, ist es wesentlich leichter, solche Verhältnisse deutlich zu machen.

Graphische, computerisierte Erhebungsprozeduren reduzieren auch die Erhebungszeit, wie Vortests gezeigt haben. Darüberhinaus kann man sich noch fragen, ob man wirklich alle Verhältnisse v_{ij}, $i>j$, $(i,j=1,\ldots,n)$ benötigt. Wenn das Individuum perfekt konsistent ist, reicht es auch, n-1 Reizpaare derart auszuwählen, daß der Graph ihrer Relationen einen Baum bildet. Die unbeobachteten Relationen im System folgen dann aus der verallgemeinerten Konsistenz-Gleichung $v_{ik}=v_{ia}v_{ab}\ldots v_{zk}$. Da die Vp i.A. nicht perfekt konsistent ist, taucht dann allerdings die Frage auf, welcher Baum für die Bestimmung des gesamten Systems am besten geeignet ist. Durch die zufällige Konstruktion von Tausenden von Bäumen für die bislang gesammelten empirischen Daten zeigte sich, daß man die besten v_{ik}-Schätzungen für nicht-beobachtete v_{ik}-Werte bekommt, wenn die Kette auf der rechten Seite der Gleichung so kurz wie möglich ist, d.h. für $v_{ik}=v_{ij}v_{jk}$. Ein Baum, in dem alle nicht-beobachteten Verhältnisse aus solchen einfachen Gleichungen (d.h. über Bögen mit der maximalen Länge 2) abgeleitet werden können, ergibt sich bei der Magnitude-Skalierungsmethode (Stevens, 1975). Diese Methode benutzt einen Reiz als festen Vergleichsanker für alle anderen.

Für groß angelegte Organisationsumfragen ist der Paarvergleichs-Ansatz allerdings zu aufwendig. Computerisierte Verfahren scheiden ebenfalls aus. Man muß vielmehr eine vereinfachte Version des hierachischen Modells entwickeln, das die benötigten Daten per Fragebogen erhebt. Eine Möglichkeit ist, die Paarvergleichsprozedur auf Magnitude-Skalierung mit je einem Arbeitswert in jedem System als festen Stimulus-Anker zu reduzieren. Die fehlende Möglichkeit der Konsistenz-Überprüfung der Gewichte kann in Anbetracht der bislang gefundenen hohen Konsistenzen als relativ kleiner Nachteil bewertet werden. Ein andere Möglichkeit ist, den ganzen Quantifizierungs-Prozeß der Hierarchie wegzulassen. Folgt man Rokeach (1968) darin, daß die Wichtigkeit eines Wertes seiner Vernetztheit mit anderen Werten entspricht, dann sollte es möglich sein, die Wichtigkeit der Arbeitswerte auf der untersten hierachischen Ebene dadurch zu bestimmen, daß man einfach die Anzahl der Pfade zählt, die von diesen Elementen aufwärts zu AZ führen. In Abbildung 1 findet man z.B. acht solcher Pfade für „sinnvolle Arbeit“ und vier solcher Pfade für „Kollegen“. Korreliert man diese „Verbundenheits-Indizes“ mit den entsprechenden AZ-Beitragsgewichten aus Tabelle 3, so erhält man tatsächlich den hohen Wert r=.89. Multipliziert man die Realisationsgrade (Vektor $\mathbf{M_1}$ in Tabelle 3) mit den (auf Anteilswerte normierten) Verbundenheits-Indizes, so erhält man 56,6 % als AZ-Schätzung. Dies ist nahezu der gleiche Wert wie die 59,3 %, die über die Gewichte aus dem Modell abgeleitet wurden. Es scheint also so zu sein, daß die qualitative Werte-Hierarchie hinreichende Informationen zur Berechnung nicht nur eines reliablen AZ-Wertes, sondern auch für die Bestimmung der relativen Wichtigkeit der verschiedenen Werte auf der untersten hierachischen Ebene enthält. Diese Behauptung wird durch die Daten der ungelernten Arbeiter gestützt: die mittlere Korrelation der Verbundenheits-Indizes mit den aus der Paarvergleichsprozedur abgeleiteten AZ-Beitrags-Prozentwerten beträgt .72 (SD=.03). Der mittlere Unterschied zwischen den globalen AZ-Werten, die über diese beiden Gewichtsvektoren berechnet wurden, beträgt 6.57 Einheiten (SD=1.33) auf der 100-Punkte Skala. Es scheint also so zu sein, daß die Verbundenheits-Indizes eine sehr effiziente Alternative zum Paarvergleichsansatz darstellen (für die Hierarchie in Abbildung 1 würde dies 324 Verhältnisurteile ersparen). Allerdings hat diese Vereinfachung ihren Preis: Die Pfadgewichte werden immer unreliabler, je höher man in der Hierarchie steigt.

Wenn man kein weiteres Interesse an der Werte-Hierarchie selbst hat und sie nur als eine komplexe Methode ansieht, die Realisationsgrad-Urteile zu einem globalen AZ-Wert zu verdichten, dann kann man sich fragen, ob dies nicht auch einfacher geht. Wie gut würde z.B. eine schlichte Mittelung aller Realisationsgrad-Urteile die direkten, globalen AZ-Ratings vorhersagen? Für die 14 ungelernten Arbeiter zeigt sich, daß solche Mittelwerte zu sehr ähnlichen globalen AZ-Werten führen wie unser aufwendiges hierarchisches Verfahren. Tatsächlich erzielen alle Modelle (Mittelung, Hierarchie resultierend aus Paarvergleich, Hierarchie mit Verbundenheitsindizes) sehr gute Vorhersagen direkter globaler AZ-Ratings, wobei sowohl der mittlere Vorhersagefehler als auch die Standardabweichung jeweils kleiner als 10 Punkte sind. Das bestätigt die wiederholt gemachte Beobachtung (z.B. Ewen, 1967; Quinn & Mangione, 1973), daß unterschiedliche Wichtigkeits-Gewichte zu keinem Gewinn bei der Vorhersage von AZ führen.

Die gute Vorhersageleistung all dieser Verknüpfungsregeln sollte aber nicht zu dem Schluß führen, das hierarchische Modell als unnötig komplex abzulehnen. Zunächst kann man fragen, in welchem Ausmaß ein direkt erhobenes globales AZ-Rating als ein Kriterium zur Diskriminierung der Validität verschiedener Verknüpfungsregeln dienen kann. Das direkte Globalrating ist eben auch nur ein Urteil, und die bekannten Beschränkungen der menschlichen Informationsverarbeitung machen es wahrscheinlich, daß das Individuum dabei auf irgendeine Weise vereinfachen und zusammenfassen muß, z.B. durch Mittelung. Zweitens zeigen sich differentielle Gewichtungen der Realisationsgrad-Werte nicht unter allen Umständen in unterschiedlichen globalen AZ-Werten. Drittens: Hat die Vp die Möglichkeit, lokale Aspekte der Werte-Ergebnis-Hierarchie zu betrachten, dann beobachtet man Urteile, die quantitativ sehr konsistent sind. Dies weist auf die Existenz eines zugrundeliegenden komplexen Netzwerks hin und deutet an, daß die gemessenen Wichtigkeitsgewichte von Bedeutung sind, obwohl sie wenig in der Berechnung der globalen AZ-Werte ausmachen. Viertens wird die Validität der Hierarchien außerdem durch die oben berichteten Studien von Kroke-Bihler (1986) und Beimel (1986) untermauert, wo sich die Wert-Ergebnis-Hierarchien für unterschiedliche Personen-Stichproben bedeutsam in der vorhergesagten Weise unterschieden. Es scheint also so zu sein, daß die Durchschnittsbildung robust für die Vorhersage der globalen AZ-Ratings ist und vielleicht sogar den Prozeß der Entstehung eines solchen Urteils ganz gut beschreibt. Anderseits wird aber so die der Einstellung AZ zugrundeliegende Struktur nicht adäquat erfaßt.

Hieraus ergeben sich einige interessante Antworten. Betrachten wir beispielsweise Neubergers (1985) Charakterisierung der AZ als „Erlebnisinhalt, der sich je nach Interessenslage, Reflexionstiefe oder Bezugsrahmen anders darstellt." Soll heißen: „AZ ist nicht da (wie ein stabiles Ding an sich), sie konstituiert und verändert sich bei näherem Hinsehen" (S. 205/8).

Als empirische Evidenz hierfür führt er die in Interviews oft zu beobachtenden Ambiguitäten und Unsicherheiten, das Hin-und-Her der AZ-Einstufungen an. Im Rahmen des hierarchischen Modells läßt sich dieses Phänomen jedoch leicht erklären als Folge der Komplexität der Zusammenhänge. Drängt man die Person, genauer ins Detail zu gehen, dann führt dies zu Überlastungen ihrer Kapazität, die Informationen konsistent zu verarbeiten. Daß die latente Struktur dennoch konsistent ist, zeigt das Paarvergleichsverfahren: Die „lokalen" Urteile passen wie die Teile eines Puzzles zusammen und entfalten so die Gesamtstruktur des AZ-Wertesystems. Die Widersprüche und Ambiguitäten scheinen daher eher im Response-System der Person und nicht in ihrem Wertesystem zu liegen.

In einer weiteren Hypothese vermutet Neuberger (1984), daß „wenn Leute darüber nachdenken würden, dann würden sie feststellen, daß sie tatsächlich unglücklich sind" (S. 48). Verzichtet man einmal auf das obskure „tatsächlich", dann kann man diese Hypothese formulieren als Vermutung darüber, daß AZ-Urteile nach längerem Überlegen schlechter ausfallen als bei spontaner Äußerung. Wächtershäuser (1988) hat dies für allgemeine Zufriedenheitsurteile empirisch bestätigt. Auch in den obigen Daten findet man hierfür einen Hinweis durch den Ausreißer in Abbildung 2, der sagte, daß er ohne viel nachzudenken sein globales AZ-Urteil spontan abgab. Theoretisch führt das zu dem Problem, daß man möglicherweise verschiedene Formen der Zufriedenheiten unterscheiden sollte: „oberflächlichere" und „tiefere". In einer Organisation kann dies bedeuten, daß alles gut zu laufen scheint, aber sich dann, wenn plötzlich ein größeres Problem auftaucht, Unzufriedenheiten zeigen, die niemand für möglich gehalten hätte.

Weitere Forschung könnte der Kommentar des anderen Ausreißers aus Abbildung 2 anregen, der sein relativ hohes globales AZ-Rating seiner guten Stimmung zuschrieb. Prinzipiell erscheint es denkbar, daß direkte AZ-Ratings mehr von derartigen Stimmungen beeinflußt werden als die über die Hierarchie ermittelte AZ-Werte, da in der Hierarchie niemals direkt nach Zufriedenheit gefragt wird, sondern nur nach dem Ausmaß, in dem Arbeitswerte in der jeweiligen Arbeit verwirklicht sind. Andererseits erscheint es fast eher wahrscheinlich, daß die Aussage dieser Vp eine nachträglich fabrizierte Rechtfertigung ist. Untersuchungen zeigen nämlich, daß die Stimmung sich auf die Zufriedenheits-Urteile mit persönlich relevanten Sachverhalten kaum auswirkt, zumal dann, wenn die gute oder schlechte Stimmung auch noch erkannt und thematisiert wird (Borg, 1987b).

Schließlich könnte man noch nach den Szenarien fragen, innerhalb derer die Vpn ihre Urteile abgeben. Wenn das Szenarium z.B. durch „hohe Arbeitslosigkeit, Rezession" gekennzeichnet ist, dann sollte ein Arbeitswert wie „Sicherheit" sehr wichtig für AZ sein. Ein einfacher Weg, solche Szenarien in das Modell aufzunehmen, wäre der, sie als Elemente einer Hierarchie-Ebene direkt unterhalb von AZ darzustellen (Borg, 1987a). Für die Vp würde man dann verschiedene szenarienspezifische AZs erheben und diese AZ-Formen mit globaler AZ über die subjektiven Wahrscheinlichkeiten, daß diese Szenarien tatsächlich auftreten werden, verbinden. Diese recht simple Modellierung sollte allerdings nur dann valide sein, wenn die Hierarchie der Arbeitswerte von den Szenarien unbeeinflußt ist. Gilt dies nicht, so müßte man für jedes Szenarium eine eigene Hierarchie erstellen.

LITERATUR

Andrews, F. M. & Withey, S. B. (1976). *Social indicators of well-being*. New York: Plenum Press.

Aschenbrenner, K. M., Jauss, D. & Villani, C. (1980). Hierarchical goal structuring and pupils, job choices. *Acta Psychologica, 45*, 35–49.

Atkin, R. (1981). *Multidimensional man: Can man live in 3-dimensional space?*. London: Penguin.

Beimel, K. (1986). Arbeitswerte von Arbeitern und Studenten. Unveröffentlichte Vordiplomsarbeit. FB 06 Psychologie, Justus-Liebig Universität Gießen.

Borg, I. (1986a). Facettentheorie: Prinzipien und Beispiele. *Psychologische Rundschau, 37*, 121–137.

Borg, I. (1986b). A cross-cultural replication of Elizur's facets on work values. *Multivariate Behavioral Research, 21*, 401–410.

Borg, I. (1987a). Arbeitszufriedenheit, Arbeitswerte und Jobauswahl: Ein hierarchischer, individuenzentrierter Ansatz. *Zeitschrift für Sozialpsychologie, 18*, 28–39.

Borg, I. (1987b). The effect of mood on different types of well-being judgments. *Archiv für Psychologie, 139*, 181–188.

Borg, I. (1988). *Assessment of individual work value systems*. Vortrag gehalten auf dem First International Congress on Work Values, Budapest, Juli 1988.

Borg, I. & Galinat, W. (1986). Struktur und Verteilung von Arbeitswerten. *Psychologische Beiträge, 28*, 495–515.

Borg, I. & Galinat, W. (1987). Ratios in the belief system on experienced duration. *Perceptual and Motor Skills, 64*, 603–608.

Borg, I. & Staufenbiel, T. (1988). *Konsistenzmaße und Normen für Dominanzverhältnisse*. Unveröffentlichter Arbeitsbericht, FB Psychologie, Justus-Liebig-Universität Giessen.

Borg, I. & Tremmel, L. (1988). Compression and elevation effects in pairwise ratio judgments. *Methodika, 2*, 1–15.

Butler, J. K. (1983). Value importance as a moderator of the value fulfillment-job satisfaction relationship: group differences. *Journal of Applied Psychology, 68*, 420–428.

Cook, J. D., Hepworth, S. J., Wall, T. D. & Warr, P. B. (1981). *The experience of work*. New York: Academic Press.

Dawes, R. (1979). On the robust beauty of improper linear models in decision making. *American Psychologist, 34*, 571–582.

Elizur, D. (1984). Facets of work values: A structural analysis of work outcomes. *Journal of Applied Psychology, 69*, 379–389.

Ewen, R. B. (1967). Weighting components of job satisfaction. *Journal of Applied Psychology, 51*, 68–73.

Fagot, R. F. & Stewart, M. (1969). Tests of product and additive scaling axioms. *Perception and Psychophysics, 5*, 117–123.

Fishbein, M. A. (1965). A consideration of beliefs, attitudes, and their relationships. In I. D.Steiner & M. A. Fishbein (Eds.), *Current studies in social psychology* (pp. 107–120). New York: Holt, Rinehart & Winston.

Fishbein, M. A. & Ajzen, I. (1975). *Belief, attitude, intention, and behavior*. Reading, Mass.: Addison-Wesley.

Graumann, C. F. & Willig, R. (1986). Wert, Werung, Werthaltung. In H. Thomae (Hrsg.), *Enzyklopädie der Psychologie: Theorien und Formen der Motivation* (Bd. C/IV/1). Göttingen: Hogrefe.

Gratch, H. (1973). (Ed.). *Twenty-five years of social research in Israel*. Jerusalem: Jerusalem Academic Press.

Griffin, R. W. & Bateman, T. S. (1986). Job satisfaction and organizational commitment. In C. L. Cooper & I. Robertson (Eds.), *International review of industrial and organizational psychology* (pp. 157–188). New York: Wiley.

Guttman, L. (1981). What is not what in theory construction. In I. Borg (Ed.), *Multidimensional data representations: When and why* (pp. 47–64). Ann Arbor, Mich.: Mathesis Press.

Heckhausen, H. (1980). *Motivation und Handeln*. Berlin: Springer.

Jensen, R. E. (1984). An alternative scaling method for priorities in hierarchical structures. *Journal of Mathematical Psychology, 28*, 317–332.

Jurgensen, C. E. (1978). Job preferences (What makes a job good or bad?). *Journal of Applied Psychology, 63*, 267–276.

Kroke-Bihler, M. (1986). *Ein Vergleich der Gewichtung von Arbeitswerten bei BRD- und DDR-Studenten*. Unveröffentlichte Vordiplomsarbeit, FB Psychologie, Justus-Liebig-Universität Gießen.

Levy, S. (1986). *The structure of social values*. Jerusalem: Israel. Institute of Applied Social Research.

Lepsius, M. R., Scheuch, E. K. & Ziegler, R. (1982). (Hrsg.). *Allbus 1982*. Köln, Germany: Zentralarchiv für empirische Sozialforschung.

Maslow, A. H. (1954). *Motivation and personality*. New York: Harper & Row.

Mitchell, T. R. & Biglan, A. (1971). Instrumentality theories: Current uses in psychology. *Psychological Bulletin, 76*, 432–454.

Neuberger, O. (1984). Wunschloses Unglück? *Psychologie Heute, 11*, July, 46–51.

Neuberger, O. (1985). *Arbeit*. Stuttgart: Enke.

Organ, D. W. & Near, J. P. (1985). Cognition vs affect in measures of job satisfaction. *International Journal of Psychology, 20*, 241–253.

Orth, B. (1986). Meßtheoretisch bedeutsame oder psychologisch sinnvolle Einstellungsmodelle? *Zeitschrift für Sozialpsychologie, 17*, 87–90.

Porter, L. W. (1961). A study of perceived need satisfaction in bottom and middle management jobs. *Journal of Applied Psychology, 45*, 1–10.

Quinn, R. P. & Mangione, T. W. (1973). Evaluating weighted models of measuring job satisfaction: A Cinderella story. *Organizational Behavior and Human Performance, 4*, 176–211.

Quinn, R. P. & Staines, G. L. (1979). *The 1977 quality of employment survey.* Institute for Social Research, University of Michigan, Ann Arbor, Michigan.

Rokeach, M. (1968). *Beliefs, attitude, and values.* San Francisco: Jossey-Bass.

Rokeach,M. (1973). *The nature of human values.* New York: The Free Press.

Ronen, S. (1979). Cross-national study of employee's work goals. *International Review of Applied Psychology, 28,* 1–12.

Ronen, S., Kraut, A. I., Lingoes, J. C. & Aranya, N. (1979). A nonmetric scaling approach to taxonomies of employee work motivation. *Multivariate Behavioral Research, 14,* 387–401.

Rosenberg, M. J. (1956). Cognitive structure and attitudinal affect. *Journal of Abnormal and Social Psychology, 53,* 367–372.

Rosenberg, M. J. (1957). *Occupations and values.* Glencoe, Ill.: Free Press.

Saaty, T. L. (1977). A scaling method for priorities in hierarchical structures. *Journal of Mathematical Psychology, 15,* 234–281.

Saaty, T. L. (1980). The Analytic Hierarchy Process. New York: McGraw.

Saaty, T. L. & Vargas, L. G. (1984). Inconsistency and rank preservation. *Journal of Mathematical Psychology, 28,* 205–214.

Smith, P. C., Kendall, L. M. & Hulin, C. L. (1969). *The measurement of satisfaction in work and retirement.* Chicago: Rand-McNally.

Staufenbiel, T. (in Vorbereitung). *Ein Turbo-Pascal Programm zur Messung von Werthierarchien und Zufriedenheit.* Fachbereich 06 Psychologie, Justus-Liebig-Universität Giessen.

Stevens, S. S. (1975). *Psychophysics.* New York: Wiley.

Stone, E. F. (1986). Job scope-job satisfaction and job scope-job performance relationships. In E. A. Locke (Ed.), *Generalizing from laboratory to field settings: Research findings from industrial-organizational psychology, organizational behavior, and human resource management* (pp. 189–206). Lexington, MA: Lexington Books.

Vroom, V. (1964). *Work and motivation.* New York: Wiley.

Wächtershäuser, S. (1988). *Zum Zusammenhang von Kontrollüberzeugungen und Lebenszufriedenheit.* Unveröffentlichte Diplomarbeit, FB Psychologie, Justus-Liebig-Universität Giessen.

Weiss, D. J., Dawis, R. V., England, G. W. & Lofquist, L. H. (1967). *Manual for the Minnesota Satisfaction Questionnaire.* Industrial Relations Center, University of Minnesota.

Williams, R. M. (1968). Values. In E. Sills (Ed.), *International encyclopedia of the social sciences.* New York: Macmillan.

UNTERSUCHUNGEN
IM BETRIEB

Die stillschweigenden innerbetrieblichen Voraussetzungen von Mitarbeiterbefragungen und ihre Konsequenzen für die Analyse der Arbeitszufriedenheit

Lorenz Fischer

1. FRAGESTELLUNG

Mitarbeiterbefragungen sind in den letzten Jahren auch im deutschen Sprachraum zunehmend als ein wichtiges Analyseinstrument erkannt worden, durch das Grundlagen für Maßnahmen zur Organisationsentwicklung bereitgestellt werden können. Schwerpunktmäßig wurde diese Methode insbesondere von der Arbeitsgruppe „Mitarbeiterbefragungen" (z.B. Domsch, 1980, 1985) in praxisorientierter Weise entwickelt (zur allgemeinen Übersicht vgl. Schuler & Stehle, 1982 sowie Töpfer & Zander, 1985). In dem überwiegenden Teil der Beiträge zu diesem Thema werden die durch Mitarbeiterbefragungen erreichbaren Ziele, die einzelnen Etappen des Vorgehens, seltener die Widerstände dargestellt, die bei Mitarbeiterbefragungen zu überwinden sind. Dagegen werden die spezifischen unternehmenspolitischen Konstellationen, die möglicherweise eine wichtige Voraussetzung für die Durchführung solcher Befragungen sind, üblicherweise gar nicht angesprochen — möglicherweise deshalb, weil dadurch die relative Einmaligkeit der Ergebnisse hervortritt, bzw. deren Verallgemeinerbarkeit in Frage gestellt wird. Empirischen Analysen in Betrieben gehen nämlich meist mehr oder minder intensive Auseinandersetzungen über pro und contra eines solchen Vorhabens voraus, die sehr oft mit einer Stornierung des geplanten Vorhabens enden. Deshalb muß man die tatsächlich durchgeführten Untersuchungen als wenig repräsentativ ansehen. Dabei ist erstaunlich, daß diese zentrale Voraussetzung erfolgreicher empirischer Arbeit bislang in der methodischen Diskussion über die Analyse von Arbeitszufriedenheit in erstaunlicher oder auch bezeichnender Weise vernachlässigt worden ist: die Frage nach den *Einflüssen der jeweiligen betrieblichen Situation, in der die Analysen zur Arbeitszufriedenheit durchgeführt werden, auf die erhaltenen Ergebnisse. Erstaunlich* ist dieser „blinde Fleck" der Forschung auf den ersten Blick deshalb, weil in den letzten 10 bis 15 Jahren ein erhebliches Maß an methodenkritischer Arbeit geleistet wurde, die sich auf grundlegende empirische Verfahren wie das Interview oder das Experiment bezieht, ohne daß aus diesen Erkenntnissen — sieht man einmal von bestimmten Ausnahmen (z.B. Wiendieck, 1980 und Nachreiner, 1980) ab — in systematischer Weise Konsequenzen für den „angewandten" Forschungsbereich Arbeitszufriedenheit gezogen wurden. *Bezeichnend* dürfte dieser Tatbestand deshalb sein, weil die Arbeitszufriedenheits-Forschung vielleicht gerade *wegen* der Subjektivität und der geringen „Härte" dieses Konzeptes primär auf eine nomologisch-theoretische Festigung ausgerichtet war, bei der die methodologischen Probleme zunächst einmal in den Hintergrund traten. Andere Autoren betrachteten bestenfalls einige situative Elemente unter der Perspektive der Artefaktforschung mit der sicherlich zu weitgehenden Schlußfolgerung, daß die Erhebung von Arbeitszufriedenheit grundsätzlich aussagearm oder gar ein Mißverständnis sei. Im Verlauf dieses Beitrages werden wir zu zeigen versuchen, daß eine Reihe von Faktoren, die die „typische Befragungssituation im Betrieb" kennzeichnen, im Sinne der „modellbildenden Wirkungen" die erhaltenen Ergebnisse tatsächlich wesentlich beeinflussen können. Im Sinne dieser Forschungsstrategie werden diese Faktoren jedoch nicht als Fehlerquellen behandelt, sondern als Elemente des Forschungsprozesses, die unverzichtbar sind und deshalb im Hinblick auf ihre forschungstechnischen Konsequenzen analysiert werden müssen. Der konkrete Anlaß für die im folgenden angestellten Überlegungen ist die in Jahren immer wieder bestätigte Erfahrung, daß Befragungen zum Thema Arbeitszufriedenheit in Betrieben in der Regel auf große Schwierigkeiten bzw. Widerstände stoßen. Diese Erfahrungen lassen sich vorläufig in folgende Arbeitsthesen fassen:

- Empirische Analysen der Arbeitszufriedenheit kommen nur in ganz bestimmten, möglicherweise sogar recht untypischen und „nicht repräsentativen" betriebspolitischen Situationen zustande.
- Wenn sie aber zustande kommen, provozieren diese Untersuchungssituationen bestimmte, aus den Bedingungen der jeweiligen Konstellation ableitbare Antwortstrategien der befragten Mitarbeiter, die wiederum die Ergebnisse in starkem Maße beeinflussen.

Sollten sich diese Vermutungen als richtig erweisen, so dürfte dieser Tatbestand dazu führen, daß die bisherigen Ergebnisse der Arbeitszufriedenheits-Forschung sich in einem ganz neuen Licht präsentieren. Sie können zumindest partiell verantwortlich sein für einige Probleme der Theorieentwicklung wie auch für solche einer technologisch orientierten Schwachstellenanalyse.

Die erwähnten Widerstände in den Betrieben rühren häufig, wenn nicht im Regelfall, aus dem spezifischen, spannungsgeladenen Verhältnis zwischen Unternehmensleitung und Betriebsrat. Die meisten Ergebnisse von betrieblichen Umfragen, die veröffentlicht werden und dementsprechend einer öffentlichen Diskussion zugänglich sind, wurden aber von Sozialwissenschaftlern durchgeführt, die entweder als unbeteiligte, neutrale Dritte oder als meist ungewollt Beteiligte bei diesen Konflikten mitwirken. Es ergibt sich so eine methodologisch außerordentlich problematische Erhebungssituation, deren einzelne Bedingungen spezifiziert und auf ihre Konsequenzen hin durchleuchtet werden sollen.

Es stellt sich dann natürlich die Frage, ob und inwieweit diese Problematik in den wissenschaftlichen Berichten angesprochen oder gar systematisch berücksichtigt werden.

Zu diesem Zweck überprüften wir eine Stichprobe (N=158) von Berichten über *empirische Untersuchungen* zum Themenbereich Arbeitsmotivation/Arbeitszufriedenheit daraufhin, ob über den Anlaß dieser Untersuchungen und die *betriebspolitische Situation* im Betrieb selbst nähere Angaben gemacht wurden.

Die Ergebnisse sprechen eine deutliche Sprache:

Lediglich in 30 der 158 Untersuchungen wurde näher auf die Frage eingegangen, warum es in den jeweiligen Betrieben zu der betreffenden Untersuchung kam und teilweise wie der Verlauf der Untersuchungen war. Über die spezifischen betriebspolitischen Bedingungen wurde praktisch nie berichtet; sie scheinen zu den empfindlichen Punkten des Erhebungsprozesses zu gehören. Über den jeweils spezifischen Anlaß der Untersuchungen wurde in 27 Fällen berichtet.

Diese lassen sich ganz grob folgendermaßen kategorisieren:

	Zahl d. Nennungen
Beabsichtigte Steigerung der Effizienz, Motivation; Senkung der Kündigungsrate; interne Kompetenzstreitigkeiten	15
Staatliche oder andere Wissenschaftsförderung	7
Einführung neuer Technologien	4
Drogenprobleme	1
Keine Erwähnung des Anlasses der Untersuchung oder von Elementen der betrieblichen Situation	131

Abb. 1: Erwähnte Anlässe empirischer Untersuchungen in Organisationen

Wie ist dieser Befund zu interpretieren? Zunächst einmal ist festzuhalten, daß die überwältigende Mehrzahl der Autoren einen Bericht über die konkrete Untersuchungssituation für überflüssig oder sogar für abträglich hält. Überflüssig ist ein solcher Bericht dann, wenn die Erhebungssituation in den Augen dieser Autoren sowohl hinsichtlich der Beurteilung der Ergebnisse wie auch hinsichtlich der Relevanz von betrieblichen Umfragen für den Beratungsprozess unerheblich ist. Als abträglich (für das Image der berichtenden Forscher) dürften Schilderungen dann beurteilt werden, wenn befürchtet werden kann, daß die Erhebungssituation letztlich als so untypisch angesehen werden muß, daß die Generalisierbarkeit der Ergebnisse (von Repräsentativität kann ohnehin im allgemeinen nicht gesprochen werden) bezweifelt werden muß. Eine Quantifizierung dieser beiden alternativen Erklärungen ist hier nicht möglich und auch nicht notwendig.

Gehen wir einmal von der „positiveren" Alternative aus, dann halten zu viele Sozialwissenschaftler die Erörterung des konkreten Forschungsprozesses, wie er sich als sozialer Prozeß im Betrieb ereignet, für überflüssig. Die hierin zum Ausdruck kommende Wissenschaftsorientierung impliziert, daß im Zweifel ein großer Teil der wissenschaftlichen Berichterstatter an einer Fiktion „abrufbarer objektiver Informationen" bei den Befragten festhalten, wodurch nicht nur die Fehlervarianz erhöht wird, sondern zugleich die tatsächlichen, prozeßhaften Probleme der Mitarbeiterbefragungen — z.B. im Rahmen von Maßnahmen zur Organisationsentwicklung — völlig unerwähnt bleiben.

Wir müssen also festhalten, daß in wissenschaftlichen Darstellungen empirischer Untersuchungen zur Arbeitszufriedenheit die Bedingungen der empirischen Erhebungen in hohem Maße unbestimmt bleiben, so daß Schlußfolgerungen im Hinblick auf das oben skizzierte Problem nicht möglich sind. Durch Analogiebildung zu anderen Forschungsbereichen lassen sich aber Thesen formulieren, die richtungsweisend sein können für eine Optimierung von empirischen Analysen der Arbeitszufriedenheit.

2. DIE INNERBETRIEBLICHEN BEZIEHUNGEN ALS RAHMENBEDINGUNGEN FÜR MITARBEITERBEFRAGUNGEN — ERSTE INDIZIEN

Unsere erste These besagte, daß Mitarbeiterbefragungen nur unter ganz bestimmten Voraussetzungen stattfinden können, die im Zweifelsfalle kaum als typisch oder gar als repräsentativ für Organisationen schlechthin angesehen werden können.

Unsere eigenen Erfahrungen laufen etwa darauf hinaus, daß von acht geplanten Untersuchungen, die regelmäßig von einer der beiden betrieblichen Parteien unterstützt wurden, lediglich eine einzige realisiert werden konnte.

Dabei ist es nicht typischerweise eine bestimmte Seite, die die Durchführung der Untersuchung verhindert, sondern es ist eher so, daß jeweils „die eine Seite" eine innerbetriebliche Umfrage „torpediert", wenn sie den Eindruck hat, daß „die andere Seite" ein größeres Interesse an dieser Untersuchung hat. Wenn also der Betriebsrat eine solche Untersuchung fördert und unterstützt, dann ist die Wahrscheinlichkeit groß, daß die Unternehmensleitung eine solche Untersuchung ablehnt bzw. vice versa.

Wenn also der Verdacht sich erhärten läßt, daß die erfolgreiche Durchführung einer empirischen Zufriedenheitsstudie in einem Betrieb eher einen Ausnahmefall als eine beliebig herstellbare Situation darstellt, dann ist zunächst die Frage zu stellen, welche Bedingungen gegeben sein müssen, damit eine solche Untersuchung durchgeführt werden kann, oder umgekehrt, welche Konstellationen zu einem Abbruch der Forschungsbemühungen führen.

v. Rosenstiel u.a. (1982) berichten von einer Recherche unter 40 Großunternehmen und 15 Unternehmensberatern, die bekanntermaßen Mitarbeiterbefragungen durchgeführt hatten:

> Die Antworten auf unsere Bitte (die verwendeten Fragebögen zuzuschicken) ließen uns die Erfahrung machen, daß die Unternehmensleitungen, auf die Betriebsklimathematik angesprochen, meist reagierten, als handele es sich um eine „geheime Verschlußsache". Die Firmen wollten häufig nicht auf die Thematik angesprochen werden, da die Untersuchung „schon genug Staub aufgewirbelt" hätte. Wieder andere Firmen verwiesen auf externe Berater, die die Untersuchung durchgeführt hatten oder gaben an, einzelne Instrumente nicht einfach aus ihrem problemorientierten Anwendungszusammenhang herauslösen zu können. Manche befragte Unternehmen stritten auch einfach ab, Betriebsklimauntersuchungen durchgeführt zu haben; die Hinweise in der Presse seien wohl auf Mißverständnisse zurückzuführen.... Manche Unternehmen glauben, daß durch eine Mitarbeiterbefragung für sie erst Probleme entstehen, da „schlafende Hunde" geweckt würden. (vgl. Zander, 1977; v. Rosenstiel u.a., 1982, S. 179f).

Die in diesem Zitat zum Ausdruck kommende Ambivalenz, oder besser negative Attitüde, der Unternehmen gegenüber Mitarbeiterbefragungen entspricht unseren eigenen Erfahrungen und denen zahlreicher Kollegen. Das Besondere an diesem Bericht liegt jedoch sicherlich darin, daß eine so hohe Ambivalenz auch bei solchen Firmen anzutreffen ist, die solche Befragungen bereits durchgeführt hatten, und man deshalb ein relativ großes „commitment" unterstellen darf. Eine ähnliche von Ängstlichkeit oder Reserviertheit zeugende Bewertung kommt auch bei Gebert (1982) zum Ausdruck, der unter Bezug auf eigene und amerikanische Untersuchungen über die Verwendung von Survey-Feedback-Forschungen (Bowers, 1973; Bowers u.a.,1977; Gebert, 1976) feststellte, daß nur in etwa der Hälfte der untersuchten Fälle dem „Survey" auch ein „Feed-Back" folgte, offenbar, weil es die Unternehmensleitungen als zu riskant empfanden, eine Veränderungsdynamik in Gang zu setzen, die dann der eigenen Kontrolle entgleiten könne.

Das so beschriebene Problem stellt sich interessanterweise nicht nur dann, wenn etwa einer der beiden betrieblichen Partner sein besonderes Interesse an einer Untersuchung deutlich macht (typischerweise z. B. wenn eine Unternehmensleitung an der Reduktion von Fehlzeiten in einer bestimmten Abteilung interessiert ist und der Betriebsrat möglicherweise eine unerwünschte soziale Kontrolle von seiten der Unternehmensleitung befürchtet), sondern auch dann, wenn die Forschungsintention von dritter Seite vorgetragen wird, hier meist von seiten wissenschaftlicher Forscher.

Eine Sammlung von Ursachen für Widerstände gegen innerbetriebliche Umfragen hat Domsch (1980) vorgenommen. Domsch sieht mögliche Ursachen für Widerstände auf drei Ebenen:

1) Die Geschäftsleitung
   - kann den Nutzen einer solchen Befragung bezweifeln,
   - die Kosten scheuen,
   - befürchtet, „schlafende Hunde" zu wecken, d.h. Probleme zu verstärken bzw. erst zu schaffen,
   - befürchtet, den eigenen Verantwortungsbereich durch die Befragung einzuschränken und der Belegschaft unnötig Mitspracherechte einzuräumen.

2) Die Mitarbeitervertretung
   - hat Angst vor dem Verlust ihres Einflusses auf die Arbeitnehmer
   - befürchtet, bei direkter Verbindung zwischen Arbeitgeber und den einzelnen Arbeitnehmern überflüssig zu werden
   - befürchtet eine Blockierung der Realisierung von Arbeitnehmerinteressen (aus ihrer Sicht) durch einen Mißbrauch der Ergebnisse von seiten der Unternehmer.

3) Die befragten Arbeitnehmer
   - erwarten für sich selbst unmittelbar keine positiven Auswirkungen aus der Befragung,
   - befürchten, daß die Anonymität der Befragung nicht gewährleistet ist, woraus sich negative Konsequenzen für den einzelnen Befragten ergeben könnten (Domsch, 1980, S. 424).

Bevor wir auf diese einzelnen Besorgnisse der verschiedenen Gruppen eingehen, soll hier noch eine kurze Anmerkung zu der psychologischen Qualität des Befragungsprozesses gemacht werden.

Wenn in der Tat viele Firmenleitungen befürchten, eine Mitarbeiterbefragung sei geeignet, „schlafende Hunde zu wecken", so bevorzugen sie offensichtlich eine Situation, in der „der Hund begraben" bleibt (um hier die dekuvrierende Alltagssprache zu verwenden). Ähnliche Befürchtungen können allerdings — wie wir noch sehen werden — manchmal auch von seiten des Betriebsrats geäußert werden.

Der psychologische Prozeß, der hier befürchtet wird, dürfte dem entsprechen, was von Duval und Wicklund (1972) und Wicklund (1975) als „objektive Selbstaufmerksamkeit" bezeichnet wird. Dabei wird angenommen, daß die Aufmerksamkeit des Menschen meist überwiegend auf externe Ereignisse gerichtet ist. Durch bestimmte Ereignisse oder Situationen — z.B. eine Selbstbetrachtung in einem Spiegel — kann die Aufmerksamkeit auf die eigene Person konzentriert werden. Das kann zur Konsequenz haben, daß zuvor unbewußte Ansprüche wirksam werden, und sich die Personen z.B. der Inkonsistenz zwischen diesen Ansprüchen und der betrieblichen Wirklichkeit bewußt wird. Nun entsteht der

Theorie zufolge eine Motivation zur Reduktion dieser Diskrepanzen z.B. durch konfliktorientiertes Verhalten oder aber eine Tendenz zu Defensivreaktionen bzw. zur Vermeidung von Selbstaufmerksamkeit, wenn diese als unangenehm empfunden wird (vgl. Frey u.a., 1978). So ist natürlich tatsächlich denkbar, daß Mitarbeiter im Kontext einer betrieblichen Befragung erst ihrer möglicherweise geringen Befriedigung gewahr werden und nun intensiver auf eine Bearbeitung der empfundenen Probleme drängen.

Ob jedoch eine Betriebspolitik, die primär auf eine Vermeidung von Selbstaufmerksamkeit erzeugenden Stimuli hin ausgerichtet ist, den betrieblichen Zielen besser zu dienen in der Lage ist, erscheint fraglich.

3. EINE KLASSIFIKATION METHODISCH RELEVANTER BEDINGUNGEN VON MITARBEITERBEFRAGUNGEN

3.1 Wissenschaftsorientierte und unternehmensorientierte Mitarbeiterbefragungen — Anlässe und inhaltliche Konsequenzen

3.1.1 Unterschiedliche Anlässe

Zur Analyse des so skizzierten Problems ist zunächst einmal eine Klassifikation der „betrieblichen Situationen" erforderlich, in denen betriebliche Untersuchungen stattfinden können. In einem zweiten Schritt sind dann die potentiellen Konsequenzen dieser Erhebungssituationen zu skizzieren. Dabei wird es sich als erforderlich herausstellen, zur Exploration dieser Konsequenzen Analogien zu anderen Forschungstraditionen herzustellen, bei denen die Problematik schon früher behandelt wurde und mehr oder minder gesicherte Erkenntnisse vorliegen.

Die wichtigste Klassifikation unterscheidet zunächst einmal zwischen nicht interessengeleiteten Untersuchungen, die — von externer Seite initiiert — in einem Betrieb durchgeführt werden können, und bei denen die potentiellen Konsequenzen, die sich aus diesen Untersuchungen ergeben können, mehr oder minder unklar sind oder aber von keiner Seite in stringenter Weise verfolgt werden. Diesen stehen interessengeleitete Untersuchungen gegenüber, bei denen eine konkrete betriebliche Institution (Betriebsleitung, Betriebsrat oder auch untergeordnete Stellen wie die Personalabteilung) ein mehr oder minder bestimmtes Ziel verfolgen.

Die erste Form dürfte besonders typisch für solche Untersuchungen sein, die von seiten der Wissenschaftler angeregt werden und primär dem Ziel einer Weiterentwicklung empirisch begründeter theoretischer Konzepte dienen. Es gibt hier von seiten der Unternehmen wie auch der Mitarbeiter durchaus das Motiv, „der Wissenschaft zu helfen", wobei mehr oder minder explizit die Erwartung mitspielt, daß die dabei erworbenen Erkenntnisse in einer zunächst noch nicht spezifizierbaren Weise genutzt werden könnten und so schließlich eine gewisse „Umwegsrentabilität" aufweisen könnten. Es gibt aber auch Unternehmen, die von sich aus Untersuchungen selber durchführen oder durchführen lassen, die eher einer allgemeinen und diffusen Orientierung dienen und nicht im Zusammenhang mit einer konkreten betrieblichen Problematik stehen. Typisch für einen solchen Fall ist auch das Interesse insbesondere von Unternehmen aus der mittelständischen Industrie, die die Qualität des Betriebsklimas oder der Arbeitszufriedenheit als zusätzlichen Maßstab für den Erfolg ihres unternehmerischen Handelns ansehen.

Eine solche Forschungssituation ist also gekennzeichnet davon, daß niemand unmittelbare Konsequenzen aus der Untersuchung für den Betrieb erwartet. Antworten auf die Fragen werden von den Befragten als prinzipiell folgenlos für die eigene berufliche Situation angesehen. Die Motivation zur Teilnahme an einer solchen Befragung dürfte in diesem Fall deutliche Parallelen zu den Problemen aufweisen, die im Zusammenhang mit der Versuchspersonen-Motivation der experimentellen Sozialpsychologie diskutiert werden. Deshalb werden wir vorliegende Erkenntnisse aus dieser Forschungstradition dazu nutzen, die möglichen Konsequenzen einer solchen Untersuchungssituation auf das Antwortverhalten der Befragten und die Ergebnisse zu skizzieren.

Gänzlich anders ist natürlich eine solche Untersuchungssituation zu beurteilen, in der zumindest entweder die Unternehmensleitung oder aber der Betriebsrat ein bestimmtes Problem erkannt hat, und im Sinne einer Schwachstellenanalyse eine empirische Untersuchung durchführen (lassen) will. Hier stellt diese Untersuchung einen Eingriff in das innerbetriebliche Kraftfeld bzw. die Machtverhältnisse dar, der deshalb — je nachdem, wie dieser Eingriff interpretiert wird — von der einen oder anderen Seite zu verhindern versucht wird. Dieses Problem werden wir in Anlehnung an Theorien der Macht zu strukturieren versuchen.

In mehrfacher Hinsicht läßt sich unseres Erachtens somit ein Kontinuum zwischen wissenschaftsorientierten und unternehmensorientierten Mitarbeiterbefragungen vorstellen, wobei mit der Wissenschaftsorientierung tendenziell eine geringere Aktivierung des innerbetrieblichen Machtproblems (vgl. 3.2), für die Befragten gleichzeitig aber auch eine geringere Betroffenheit, Motivation und Orientierung verbunden sein dürfte. Der neutrale Status des Wissenschaftlers erlaubt verschiedentlich die Durchführung einer Befragung, unter denen eine unternehmensorientierte Analyse nicht zustande gekommen wäre. Es ist sicherlich nicht gewagt, zu vermuten, daß der größte Teil der in wissenschaftlichen Publikationen veröffentlichten Studien unter diese Klasse zu subsummieren ist. Das folgende Kapitel liefert eine Reihe wichtiger Kriterien zur Bewertung von Ergebnissen solcher Studien.

3.1.2 Wissenschaftsorientierte Untersuchungen und ihre inhaltlichen Konsequenzen

Wir gehen also von der Tatsache aus, daß eine Befragung von Mitarbeitern in mehr oder minder starkem Maße ein sozialer Prozeß ist, bei dem u.a. Erwartungen geweckt, Vorstellungen präzisiert und meist Beeinflussungsversuche intendiert sind.

Dieser Tatbestand steht aber im Widerspruch zu der klassischen Wissenschaftsauffassung, nach der letztlich in fiktiver Weise unterstellt wird, daß die Instrumente, die bei diesem Forschungsprozeß verwendet werden, keinen Einfluß auf die Ergebnisse haben. Der Prozeßcharakter betrieblicher Mitarbeiterbefragungen beeinträchtigt in diesem Sinne die Möglichkeit nomologischer Erkenntnis.

Im Rahmen einer methodologischen Kunstlehre wurde dann der Versuch gemacht, Abweichungen von idealen Meßprozeduren als potentielle „Fehler" zu diagnostizieren und durch eine weitergehende Regulierung der empfohlenen Forschungsstrategien ihre Vermeidung zu gewährleisten. Die Sammlung von Interviewerfehlern bzw. von Antworttendenzen auf seiten der Befragten hatte aber tatsächlich zur Konsequenz, daß die Tatsache, daß jede Befragung sozial gestaltet werden muß, daß sie bestimmte Lernerfahrungen voraussetzt und ein gegenseitiges Verständnis von Interviewer (Forscher) und Befragtem erfordert, immer mehr aus dem Blickfeld geriet.

Neuere methodenkritische Forschungen wie die experimentell orientierte Artefaktforschung (Rosenthal & Rosnow, 1969, 1975; Rosenthal, 1976; Timaeus, 1974; Mertens, 1975, 1977; Gniech, 1976; Bungard, 1984), aber im vorliegenden Fall auch die besonders einschlägige Studie von H. Esser (1975) über soziale Regelmäßigkeiten des Befragtenverhaltens, stellen den sozialen Prozeß der jeweiligen empirischen Erhebungsmethode in den Vordergrund und analysieren die Wirkungen dieser Verfahren auf den Untersuchungsgegenstand. Neben den Effekten des Verhaltens des Versuchsleiters (z.B. unbeabsichtigte „Belohnungen" in Form von verbalen „hmm" oder nonverbalen Reaktionen bei „erwünschtem" Verhalten der Versuchspersonen) sowie spezifischen Gegebenheiten der Experimentalsituation, stehen insbesondere die Überlegungen oder „kognitiven Prozesse" der untersuchten Personen während der Untersuchung im Vordergrund des Interesses. Es wird also berücksichtigt, daß die untersuchte Person zur Untersuchungssituation eine Einstellung entwickelt und Hypothesen darüber entwickelt, welche Konsequenzen bestimmte Verhaltensweisen in der Untersuchungssituation für sie selbst und möglicherweise auch für das Ergebnis der Untersuchung haben dürfte. Diese Überlegungen beeinflussen natürlich wiederum die tatsächlich erhaltenen Ergebnisse des empirischen Prozesses in einer Weise, die dem schon zuvor zitierten klassischen naturwissenschaftlichen Ideal widerspricht, nach dem das Meßinstrument selbst gegenüber dem Untersuchungsgegenstand völlig neutral bleiben müsse.

Um die Implikationen der von uns „wissenschaftsorientierte Mitarbeiterbefragungen" genannten Untersuchungen zu verdeutlichen, orientieren wir uns an der Arbeit von Hartmut Esser über Regelmäßigkeiten des Befragtenverhaltens (1975). Diese Ausführungen sind geeignet, die schon verschiedentlich angedeuteten methodologischen Probleme dieser Befragungsart weiter zu spezifizieren und der im folgenden Abschnitt dargestellten unternehmensbezogenen Befragung gegenüberzustellen. Ausgangspunkt der Überlegungen ist die Tatsache, daß eine Befragung — insbesondere als Interview — eine Sekundärinteraktion darstellt, d.h. eine Interaktion, die nicht aus persönlicher Intention entwickelt wurde und außerdem nicht dem alltäglichen Verhaltensrepertoire der Befragten entspricht.

Mit der Tatsache der Sekundärinteraktion wird gewissermaßen eine künstliche Verhaltenssituation geschaffen, die eine Vielzahl von mißverständlichen oder sozial belanglosen Reaktionen provoziert.

Esser (vgl. Abb.2) unterscheidet zunächst die Ebene der *persönlichkeitsspezifischen Voraussetzungen* des Befragtenverhaltens einerseits und die Ebene eben dieses *Verhaltens selbst*.

Zu den *persönlichkeitsspezifischen Voraussetzungen* des Befragtenverhaltens gehören:

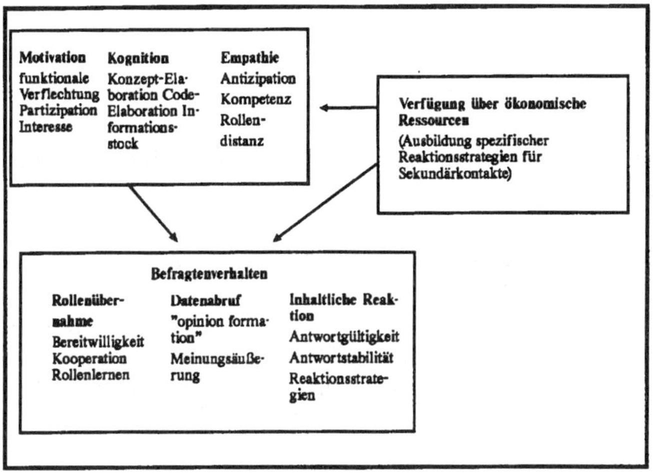

Abb. 2: Determinanten des Befragtenverhaltens

1) Die *Motivation,* sich einer Befragung zu stellen und auf die gestellten Fragen Antworten zu geben. Diese Motivation hängt häufig von äußeren Anreizen ab, vom Gruppendruck oder von der Problembetroffenheit der Befragten. Möglicherweise auch von dem belohnenden oder bestrafenden Charakter der Situation.

2) Die *Kognition* oder Kompetenz. Dies ist zunächst die Fähigkeit zur richtigen Deutung der Befragungssituation. Im Zusammenhang mit der wissenschaftsorientierten Befragung bedeutet das, daß die Mitarbeiter in der Lage sein müßten, die Relevanz „grundlagenbezogener Sozialforschung" losgelöst von der eigenen Interessenlage zu begreifen, d.h. letztlich keine Verbesserung ihrer eigenen konkreten Situation von einem solchen Unternehmen zu erwarten. Darüberhinaus gehört zu dieser Kategorie das Wissen, um auf die gestellten Fragen kompetent zu antworten.

3) Schließlich die *Empathie,* womit gemeint ist, daß der Befragte oder die Befragten die Fähigkeit haben müssen, die Intentionen des Forschers und die Ergebnisse der Forschung zu antizipieren und kompetent zu beurteilen.

Diese drei Faktoren stellen gemeinsam einen Komplex dar, der von Esser *„Soziabilität"* genannt wird und als eine Art „Persönlichkeitszug" vorgestellt werden kann. Neben diesem Persönlichkeitszug übt auch die — entweder über Bildung oder eigene konkrete Erfahrung — erworbene *Fähigkeit zur Ausbildung spezifischer Reaktionsstrategien für Sekundärkontakte* einen Einfluß auf das Befragtenverhalten aus.

Das *Befragtenverhalten selbst* differenziert Esser nach drei „Etappen", die jeweils einen für die Befragung günstigen oder ungünstigen Verlauf nehmen können:

1) Die *Rollenübernahme*, die Bereitwilligkeit und Fähigkeit zur Kooperation mit dem Fragenden voraussetzt. Im negativen Falle findet der Befragungsakt gar nicht statt.

2) Der *Datenabruf*, der das konkrete Antwortverhalten beschreibt, insbesondere das Nichtbeantworten von Fragen.

3) Die *inhaltliche Reaktion*, bei der der Befragte aus seiner Interpretation der Situation heraus Antworten gibt, die von dem Ideal eines „objektiven Datenabrufs" abweichen.

Jede dieser drei Verhaltensetappen birgt Risiken hinsichtlich einer Repräsentation der objektiven betrieblichen Situation in den Urteilen der Befragten:

1) Mißlingt die Rollenübernahme aus methodologisch bestimmbaren Gründen, dann ist eine *systematische Selbstselektion der erfolgreichen innerbetrieblichen Befragungen* durch Verweigerung zu erwarten. Gleiches gilt letztlich auch als Konsequenz aus der Nichtbeantwortung von Fragen (Etappe des Datenabrufs).

2) *Inhaltliche Reaktionen* bewirken insgesamt eine *Verzerrung und Verfälschung der Ergebnisse*.

Die oben aufgeführten persönlichkeitsspezifischen Einflußfaktoren werden in mehr oder minder großem Maße auch bei jeder der drei Verhaltensetappen wirksam, wobei sich die Konsequenzen einer typischen wissenschaftsorientierten Arbeitszufriedenheits-Untersuchung auf die Ergebnisse aus den Darstellungen Essers recht gut ableiten lassen:

– *ad 1)*
Die mit der Wissenschaftsorientierung notwendig verbundene geringe Selbstbetroffenheit bedeutet zugleich eine geringe *Motivation zur Übernahme der Befragtenrolle* (Esser, 1975, S. 231). Im Prinzip trifft dies natürlich auf alle Befragten zu. Es hat sich allerdings gezeigt, daß Personen mit einer höheren Bildung eher bereit sind, die Befragtenrolle auch dann zu übernehmen, wenn ihnen Sinn und Zielsetzung der Interaktionsaufforderung nicht bekannt sind (Esser, 1975, S. 254). Das bedeutet eine erste systematische Selbstselektion der Befragten in Richtung auf besser gebildete und sozial kompetentere Personen. Diese Selbstselektion kann dann zu einem positiv verzerrten durchschnittlichen Zufriedenheitsurteil führen, wenn — was wahrscheinlich ist — kompetentere Personen auch bessere Arbeitsplätze innehaben.

– *ad 2)*
Die meisten Zufriedenheitsuntersuchungen finden als einmalige Befragungen statt, so daß die Mitarbeiter keine Möglichkeit haben, *aus der ersten Befragungssituation zu lernen*. Bei der — wie oben belegt — wahrscheinlich geringen Bereitschaft zur Rollenübernahme ist es wahrscheinlich, daß ein großer Teil der dennoch zustandegekommenen Befragungen durch ein hohes Maß an Deferenz gekennzeichnet wird, indem die Teilnahme eines Teils der Befragten trotz innerem Widerstrebens lediglich durch den situativen Druck des Interviewers zustande kommt. Bei solchen einmaligen Untersuchungen ist dann ein Befragtenverhalten mit einem hohen Maß an Meinungslosigkeit oder auch wenig integrierten Meinungen zu erwarten, die sich in Enthaltungen bei einzelnen Fragen oder aber in zufälligen, inkonsistenten Äußerungen nieder-

schlägt.
Wiederholte Befragungen dagegen reduzieren die Meinungslosigkeit (Esser, 1975, S. 281), da die Befragten Gelegenheit hatten, aufgrund der vorangegangenen Befragungserfahrung eine eigene Meinung zu entwickeln. War diese Erfahrung allerdings negativ, dann ist eine erhöhte Wahrscheinlichkeit der Verweigerung gegeben.

– *ad 3)*
Allgemein ergibt sich aus den Regelmäßigkeiten des Befragtenverhaltens, daß *Bewertungsfragen* — und dies sind Zufriedenheitsurteile — *instabiler* beantwortet werden als Sachfragen (Bennet et al., 1954). Erst eine für den Befragten erkennbare Alltagsrelevanz — wie sie bei wissenschaftsorientierten Befragungen typischerweise nicht gegeben ist — läßt vorhandene Inkonsistenzen sinken (Bancroft, 1940; Esser, 1975, S. 294). Die Befragten weisen darüberhinaus die Tendenz auf, ihre Antworten an tatsächlichen oder vermuteten Normen zu orientieren. Dabei scheint allerdings die Norm einer *positiven Selbstpräsentation* schichtspezifisch, nämlich typisch für die Mittelschichten zu sein, während in der Unterschicht die subjektive Verpflichtung des „looking good" deutlich schwächer ist.
Die meist anzutreffende schichtspezifische Zufriedenheitsverteilung (z.B. Fischer, 1989) spiegelt dann möglicherweise nicht nur die differentiell erfahrene objektive Wirklichkeit wieder, sondern zumindest teilweise unterschiedliche, perzipierte Antwortnormen.
Die Gefahr der Ausbildung von Antwortstilen ist bei Befragungen in jedem Fall gegeben. Hier dürften sich wissenschaftsorientierte und unternehmensbezogene Umfragen lediglich in den typischen Formen dieser Antwortstile unterscheiden.
In der Befragungssituation selber muß man von einer Motivation der Befragten zur Aufrechterhaltung der einmal begonnenen Befragungssituation ausgehen, die dann eine inhaltsunabhängige Zustimmung (Akquieszenz) begünstigt, wenn der Befragte die Befragungssituation als unstrukturiert empfindet und seinerseits nicht sinnvoll interpretieren und seinen Interessen entsprechend gestalten kann. Diese inhaltsunabhängige Zustimmung gewährleistet eine Minimalstruktur zur Aufrechterhaltung unausweichlicher, nicht auf eigenem Interesse beruhender und somit entfremdeter Interaktionsbedingungen (Esser, 1975, S. 307). Man wird unter solchen Bedingungen mit einer hohen Zufriedenheitsquote rechnen müssen die keinerlei Bezug zu der vom Befragten tatsächlich erfahrenen Arbeitssituation hat.
Andererseits ist im Falle hoher Strukturierung der Situation — wie sie bei einer betrieblichen Analyse etwa im Zusammenhang mit Maßnahmen zur Organisationsentwicklung gegeben ist — mit „Präsentationsverhalten" zu rechnen, d.h. die Befragten werden bestimmte Antworten zu geben versuchen, die ihrer Meinung nach bewirken können, daß die Ergebnisse bzw. die aus der Untersuchung zu ziehenden Konsequenzen ihren eigenen Vorstellungen und Zielen entsprechen.

Zusammenfassend ergibt sich folgendes Bild: Die wissenschaftsorientierten Mitarbeiterbefragungen erschweren eine angemessene Rollenübernahme durch die Befragten, da insbesondere wegen mangelnder Selbstbetroffenheit die Motivation der Befragten gering ist, und eine emphatische Orientierung erschwert wird. Nach den Ergebnissen der methodologischen Forschung ist mit einer Selbstselektion der Kompetenten und eher Zufriedenen zu rechnen. Darüberhinaus ist insbesondere bei „entfremdeten Interaktionssituationen" angesichts der antizipierten Folgenlosigkeit der Befragung mit konventioneller Zufriedenheitsäußerung zu rechnen, die lediglich aus dem Bestreben resultiert, die Befragungssituation „mit Anstand" zu bewältigen, die mit der eigentlich gemeinten Arbeitssituation jedoch nicht korrespondiert.

Andererseits ergibt sich aus der methodologischen Sicht auch im Falle der nun genauer zu diskutierenden unternehmensorientierten Mitarbeiterbefragung, die ein stärkeres Engagement der Befragten und eine zielorientierte Struktur der Befragungssituation erlaubt, die Gefahr, daß sich die Befragten „präsentieren" und — wie in einer echten Kommunikationssituation — die Forschenden durch bestimmte Antworten zu beeinflussen suchen.

3.1.3 Das Konzept der unternehmensorientierten Mitarbeiterbefragung und seine inhaltlichen Konsequenzen

Im Gegensatz zu der wissenschaftsorientierten steht bei der unternehmensorientierten Mitarbeiterbefragung — etwa im Zusammenhang mit der Konzeptualisierung einer betrieblichen Beratung — der *Prozeßcharakter* im Vordergrund der Analyse.

In systematischer Weise haben French und Bell (1977) die Mitarbeiterbefragung durch das „Survey Feedback Modell" in ein Konzept der Organisationsentwicklung integriert. Dieses besteht im wesentlichen darin, daß zunächst durch eine Mitarbeiterbefragung eine „Ist-Analyse" der gegenwärtigen betrieblichen Situation erhoben wird, deren Ergebnisse dann den Befragten — soweit es deren Probleme betrifft — zurückgemeldet werden. Das Konzept der Mitarbeiterbefragung wurde in der Bundesrepublik Anfang der 80er Jahre reaktiviert durch einen Arbeitskreis, dem neben Sozialwissenschaftlern (vgl. Domsch, 1980) auch eine Reihe von Firmen angehörten. Die Mitarbeiterbefragung wurde als ein zeitgemäßes Instrument der Personalführung propagiert, da angesichts einer „allseitigen Erziehung zur Demokratie" auch der Mitarbeiter erwarte, im Betrieb als mündig und gleichberechtigt anerkannt zu werden. Als Mitarbeiterbefragung wurde von dieser Projektgruppe folgendes Vorgehen bezeichnet:

- Ein Instrument der Personalführung mit dem
- im Auftrag der Geschäftsleitung,
- nach Abstimmung mit den Arbeitnehmervertretungen,
- mit Hilfe von standardisierten Fragebögen,
- anonym und
- direkt,
- bei allen Mitarbeitern (oder repräsentativen Stichproben oder bestimmten Zielgruppen),
- unter Beachtung methodischer, organisatorischer und rechtlicher Rahmenbedingungen

- Informationen über die Einstellungen, Erwartungen und Bedürfnisse der Mitarbeiter, bezogen auf bestimmte Bereiche der betrieblichen Arbeitswelt und/oder der Umwelt derart gewonnen werden,
- daß daraus Hinweise auf betriebliche Stärken und Schwächen resultieren und konkrete Veränderungsprozesse abgeleitet werden können (Domsch, 1980, S. 419f).

Als Hauptfunktionen werden genannt:

- Allgemeine Informationen über die Zufriedenheit der Mitarbeiter.
- Informationen über die Unzufriedenheit von Mitarbeitern mit spezifischen Aspekten des Arbeitslebens im Sinne einer Schwachstellenanalyse, auf die hin dann entsprechende Maßnahmen zur Verbesserung der Situation getroffen werden können.
- Flankierende Maßnahme zur Unterstützung und Sicherung arbeitnehmergerechter Lösungen bei technischen Innovationen.
- Allgemeines Kontrollinstrument für den Erfolg beliebiger betrieblicher Maßnahmen.
- Versachlichung der Diskussion zwischen Arbeitgeber und Arbeitnehmervertretungen (Domsch, 1980, S. 421).

Sicherlich mit Recht wird schon in der Mitarbeiterbefragung selbst ein gestalterischer Eingriff gesehen, dessen Folgewirkungen allerdings etwas optimistisch klingen und im einzelnen noch diskutiert werden müssen:

- Sie tragen zur Verbesserung der Partizipation bei: Die Mitarbeiter werden an den Belangen des Unternehmens beteiligt und haben somit das Gefühl, „zu Wort zu kommen".
- Sie verringern die soziale Distanz zwischen Unternehmensleitung und Mitarbeitern.
- Sie führen zur Verbesserung der Kommunikation.
- Sie tragen zur Erhöhung der Arbeitszufriedenheit bzw. zur Verbesserung des Betriebsklimas bei (Domsch, 1980, S. 421).

Gerade die Tatsache, daß eine Mitarbeiterbefragung selbst schon einen Eingriff in den betrieblichen Alltag darstellt, macht es nach Ansicht des Autors unmöglich, diese lediglich als Selbstzweck oder PR-Maßnahme zu betrachten. Würden nämlich aus einer solchen Aktion keine Verbesserungen resultieren oder gar die Ergebnisse nicht einmal veröffentlicht, dann würde sich mit Sicherheit die positive Wirkung der Mitarbeiterbefragung in ihr Gegenteil verkehren und Enttäuschung und Unzufriedenheit bei den Mitarbeitern hervorrufen.

Von besonderem Interesse erscheinen uns die Ausführungen über das Problem der Akzeptanz bzw. der möglichen Widerstände gegenüber Mitarbeiterbefragungen. Grundsätzlich ist für eine erfolgreiche Durchführung solcher Befragungen beiderseitiger Wille zur Verständigung erforderlich.

Es schält sich so immer deutlicher heraus, daß innerbetriebliche Umfragen notwendig einen Eingriff in das betriebliche Machtgefüge bedeuten, die auch bei wissenschaftsorientierten Untersuchungen noch problematisch, wenn auch manchmal leichter zu überspielen sind.

Unter Rückgriff auf Termini der sozialpsychologischen Machtanalyse müßten sich deshalb einige betriebspolitische Voraussetzungen erfolgreicher Mitarbeiterbefragung näher eingrenzen lassen. Dabei muß man aus rechtlichen Erwägungen davon ausgehen, daß Mitarbeiterbefragungen nur mit Zustimmung von Unternehmensleitung und Betriebsrat möglich sind. Im Sinne machttheoretischer Überlegungen bedeutet dies, daß eine Befragung nur im Falle einer Kooperationsbereitschaft aller Beteiligten zustandekommt. Eine solche ist aber nur dann zu erwarten, wenn für beide Seiten der antizipierte Nutzen größer ist als die erwarteten Kosten.

Zunächst ist es jedoch wichtig, zu klären, welche Beteiligten direkt oder indirekt die Durchführung einer solchen Befragung begünstigen oder aber verhindern können. Dies sind wie schon zuvor in Anlehnung an Domsch aufgeführt:

1) die Betriebsleitung,

2) der Betriebsrat,

3) die Mitarbeiter selbst.

Der möglicherweise hinzugezogene Berater soll hier zunächst nur als neutraler Partner angesehen werden, der von sich aus in dieser Situation keine eigenen Interessen zu verwirklichen sucht.

Wenn wir in diesem Zusammenhang einmal Macht einfach als die Fähigkeit definieren, den oder die betrieblichen Partner zu beeinflussen (vgl. Schneider, 1977), dann stellt sich die Frage, was einerseits die Machtressourcen der jeweiligen Beteiligten sind, und andererseits welche Probleme für sie aus Mitarbeiterbefragungen resultieren können. Ohne hier in eine detaillierte Diskussion über Macht-Konzepte eintreten zu wollen, dürfte sich ein Rückgriff auf das Konzept von French und Raven (1959, vgl. zur weiteren Entwicklung Schneider, 1977) zur Strukturierung des vorliegenden Problems als genügend tragfähig erweisen.

Sie unterscheiden fünf Machttypen, die auf unterschiedlichen Machtmitteln beruhen:

1) Macht zur Belohnung

2) Macht zur Bestrafung

3) Bezugspersonen-Macht

4) Experten-Macht

5) Legitimierte Macht

Einige dieser Machttypen sind in diesem Zusammenhang von unmittelbarem Interesse.

Die *Unternehmensleitung* hat zunächst — natürlich im Rahmen ihres ökonomischen Erfolges — die *Macht zur Belohnung* gegenüber allen Mitarbeitern — finanzieller wie auch statusbezogener Natur. Der *Betriebsrat* verfügt über *legitime Macht*, da er berechtigt ist, die Interessen der Arbeitnehmer gegenüber der Unternehmensleitung zu vertreten. Die Mitarbeiterbefragung selbst stellt ein Potential der *Informationsmacht* dar, das unter bestimmten Umständen beiden Seiten gleichermaßen dienen kann. Ein Nutzengleichgewicht dürfte allerdings eher eine Idealvorstellung sein. Je nachdem, welche Erfahrungen z.B. Unternehmensleitung und Betriebsrat miteinander gemacht haben, wird möglicherweise eine der Parteien befürchten, daß die andere Seite die durch die Mitarbeiterbefragung gewonnene *Informationsmacht* nur zur Verbesserung der *eigenen* Machtposition ausnutzt.

Ein Nutzengleichgewicht setzt also voraus, daß beide Seiten gleichermaßen Einsicht in die Ergebnisse der Untersuchung haben, und diese auch in ähnlicher Weise zu nutzen in der Lage sind. Dieser ausgeglichene Nutzen ist aber ein Tatbestand, der von *beiden Seiten gleichermaßen antizipiert* werden muß, d.h. beide Seiten müssen *Vertrauen* darin haben, daß die Einbeziehung eines solchen verobjektivierenden Verfahrens nicht zu einer Verschiebung der Machtverhältnisse genutzt wird. Eine solche Situation ist nur gegeben, wenn vorher schon ähnliche Erfahrungen bzw. überhaupt Erfahrungen mit Kooperationsstrategien der anderen Seite vorliegen (vgl. Deutsch, 1973). Im Falle des Überwiegens nicht-kooperativer Strategien wird jede Seite erwarten, daß der Partner die Ergebnisse der Umfrage primär zur Maximierung seiner eigenen Potentiale, d.h. konkret, zur Verbesserung der eigenen innerbetrieblichen Argumentationsbasis verwenden wird.

Gleichzeitig ist aber zu bedenken, daß die Mitarbeiterbefragung durchaus geeignet sein kann, auch die gegebene Machtbasis sowohl der Unternehmensleitung wie auch des Betriebsrats zu *unterminieren*. So kann sich zeigen, daß die einzelnen Mitarbeiter andere oder aber weitreichendere, möglicherweise aber auch geringere Ansprüche an die Unternehmensleitung stellen, als der *Betriebsrat* nach außen vertritt. Alle diese Fälle wären geeignet, dessen *Legitimität* insgesamt in Frage zu stellen. Solche Erkenntnisse stellen also potentielle Kosten der Mitarbeiterbefragung für den Betriebsrat dar. Ebenso kann sich herausstellen, daß bestimmte, von der *Unternehmensleitung* etablierte *Produktionstechniken oder Führungsstrukturen,* vielleicht sogar bestimmte Führungspersonen von den Mitarbeitern abgelehnt werden. Wird ein solcher Tatbestand durch eine Mitarbeiterbefragung festgestellt, dürfte dies ein erheblich größeres Gewicht für die betriebliche „Öffentlichkeit" haben, als wenn diese Fakten lediglich durch den Betriebsrat moniert worden wären. Auch die Unternehmensleitung läuft also die Gefahr potentieller Macht-Kosten.

Zu diesen Kosten müssen die aus der jeweiligen Perspektive der Betroffenen erzielbaren Nutzen in Bezug gesetzt werden. Diese sind natürlich im Vorhinein nicht gut kalkulierbar (solange keine eigenen Erfahrungen im Umgang mit solchen Ergebnissen vorliegen). Insofern ist die bisherige Erfahrung mit der Kooperationsbereitschaft der anderen Seite von ausschlaggebender Bedeutung. Wenn nun die *möglichen Kosten besser zu antizipieren* sind als der *mögliche Nutzen,* oder wenn die *Kosten potentiell größer* sind als der *mögliche Nutzen,* wenn darüber hinaus *die Kooperationsbereitschaft* der anderen Seite *in Frage steht,* dann ist zu erwarten, daß keine Mitarbeiterbefragung zustande kommt.

Neben den Nutzen-Kosten-Relationen und der antizipierbaren Kooperationsbereitschaft spielt nach den experimentalpsychologischen Ergebnissen auch die Machtrelation zwischen den Partnern eine wichtige Rolle. Im Regelfall zeigte sich im Falle einer Asymmetrie eine geringere Kooperationsbereitschaft als bei ausgewogenen Machtverhältnissen, wobei meistens der stärkere Partner eine geringere Kooperationsbereitschaft zeigte als der schwächere (vgl. Schneider, 1977; Herkner, 1986). Inwieweit ein vorliegendes innerbetriebliches Machtungleichgewicht von dem überlegenen Partner primär dazu genutzt wird, die eigene Überlegenheit auszubauen (Mulder, 1959, 1960; Kipnis, 1972), oder aber auf einen internen Machtausgleich drängt (Homans, 1961; Adams, 1965; Walster et al., 1973) dürfte wesentlich von der Legitimität dieser ungleichen Machtverhältnisse abhängen (vgl. auch Schneider, 1977, S. 105). Sehen sich beide Seiten dem gesellschaftlichen Wert ausgeglichener Machtverhältnisse verpflichtet, so dürfte die Bereitschaft und die Wahrscheinlichkeit zur Kooperation als groß angesehen werden. Hierbei ist unter ausgeglichenen Machtverhältnissen nicht notwendig eine objektive Gleichheit der Macht zu verstehen, sondern eher das Bewußtsein gegenseitiger Verpflichtung. So sind patriarchalisch geführte Betriebe nicht gerade durch ein Gleichgewicht der Macht gekennzeichnet, bieten aber auch nach unseren praktischen Erfahrungen günstige Voraussetzungen für Mitarbeiterbefragungen, weil die Machtverteilung aufgrund der zum patriarchalischen Stil gehörenden Fürsorgepflicht für die Mitarbeiter von diesen oft akzeptiert wird.

Sollte ein solches Bewußtsein für die Legitimität einer reziproken Verschränkung der Machtverhältnisse nicht gegeben sein, so ist eher mit einer Tendenz zur Vergrößerung der Macht auf Seiten des Mächtigeren zu rechnen.

In diesem Fall kann eine Kooperation nur dadurch zustandekommen, daß der Schwächere unter Antizipation möglicher Sanktionen nachgibt (Guyer & Rapoport, 1970). Im Falle einer Mitarbeiterbefragung dürfte hier sicherlich mit verborgenen Widerständen und Sabotage gegen eine solche Untersuchung zu rechnen sein.

Es zeigt sich also ein naheliegendes Interesse an einer Verhinderung von Mitarbeiterbefragungen, wenn eine der beiden Parteien befürchten muß, daß die Legitimität der eigenen Position oder auch der eigene Verhandlungsspielraum durch eine solche verobjektivierende Untersuchung in Frage gestellt wird.

Schließlich ist als letzter Aspekt noch die Frage nach der Bedeutung der Umweltverhältnisse und ihrem Einfluß auf das interne Machtgefüge zu stellen.

Nach Nord (1978, zit. nach Staehle, 1985, S. 704) begünstigen turbulente Umweltverhältnisse organisatorische Veränderungen nicht, ja sie stabilisieren sogar die innerbetrieblichen Machtstrukturen, indem die Machtbesitzenden durch verstärkte Routinisierung und Strukturierung der innerbetrieblichen Abläufe die äußere Gefahr abzuwenden versuchen. Die Chancen für eine organisationsweite Humanisierung steigen demnach nur unter der Voraussetzung relativ ausgeglichener Machtstrukturen und nicht allzu großer externer betrieblicher Gefährdungen.

Diese Annahme trifft allerdings insbesondere auf solche externen Gefährdungen zu, die den Betrieb — z.B. wegen mangelnder Absatzchancen — grundsätzlich in Frage stellen. Gänzlich anders stellt sich das Problem, wenn sich ein Unternehmen wegen schneller wachsender Absatzmärkte in Schwierigkeiten befindet, die letztlich aus unzulänglichen Organisationsstrukturen resultieren. In solchen Fällen ist eher mit einer Aufgeschlossenheit für eine Schwachstellenanalyse zu rechnen (vgl. Wiendieck & Maas, in diesem Band), da für alle Beteiligten der erwartete Nutzen relativ groß ist.

Als günstige Voraussetzungen für Mitarbeiterbefragungen haben sich also folgende Bedingungen herausgestellt:

1) Eine legitime Machtbalance, die also von allen akzeptiert wird, sowie eine nach Möglichkeit langfristige Erfahrung vertrauensvoller Zusammenarbeit zwischen Betriebsleitung und Betriebsrat. Schließlich nicht allzu bedrohliche extern begründete wirtschaftliche Bedingungen des Unternehmens.
2) Sollten die oben genannten Bedingungen nicht gegeben sein, dann dürfte eine Mitarbeiterbefragung nur dann stattfinden, wenn die aus ihr und den sich daran anschließenden Maßnahmen einen konkret größeren Nutzen versprechen als eine Fortführung der bisherigen Verhaltensweisen.

4. SCHLUSSFOLGERUNGEN

Es wurde versucht zu zeigen, daß eine Reihe von Merkmalen des Forschungsprozesses einen erheblichen Einfluß auf die erhaltenen Ergebnisse von Zufriedenheitsbefragungen haben, insbesondere die Selektivität des Zustandekommens von Mitarbeiterbefragungen, und das durch die unterschiedliche Struktur von unternehmensorientierten und wissenschaftsorientierten Untersuchungen bewirkte Befragtenverhalten. Wissenschaftsorientierten Untersuchungen dürften zwar weniger — aus der innerbetrieblichen Machtkonstellation resultierende — Hindernisse im Wege stehen; sie laufen allerdings in erheblich höherem Maße Gefahr, artefaktverdächtige Daten zu produzieren, da mangelnde Motivation und Orientierung der Befragten belanglose, von Konventionalität getragene Äußerungen fördern. Die sich aus zahlreichen Untersuchungen ergebenden widersprüchlichen Ergebnisse der Arbeitszufriedenheitsforschung mögen zu einem erheblichen Teil durch diesen Tatbestand bedingt worden sein.

Demgegenüber dürften sich bei unternehmensbezogenen Erhebungen validere Daten ergeben, da sie organisatorische Konsequenzen erwarten lassen. Andererseits ist hier natürlich das Problem der Präsentation im Befragtenverhalten gegeben, das sich allerdings dann einigermaßen kontrollieren lassen dürfte, wenn eine erneute Erfolgskontrolle nach den Maßnahmen zur Reorganisation durchgeführt wird.

Andererseits ist zu erwarten, daß die Wahrscheinlichkeit, eine unternehmensbezogene Mitarbeiterbefragung durchführen zu können, sehr stark von der Legitimität der innerbetrieblichen Machtrelationen und dem antizipierten Nutzen der betrieblichen Institutionen abhängt.

LITERATUR

Adams, J. S. (1965). Inequity in social exchange. In L. Berkowitz (Ed.), *Advances in experimental social psychology* (Vol. 2) (pp. 267–299). New York, London: Academic Press.

Bancroft, G. (1940). Consistency of information from records and interviews. *Journal of the American Statistical Association, 45*, 377–381.

Bennet, E. M. u.a. (1954). Response stability in limited response questioning. *Public Opinion Quarterly, 18*, 218–223.

Bowers, D. G. & Hauser, D. L. (1977). Work groups types and intervention effects in organizational development. *Administrative Science Quarterly*, 76–94.

Bowers, D. G. (1973). OD-techniques and their results in 23 organizations — The Michigan ICL Study. *Journal of Applied Behavioral Science, 9*, 21–43.

Bungard, W. (1984). *Sozialpsychologische Forschung im Labor*. Göttingen: Hogrefe.

Deutsch, M. (1973). *The resolution of conflict*. Yale University Press: New Haven.

Domsch, M. (1980). Mitarbeiterbefragungen. *Interview und Analyse*, No. 10/11, 419–427.

Domsch, M. (1985). Das Konzept der Arbeitsgruppe „Mitarbeiterbefragungen". In A. Töpfer & E. Zander (Hrsg.), *Mitarbeiterbefragungen*. Frankfurt, New York: Campus.

Duval, S. & Wicklund, R. A. (1972). *A theory of objective self-awareness*. New York: Academic Press.

Esser, H. (1975). *Soziale Regelmäßigkeiten des Befragtenverhaltens*. Meisenheim: Anton Hain.

Fischer, L. (1989). *Strukturen der Arbeitszufriedenheit. Zur Analyse individueller Bezugssysteme*. Hogrefe: Göttingen u.a..

French, W. & Bell, C. H. (1977). *Organisationsentwicklung*. Stuttgart, Bern.

French, J. R. P., Jr. & Raven, B. A. (1959). The basis of social power. In D. Cartwright (Ed.), *Studies in social power*. Ann Arbor, Mich.: University of Michigan Press.

Frey, D. & Irle, M. (Hrsg.)(1978). *Kognitive Theorien der Sozialpsychologie*. Bern, Stuttgart, Toronto: Huber.

Gebert, D. (1976). *Zur Erarbeitung und Einführung einer neuen Führungskonzeption — Theorie und Empirie*. Berlin.

Gebert, D. (1982). Strategien der Organisationsentwicklung. In H. Schuler & W. Stehle (Hrsg.), *Psychologie in Wirtschaft und Verwaltung*. Stuttgart: Poeschel Verlag.

Gniech, G. (1976). *Störeffekte in psychologischen Experimenten*. Stuttgart: Kohlhammer.

Guyer, M. & Rapoport, A. (1970). Threat in a two-person game. *Journal of Experimental Social Psychology, 6*, 11–25.

Herkner, W. (1986). *Einführung in die Sozialpsychologie* (3.Auflage). Bern.

Homans, G. C. (1961). *Social behavior: Its elementary forms*. New York.

Kipnis, D. (1972). Does power corrupt? *Journal of Personality and Social Psychology, 24*, 33–41

Mertens, W. (1975). *Sozialpsychologie des Experimentierens — Das Experiment als soziale Interaktion*. Hamburg: Hoffmann und Campe

Mertens, W. (1977). *Aspekte einer sozialwissenschaftlichen Psychologie*. München

Mulder, M. (1959). Power and satisfaction in task-orientated groups. *Acta Psychologica, 16*, 178–225

Mulder, M. (1960). Communication structure, decision structure, and group performance. *Sociometry, 23*, 1–14.

Nachreiner, F. (1980). Zur Artefaktproblematik in der Arbeits- und Betriebspsychologie. In W. Bungard (Hrsg.), *Die „gute" Versuchsperson denkt nicht. Artefakte in der Sozialpsychologie* (S. 167–190). München, Wien, Baltimore.

Nord, W. R. (1978). Dreams of humanization and the realities of power. *Academy of Management Review*, 674–679.

Rosenstiel, L. v. u.a. (1982). *Betriebsklima heute*. Bayerisches Staatsministerium für Arbeit und Sozialordnung, München

Rosenthal, R. (1976). *Experimenter effects in the behavioral research* (2. erw. Aufl.). New York.

Rosenthal, R. & Rosnow, R. L. (1969). *Artifact in behavioral research.* New York: Academic Press.

Rosenthal, R. & Rosnow, R. L. (1975). *The volunteer subject.* New York: Academic Press.

Schneider, H.-D. (1977). *Sozialpsychologie der Machtbeziehungen.* Stuttgart: Ferdinand Enke Verlag.

Schuler, H. & Stehle, W. (Hrsg.)(1982). *Psychologie in Wirtschaft und Verwaltung.* Stuttgart: Poeschel.

Staehle, W. H. (1985). *Management. Eine verhaltenswissenschaftliche Einführung.* München: Verlag Franz Vahlen.

Timaeus, E. (1974). *Experiment und Psychologie — Zur Sozialpsychologie psychologischen Experimentierens.* Göttingen: Hogrefe.

Töpfer, A. & Zander, E. (1985). *Mitarbeiterbefragungen.* Frankfurt, New York: Campus.

Walster, E., Walster, G. W., Piliavin, J. & Schmidt, L. (1973). „Playing hard to get": Understanding an elusive phenomenon. *Journal of Personality and Social Psychology, 26,* 113–121.

Wicklund, R. A. (1975). Objective self-awareness. In L. Berkowitz (Ed.), *Advances in experimental social psychology* (Vol. 8). New York: Academic Press.

Wiendieck, G. (1980). Arbeitszufriedenheit: Ein Kunstprodukt der Sozialforschung? In W. Bungard (Hrsg.), *Die „gute" Versuchsperson denkt nicht. Artefakte in der Sozialpsychologie* (S. 191–216). München, Wien, Baltimore.

Zander, E. (1977). *Mitarbeiterbefragung.* Freiburg.

Analyse und Intervention: Arbeitszufriedenheitsforschung als sozialer Prozeß*

Gerd Wiendieck und Peter Maas

1. VORBEMERKUNGEN

Wenn wir von der ebenso selbstverständlichen wie häufig mißachteten Überlegung ausgehen, daß Menschen aktive, denkende, fühlende, wahrnehmende, planende, zielverfolgende und handelnde Wesen sind, so wird einsichtig, daß sie auf Veränderungen der Umwelt reagieren und ihnen nicht teilnahmslos gegenüberstehen. Dabei sind insbesondere nach den Erkenntnissen der Wahrnehmungspsychologie weniger die objektiven als die subjektiv gedeuteten Realitäten wirksam. Placebo-Effekte, Sinnestäuschungen, Sich-selbst-erfüllende Prophezeiungen sind nur besonderes beredte Beispiele dafür, daß Wirklichkeiten nicht lediglich objektive Stimuli sind, sondern von uns interpretierend „geschaffen" werden.

Dies gilt auch für die Arbeitswelt, die für uns nicht als solche, sondern in ihrer subjektiven Verarbeitung existiert. Da die Arbeit ein ganz wesentliches — wenn nicht das zentrale — Element unseres Lebens darstellt, liegt die Vermutung nahe, daß Eingriffe innerhalb der Arbeitswelt mit besonderem Interesse wahrgenommen und gedeutet werden. Eine Befragung bezüglich unserer Arbeitszufriedenheit stellt zweifellos einen solchen Eingriff dar, den wir nicht nur zur Kenntnis nehmen, sondern der darüber hinaus auch noch unsere Mitwirkung voraussetzt.

Anders als bei der gedankenlos gestellten und gewohnheitsmäßig beantworteten Begrüßungsfrage „Na, wie geht's?" dürfte die Zusendung eines umfangreichen Fragebogens eine Fülle von nachdenklichen, besorgten, hoffnungsfrohen — meistens sicher konflikthaften — Gedanken und Gefühlen beim Empfänger auslösen. Ohne daß ihm dies selbst bewußt sein muß, wird sein Bild der Arbeit, des Arbeitgebers und der Arbeitsumwelt beeinflußt werden.

Die Analyse der Arbeitszufriedenheit ist zugleich Intervention, deren Wirkungen im voraus nicht präzise abgeschätzt werden können. Dies ist sicherlich jedem Praktiker unmittelbar einsichtig. Und wenn ein Manager das „Für und Wider" einer Zufriedenheitsanalyse in seinem Betrieb sorgsam abwägt, so dürften die methodologisch bedeutsamen Überlegungen zu Fragen der Zuverlässigkeit und Gültigkeit zunächst eine eher nachgeordnete Bedeutung haben. Viel dringlicher stellt sich die Frage nach den Auswirkungen einer solchen Analyse.

Während der Forscher auf das Ergebnis der Analyse schaut, wird der Manager den Prozeß im Auge behalten, der nicht mit der Präsentation der Ergebnisse endet, sondern jetzt erst richtig beginnt. Für den Gestalter sozialer Wirklichkeiten kann im Extremfall das Analyseergebnis sogar völlig unbedeutend werden, wenn nur die dadurch ausgelösten Prozesse stimmen ...

---

* Abdruck einer früheren Version dieses Beitrages in: *Köln-Mannheimer Beiträge zur Wirtschafts- und Organisationspsychologie*, *1*, 1988, 1–25

Am Beispiel einer betrieblichen Erhebung zur Arbeitszufriedenheit sollen die Prozesse verfolgt werden, die im Umfeld dieser Analyse bedeutsam waren und noch sind (vgl. Wiendieck & Maas, 1986; Maas, 1990).

2. DAS UNTERNEHMEN

Das Unternehmen ist ein weltweit operierender Hersteller und Vertreiber hochwertiger Tiefkühlkost, die direkt bis an die Wohnungstür des Endverbrauchers geliefert wird. Dieser Vertriebsweg wurde mit Hilfe von Verkaufsfahrern aufgebaut, die als Franchise-Vertrags-Partner eine begrenzte unternehmerische Selbständigkeit genießen.

Das Franchise-System — nach dem Vorbild von Coca-Cola, McDonald's oder Holiday-Inn gestaltet — bindet Unternehmen und Franchise-Nehmer in relativ enger vertraglicher Regelung aneinander. Das Unternehmen garantiert dem Verkaufsfahrer ein bestimmtes Absatzgebiet, hält ein umfangreiches und auf den Markt abgestimmtes Warensortiment abrufbereit, organisiert die Logistik des Warennachschubs, betreibt überregionale Marketingarbeit, betreut die Fahrer in regionalen Niederlassungen, berät und prüft sie in ökonomischen und steuerlichen Fragen und veranstaltet Schulungsmaßnahmen. Der Verkaufsfahrer zahlt eine Einlage, LKW-Leasing-Raten sowie laufende Abgaben und verpflichtet sich, ausschließlich Waren des Unternehmens zu vorgegebenen Preisen auf dem dafür vorgesehenen Vertriebsweg abzusetzen. Der Franchise-Vertrag wird Verkaufsfahrern angeboten, die sich zunächst — vergleichbar einer Probezeit — als abhängig beschäftigte Fahrer bewährt haben.

Aus dem Franchise-Vertrag ergibt sich für beide Vertragspartner eine gewisse Ambivalenz: Das Unternehmen besorgt sich einen nicht unerheblichen Teil seines Kapitalbedarfs aus den Einlagen der Franchise-Nehmer, was die Abhängigkeit vom Kapitalmarkt verringert und rasche Wachstumschancen eröffnet, aber, anders als gegenüber abhängig beschäftigten Mitarbeitern, den direkt steuernden Einfluß auf die Verkaufsfahrer verbietet. Die Verkaufsfahrer erwerben mit dem Vertragsabschluß — unter Verzicht auf die Rechte und Pflichten des abhängig Beschäftigten — eine vertraglich begrenzte ökonomische Selbständigkeit als Kleinunternehmer mit den damit verbundenen Chancen und Risiken.

Die Frage der beruflichen Zufriedenheit ist damit eng an die vertraglich fixierten Möglichkeiten und Grenzen geknüpft.

Zum Zeitpunkt unserer Studie gab es allein in der Bundesrepublik Deutschland etwa 1.000 Verkaufsfahrer, die zum größten Teil als selbständige Franchise-Nehmer tätig waren. Der typische Franchise-Nehmer läßt sich etwa so charakterisieren: Ein verheirateter, gut dreißigjähriger Mann mit zwei Kindern, Hauptschulbildung und abgeschlossener Lehre. Die meisten waren vorher abhängig beschäftigt, wenige waren selbständige Handwerker oder Kleingewerbetreibende. Einige sahen nach einer Phase der Arbeitslosigkeit hier einen neuen erfolgversprechenden Berufsweg.

Die Franchise-Nehmer werden in regionalen Niederlassungen des Unternehmens betreut, die die Nahtstelle zwischen selbständigen Verkaufsfahrern und dem Unternehmen bilden.

Das Unternehmen hatte innerhalb der letzten 10 Jahre eine geradezu stürmische Aufwärtsentwicklung erlebt, die sich an Indikatoren wie Umsatz-, Kunden-, Mitarbeiter- bzw. Vertragspartnerzahlen ablesen ließ. Dies ist sicherlich sowohl auf die neuartige Kombination von Produkt und Vertriebsweg als auch das Franchise-System zurückzuführen. Der rasche Aufstieg des Unternehmens vom regionalen Speiseeisbetrieb zu Europas größtem Tiefkühlkost-Direkt-Vertreiber war — wie hätte es anders sein können — von Wachstumsschmerzen begleitet, die Management und Verkaufsfahrer gleichermaßen drückten.

3. DIE AUSGANGSLAGE

Mit dem unternehmerischen Erfolg wuchsen schließlich auch die Probleme. Die Konkurrenz des traditionell stationären Lebensmittelhandels nahm ebenso zu wie der Druck eines ähnlich operierenden Direktvertreibers, der allerdings in herkömmlicher Konzeption mit angestellten Verkaufsfahrern Markterfolge verbuchen konnte. Die bislang gewohnten Zuwachsraten blieben aus, Unzufriedenheitsäußerungen der Franchise-Nehmer häuften sich und wurden deutlicher artikuliert. Die Zahl der Vertragsbewerber ging zurück, einzelne ehemalige Mitarbeiter machten sich mit ähnlicher Vertriebsidee als Konkurrenten selbständig. Es gab kritische interne Berichte und Stellungnahmen, juristische Auseinandersetzungen und Prozesse sowie schließlich einen „Spiegel"-Artikel, in dem ehemalige Franchise-Nehmer ihrem Unmut öffentlich Luft machten. Die alte Aufbruchstimmung in „Management und Mannschaft" wich einer gedrückten Grundhaltung, die von erstaunten bis resignativen Gedanken durchzogen war. Die unternehmerische Grundkonzeption stand zur Disposition; selbst das Franchise-System wurde in Frage gestellt. Diese Zweifel waren nun ebenso ansteckend wie es der Elan der frühen Jahre gewesen war.

Auch die generelle gesamtökonomische Lage war dadurch gekennzeichnet, daß viele volkswirtschaftliche Prognosen als zu optimistisch eingestuft und durch bescheidenere Aussagen ersetzt werden mußten.

Angesichts dieser — durchaus krisenhaften — Situation galt es ernsthaft zu erwägen, ob der bisherige Weg nur durch ein Strohfeuer glücklicher Erfolge erhellt war oder sich auch künftig als tragfähig erweisen würde. Dies war allein deswegen dringlich, weil das Unternehmen in — vielleicht voreiliger — Erwartung künftiger Expansionen eine Reihe von gewaltigen Investitionen in Anlagen, Bauten, Personal und Organisation getätigt hatte, die die notwendige Infrastruktur und Kapazität bereitstellen sollten.

In dieser Lage entschloß sich das Unternehmen, eine Gruppe von unabhängigen Organisationspsychologen über die bisherigen Beratungskontakte hinaus mit einer Zufriedenheitsanalyse zu beauftragen, die insbesondere der Frage nachgehen sollte, ob die verschiedenen Unmutszeichen der Franchise-Nehmer lediglich die Spitze eines gewaltigen Eisbergs darstellten oder als — wenn auch lautstarke, so doch singuläre — Randerscheinungen betrachtet werden konnten.

Je nachdem welcher Leseart man zuneigte — und es gab Stimmen in beiderlei Richtung —, würden ganz unterschiedliche unternehmerische Maßnahmen angeraten sein, wobei stets die Möglichkeit einer „Sich-selbst-erfüllenden-Prophezeiung" miterwogen werden mußte. Es war sicherlich kein Zufall, daß der entscheidende Impuls zur Durchführung dieser Studie von der Personalchefin, einer promovierten Psychologin kam.

Diese Studie stand von Anbeginn an unter einem gewaltigen Erwartungsdruck. Das Management erhoffte sich, wenn nicht die Bestätigung der bisherigen Konzeption, so doch zumindest eine Hilfe bei der Suche nach einer Orientierung. Dabei war dem Management angesichts der krisenhaften Ausgangslage klar, daß die Durchführung dieser Studie nicht nur eine Zustandsbeschreibung liefern würde, die man interessiert zur Kenntnis nehmen und bei Nicht-Gefallen wieder ablegen oder verdrängen könnte, sondern daß darüber hinaus Signale und Impulse gesetzt würden, denen man sich zu stellen hätte.

Eine Zufriedenheitsanalyse kann jeweils als Eingeständnis gedeutet werden, daß man den unmittelbaren „Draht" zur Mitarbeiterschaft verloren hat und der betrieblichen Kommunikation über die verschiedenen hierarchischen Ebenen hinweg nicht mehr voll vertraut. Neben diesem Eingeständnis wird aber auch die Bereitschaft zur Abhilfe signalisiert: Es geht um die ernsthafte Suche nach einem Weg, um die mit der Unternehmensexpansion gewachsenen Kommunikationslücken zu überwinden. Schließlich signalisiert die Einschaltung der extern-neutralen Instanz die Offenheit, sich den möglichst ungefilterten Aussagen der Befragten sowie der Interpretation der Forscher zu stellen. Damit ist man bereit, die bisherige Politik zur Diskussion zu stellen.

Die große Gruppe der Franchise-Nehmer sah eine Chance, sich mit dieser Studie stärker als bisher Gehör zu verschaffen und — begünstigt durch die Neutralität und Vertraulichkeit der Datenerhebung — die in jedem Unternehmen dieser Größe bestehende hierarchische Kommunikationsbarriere zu durchbrechen, um Besserungen zu erreichen. Wie sich in einer Reihe von Vorgesprächen mit Franchise-Nehmern herausgestellt hatte, ging es ihnen sehr klar darum, Kritik offen und in der deutlichen Erwartung vorzutragen, daß hierdurch ein ernsthafter und von beiderseitigem Verständnis getragener Dialog begonnen würde. Die Studie wurde als Beginn, nicht als Abschluß eines Entwicklungsprozesses interpretiert.

Schließlich sahen wir als durchführende Instanz die nur selten gebotene Gelegenheit, die meist theoretisch abgehoben diskutierten Konzepte und Verfahren der betrieblichen Zufriedenheitsforschung einer nicht nur empirischen, sondern zugleich praktisch relevanten Bewährung auszusetzen. Die von uns vorgelegte Konzeption der Studie wurde mit der Geschäftsleitung und dem Betriebsrat diskutiert und nach geringfügigen Ergänzungen der Themenbereiche und minimalen Modifikationen der Frageformulierung einvernehmlich verabschiedet.

Dieser Prozeß vorbereitender Diskussionen hat nicht nur den unmittelbar sachlichen Vorzug der Berücksichtigung der jeweiligen betriebsspezifischen Charakteristika, sondern schafft darüber hinaus eine soziale Bindung, die eine Basis für den weiteren Verlauf abgeben kann. Auch uns ging es nicht nur um wissenschaftliches, lediglich auf Erkenntnis gerichtetes Vorhaben, das den ausgelösten sozialen Prozessen ohne Engagement zuschaut, sondern darum, — dem eigentlichen Sinn der anwendungsorientierten Organisationspsychologie entsprechend — einen theoretisch wie methodologisch abgesicherten Rat zu geben.

Damit standen nicht nur methodologisch aufschlußreiche Fragen nach Reliabilität oder Validität im Vordergrund, sondern darüber hinaus die politische Relevanz und Nützlichkeit der betrieblichen Zufriedenheitsforschung (vgl. Rosenstiel, 1986). Auf diesen Aspekt soll hier die Aufmerksamkeit gerichtet werden.

4. DIE STUDIE

4.1 Konstruktion der Untersuchung und Vorgehensweise

Als geeignete Erhebungsform wurde die schriftliche Befragung gewählt, die anonym und auf postalischem Wege durchgeführt wurde. Der Erhebungszeitraum lag im Herbst 1985, der Abschlußbericht wurde im Januar 1986 fertiggestellt.

In der Planungsphase der Untersuchung fanden verschiedene Informationsgespräche mit der Geschäftsleitung, mit einigen Franchise-Nehmern und Franchise-Nehmer-Anwärtern und ihren betreuenden Distrikt-Managern in den jeweiligen Niederlassungen statt, in denen die Problembereiche und Fragenkomplexe sondiert wurden. Dadurch konnten noch wichtige neue Erkenntnisse „vor Ort" gewonnen und für die Konzeption verwertbar gemacht werden. Die Studie war von vornherein sehr breit angelegt. Es sollte nicht nur das Maß an Arbeitszufriedenheit erfaßt werden, sondern die Konstruktion des Fragenpaketes zielte auf den Franchise-Nehmer in seinem Bezug zu der ihn umgebenden Situation. Dabei wurden sowohl mögliche *Ursachen* der (Un-)Zufriedenheit und deren subjektive Erklärungen als auch verschiedene *Formen des Erlebens* von (un-)zufriedenheitsgenerierenden Reizen erhoben und die damit verbundenen individuellen Reaktionen. Insofern deckte das von uns ausgewählte Netz von Skalen und Einzelfragen weitgehend das Spannungsfeld ab, dem die Franchise-Nehmer ausgesetzt sind. Darin entfalten sich die unterschiedlichen personalen, strukturellen und situativen Kräfte, die das resultierende Verhalten der Franchise-Nehmer bestimmen.

Der Fragebogen bestand aus einer Reihe von standardisierten und bewährten Skalen zu verschiedenen Einzelaspekten der Arbeit und des relevanten Umfeldes (z.B. Betreuung, Beratung und Unterstützung durch den zuständigen Distrikt-Manager; Beurteilung des Franchise-Vertrages; Einschätzungen der zukünftigen Entwicklungen in Zusammenhang mit der Arbeitssituation). Beigefügt war ein Schreiben der Geschäftsleitung, die darin ihre Unterstützung der Studie darlegte und zum Mitmachen motivierte. Auf insgesamt 16 Seiten wurden sowohl offene als auch geschlossene Fragen verwendet, um auch Raum für Anregungen und konstruktive Verbesserungsvorschläge zu geben. Die 1. Fassung des Fragebogens wurde zunächst im Rahmen eines Pretestes bei 30 Franchise-Nehmern erprobt, um Aufschluß über die Akzeptanz und die Verständlichkeit der Fragen zu erhalten.

Die Untersuchung wurde in Form einer kombinierten Teil- und Totalerhebung realisiert, d.h. alle Franchise-Nehmer wurden um Beantwortung des Fragebogens gebeten sowie eine Stichprobe von Franchise-Nehmer-Anwärtern aus jeder Niederlassung als Vergleichsgruppe (Stichprobengröße: N=900). Zur Auswertung wurden das Statistikprogrammpaket SPSS sowie die Kontrastgruppenanalyse AUSPIK verwendet.

4.2 Die Ergebnisse und ihre Interpretation

Nach Ablauf der eingeräumten Frist und Versenden eines kombinierten Dankes- und Erinnerungsschreibens lag die Rücklaufquote bei ca. 60 %. Die große Mühe und das Engagement beim Ausfüllen gerade der offenen Fragen zeugten auf Seiten der Befragten von großer Motivation und Betroffenheit.

Die wichtigsten Ergebnisse und Eindrücke können wie folgt überblicksartig zusammengefaßt werden:

1) Insgesamt zeigte die Analyse eine grundsätzlich positive Haltung der Franchise-Nehmer. Die generellen Rahmenbedingungen (Franchise-System) wurden von ihnen offensichtlich angenommen. Der Franchise-Vertrag enthielt an verschiedenen Stellen möglicherweise unnötig strenge Formulierungen, so daß es geboten schien, einige dieser Formulierungen zu prüfen, um auf diese Weise den Franchise-Nehmern gegenüber ein Zeichen der Konzilianz zu setzen.

2) Die Studie hat deutlich werden lassen, daß Unzufriedenheiten in der Gruppe der Franchise-Nehmer eher als singuläre Erscheinungen denn als generelle Phänomene angesehen werden mußten. Gleichwohl waren diese Einzelerscheinungen ernst zu nehmen, da sie offenkundig das Ergebnis einer unzureichenden Kooperation zwischen Niederlassung und Franchise-Nehmer darstellten.

3) Der eigentliche Reiz der Tätigkeit schien in der Sicht der Franchise-Nehmer im Abwechslungsreichtum sowie in den vielfältigen sozialen Kontakten, d.h. der Kundenarbeit vor Ort zu liegen. Es erschien uns daher sinnvoll anzuregen, diese Gesichtspunkte bei der Werbung neuer Franchise-Nehmer zukünftig positiv herauszustellen.

4) Als Negativ-Punkt wurde immer wieder betont, daß die Vertretung der eigenen Interessen gegenüber dem Unternehmen unzureichend sei. Dies war sicherlich verständlich vor dem Hintergrund des Selbstbildes der Franchise-Nehmer, die sich eben als selbständige, kompetente Personen begreifen, auf der anderen Seite sich aber bei wichtigen Entscheidungen übergangen fühlen. Das gleiche Bild ergab sich in bezug auf die Betreuung in der jeweiligen Niederlassung (durch den zuständigen Distrikt-Manager), in der sich die Franchise-Nehmer ungenügend berücksichtigt fühlten, obwohl nahezu 90 % der Befragten eine gute Betreuung für wichtig bzw. besonders wichtig hielten.

5) Anlaß zur Kritik gaben verschiedene Einzelaspekte der Arbeit, die vor allem in der Kooperation mit der Zentrale begründet lagen. So wurden z.B. die Wirtschafts- und Rechtsberatung sowie die Organisation und Kommunikation im Unternehmen allgemein als unzureichend empfunden.

Als Fazit blieb festzuhalten, daß der eigentliche Dreh- und Angelpunkt für die Zufriedenheit in der Art und Weise zu sehen war, wie die Franchise-Nehmer durch die Niederlassung betreut wurden. Wenn dieses Betreuungsverhältnis zur Zufriedenheit der Franchise-Nehmer gestaltet war, dann erschien ihnen ihre Arbeit in einem besonders positiven Licht, und sie wurden durch den Reiz der selbständigen abwechslungsreichen Tätigkeiten angeregt, während bei einem unzureichenden Betreuungsverhältnis insgesamt wohl eher eine pessimistische bis resignative Arbeitseinstellung registriert werden konnte. Verschiedene Indikatoren wiesen daraufhin, daß die Ursachen dafür in der Organisation und bei den Personen der einzelnen Niederlassungen zu suchen waren.

Hier wurde angeregt, ernsthaft zu überlegen, ob und inwieweit durch entsprechende Gestaltungs- und Schulungsmaßnahmen dieses Verhältnis generell auf eine positivere Basis gestellt werden könnte. Darüber hinaus wurde vorgeschlagen, geeignete Foren für Mitspracheregelungen zu schaffen, um dadurch auch die Kommunikation zwischen den verschiedenen Ebenen des Hauses zu verbessern. Damit würden Gelegenheiten geboten, einige Kritikpunkte (z.B. Vertragsgestaltung), die auf mangelnder Aufklärung zu beruhen schienen, klarzustellen. Im alltäglichen Geschäft sollte den Franchise-Nehmern durch weitergehende Marketing- oder Werbemaßnahmen Unterstützung vor Ort gegeben werden. Das existierende Vertriebssystem mit dem unmittelbaren Kontakt zwischen Kunden und Franchise-Nehmern bot eine Fülle von Gestaltungsmöglichkeiten, die unseres Erachtens noch nicht voll genutzt waren.

Schließlich gaben wir noch zu bedenken,

1) ob diese Studie in ihren Ergebnissen durch eine Befragung der betreuenden Distrikt-Manager bzw. Niederlassungsleiter ergänzt werden sollte und

2) ob es sinnvoll sei, diese Zufriedenheitsanalyse in gewissen zeitlichen Abständen zu wiederholen, um ein Bild der Veränderung zu bekommen, was zugleich als Evaluation der eingeleiteten Maßnahmen angesehen werden könnte.

5. KONSEQUENZEN DER STUDIE

5.1 Präsentation der Ergebnisse

Die Ergebnisse wurden dem Management nicht lediglich als umfangreicher schriftlicher Bericht abgeliefert, sondern zugleich in einer mehrstündigen Präsentation vorgestellt und erläutert. Die Befunde wurden mit Spannung erwartet und äußerst interessiert aufgenommen, wobei man die vorgeschalteten, zum vollständigen Verständnis notwendigen Erläuterungen zur Konzeption und Methodik der Erhebung mit einer gewissen Ungeduld über sich ergehen ließ.

Die anschließende Darstellung der Gesamtsituation, wie sie sich aufgrund der zusammengefaßten diversen Zufriedenheitsindizes darstellte, brachte eine merkliche Beruhigung der Zuhörer. Offensichtlich waren die Daten besser, als in ungeduldiger Skepsis gefürchtet worden war. Spontane Äußerungen wie „Das sieht ja gar nicht so schlecht aus!" gaben der allseits empfundenen Erleichterung Ausdruck.

Das Management erkannte in den Kernergebnissen eine klare Bestätigung der grundsätzlichen Konzeption des Unternehmens. Die früheren Diskussionen darüber erschienen plötzlich als überholt und ohne reale Basis.

Von dieser deutlich positiven Interpretation der Befunde waren wir überrascht, schließlich gab es unüberhörbar kritische Ergebnisse, gewissermaßen ein Bild mit Licht und Schatten. Wir waren uns in der Vorbereitung der Präsentation sehr unschlüssig darüber, wie all dies wohl aufgenommen werden würde.

Die vom Management gefundene Deutung spiegelt zwei miteinander verknüpfte Aspekte wider, einen kognitiven und einen motivationalen. Offenkundig erschienen diese Befunde vor dem Hintergrund der erlebten Unsicherheit und Skepsis als geradezu befreiend, was zugleich die Basis für den zweiten, motivationalen Effekt legte: Nun galt es, in Gewißheit des richtigen Weges die Stolpersteine beiseite zu räumen. Die durch Skepsis gelähmten Kräfte wurden frei und bekamen zugleich die Richtung gewiesen.

So erhielt die als Präsentation gedachte Veranstaltung nahezu unbemerkt eine zweite, zunehmend dominanter werdende Funktion, nämlich die Erarbeitung eines Maßnahmenkataloges, der hier bereits in Umrissen skizziert wurde. Vielleicht erscheint dies nicht sonderlich bemerkenswert, gehört doch das „Machen“ und nicht das „Philosophieren“ zu den Grundfunktionen des Managements. Wenn wir dies dennoch erwähnen, so deswegen, weil hier ein anderer als der gewohnte universitäre Umgang mit Wissenschaft deutlich wurde. Hier ging es nicht um die kritische Reflexion der Ergebnisse, um mögliche Schwachpunkte in Methodik oder theoretischer Verankerung oder um das Erkunden der Standfestigkeit der vorgelegten Daten und ihrer Interpretation. Dies war gegebene Basis, von der es auszugehen galt. Diese selbst in Frage zu stellen, wäre geradezu grotesk gewesen. Erkenntnis des Status quo war nicht das Ziel, sondern das Mittel, dessen Zweck nicht mehr vom Forscher definiert, wohl aber ermöglicht wurde.

5.2. Reaktionen der Franchise-Nehmer

Im Zusammenhang mit einer anderen Studie hatten wir Gelegenheit, mit einer Reihe von Franchise-Nehmern direkt zu sprechen, die, ohne daß ihnen unsere „Co-Täterschaft“ bei beiden Studien bewußt war, spontan und zum größten Teil positiv auf die Zufriedenheitsanalyse verwiesen. Nicht selten wurde diese zweite Studie, die sich mit Fragen der Personalauswahl beschäftigte, als eine der Maßnahmen betrachtet, die durch die Zufriedenheitsanalyse erst vorbereitet worden war.

Dies wirft ein kleines Schlaglicht auf die Erwartungen und Hoffnungen, die mit der Zufriedenheitsanalyse geweckt worden waren. Offenkundig war diese Analyse auch von den Franchise-Nehmern nicht als „diagnostischer Endpunkt“, sondern als „therapeutischer Anfangspunkt“ interpretiert worden.

Damit ergeben sich zwei bedenkenswerte Prozesse. Zum einen entwickelt sich die Erwartung, daß der „andere“ die vorgetragenen Aussagen ernst nimmt und entsprechend reagiert. Es dürfte völlig normal sein, daß Zufriedenheitsäußerungen solche Erwartungen wecken. Wir sind uns allerdings nicht sicher, wie weit die damit verbundenen Konsequenzen beachtet werden. Mit den Erwartungen des Befragten wachsen die Verantwortlichkeiten des Fragestellers. Es ist bekanntermaßen höchst problematisch, Erwartungen zu wecken, ohne sie dann auch zu erfüllen. Mit jeder Zufriedenheitsanalyse wächst der Handlungszwang des Managements.

Dies bringt uns zu dem zweiten Aspekt: Es fragt sich, wie die Handlungen des Managements interpretiert bzw. attribuiert werden. Es entwickelte sich bei den von uns angesprochenen Franchise-Nehmern — vermutlich unbemerkt — eine kognitive Bereitschaft, Kausalbeziehungen zwischen der Zufriedenheitsanalyse und nachfolgenden unternehmerischen Maßnahmen herzustellen. Diese letztlich internalen Attributionsmuster stärkten Erwartungen in die eigene Kraft und bewirkten — zumindest in Ansätzen — ein Phänomen, das Zimbardo (1973) „Kontrollillusion" genannt hat. Unabhängig davon, ob der Glaube, etwas in Bewegung gebracht zu haben, wirklich gerechtfertigt ist, setzt die bloße Überzeugung, etwas bewirkt und damit unter Kontrolle zu haben, bereits motivationale Handlungsenergien frei, auf deren Basis dann tatsächlich etwas bewirkt wird, womit die „Kontrollillusion" vom Illusionären befreit und in Kontrolle überführt wird.

Möglicherweise könnte hierin ein Beitrag liegen, die heutzutage betrieblich wichtiger werdende Tendenz zur Aktivierung von Eigeninitiative und Eigenverantwortlichkeit einzuleiten und zugleich den Betroffenen eine Anregung zur Wiedergewinnung befriedigender Arbeitserfahrung zu liefern.

Damit ergibt sich die theoretisch wie praktisch relevante Fragestellung, wieweit Zufriedenheitsanalysen beabsichtigt oder unbeabsichtigt dazu beitragen,

- nicht erkannte Handlungsspielräume wahrzunehmen (kognitive Ebene),
- verschüttete Handlungspotentiale zu wecken (motivationale Ebene) und
- Zufriedenheiten mit der wiederentdeckten Handlungskompetenz zu fördern (emotionale Ebene).

5.3. Maßnahmen im Gefolge der Zufriedenheitsstudie

Freilich bewegt sich nicht alles im illusionären Raum und gründet sich auf „Sich-selbst-erfüllenden Prophezeiungen". Das Unternehmen hat eine Reihe von konkreten Maßnahmen ergriffen, um der deutlichen Kritik und den vielfältigen Anregungen zu entsprechen. Die Details dieser Maßnahmen sind im Rahmen dieser Darstellung unerheblich; wichtig erscheint uns, daß diese Maßnahmen einen gemeinsamen Kern hatten: Sie zielten darauf ab, die Grundidee des Franchise-Systems, also die vertragliche Partnerschaft selbständiger Unternehmer zu stärken. Es galt also zu prüfen, ob die Beziehungen zwischen den formal selbständigen Partnern (Unternehmer und Franchise-Nehmer), seien sie nun juristischer, ökonomischer oder psychologischer Art, auch tatsächlich der Idee gegenseitig geachteter Selbständigkeit entsprachen, oder ob sie unversehens in die gewohnten Muster von Arbeitgeber und abhängig Beschäftigten abgedriftet waren und nun der Korrektur bedurften. Dieses Bemühen läßt sich auf die Formel bringen: Harmonisierung von Struktur und Kultur des Unternehmens.

Konkret wurden neben einigen weiteren Aktivitäten

- die Franchise-Verträge modifiziert,
- die Kooperation zwischen Niederlassung und Verkaufsfahrer verbessert,
- das Beratungsangebot (kaufmännisch, finanziell, steuerlich) ausgebaut sowie
- die Interessenvertretung der Franchise-Nehmer gestärkt (diverse gemeinsame Ausschüsse).

Heute hat das Unternehmen die früheren Schwierigkeiten überwunden und befindet sich erneut im Aufwärtstrend. Es ist kaum möglich zu sagen, welche Faktoren im einzelnen für diese positive Entwicklung ursächlich waren. Sicherlich spielen generelle Markt- und Branchenentwicklungen ebenso eine Rolle wie die Leistungen des Managements und der Einsatz der Franchise-Nehmer (vgl. für eine detaillierte Analyse Maas, 1990).

6. ZUFRIEDENHEITSSTUDIEN ALS ORGANISATIONSPOLITISCHES INSTRUMENT

Unternehmen unterliegen heute in verstärktem Maße Wandlungsprozessen. Diese vollziehen sich auch und vor allem auf der Seite der Mitarbeiter, d.h. Erwartungen, Bedürfnisse, Einstellungen, Motivationen etc. verändern sich und die Unternehmensleitung sieht sich mit der Notwendigkeit konfrontiert, darauf reagieren zu müssen. Im Rahmen der Organisationspolitik des Unternehmens stehen der Geschäftsleitung eine Reihe von Instrumenten zur Verfügung, um gestaltende Maßnahmen durchzuführen.

Neben der wirtschaftlichen Aufgabenerfüllung gehört die Schaffung oder Gewährleistung einer hohen Arbeitszufriedenheit und Motivation der Mitarbeiter vielfach zu den vorrangigen Zielen im Zielkatalog der Unternehmensführung (vgl. Grochla, 1982). Das bedeutet aber auch, daß sie sich diesbezüglich laufend einen Überblick über die aktuelle Lage verschaffen muß. Hier kann die Arbeitszufriedenheit ein wichtiger Indikator für das Betriebsklima im Unternehmen und das Befinden ihrer Mitglieder sein.

In der Praxis haben daher Zufriedenheitsstudien, eingebettet in einen Prozeß der Unternehmensberatung und durchgeführt von externen Forschern, eine wichtige Funktion erlangt, indem sie als geeignetes Instrument angesehen werden, Auskunft geben zu können über sich anbahnende negative Entwicklungen und vorhandene Konfliktpotentiale bei den Mitarbeitern. Solche Studien werden häufig jedoch nicht regelmäßig oder gar prophylaktisch durchgeführt, sondern in der Regel erst dann, wenn bereits Symptome von Unzufriedenheit spürbar oder sichtbar werden und ein größeres Ausmaß angenommen haben.

In diesem Zusammenhang haben Zufriedenheitsstudien bisher ausschließlich im Hinblick auf ihre Leistung als Diagnose-Instrument in Unternehmen Einsatz gefunden, wobei der Schwerpunkt des Interesses auf der Analyse und Interpretation der mit Hilfe der Studien erhobenen Daten lag (vgl. Fischer, 1989). Dabei ist bedeutsam, daß sich das hypothetische Konstrukt „Arbeitszufriedenheit“ aus verschiedenen Dimensionen zusammensetzt (z.B. Zufriedenheit mit der Bezahlung, Zufriedenheit mit der Arbeitsplatzgestaltung, Zufriedenheit im Umgang mit Kollegen etc.) und somit Aussagen über die Zufriedenheit mit verschiedenen Aspekten der Arbeit zuläßt. Der praktische Nutzen der Arbeitszufriedenheitsforschung bezieht sich vor allem auf die Bereitstellung geeigneter Arbeitszufriedenheits-Meßinstrumente sowie auf sozialtechnologische Aussagen derart, daß die Beziehung zwischen Ziel (Erhöhung der Arbeitszufriedenheit) und eingesetzten Mitteln näher bestimmt wird (vgl. Gawellek, 1987).

Die anhaltende Diskussion um die detaillierten Bedingungen, unter denen Arbeitszufriedenheitsstudien zustandekommen, und die Zulässigkeit der aus den Daten abgeleiteten Aussagen fand ihren Niederschlag in provokanten Fragen wie z.B. „Arbeitszufriedenheit: Ein Kunstprodukt der Sozialforschung?“ (vgl. Wiendieck, 1977, 1980). Diese Auseinandersetzungen führten zur Weiterentwicklung des Konzepts und zu einer präziseren Analyse der personalen und situationalen Faktoren, die bei der empirischen Erforschung der Arbeitszufriedenheit Einfluß haben können. Vollkommen unberücksichtigt blieb jedoch bis heute der soziale Prozeß, den jede Zufriedenheitsanalyse im Betrieb einleitet.

6.1 Zur Dynamik des eingeleiteten Organisationsentwicklungs-Prozesses

Organisationspolitische Ziele wie Förderung der Motivation, Identifikation oder Loyalität der Mitarbeiter können nur erreicht werden, wenn die geeigneten Instrumente richtig eingesetzt werden. Diese scheinbar triviale Aussage bekommt dann einen problematischen Gehalt, wenn man sie auf Zufriedenheitsstudien anwendet. Wird beispielsweise eine solche Zufriedenheitsstudie im Betrieb durchgeführt, d.h. werden die Mitarbeiter mittels Befragung um quantitative und qualitative Äußerungen hinsichtlich ihrer Zufriedenheit gebeten, so wird ein Organisationsentwicklungsprozeß in Gang gesetzt.

Bereits zum Zeitpunkt der Ankündigung der Untersuchung werden — wie sich auch in der berichteten Studie zeigte — bei den Befragten bestimmte Erwartungen geweckt. Diese richten sich nun auf konkrete und wirkungsvolle Veränderungen der Arbeitssituation, da man davon ausgehen kann, daß, wenn man die Mitarbeiter fragt, auch Konsequenzen aus ihren Antworten gezogen werden. Aus der Sicht des befragten Individuums kann sich hier eine gefühlsmäßige Ambivalenz einstellen. Zum einen kann der Mitarbeiter eine solche Befragung zunächst einmal als eine ihm selbst entgegengebrachte Aufmerksamkeit wahrnehmen; ihm wird durch die Unternehmensleitung Interesse an seiner Meinung signalisiert und der Eindruck verstärkt, daß er in seinen individuellen Bedürfnissen ernst und wichtig genommen wird. Andererseits wird er eine gewisse Skepsis hegen, ob er nicht bloß zum Objekt unternehmerischer Manipulation bzw. Instrument zur Erreichung der Unternehmensziele wird. Die Art und Weise der Durchführung der Studie und die damit verbundene individuelle Wahrnehmung der „wahren" Intention der Unternehmensleitung gewinnen hier an Bedeutung, vor allem vor dem Hintergrund der Tatsache, daß sich die Organisation ja in einer prekären „klimatischen" Situation befindet.

In dieser Lage ist es nun besonders wichtig, welche Reaktionen seitens der Unternehmensleitung gezeigt werden. Nichts wäre fataler als z.B. die Schlußfolgerung: „Da die Mehrheit unserer Mitarbeiter zufrieden ist und keine gravierenden Klagen kommen, brauchen wir auch nichts zu unternehmen; wir belassen alles beim alten." Hierdurch würden die mit der Studie geweckten Erwartungen enttäuscht und bestehendes Vertrauen (ausgedrückt durch die Motivation zur Teilnahme an der Befragung) *auf Dauer* zerstört. Reaktionen wie innere Kündigung, innerliche Distanzierung von der Arbeit und vom Unternehmen oder Widerstandsverhalten (Sabotage) sind vorstellbare mögliche Folgen.

Wird hingegen der vorläufig positive Eindruck des Individuums dadurch verstärkt, daß die Unternehmensleitung die Anregungen aufgreift, auf die Erwartungen der Betroffenen eingeht und sie ernst nimmt, kann das Vertrauen der Mitarbeiter und die Bereitschaft, sich an betriebsinternen Innovationen zu beteiligen, gefördert werden.

6.2. Ein attributionstheoretischer Aspekt des eingeleiteten Organisationsentwicklungs-Prozesses

Beabsichtigt die Unternehmensleitung mit Hilfe organisationspolitischer Instrumente, Veränderungen bestimmter Art vorzunehmen, so stehen ihr prinzipiell zwei Wege offen (vgl. Becker & Langosch, 1984).

— 1. top-down-Strategie

Die Unternehmensleitung überlegt und entscheidet allein über eine Innovation bzw. Veränderung im Betrieb und verordnet sie allen Mitarbeitern. Dem entspricht die Motivation der Geschäftsleitung, möglichst umgehend Problemlösungen präsentiert zu bekommen, um intern oder extern unmittelbar reagieren zu können. Dabei übernehmen die Führungskräfte die Funktion der Informationsvermittler und Kontrolleure in bezug auf ihre Untergebenen, die wiederum als ausführende Organe betrachtet und eingesetzt werden.

— 2. bottom-up-Strategie

In diesem Falle versucht die Unternehmensleitung zunächst zu ergründen, wo die Ursachen aufgetauchter oder geäußerter Probleme liegen, indem sie sich an die Mitarbeiter an der Basis wendet und sie zur Teilnahme an der Problemlösung und zu Verbesserungsvorschlägen ermuntert. Schließlich wird in Absprache mit den Betroffenen eine sinnvolle und tragbare Lösung gewählt und umgesetzt.

Strategie 1 legt bei den beteiligten Mitarbeitern eine externe Attribution nahe, d.h. die Ursache liegt außerhalb ihrer Person. Damit einhergehen geringe innere Beteiligung und Motivation, die gefundene Lösung mitzutragen, da sie von „oben" verordnet wurde.

Strategie 2 hingegen deutet auf ein originäres Interesse am einzelnen Mitarbeiter hin. Das bedeutet, daß er an der Lösungssuche beteiligt wird und er seine Vorstellungen und Ideen beitragen kann, in der Erwartung, zumindest partiell Berücksichtigung zu finden. In einer solchen Situation wird eine interne Attribution nahegelegt, die besagt, daß das einzelne Individuum sich mit als Ursprung einer Entscheidung oder Handlung erlebt und dementsprechend motiviert ist, sich aktiv an der Umsetzung der Ideen zu beteiligen, ihnen loyal gegenüberzustehen oder sich mit ihnen zu identifizieren (vgl. Deci, 1975). In diesem Sinne bieten Zufriedenheitsstudien die Chance, mitarbeiterorientiert organisatorische Änderungen einzuleiten.

Betrachtet man Zufriedenheitsstudien unter diesem Aspekt, wird deutlich, daß ihr diagnostischer Charakter in den Hintergrund tritt, während das therapeutische Element akzentuiert wird. Dazu ist es notwendig, jeweils Vollerhebungen durchzuführen, damit jeder einzelne Mitarbeiter angesprochen werden kann. Ansonsten ergäbe sich das Problem, daß einige sich fragen würden, warum ihre Kollegen angesprochen werden, aber sie selbst gerade nicht; die Unternehmensleitung würde sich dadurch in Rechtfertigungszwänge bringen. Stichprobenerhebungen, unter statistischen und ökonomischen Gesichtspunkten durchaus sinnvoll und begründet, sind unter einer solchen Interventionsperspektive nicht einsetzbar.

Zusammenfassend läßt sich der durch eine Studie zur Arbeitszufriedenheit ausgelöste Prozeß als Einleitung einer dynamischen Bewegung kennzeichnen, in welcher Erwartungen auf individueller Ebene geweckt werden, denen durch organisatorische Gestaltungsmaßnahmen entsprochen werden muß. In Analogie zum Kommunikationsprozeß ist es hierbei notwendig, den Betroffenen die Ergebnisse in Form eines Feedbacks zurückzuspielen. Darüber hinaus muß ihnen vermittelt werden, ob und inwieweit ihre Vorschläge und Anregungen zu konkreten Veränderungen führen werden. Nicht zuletzt dokumentiert sich nämlich in der Form des Umgangs mit den gewonnenen Ergebnissen der Stil der Unternehmensführung gegenüber ihren Mitarbeitern.

Zufriedenheitsstudien lassen sich daher — für Theorie und Praxis gleichermaßen bedeutsam — als wichtige organisationspolitische Instrumente herausstellen, welche den Aspekt der betriebsdiagnostischen Analyse mit dem einer „betriebstherapeutischen" Intervention vereinigen. Es erscheint aus diesen Erwägungen heraus sinnvoll, Zufriedenheitsstudien im Betrieb regelmäßig — auch im Sinne der Prophylaxe — durchzuführen. Dadurch würde die Mitarbeiterbeteiligung institutionalisiert und der Kommunikationsprozeß in beiden Richtungen in Gang gehalten (vgl. Fischer, in diesem Band).

7. SCHLUSSFOLGERUNGEN

Wenn man die Organisationspsychologie als angewandte Disziplin begreift, so ergibt sich im Hinblick auf ihre Bewertung ein doppeltes Kriterium: Wahrheit und Nützlichkeit. Während sich der Forscher noch mit der Wahrheitsfindung begnügen könnte, muß der Praktiker darüber hinausgehen. Erkenntnis ist nicht das Ziel, sondern allenfalls Mittel, betriebspolitische Ziele zu erreichen. Für die Güte dieser Erkenntnis zeichnet der Forscher und für deren Verwertung der Praktiker verantwortlich. Beides ist freilich miteinander verknüpft: Mit einem untauglichen Werkzeug läßt sich nicht viel anfangen, wohl aber mit einem qualitativ hochwertigen.

Im Hinblick auf die Erforschung der Arbeitszufriedenheit bedeutet dies dreierlei:

1) Es ist notwendig, das umstrittene und artefaktverdächtige Konzept der Arbeitszufriedenheit theoretisch wie methodisch besser zu fassen, seine vielfältigen Facetten, seine gesellschaftlichen, situativen und personalen Bezugsrahmen zu erkunden, um besser verstehen zu können, was ein bestimmtes, etwa quantitativ formuliertes Ergebnis überhaupt aussagt. Damit ist die diagnostische Qualität der Arbeitszufriedenheitsforschung angesprochen.

2) Die Arbeitszufriedenheitsforschung bewegt sich innerhalb des höchst sensiblen sozialen Spannungsfeldes von Kapital und Arbeit, steht hier jedoch nicht nur voyeuristisch am Rande, sondern wirkt gewollt oder ungewollt ein. Die Untersuchungen wecken Neugier und Erwartungen, Hoffnungen und Ängste. Die Befunde lassen sich je nach Hintergrund unterschiedlich deuten. Sie stimulieren Veränderungen oder legitimieren den Status quo. Damit steht hier nicht nur ihre diagnostische Qualität, sondern zugleich ihr intervenierender Charakter im Blickpunkt.

3) Unsere Erfahrungen mit dieser Studie belegen, daß unabhängig von den Ergebnissen allein Vorbereitung, Ankündigung und Durchführung einer Zufriedenheitsanalyse im Unternehmen genügen, um soziale Prozesse bei Manage-

ment und Mitarbeitern in Gang zu setzen. Damit eröffnet sich die Möglichkeit, Zufriedenheitsstudien gleichsam losgelöst von ihrem diagnostischen Wert als organisationspolitisches Instrument einzusetzen.

Produkt und Prozeß der Zufriedenheitsforschung sind nicht zu trennen.

LITERATUR

Becker, H. & Langosch, J. (1984). *Produktivität und Menschlichkeit*. Stuttgart.

Deci, E. L.. (1975). *Intrinsic motivation*. New York, London.

Fischer, L. (1989). *Strukturen der Arbeitszufriedenheit. Zur Analyse subjektiver Bezugssysteme*. Göttingen: Hogrefe.

Gawellek, U. (1987). *Erkenntnisstand, Probleme und praktischer Nutzen der Arbeitszufriedenheitsforschung*. Frankfurt/Main u.a..

Grochla, E. (1982). *Grundlagen der organisatorischen Gestaltung*. Stuttgart.

Maas, P. (1990). *Franchising in wirtschaftspsychologischer Perspektive. Handlungsspielraum und Handlungskompetenz in Franchise-Systemen. Eine empirische Studie bei Franchise-Nehmern*. Frankfurt/M. u.a..

Rosenstiel, L. v. (1986). Das Betriebsklima. Zur Praxis der Diagnose und Intervention in Organisationen. *WiSt-Wirtschaftswissenschaftliches Studium, 15,* 83–91.

Wiendieck, G. (1977). Arbeitsleistung und Arbeitszufriedenheit — eine kritische Übersicht. *Gruppendynamik, 8,* 415–430.

Wiendieck, G. (1980). Arbeitszufriedenheit: Ein Kunstprodukt der Sozialforschung? In W. Bungard (Hrsg.), *Die „gute" Versuchsperson denkt nicht* (S. 191–216). München.

Wiendieck, G. & Maas, P. (1986). *Eine Studie zur Zufriedenheit bei Franchise-Nehmern und Franchise-Nehmer-Anwärtern in einem Unternehmen der Lebensmittelbranche*. Unveröffentlichter Forschungsbericht, Köln.

Zimbardo, P. G. (1973). Die Sozialpsychologie: Eine Situation, eine Spielhandlung und ein Drehbuch auf der Suche nach der Wirklichkeit. In S. Moscovici (Hrsg.), *Forschungsgebiete der Sozialpsychologie, Bd. 1* (S.17–38). Frankfurt.

Anforderungen an Tests zur Messung der Arbeitszufriedenheit für die Anwendung in der betrieblichen Praxis

Detlef Müller-Böling

1. NUTZUNGSMÖGLICHKEITEN EMPIRISCHER FORSCHUNG

Empirische Forschungsergebnisse können grundsätzlich in dreifacher Weise Nutzen für die betriebliche Praxis bringen.[1*] Die *erste* Möglichkeit besteht darin, daß die durch empirische Untersuchungen gesicherten theoretischen Erkenntnisse in der Praxis Verwendung finden, d. h. Theorien in Technologien umgewandelt werden.[2] Dieser sogenannte Theorie-Technologie-Transfer setzt daher informative und glaubwürdige theoretische Aussagen voraus. Die aus der Theorie transferierten Aussagen der Technologie können dabei nie informativer oder glaubwürdiger sein als die der Theorie.[3] Die Nutzungsmöglichkeiten des Theorie-Technologie-Transfers für Wirtschafts- und Sozialsysteme sind (vorerst?) aus zweierlei Gründen äußerst begrenzt: Erstens muß der Stand empirisch abgesicherter Theorien generell als unbefriedigend eingestuft werden, so daß der Transfer in Technologien schwerfällt. Zweitens sind soziale Systeme aufgrund grundsätzlich verbleibender Handlungs- und Entscheidungsspielräume für den Menschen in weiten Bereichen indeterminiert bzw. indeterminierbar, so daß die Möglichkeit der Ableitung von Gestaltungsempfehlungen aus Theorien generell bezweifelbar erscheint.

Die *zweite* Möglichkeit greift diese Begrenzungen auf und beansprucht nicht mehr Handlungsempfehlungen, sondern lediglich Handlungsorientierungen für den Menschen durch konzeptionelle Bezugsrahmen zu vermitteln.[4] Die einzelnen Elemente des Bezugsrahmens werden unter gestalterischen Gesichtspunkten als Zielgrößen, Gestaltungsparameter und Restriktionen interpretiert. Je nach Präzisierungsgrad des Bezugsrahmens erhalten Gestalter und Handelnde einen mehr oder weniger detaillierten Denkrahmen für ihre Aktionen.[5] Insofern kann die empirische Forschung auch bereits in einem relativ frühen Stadium des Erkenntnisprozesses praktische Hilfestellungen leisten.

Die *dritte* Möglichkeit besteht in der Nutzung von empirischen Instrumenten, die für die empirisch-theoretische Forschung entwickelt worden sind, in Gestaltungsprozessen der Praxis. Diese Instrumentalfunktion empirischer Forschung ist insbesondere im Bereich der Psychologie und Pädagogik üblich, etwa bei der Verwendung von standardisierten Intelligenztests, die einerseits zur Theoriebildung über Intelligenz beitragen, zum anderen Einzelfallanalysen und darauf aufbauende (Schulungs-)Maßnahmen gestatten. Um die Instrumentalfunktion voll auszuschöpfen, empfiehlt sich eine duale Forschungsstrategie, die sowohl über empirisch-theoretische wie auch über empirisch-technologische Aktivitäten Erkenntnisfortschritt sucht.[6] In dieser dualen Strategie werden die empirischen Erhebungsinstrumente sowohl in traditionellen empirischen Untersuchungen wie auch zur Vorbereitung und Kontrolle konkreter Gestaltungsmaßnahmen der Pra-

* Die Anmerkungen befinden sich am Ende des Textes.

xis eingesetzt. Damit sie hier wirkungsvoll arbeiten können, müssen sie eine Reihe von Anforderungen erfüllen. Diese Anforderungen gehen über die traditionellen Qualitätskriterien für empirische Tests[7], wie sie etwa bei Lienert[8] formuliert werden, hinaus. Teilweise erweisen sie sich auch als konfliktär, je nachdem ob die Instrumente in empirisch-theoretischen, mehr dem Erkenntnisinteresse oder in empirisch-technologischen, mehr dem Gestaltungsinteresse verpflichteten Arbeiten Verwendung finden sollen. Im folgenden werden die Anforderungen zusammengetragen und operationale Kriterien im Hinblick darauf zusammengestellt, wie ihre Erfüllung geprüft werden kann. Damit sollen nicht zuletzt den Praktikern Kriterien an die Hand gegeben werden, um verfügbare Instrumente im Hinblick auf den Nutzen für die praktische Arbeit zu beurteilen.[9]

2. QUALITÄTSKRITERIEN FÜR DIE BEURTEILUNG EMPIRISCHER INSTRUMENTE

Selbstverständlich müssen zunächst die traditionellen Kriterien zur Beurteilung empirischer Instrumente auch bei Beurteilung des praktischen Nutzens als grundlegende Voraussetzungen angesehen werden.

2.1 Reliabilität

Bei den Prüfkriterien zur Reliabilität, d. h. der *Retestmethode,* der *Paralleltestmethode* oder der *inneren Konsistenz*[10] wird sehr schnell deutlich, daß es kein absolutes Prüfverfahren für Reliabilität gibt, da alle drei Verfahren Voraussetzungen beinhalten, deren Vorliegen in der Regel nicht gesichert ist. So setzt die Retestreliabilität z. B. Zeitkonstanz des Untersuchungsobjektes voraus, die Paralleltestreliabilität das Vorliegen eines bereits auf Reliabilität geprüften Instrumentes, die innere Konsistenz Teilbarkeit des Testes und Homogenität, d.h. Eindimensionalität des Untersuchungsobjektes. Dies führt dazu, daß Reliabilität nur abschätzbar und nicht sicher bestimmbar ist, wobei das Anwenden mehrerer Prüfverfahren die Sicherheit erhöht.

2.2 Validität

Dies gilt in ähnlicher Weise für die Validität, für die es ohne Vorliegen einer abgesicherten Theorie ebenfalls letztlich nur Hinweise, aber keine Beweise gibt. Prüfkriterien für Validität sind *Inhaltsvalidität,* meist geprüft über Expertenratings[11], die *Kriteriumsvalidität,* ermittelt über ein Außenkriterium in Form von Vorhersage-, Übereinstimmungs- und Extremgruppenvalidität[12], und die *Konstruktvalidität,* erarbeitet über die theoretisch abgestützte Beziehung zu ausgewählten Variablen.[13]

2.3 Objektivität

Objektivität liegt vor, wenn die erzielten Ergebnisse unabhängig vom Anwender sind[14]. Dies setzt voraus, daß sowohl die Durchführung des Testes wie auch die

Auswertung und letztlich die Interpretation in standardisierter Form erfolgen. Die *Durchführungsobjektivität* ist dann erhöht, wenn die Erhebungssituation standardisiert ist. Dies ist in der Regel immer dann der Fall, wenn ein vollstrukturierter Fragebogen verwendet wird. Bei mündlichen Befragungen wird die Durchführungsobjektivität z. B. durch Verhaltensanweisungen für den Interviewer erhöht.

Die *Auswertungsobjektivität* bezieht sich auf eine Standardisierung der Aufbereitung des Datenmaterials. Sie ist dann größer, wenn Verkodungsanweisungen vorliegen, Auswertungsschritte und statistische Verfahren vorgegeben sind und Auswertungshilfen in Form von Schablonen oder Auswertungsblättern vorliegen.

Die *Interpretationsobjektivität* bezieht sich auf die Bewertung des ermittelten Zahlenmaterials. Sie ist insbesondere dann erhöht, wenn Vergleichswerte vorliegen, etwa bezogen auf eine allgemeine Eichpopulation oder auf spezielle Subgruppen.

2.4 Operationalität

Unter Operationalität soll der Grad der direkten bzw. indirekten *Meßbarkeit* eines Phänomens verstanden werden.[15] Hierbei geht es um die Anzahl der Schritte, die benötigt werden, um auf direkt meßbare Indikatoren zu treffen. Diese Anzahl ist bei beobachtbaren Gegenständen geringer als bei komplexen sozialwissenschaftlichen Konstrukten. Grundsätzlich wird die Meßbarkeit sozialwissenschaftlicher Phänomene wie bei naturwissenschaftlichen Phänomenen unterstellt.[16] Die Meßbarkeit orientiert sich an verschiedenen Stufen der Operationalisierung. Während Alter als Variable in den Sozialwissenschaften in der Regel bereits auf der ersten Stufe mit dem Indikator „Lebensjahre seit der Geburt" operational erfaßt wird, wird ein komplexes Phänomen wie Arbeitszufriedenheit in der Regel über mehrere Stufen operationalisiert, da Indikatoren 1. Ordnung, wie die Zufriedenheit mit Kollegen oder mit Vorgesetzten, ebenfalls noch nicht ausreichend operational für eine Messung sind.

Neben der Meßbarkeit ist das *Meßniveau* ein Kriterium für die Operationalität. Empirisch-theoretische Arbeiten tendieren zu einer quantitativen Operationalisierung, um möglichst große Eigenschaftsräume erfassen zu können und mit traditionellen statistischen Verfahren zu verarbeiten. Empirisch-technologische Arbeiten müssen stärker Gewicht auf qualitative Operationalisierungen legen.[17] Die absolute Höhe der Arbeitszufriedenheit beispielsweise ist kein ausreichender Ansatz für gestalterische Maßnahmen. Erst qualitative Informationen über die Art der Arbeitszufriedenheit etwa im Hinblick auf die Arbeitsumgebung, die Firma insgesamt oder die Arbeitsinhalte bieten bessere Anknüpfungspunkte.

2.5 Verständlichkeit

Verständlichkeit bezieht sich zum einen auf den Probanden, zum anderen auf den Versuchsleiter, d. h. den Anwender des Instrumentariums. Dies impliziert, daß sowohl die *Begriffe* im Instrumentarium als auch die Erläuterungen in den *Durchführungs-* und *Auswertungsanleitungen* verstanden werden müssen. Weite Bereiche methodologischer Passagen in Lehrbüchern zur Konstruktion von Fragebogen beschäftigen sich mit der Verwendung intersubjektiv eindeutiger Begriffe und der

Fragenformulierung in einer der Vorbildung und Sprache der Versuchspersonen angepaßten Form.[18] Insbesondere Pretests sollen dies sicherstellen. Daneben tritt jedoch auch die Verständlichkeit der Durchführungs- und Auswertungsanleitungen, die sich an den Versuchsleiter richten. Gerade diese Verständlichkeit hat einen unmittelbaren Einfluß auf die Objektivität des Instrumentariums.

2.6 Relevanz

Als Relevanz soll die Eigenschaft eines Instrumentes verstanden werden, die für die Zielsetzung wesentlichen Merkmale eines Untersuchungsobjektes abzudekken. Letztendlich geht es darum, (1) ob überhaupt eine wichtige Variable erfaßt wird, und (2) ob eine wichtige Variable mit den wesentlichen Merkmalen erfaßt ist. So haben sich beispielsweise der Intelligenzquotient oder die Körpergröße letztlich als nicht wesentliche Variablen für die Führungseigenschaft eines Menschen erwiesen.[19] Die Relevanz eines Instrumentes ist festzumachen an folgenden Prüfkriterien:

2.6.1 Diskriminierungsfähigkeit

Die Diskriminierungsfähigkeit gibt die Unterscheidung des Untersuchungsobjektes in Merkmalsklassen an. Dabei ist eine Dichotomisierung in „zufrieden" und „unzufrieden" wenig diskriminierend, während eine breite Streuung auf einer Zufriedenheitsskala zwischen 60 und 140 sehr stark diskriminierend ist.

2.6.2 Erklärungs- und Prognosefähigkeit

Hiermit ist die Bedeutung des untersuchten Phänomens im Zusammenhang einer Theorie oder eines Bezugsrahmens gemeint. Die Erklärungs- oder Prognosefähigkeit, die einem Instrumentarium zukommt, kann erst auf der Basis von empirischen Untersuchungen beurteilt werden, etwa anhand des Anteils erklärter Varianz.[20]

2.6.3 Spezifität

Unter Spezifität soll der Grad der Allgemeingültigkeit des Instrumentariums verstanden werden. Das heißt, der Gültigkeit für spezielle Teilbereiche bzw. übergeordnete allgemeine Phänomene oder Personengruppen. Ein Instrumentarium zur Messung der Arbeitszufriedenheit kann sich auf arbeitende Menschen allgemein beziehen (geringe Spezifität) oder auf spezielle Berufsgruppen wie etwa Bergbauarbeiter, Führungskräfte, Busfahrer o.ä. (hohe Spezifität). Bei der Spezifität ergeben sich Konfliktfelder für empirisch-theoretische und empirisch-technologische Verwendung von Instrumentarien. Während bei empirisch-theoretischen Untersuchungen in der Regel eine möglichst geringe Spezifität, d. h. ein hoher Allgemeinheitsgrad angestrebt wird, ist für die Formulierung technologischer Aussagen ein möglichst auf den Einzelfall bezogener Spezifitätsgrad erwünscht.

2.6.4 Entscheidungsrelevanz

Während sich die Erklärungs- und Prognosefähigkeit eher auf die theoretische Relevanz der Variablen bezieht, ist die Entscheidungsrelevanz eine Frage der Bedeutung der Variablen in der betrieblichen Praxis. Wird mit der Variablen und dem Instrumentarium überhaupt ein Problem des Praktikers getroffen?[21] Liegt ein Entscheidungsdruck vor, der durch das Instrumentarium gelöst werden kann? Hierzu ist es wichtig, eine Einordnung des dem Instrumentarium zugrundeliegenden Phänomens in die Klasse der Gestaltungsparameter, der Restriktionen oder der Zielgrößen vorzunehmen. Ist Arbeitszufriedenheit als Unternehmungsziel aufgefaßt, dann ist nach Einflußfaktoren im Sinne von Gestaltungsmaßnahmen zu suchen. Ist Arbeitszufriedenheit Gestaltungsparameter zur Erreichung eines anderen Unternehmungsziels (etwa Betriebsfrieden, Produktivität, Verminderung von Fehlzeiten), so muß das Instrumentarium selbst Ansatzpunkte zur Veränderung der Arbeitszufriedenheit bieten. Erst aus der Kenntnis der jeweiligen Entscheidungsparameterklasse ergibt sich ein Ansatzpunkt für die Entscheidungsrelevanz, nicht zuletzt auch deswegen, weil Restriktionen in der Regel nicht beeinflußbar sind. Im konkreten Entscheidungsprozeß ist die Kenntnis der jeweils übrigen Entscheidungsparameter dann allerdings ebenfalls von erheblicher Bedeutung.

2.7 Innovationspotential

Mit dem Innovationspotential soll die Möglichkeit, mit Hilfe des Instrumentes nicht nur bestehende, sondern auch noch nicht realisierte Systeme zu beschreiben, gemeint sein. Die Forderung an die Wissenschaft, nicht nur Sozialsysteme zu beschreiben, sondern auch Beiträge zu ihrer Gestaltung zu leisten,[22] richtet sich auf zweierlei: Erstens die „optimale" Gestaltung eines bekannten Systems (Verfahrenstechnologie), zum zweiten die Entwicklung neuer Systeme (Produkttechnologie).

Von daher muß ein derartiges Instrumentarium auch in der Lage sein, neue Gestaltungsalternativen aufzuzeigen. Hierzu sind folgende Prüfkriterien angezeigt:

2.7.1 Vollständigkeit des Instruments

Eine erste Voraussetzung für Vollständigkeit ist, daß das Instrumentarium viele Dimensionen des Untersuchungsgegenstandes erfaßt. Ist dies der Fall, so kann über die neue Kombination bekannter Strukturierungsmerkmale die Schaffung eines neuen Systems ermöglicht werden. Eine weitere Voraussetzung der Vollständigkeit ist, daß seltene Merkmalsausprägungen vorgesehen sind. Hier ergeben sich allerdings wieder Konfliktbereiche zwischen den Anforderungen für empirisch-theoretische und empirisch-technologische Untersuchungen. Während Vollständigkeit bei empirisch-technologischer Anwendung des Instrumentariums sehr erwünscht ist, wirkt sie sich bei empirisch-theoretischen Untersuchungen im Hinblick auf die Länge eines Instrumentariums und die Beantwortbarkeit seltener Merkmalsausprägungen durch nur einige Versuchspersonen als sehr störend aus.

2.7.2 Strukturierungsfähigkeit

Das Innovationspotential des Instrumentariums wird auch dann erhöht, wenn der Untersuchungsgegenstand durch überschaubare Segmente strukturiert wird, d. h. wenn autonome Gestaltungsbereiche durch das Instrumentarium erfaßt und angezeigt werden.

2.9 Aufwand

Mit diesem Qualitätskriterium wird der mit der Anwendung des Instruments verbundene Ressourcenverbrauch erfaßt.[23] Dieser Punkt gewinnt insbesondere auch dann besondere Bedeutung, wenn mehrere Instrumente für ein Untersuchungsobjekt zur Verfügung stehen. Kriterien für den Aufwand sind:

2.9.1 Handhabbarkeit

Hierbei stellt sich die Frage, ob ein intelligenter Laie den Test sachgemäß einsetzen kann, oder ob hierfür ein Spezialist — im Extremfall mit wissenschaftlichem Studium — notwendig ist. Die erforderliche Qualifikation des Versuchsleiters schlägt sich unmittelbar in den Kosten nieder.

2.9.2 Durchführungs- und Auswertungszeit

Hierbei ist einmal die Zeit des Probanden für die Durchführung des Tests von entscheidender Bedeutung. Unterschiede von zehn Minuten Durchführungszeit pro Proband zwischen verschiedenen Tests ergeben bei einer innerbetrieblichen Umfrage von 5.000 Mitarbeitern bereits eine zeitliche Mehrbelastung von 21 Mann-Wochen oder einem halben Mann-Jahr.[24] Dies entspricht kalkulatorisch je nach durchschnittlichem Einkommensniveau der Befragten Kosten zwischen 20.000 und 30.000 DM.

Zweitens ist die Zeit des Versuchsleiters für die Erhebung, die Ausführung und die Interpretation anzurechnen. Schablonen und Auswertungsprogramme können diesen Kostenfaktor positiv beeinflussen.

2.9.3 Hilfsmittel

Hierunter fallen die nicht zeitbezogenen anfallenden Kosten, wie Papier, Kopien, Rechnerunterstützung usw.

2.10 Beziehungen zwischen den Qualitätskriterien

Bereits angedeutet wurden etliche Interdependenzen zwischen den Qualitätskriterien. In Abbildung 1 sind diese noch einmal zusammengefaßt. Neben der bekannten Voraussetzung der *Reliabilität* für die *Validität* sind dies insbesondere die Voraussetzungen der *Verständlichkeit* für die *Objektivität*, die wiederum auf die *Reliabilität* weiterwirkt. Darüber hinaus ist von der *Verständlichkeit*, insbesondere von den Durchführungsanleitungen der *Aufwand* abhängig. Das *Meßniveau* wirkt sich auf die *Relevanz*, insbesondere im Hinblick auf *Spezifität* und *Diskriminie-*

rungsfähigkeit aus, sowie auf das *Innovationspotential* in Hinsicht auf die *Strukturierungsfähigkeit.*

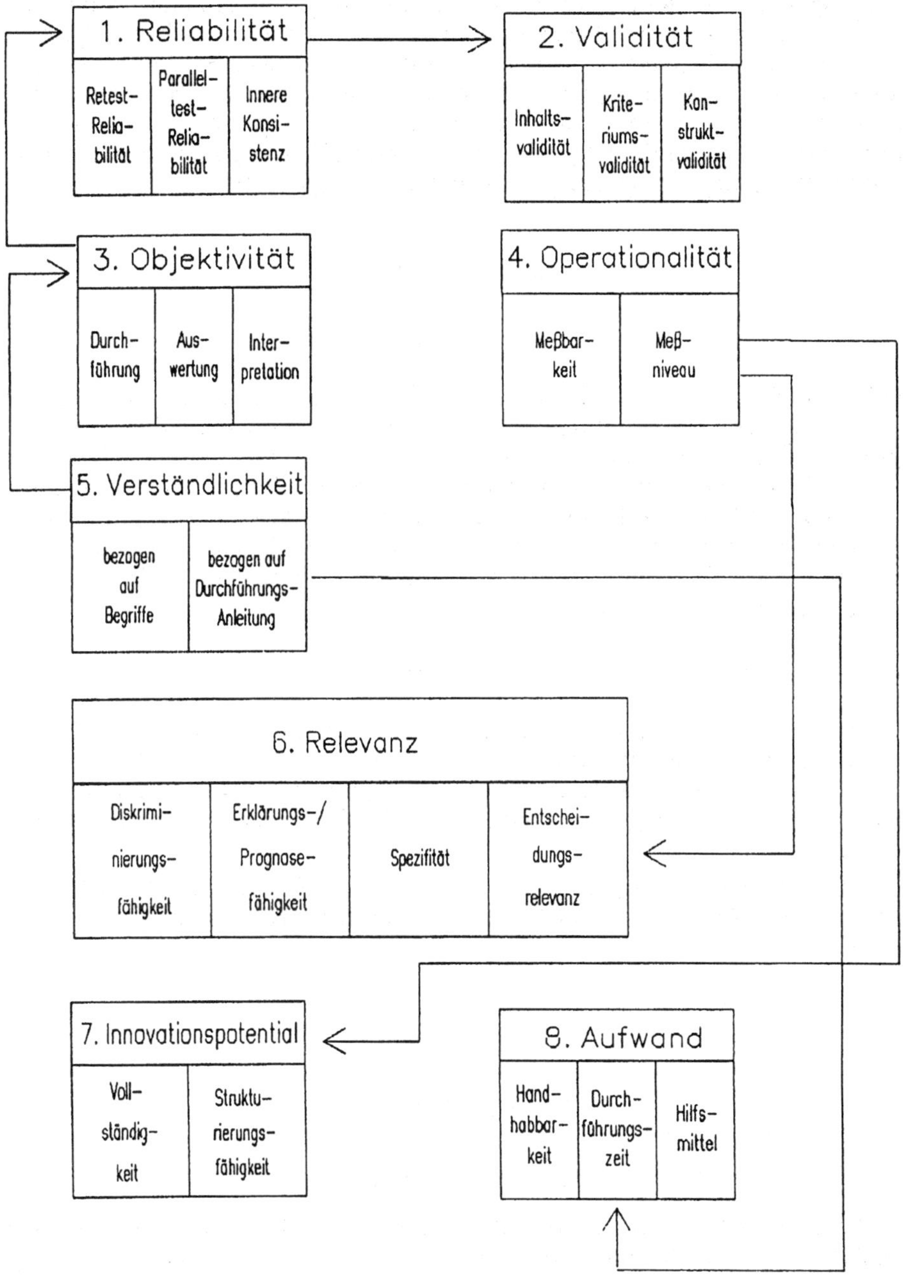

Abb. 1: Anforderungskatalog an empirische Instrumente

3. BEURTEILUNG VON ABB UND SAZ NACH DEN QUALITÄTSKRITERIEN

Wenn im folgenden die beiden gebräuchlichsten im deutschsprachigen Raum verfügbaren Tests zur Messung der Arbeitszufriedenheit, der Arbeitsbeschreibungsbogen (ABB)[25] sowie die Skala zur Messung der Arbeitszufriedenheit (SAZ)[26] nach den Kriterien beurteilt werden sollen, muß als selbstverständlich gelten, daß nicht alle Kriterien im Hinblick auf die maximalen Forderungen erfüllt werden können. Sinn der folgenden Ausführungen ist es, den Forderungskatalog beispielhaft an diesen Tests anzuwenden und zu überprüfen. Gleichzeitig ist jedoch zu betonen, daß die folgende Betrachtung auf beliebig andere Instrumente übertragbar ist, mit zwangsläufig anderen Bewertungsergebnissen.

3.1 Reliabilität

3.1.1 ABB

Die Reliabilität nach der Split-Half-Methode (*interne Konsistenz*) wird von Neuberger und Allerbeck für die einzelnen Skalen mit Werten zwischen 0,81 und 0,91 angegeben.[27] In verschiedenen *Retestuntersuchungen* liegen die Reliabilitätswerte zwischen 0,54 und 0,85 für die einzelnen Subskalen.[28] Beides dürften befriedigende bzw. ausreichende Werte mit Hinweis auf Reliabilität sein. Dies gilt nicht für die Reliabilität der Wichtigkeitsmessung der Arbeitszufriedenheitskomponenten. Hier kann Reliabilität nicht bescheinigt werden.[29] *Paralleltestreliabilität* wurde nicht überprüft.

3.1.2 SAZ

Die Angaben zur *internen Konsistenz* bei der SAZ schwanken zwischen 0,93[30] und 0,95[31] und liegt für die Kurzskala (SAZK) bei 0,85[32]. Zur *Retestreliabilität* liegt nur eine Untersuchung vor, die darüber hinaus lediglich die Langform mit der Kurzform korreliert. Der angegebene Wert liegt bei 0,89[33]. Auch hier liegt kein *Paralleltest* vor.

Die Werte der SAZ liegen im Hinblick auf die Reliabilität tendenziell höher als die für den ABB. Dennoch dürfte die Gesamteinschätzung in beiden Fällen positiv ausfallen.

3.2 Validität

3.2.1 ABB

3.2.1.1 Inhaltsvalidität

Daß die Items sich auf Arbeitszufriedenheit beziehen, dürfte unstrittig sein (face validity). Fraglich ist, inwieweit die sieben Bereiche, die von Neuberger herausgegriffen werden, hinreichend sind. Dafür spricht, daß es sich um Aspekte handelt, die in der Literatur immer wieder angesprochen werden.

3.2.1.2 Kriteriumsvalidität

Die Übereinstimmung zwischen den sieben ABB-Skalen und anderen Meßinstrumenten für Arbeitszufriedenheit fällt relativ gering aus. Am höchsten sind noch die Korrelationskoeffizienten zwischen den ABB-Skalen und den Kuninschen Gesichterskalen am Ende jeder Teilskala.[34] Deutlich abfallend sind bereits die Korrelationskoeffizienten zwischen den ABB-Skalen und der allgemeinen Arbeitszufriedenheit, erfaßt mit der Kuninschen Gesichterskala. Hierbei ergeben sich Korrelationskoeffizienten zwischen r=0,33 (Bezahlung) und r=0,51 (Kollegen und Tätigkeit)[35]. Im mittleren Bereich liegen die Übereinstimmungen mit der SAZ. Der höchste Wert liegt bei 0,72 (Tätigkeit). Der niedrigste Wert ist statistisch nicht signifikant (Kollegen).[36]

3.2.1.3 Konstruktvalidität

Es liegen etliche Untersuchungen zu anderen sozialwissenschaftlichen Konstrukten vor, die eine Einordnung der mit dem ABB gemessenen Arbeitszufriedenheit ermöglichen, so etwa zum Position-Analysis-Questionnaire, dem Freiburger Persönlichkeits-Inventar oder zu Führungsfähigkeiten.[37]

3.2.2 SAZ

3.2.2.1 Inhaltsvalidität

Bei der Konstruktion der Skala wurde versucht, mit Hilfe eines Expertenratings Inhaltsvalidität hineinzukonstruieren, d. h. nur Items in der Skala zu belassen, die von Experten als Arbeitszufriedenheitsitems eingestuft wurden. Allerdings ist festzuhalten, daß ein bei anderen Testinstrumenten bedeutsamer Bereich, nämlich die Zufriedenheit mit den Kollegen völlig fehlt.

3.2.2.2 Kriteriumsvalidität

Die Korrelationskoeffizienten zum ABB (s.o.) zeigen, daß insbesondere die Zufriedenheit mit der Tätigkeit durch die SAZ erfaßt wird. Das Fehlen des Bereichs „Arbeitskollegen“ schlägt sich in dem oben zitierten, nicht signifikanten Korrelationskoeffizienten nieder. Die starke Betonung der Zufriedenheit mit der Tätigkeit in der SAZ, die für das ganze Konstrukt kennzeichnend scheint, ist nicht zuletzt dadurch begründbar, daß auch beim ABB die Zufriedenheit mit der Tätigkeit als der wichtigste Teilbereich angesehen werden muß.[38]

3.2.2.3 Konstruktvalidität

Auch zur SAZ liegen Korrelationen zu wesentlichen Variablen vor, die konstituierend für oder abhängig von Arbeitszufriedenheit sein müßten, so z.B. für die Höhe der Bezahlung, für die Kündigungsneigung oder die Lebenszufriedenheit.[39]

3.3 Objektivität

3.3.1 ABB

Es liegt ein standardisierter Fragebogen vor, so daß die *Durchführung* weitgehend normiert ist. Allerdings gibt es keine „Vorschriften“ über Durchführungsformen der Befragung, etwa Gruppenbefragung unter Aufsicht, schriftliche Befragung, mündliche Befragung usw.

Was die *Auswertung* anbetrifft, so liegen exakte Vorschriften vor.[40] Schablonen sind nicht vorgefertigt, werden allerdings bei einer Auswertung von Hand empfohlen.

Für die Interpretation stehen umfangreiche Vergleichswerte, bezogen auf verschiedene Subpopulationen, gegliedert nach den Merkmalen Alter, Geschlecht, Familienstand, Schulbildung usw. zur Verfügung.[41] Darüber hinaus wurden auf der Basis einer für das Jahr 1976 bezogen auf die Bundesrepublik Deutschland repräsentativen Eichpopulation Normwerte ermittelt, die entsprechende Interpretationen für Einzelwerte bzw. Gruppenmittelwerte erlauben.[42]

3.3.2 SAZ

Auch die SAZ liegt als schriftlicher, vollstrukturierter Fragebogen vor, über dessen Administration keine exakten Vorschriften gemacht werden. Für die Auswertung finden sich Hinweise auf die Umpolung der Items und die Addition zur Gesamtskala und zu Teilskalen. Vergleichswerte, die die Interpretation unterstützen können, finden sich insbesondere bezogen auf die SAZ-Kurzform verstreut in verschiedenen Publikationen.[43]

3.4 Operationalität

3.4.1 ABB

Die grundsätzliche Meßbarkeit des Phänomens „Arbeitszufriedenheit“ durch den ABB muß unterstellt werden. Das Meßniveau ist quantitativ orientiert mit einer sehr starken qualitativen Differenzierung in sieben Teilskalen. Hierdurch ergeben sich gute Ansatzmöglichkeiten für gestalterische Maßnahmen bezogen auf Einzelaspekte der Arbeitszufriedenheit.

3.4.2 SAZ

Die generelle Meßbarkeit ist ebenfalls zu unterstellen. Das Meßniveau ist auch bei der SAZ in erster Linie quantitativ orientiert. Dies gilt in besonderer Weise für die Kurzfassung. Für die Langfassung ist ebenfalls eine qualitative Differenzierung möglich, wobei in der ursprünglichen Version vier Teilskalen extrahiert wurden[44], während in der derzeitigen Fassung insgesamt neun Teilaspekte erfaßt werden[45].

3.5 Verständlichkeit

3.5.1 ABB

Die *Verständlichkeit* für den Test muß bezogen auf die Versuchspersonen als „gut" bezeichnet werden. Dies kann nicht in gleicher Weise für die Wichtigkeitsmessung der einzelnen Aspekte gelten. Die Gewichtung in Prozentwerten, die sich auf die Punktezahl von 80 addieren, ist für die Probanden offensichtlich nur schwer nachvollziehbar. Dies haben auch die Reliabilitätsmessungen ergeben (s. o.).

Zweifel sind auch an der allgemeinen Verständlichkeit von *Auswertungsanleitungen* und *Interpretationshilfen* anzumelden. Zwar liegen Informationen zur Auswertung und Interpretation auf über 200 Seiten zum ABB vor, sie dürften allerdings nur verständlich sein für einen Experten mit Erfahrung in der Testpsychologie. Ein intelligenter Laie versteht z.B. die Umpolungsnotwendigkeit für einzelne Item-Codierungen nur[46], wenn er die Praxis der Positiv-Negativ-Formulierungen von Items kennt. Wer die Schwierigkeiten von Studenten, diese Technik zu begreifen, erfahren hat, kann die Verständnisprobleme ermessen, die sich hier für einen Anwender ergeben. Ein zweites Beispiel bezieht sich auf die Interpretation der Normwerte. Hier werden mit Hinweis auf Lienert Prozentrangnormen und T-Werte präsentiert, die allerdings nur dann angemessen interpretierbar sind, wenn beispielsweise bekannt ist, daß bei T-Normen der arithmetische Mittelwert bei 50 Punkten liegt.

3.5.2 SAZ

Auch die *Verständlichkeit* der SAZ, bezogen auf die Probanden, muß als „gut" bezeichnet werden.[47] Was den Versuchsleiter anbetrifft, so muß konstatiert werden, daß *Durchführungsauswertungen* oder *Interpretationsanleitungen* praktisch nicht vorhanden sind. Außer Hinweisen auf die Codierung werden einem Versuchsleiter keine weiteren Hilfen geboten.

3.6 Relevanz

3.6.1 ABB

Für die Relevanz sind insgesamt vier Prüfkriterien heranzuziehen.

3.6.1.1 Diskriminierungsfähigkeit

Die Merkmalswerte des ABB schwanken zwischen 1 und 4. In der aggregierten Form der einzelnen Teilskalen werden Werte zwischen 1,00 und 4,00 angegeben. Dies sind insgesamt 300 Merkmalsklassen, wodurch mit Sicherheit eine zu hohe Diskriminierungsfähigkeit erreicht wird. Bei den normierten Werten ergeben sich Spannweiten zwischen 40 und 55 für die T-Normen, eine Diskriminierung, die als „ausreichend" angesehen werden dürfte.[48]

3.6.1.2 Erklärungs- und Prognosefähigkeit

Bei der Erklärungs- und Prognosefähigkeit kommt es darauf an, ob man Arbeitszufriedenheit einen Eigenwert oder einen Funktionswert[49] zumißt. In dem ersten Fall ist Arbeitszufriedenheit eine Zielgröße, im zweiten Fall werden über Arbeitszufriedenheit andere Größen, z. B. Fehlzeiten oder Arbeitsleistung gesteuert. Was die Leistung anbetrifft, so kann bisher weder die Kuh-These („Glückliche Kühe geben mehr Milch!") noch die Peitschen-These („Gepeitschte Pferde laufen schneller!") einen Wahrheitsanspruch für sich erheben.[50] Ebenso lassen sich keine eindeutigen Beziehungszusammenhänge zwischen Fehlzeiten und Arbeitszufriedenheit ermitteln.[51] Somit bleibt (vorerst?) nur die Betrachtung der Arbeitszufriedenheit als Zielgröße, die u.U. zur Schwachstellendiagnose eingesetzt werden kann.

3.6.1.3 Spezifität

Der ABB ist konstruiert als Testinstrumentarium für alle Arbeitnehmer und nicht für spezielle Arbeitnehmergruppen. Dementsprechend hat er einen hohen Allgemeinheitsgrad.

3.6.1.4 Entscheidungsrelevanz

Der ABB ist als Zielgröße zu interpretieren. Ansatzpunkte für eine indirekte Verwendung als Gestaltungsparameter ergeben sich aus den Teilskalen, wobei der Gestalter aus einem geringen Zufriedenheitswert mit den Kollegen beispielsweise nicht unmittelbar Handlungsempfehlungen erhält.

Die praktische Bedeutung der Zielgröße „Arbeitszufriedenheit" ist von einer Reihe von Faktoren abhängig. So dürfte sie aus der Sicht des Managements in Zeiten einer angespannten Arbeitsmarktlage höher sein, während sie bei hoher Arbeitslosigkeit eine geringere Bedeutung einnimmt. Ebenso ist sie in Zeiten schnell wechselnder Technologien hoch, weil das Management auf das motivierte Engagement der Mitarbeiter angewiesen ist.

3.6.2 SAZ

3.6.2.1 Diskriminierungsfähigkeit

Die SAZ hat einen Wertebereich zwischen 36 und 180, d. h. eine Spannweite von 144 Punkten. Die Teilskalen weisen zwischen 3 und 5 Items auf und haben damit eine bedeutend geringere Diskriminierungsfähigkeit. Was die Spannweite der SAZ-Kurzskala anbetrifft, so kann sie mit 32 Punkten auch nach den eigenen Erfahrungen als ausreichend angesehen werden.

3.6.2.2 Erklärungs- und Prognosefähigkeit

Wie beim ABB lassen sich keine einfachen Beziehungszusammenhänge zwischen SAZ und anderen Zielvariablen ermitteln. So ergeben sich kaum Hinweise für tatsächliche Kündigungen (Teilskala Wechselbereitschaft) oder zur absoluten Höhe der Bezahlung (Teilskala Bezahlung).[52]

3.6.2.3 Spezifität

Auch die SAZ ist konzipiert für Arbeitnehmer allgemein. Ihr kommt somit ein geringer Spezifitätsgrad zu, wobei der Allgemeinheitsgrad wiederum durch das Fehlen von Aspekten der Zufriedenheit mit Kollegen gemindert wird.

3.6.2.4 Entscheidungsrelevanz

Hier gilt gleiches wie für den ABB. Die Zielgröße Arbeitszufriedenheit ist beschreibbar. Ansätze für Gestaltungsmaßnahmen sind aus den Teilskalen ablesbar. Allerdings fehlen unmittelbare Handlungsempfehlungen. Bei der Kurzskala entfallen auch diese Differenzierungsmöglichkeiten, so daß sie nur als ein erster, allgemeiner Stärken- oder Schwächenindikator angesehen werden kann.

3.7 Innovationspotential

3.7.1 ABB

Das Innovationspotential des ABB dürfte begrenzt sein, da es sich in erster Linie um eine Zielgröße handelt und nicht um einen Gestaltungsparameter. *Vollständigkeit* kann dem ABB nicht bescheinigt werden, da hierzu der Spezifitätsgrad zu gering ist, so daß nicht alle Teilaspekte der Arbeitszufriedenheit von Arbeitnehmern genügend detailliert erfaßt sind. Dagegen ist die *Strukturierungsfähigkeit* positiver einzuschätzen. Die sieben Teilaspekte der Arbeitszufriedenheit haben sich in zahlreichen Untersuchungen als tragend erwiesen und dürften allen Organisationsgestaltern den Objektbereich für allgemeine Untersuchungen hinreichend strukturieren.

3.7.2 SAZ

Auch für die SAZ gilt, daß ihr Innovationspotential begrenzt ist, da es sich in erster Linie um eine Zielgröße handelt. In gleicher Weise ist die *Vollständigkeit* zu beurteilen, wobei hier darüber hinaus kritisch anzumerken ist, daß der Bereich der Zufriedenheit mit den Kollegen fehlt. Die *Strukturierungsfähigkeit*, die sich aus den Teilskalen ergibt, erscheint auf den ersten Blick weniger geschlossen als beim ABB. Dies dürfte aus der unterschiedlichen Konstruktion der Teilskalen bei ABB und SAZ resultieren. Während beim ABB die sieben Teildimensionen vorgegeben wurden, ergeben sich die neun Teilaspekte bei der SAZ aus Faktorenanalysen und sind letztlich Ergebnis der zuvor ausgewählten Items. Hierbei ergeben sich Teilskalen von unterschiedlicher Mächtigkeit und Dimensionalität, wie z. B. Wechselbereitschaft, Firmenbewertung, Entfaltung und Anwendung eigener Fähigkeiten.

3.8 Aufwand

3.8.1 ABB

Die *Handhabbarkeit* des ABB ist für einen intelligenten Laien schwer möglich. Wie sich aus den Ausführungen zur Verständlichkeit (Abschnitt 3.3) ergibt, erfordert der ABB teststatistische Kenntnisse, insbesondere für die Auswertung und Interpretation.

Die *Durchführungszeit* beträgt pro Proband etwa 20 Minuten. Der *Aufwand* für den Versuchsleiter ist überschaubar, insbesondere wenn er bei großzahligen Untersuchungen Rechnerunterstützung einsetzt. Die Kosten hierfür liegen in vertretbarem Rahmen, insbesondere dann, wenn standardisierte Programmpakete (SAS, SPSS, BMBP o. ä.) nicht nur einmalig genutzt werden können. Vervielfältigungskosten o. ä. sind vernachlässigbar.

3.8.2 SAZ

Wenn die *Handhabbarkeit* des ABB für einen intelligenten Laien schwierig ist, so ist der Einsatz der SAZ durch diesen Personenkreis unmöglich, was sich nicht zuletzt bereits aus der unzureichenden Dokumentation und den mangelnden Veröffentlichungen ergibt. Die *Durchführungszeit* pro Proband liegt für die Langform etwa bei der Zeit für den ABB, während sie für die Kurzform mit 2 bis 3 Minuten sehr günstig ausfällt. Die *Auswertungszeit* für den Versuchsleiter ist — bezogen auf die Kurzform — ausgesprochen einfach, — bezogen auf die Langform — mit den Teilskalen etwas komplizierter, allerdings unter Zuhilfenahme von Rechnern ebenfalls überschaubar. Was die sonstigen Kosten anbetrifft, so gilt gleiches wie für den ABB.

4. DETERMINANTEN DES ANWENDUNGSERFOLGS VON INSTRUMENTEN ZUR MESSUNG VON ARBEITSZUFRIEDENHEIT

Nach eigenen Erfahrungen[53] werden Instrumente empirischer Wirtschafts- und Sozialforschung in der betrieblichen Praxis erfolgreich eingesetzt, wenn

- die Selbsterklärungsfähigkeit des Instrumentariums
- die Qualifikation des Anwenders und
- die Intensität externer Beratung

hoch sind. *Selbsterklärungsfähigkeit* setzt eine hohe Verständlichkeit im Hinblick auf Durchführung, Auswertung und Interpretation voraus. Die *Qualifikation des Anwenders* bezieht sich insbesondere auf seine methodischen Kenntnisse im Bereich der empirischen Wirtschafts- und Sozialforschung sowie der Testpsychologie. Der Einsatz eines Instrumentes kann durch *intensive externe Beratung* unterstützt werden. Hierbei kann es sich einmal um methodisch orientierte Unternehmungsberater oder um betrieblich orientierte Wissenschaftler — im günstigsten Fall den Entwickler des Instrumentes — handeln.

Die drei Aspekte Selbsterklärungsfähigkeit, Qualifikation des Anwenders und Intensität externer Beratung stehen in einem wechselseitig substitutiven Verhältnis zueinander, d. h. mit steigender Selbsterklärungsfähigkeit wird die Notwendigkeit einer hohen methodischen Qualifikation des Anwenders sowie einer Beteiligung von externen Beratern geringer. Umgekehrt kann hohe methodische Qualifikation des Anwenders Beratungsintensität und Selbsterklärungsfähigkeit des Instrumentes ersetzen. Grafisch darstellbar ist dies in einem Substitutionsdreieck des Anwendungserfolgs (siehe Abbildungen 2 und 3). Der Treffpunkt der

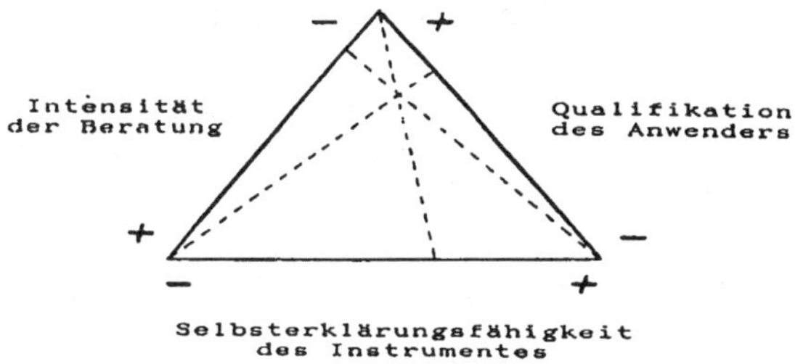

Abb. 2: Substitutionsdreieck des Anwendungserfolgs für den ABB

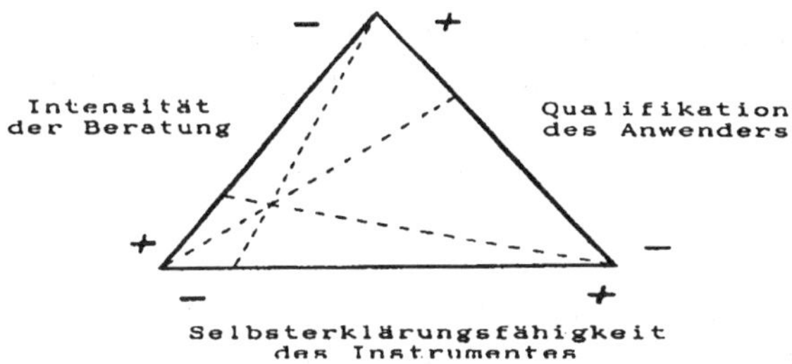

Abb. 3: Substitutionsdreieck des Anwendungserfolgs für die SAZ

gestrichelten Schnittpunktlinien auf der jeweiligen Dreieckskante gibt die Ausprägung der Beratungsintensität, der Anwenderqualifikation und der Selbsterklärungsfähigkeit des Instrumentes an.

Auf den ABB und die SAZ bezogen, komme ich nach den vorherigen Ausführungen zu folgenden Einschätzungen: Der ABB weist eine mittlere bis gute Selbsterklärungsfähigkeit auf (die Schnittpunktlinie trifft die Dreieckskante bei ca. +2/3), da eine Dokumentation zwar vorliegt, diese aber nur für nicht gänzlich unqualifizierte Anwender verständlich ist (ebenfalls Schnittpunktlinie bei Dreieckskante +2/3). Unter dieser Konstellation ergibt sich ein Beratungsbedarf, der allerdings nicht allzu hoch ausfällt (vgl. Abbildung 2).

Bei der SAZ sieht die Situation deutlich anders aus. Die Selbsterklärungsfähigkeit des Instrumentariums ist außerordentlich gering. Dies führt auch bei einer hohen methodischen Qualifikation des Anwenders noch zu einem großen Beratungsbedarf, soll das Instrument in der betrieblichen Praxis sachgerecht zum Einsatz kommen (vgl. Abbildung 3).

ANMERKUNGEN

1) Vgl. auch zum folgenden Szyperski & Müller-Böling, Orientierung, S. 175ff.
2) Unter Technologien verstehe ich allgemeine Sätze über das Gestalten der Realität. Insofern fallen darunter nicht nur Ingenieur-, sondern auch Sozialtechnologien.
3) Vgl. auch Chmielewicz, Forschungsmethoden, S. 1556.
4) Vgl. auch Walter-Busch, Probleme, 66ff. sowie Büschges & Lütke-Bornefeld, Organisationsforschung, S. 25.
5) Zur empirischen Präzisierung von Bezugsrahmen allgemein vgl. Kubicek, Organisationsforschung; Müller-Böling, Datenverarbeitung, S. 19ff.; zu verschiedenen Präzisierungsstufen von Bezugsrahmen vgl. Müller-Böling, Überlegungen, S. 21ff.

6) Vgl. Szyperski & Müller-Böling, Orientierung, S. 177ff.; Müller-Böling, Organisation, S. 167ff.; Müller-Böling, Stand, S. 126ff.

7) Die Begriffe Instrumente, Tests sowie Skalen werden in diesem Beitrag synonym verwendet. Es handelt sich um Verfahren zur Messung wirtschafts- und sozialwissenschaftlicher Phänomene. Zur Unterscheidung vgl. Friedrichs, Methoden, S. 99f.

8) Vgl. Lienert, Testaufbau, S. 208ff.

9) Vgl. auch zum folgenden Fürtjes, Gestaltungspotential, und Müller-Böling & Fürtjes, Bezugsrahmen.

10) Vgl. z. B. Friedrichs, Methoden, S. 102; Holm, Zuverlässigkeit, S. 357; Lienert, Testaufbau, S. 215ff.; Mayntz u. a., Einführung, S. 69f.

11) Vgl. Kerlinger, Grundlagen, S. 706f.; Lück, Testen, S. 81f.; Mayntz u. a., Einführung, S. 66.

12) Vgl. Friedrichs, Methoden, S. 101; Kerlinger, Grundlagen, S. 708f.; Lück, Testen, S. 82f.; Mayntz u. a., Einführung, S. 66.

13) Vgl. Friedrichs, Methoden, S. 102; Kerlinger, Grundlagen, S. 709ff.; Lück, Testen, S. 83; Mayntz u. a., Einführung, S. 66.

14) Vgl. Lienert, Testaufbau, S. 13f.

15) Vgl. zum Problem Andritzky, Operationalisierbarkeit, S. 21ff.; Büschges & Lütke-Bornefeld, Organisationsforschung, S. 53; Mayntz u. a., Einführung, S. 18.

16) Vgl. Orth, Einführung, S. 9.

17) Vgl. Szyperski & Müller-Böling, Orientierung, S. 179f.

18) Vgl. Friedrichs, Methoden, 192ff.; Holm, Befragung 1, S. 32ff.; Kreutz & Titscher, Befragung, S. 24ff.

19) Vgl. Stogdill, Persönlichkeitsfaktoren; Mann, Review.

20) Vgl. auch Kubicek, Organisationsforschung, S. 109; Dubin, Theory, S. 90f.

21) Vgl. Lienert, Testaufbau, S. 19.

22) Vgl. Szyperski, Orientierung.

23) Vgl. auch Lienert, Testaufbau, S. 19.

24) Vorausgesetzt wird hierbei noch eine 40-Stunden-Woche.

25) Vgl. Neuberger, Allerbeck, Arbeitszufriedenheit.

26) Vgl. Fischer & Lück, SAZ, sowie Fischer, Arbeitszufriedenheit.

27) Vgl. Neuberger & Allerbeck, Arbeitszufriedenheit, S. 73.

28) Vgl. Neuberger & Allerbeck, Arbeitszufriedenheit, S. 74.

29) Vgl. Neuberger & Allerbeck, Arbeitszufriedenheit, S. 75.

30) Vgl. Fischer, Arbeitszufriedenheit, S. 223.

31) Vgl. Fischer & Lück, SAZ, S. 68.

32) Vgl. Fischer & Lück, SAZ, S. 73; in eigenen Untersuchungen ermittelte ich Werte zwischen 0,73 und 0,83; vgl. Müller-Böling, Datenverarbeitung, S. 115 sowie Müller-Böling & Müller, Akzeptanzfaktoren, S. 46.

33) Vgl. Lütz & Schmeling, Zuverlässigkeit, zitiert nach Fischer, Arbeitszufriedenheit, S. 222.

34) Vgl. Neuberger & Allerbeck, Arbeitszufriedenheit, S. 82.

35) Vgl. Neuberger & Allerbeck, Arbeitszufriedenheit, S. 59. Herangezogen wurden die Werte, ermittelt durch Dubrawa. In anderen Untersuchungen werden deutlich geringere Werte ermittelt.

36) Vgl. Neuberger & Allerbeck, Arbeitszufriedenheit, S. 159.

37) Vgl. Neuberger & Allerbeck, Arbeitszufriedenheit, S. 131ff.

38) Vgl. Neuberger & Allerbeck, Arbeitszufriedenheit, S. 84ff.

39) Vgl. Fischer & Lück, SAZ, S. 69ff.

40) Vgl. Neuberger & Allerbeck, Arbeitszufriedenheit, S. A 30.

41) Vgl. Neuberger & Allerbeck, Arbeitszufriedenheit, S. 120ff.

42) Vgl. Neuberger & Allerbeck, Arbeitszufriedenheit, S. 123ff.

43) Vgl. Fischer & Lück, SAZ; Ernst & Schmidt, Arbeitszufriedenheit; Nachreiner, Fließarbeit; Müller-Böling, Datenverarbeitung; Müller-Böling & Müller, Akzeptanzfaktoren; Müller-Böling & Ramme, Computerbenutzer. Auch die zusammenfassende Arbeit von Fischer, Arbeitszufriedenheit, vermittelt keinen Überblick über etwa Roh-Summenwerte für verschiedene Subpopulationen, sondern dient der Weiterentwicklung der SAZ und der Erkennung von Strukturen der Arbeitszufriedenheit.

44) Vgl. Fischer & Lück, SAZ, S. 73f.

45) Vgl. Fischer, Arbeitszufriedenheit, S. 247ff.

46) Vgl. Neuberger & Allerbeck, Arbeitszufriedenheit, S. A 30 Punkt 7.

47) Vgl. auch Fischer, Arbeitszufriedenheit, S. 212.

48) Vgl. Neuberger & Allerbeck, Arbeitszufriedenheit, S. 129ff.

49) Zu diesen Begriffen vgl. Pleiß, Organisationstheorie, S. 30ff. und im Anschluß daran Müller-Böling, Datenverarbeitung, S. 9ff.

50) Vgl. Müller-Böling, Arbeitszufriedenheit, S. 27 und die dort zitierte Literatur.

51) Vgl. Neuberger & Allerbeck, Arbeitszufriedenheit, S. 158.

52) Vgl. Fischer, Arbeitszufriedenheit, S. 292ff.

53) Diese Erfahrungen stützen sich in erster Linie auf Ergebnisse des Projektes „Instrumententransfer (INTRA)", gefördert im Rahmen des Schwerpunktprogramms „Methodologische Probleme der Organisationsforschung" der Deutschen Forschungsgemeinschaft, in dem ein Handbuch zur Erfassung und Gestaltung der Planungsorganisation (PLORGA-Handbuch) in die betriebliche Praxis transferiert wurde. Vgl. Müller-Böling & Fürtjes, Bezugsrahmen, sowie Müller-Böling & Klein, Transfer, sowie Müller-Böling & Klein, Nutzen.

LITERATUR

Andritzky, K. (1976). *Die Operationalisierbarkeit von Theorien zum Konsumentenverhalten*. Berlin.

Büschges, G. & Lütke-Bornefeld, P. (1977). *Praktische Organisationsforschung*. Reinbek.

Chmielewicz, K. (1975). Forschungsmethoden der Betriebswirtschaftslehre. In E. Grochla & W. Wittman (Hrsg.), *Handwörterbuch der Betriebswirtschaftslehre* (2. Aufl.) (S. 1548–1558). Stuttgart.

Dubin, R. (1969). Theory building. New York.

Ernst, G. & Schmidt, K. H. (1981). Arbeitszufriedenheit in Abhängigkeit von unterschiedlichen Arbeitsstrukturen. In U. Kleinbeck & G. Ernst (Hrsg.), *Zur Psychologie der Arbeitsstrukturierung*. Frankfurt u. a.

Fischer, L. (1985). *Strukturen der Arbeitszufriedenheit und die Bedeutung des individuellen Bezugssystems*. Habil.-Schrift Universität zu Köln.

Fischer, L. & Lück, H. E. (1972). Entwicklung einer Skala zur Messung von Arbeitszufriedenheit (SAZ). *Psychologie und Praxis, 16* (2), 64–76.

Friedrichs, J. (1973). *Methoden empirischer Sozialforschung*. Reinbek.

Fürtjes, H.-T. (1982). *Das Gestaltungspotential von Instrumenten der empirischen Wirtschafts- und Sozialforschung*. Berlin.

Fürtjes, H.-T. & Müller-Böling, D. (1982). *Ein Bezugsrahmen zur Analyse des Transfers wissenschaftlicher Organisationsinstrumente in die Praxis.* (Arbeitsbericht Nr. 42 des Planungsseminars der Universität zu Köln, Januar 1982.)

Holm, K. (1982). *Die Befragung 1* (2. Aufl.). München.

Holm, K. (1970). Zuverlässigkeit von Skalen und Indizes. *Kölner Zeitschrift für Soziologie und Sozialpsychologie, 22*, 357–386.

Kerlinger, F. N. (1978). *Grundlagen der Sozialwissenschaften* (2. Aufl.). Weinheim, Basel.

Kreutz, H. & Titscher, S. (1974). Die Konstruktion von Fragebögen. In J. van Koolwijk & M. Wieken-Mayser (Hrsg.), *Techniken der empirischen Sozialforschung, Band 4* (S. 24–82). München, Wien.

Kubicek, H. (1975). *Empirische Organisationsforschung*. Stuttgart.

Lienert, G. A. (1969). *Testaufbau und Testanalyse* (3. Aufl.). Weinheim, Berlin, Basel.

Lück, H. E. (1976). Testen und Messen von Eigenschaften und Einstellungen. In J. van Koolwijk & M. Wieken-Mayser (Hrsg.), *Techniken der empirischen Sozialforschung, Band 5* (S. 77–102). München, Wien.

Lütz, C. & Schmeling, D. v. (1972). Eine Untersuchung über die Zuverlässigkeit der Skala zur Messung von Arbeitszufriedenheit (SAZ) nach Wiederholungsmethode. Unveröff. Hausarbeit, Universität GHS Duisburg.

Mann, R. D. (1969). A review of the relationship between personality and leadership and popularity. In C. A. Gibb (Ed.), *Leadership* (S. 152–180). Harmondsworth.

Mayntz, R., Holm, K. & Hübner, P. (1978). *Einführung in die Methoden der empirischen Soziologie* (5. Aufl.). Opladen.

Müller-Böling, D. (1982). Arbeitszufriedenheit. In H. Strutz (Hrsg.), *Handwörterbuch der Verwaltung und Organisation* (S. 25–31). Köln.

Müller-Böling, D. (1978). *Arbeitszufriedenheit bei automatisierter Datenverarbeitung. Eine empirische Analyse zur Benutzeradäquanz computergestützter Informationssysteme*. München, Wien.

Müller-Böling, D. (1984). Organisation von Planungssystemen mit Hilfe des PLORGA-Handbuches. *Führung und Organisation, 53*, 167–180.

Müller-Böling, D. (1983). Zum Stand der empirischen Gründungsforschung in der Bundesrepublik Deutschland. In N. Szyperski, K. Darscheid, G. Kirschbaum & W. Naujoks (Hrsg.), *Unternehmungsgründung und Innovation* (S. 123–129). Göttingen.

Müller-Böling, D. (1984). Überlegungen zu Strategien der Gründungsforschung. In K. Nathusius, H. Klandt & G. Kirschbaum (Hrsg.), *Unternehmungsgründung. Konfrontation von Forschung und Praxis. Festschrift für Norbert Szyperski* (S. 17–35). Bergisch Gladbach.

Müller-Böling, D. & Fürtjes, H.-T. (1982). *Ein Bezugsrahmen zur Analyse des Transfers wissenschaftlicher Organisationsinstrumente in die Praxis* (Arbeitsbericht Nr. 42). Planungsseminar der Universität zu Köln, Januar 1982.

Müller-Böling, D. & Klein, S.(1983). *Befunde zum Transfer des PLORGA-Handbuches — Nutzung von Ergebnissen der empirischen Organisationsforschung in der betrieblichen Praxis* (Arbeitsbericht Nr. 42). Planungsseminar der Universität zu Köln, November 1983.

Müller-Böling, D. & Klein, S. (1985). *Zum praktischen Nutzen des situativen Ansatzes — Konzeptionelle und instrumentelle Akzeptanzfaktoren* (Arbeitsbericht Nr. 59). Planungsseminar der Universität zu Köln, März 1985.

Müller-Böling, D. & Müller, M. (1986). *Akzeptanzfaktoren der Bürokommunikation*. München, Wien.

Müller-Böling, D. & Ramme, I. (1990). *Arbeitszufriedenheit von Computerbenutzern* (in diesem Band).

Nachreiner, F. (1977). Fließarbeit und Arbeitszufriedenheit. *Lohn und Leistung, 74* (6), 4–16.

Neuberger, O. & Allerbeck, M. (1978). *Messung und Analyse von Arbeitszufriedenheit*. Bern, Stuttgart, Wien.

Orth, B. (1974). *Einführung in die Theorie des Messens*. Stuttgart u. a..

Pleiß, U. (1964). Der anthropologische Aspekt einer Organisationstheorie der Unternehmung. In E. Grochla (Hrsg.), *Organisation und Rechnungswesen* (S. 11–51). Berlin.

Stogdill R. (1972). Persönlichkeitsfaktoren und Führung: Ein Überblick über die Literatur. In M. Kunczik (Hrsg.), *Führung* (S. 86–123). Düsseldorf, Wien.

Szyperski, N. (1971). Zur wissenschaftlichen und forschungsstrategischen Orientierung der Betriebswirtschaftslehre. *Zeitschrift für Betriebswirtschaftliche Forschung, 23.*, 261–282.

Szyperski, N. & Müller-Böling, D. (1981). Zur technologischen Orientierung der empirischen Forschung. Überlegungen zur Integration empirischer Forschungsergebnisse und Forschungsinstrumente in eine Strategie Forschung durch Entwicklung. In E. Witte (Hrsg.), *Der praktische Nutzen empirischer Forschung* (S. 159–188). Tübingen.

Walter-Busch, E. (1975). Probleme der Wissenschaftstheorie. Methodenlehre empirischer Sozialforschung. *Zeitschrift für Soziologie, 4*, 46–69.

Autorenverzeichnis

Dieter Bonitz, Dipl.-Psych., geb. 1958, Wiss. Mitarbeiter an der Arbeitseinheit Arbeits- u. Organisationspsychologie der Universität Oldenburg. Arbeitsschwerpunkte: s. Grzech-Sukalo.

Ingwer Borg, Prof., Dr. phil, Dipl.-Psych., geb. 1945, Professor für Psychologie an der Justus-Liebig-Universität Gießen, wissenschaftlicher Leiter bei ZUMA. Arbeitsgebiet: Datenanalyse und Theoriebildung, Organisationsumfragen und -entwicklung.

André Büssing, Prof., Dr. phil., Dr. rer. nat. habil., geb. 1950, Professor für Arbeits- und Rehabilitationspsychologie an der Universität Konstanz. Arbeitsgebiete: Arbeits- u. Organisationspsychologie, Rehabilitations- und Gerontopsychologie, Erwerbstätigkeit und Altern, Multivariate Statistik.

Lorenz Fischer, Prof., Dr. rer pol., Dipl.-Volksw. (sozw. R.), geb. 1944, Gastprofessor für Angewandte Psychologie an der Justus-Liebig-Universität Gießen. Arbeitsgebiete: Organisationspsychologie, insbesondere Arbeitszufriedenheit, Führung, organisatorische Auswirkungen neuer Technologien, Rollentheorie, Soziale Minoritäten, Psychologie des Alterns.

Hiltraud Grzech-Sukalo, Dipl.-Psych., geb. 1960, Wiss. Mitarbeiterin an der Arbeitseinheit Arbeits- u. Organisationspsychologie der Universität Oldenburg. Arbeitsschwerpunkte: Psychische Belastung und Beanspruchung, Schichtarbeit, Überwachungs-, Kontroll- u. Steuerungstätigkeiten, Zuverlässigkeit in Mensch-Maschine Systemen, organisatorische Auswirkungen neuer Technologien, Führung und Kooperation.

Ina Hedden, Dipl.-Psych. geb. 1955, Wiss. Mitarbeiterin an der Arbeitseinheit Arbeits- u. Organisationspsychologie der Universität Oldenburg. Arbeitsschwerpunkte: s. Grzech-Sukalo.

Peter Maas, Dr. rer. pol., Dipl.-Kfm., geb. 1956, Wiss. Mitarbeiter am Institut für Wirtschafts- u. Sozialpsychologie der Universität Köln. Arbeitsgebiete: Organisationspsychologie, Börse und Psychologie, Mikropolitik in Organisationen.

Detlef Müller-Böling, Prof., Dr. rer. pol., Dipl.-Kfm., geb. 1948, Professor für Methoden der empirischen Sozialforschung an der Universität Dortmund. Arbeitsschwerpunkte: Unternehmensgründung, -entwicklung, Informationsmanagement, Expertensysteme.

Friedhelm Nachreiner, Prof., Dr. rer. nat., Dipl.-Psych., geb. 1945, Professor für Angewandte Psychologie an der Arbeitseinheit Arbeits- u. Organisationspsychologie der Universität Oldenburg. Arbeitsschwerpunkte: vgl. Grzech-Sukalo.

Iris Ramme, Dr. rer. pol., Dipl.-Kfm., Wissenschaftliche Mitarbeiterin am betriebswirtschaftlichen Institut der Universität Dortmund. Arbeitsschwerpunkte: Informations- und Kommunikationstechniken.

Ekkehard Stephan, Dr. phil., Dipl.-Psych., M.A., geb. 1955, Wissenschaftlicher Mitarbeiter am Institut für Wirtschafts- u. Sozialpsychologie der Universität Köln. Arbeitsgebiete: Marktpsychologie, Eignungsdiagnostik, methodische und wissenschaftstheoretische Grundlagen der Psychologie.

Thomas Staufenbiel, Dipl.-Psych., geb. 1958, Wissenschaftlicher Mitarbeiter am Fb. Psychologie der Justus-Liebig-Universität Gießen. Arbeitsgebiete: Skalierungsverfahren, Einstellungs- u. Werteforschung im Organisationspsychologischen Zusammenhang.

Gerd Wiendieck, Prof., Dr. rer.pol., Dipl.-Kfm, geb. 1942, Professor für Wirtschafts- und Sozialpsychologie an der Universität Köln. Arbeitsgebiete: Organisationspsychologie, insbesondere Führung, Gruppenarbeit.

Bernd Six, Prof., Dr. phil., Dipl.-Psych., geb. 1943, Professor für Sozial- und Organisationspsychologie an der Bergischen Universität-Gesamthochschule Wuppertal. Arbeitsgebiete: Einstellungen, Vorurteile, Technologiefolgeabschätzung, Arbeitszufriedenheit, Organisationstheorien.

Personenregister

Stichwortverzeichnis